唐宋时期
巴蜀社会及其治理

马 强 编

巴蜀书社

图书在版编目（CIP）数据

唐宋时期巴蜀社会及其治理 / 马强编. —成都：巴蜀书社，2024.11

ISBN 978-7-5531-2291-5

Ⅰ. K297.1

中国国家版本馆 CIP 数据核字 2024HA7214 号

TANGSONG SHIQI BASHUSHEHUI JIQI ZHILI

唐宋时期巴蜀社会及其治理 马强 编

策划编辑 王群栗
责任编辑 王 楠
责任印制 田东洋 谷雨婷
封面设计 邓乔匀
内文设计 成都象帝文化传播有限公司
出 版 巴蜀书社
成都市锦江区三色路 238 号新华之星 A 座 36 层
邮编：610023 总编室电话：（028）86361843
网 址 www.bsbook.com
发 行 巴蜀书社
发行科电话：（028）86361852 86361847
经 销 新华书店
印 刷 成都蜀通印务有限责任公司
电话：（028）64715762
版 次 2024 年 11 月第 1 版
印 次 2024 年 11 月第 1 次印刷
成品尺寸 170mm×240mm
印 张 27.5
字 数 500 千
书 号 ISBN 978-7-5531-2291-5
定 价 88.00 元

序　言

近年来，区域史作为中国21世纪史学的一个重要组成部分方兴未艾，出现了许多有代表性的重要著作。对区域的界定有多种，可以是地貌区、文化区、行政区、经济区，甚至军事区、宗教区，但以地貌区与文化区构成的大区域则是时下学者研究区域文化史与历史地理的常选。区域史与地方史有差异，但更多是重合，是大与小的关系。当然在研究范式上，现代区域史与地方史已经与传统方志式研究有很大不同。比如江南作为中国早期现代化主要代表区域，江南史在近些年被广泛书写，成为明清中国历史书写的主要增长点之一，亦可看作地方史繁荣的一个例证。然而，如果摆脱现代史观，从宏观的大历史来看，基于当代史学而非传统方志的区域历史书写依然不够丰富。在这里并非是要号召一种各自为政的区域史，而是在充分考虑中央的主导或纽带作用的前提下，进行的一种对各区域发展的内在历史逻辑的思考，这有助于理解为何宋以来的全国统一大市场的基础得以建立并持久延续。正是在这个意义上，马强教授团队编写的这部《唐宋时期巴蜀社会及其治理》的独特价值得以凸显。

此书以唐宋历史为大背景，大量运用前人较少注意的史料，分别论述巴蜀地区的城市、乡村、社会结构等。《华阳国志》被誉为中国最早的大区域史经典著作，记载的核心正是巴蜀地区悠久的历史、文化与人物。在现代学术史上，广汉三星堆青铜文明的发现轰动海内外，1941年卫聚贤在重庆《说文月刊》上提出“巴蜀文化”这一概念，巴蜀史的研究从此开始，至今已经走过80余年的路程。改革开放以来，四川地方史的研究受到了前所未有的重视，四川省社会科学院组织多位学者编写的多卷本《四川通史》，李敬洵先生的《唐代四川经济》，贾大全先生的《宋代四川经济述论》，邹重华、粟品孝主编的《宋代四川家族与学术论集》等，都是巴蜀文化研究有代表性的重要成果。尤其是四川社科院组织编写历时长达20余年的大型区域文化通史《巴蜀文化通史》，更是新时代巴蜀文化历史研究的里程碑式重大成果。尽管如此，巴蜀社会历史的研究仍然留有较大的开拓空间，唐宋这一中古重大转型时期的巴蜀社会历史研究仍然几乎是一片空白。《唐宋时期巴蜀社会及其治理》首先是一部区域断代社会与人文地理史，该书充分借鉴了区域史、城市史、历史地理学等学科的理论方法和研究成果，围绕特定时代中的"人""物"及"人的日常"，从"物以类聚""人以群分"及民众"游娱活动空间"等层面进行考察，将"人""物"更加鲜活地还原到了唐宋时期的历史场景之中，丰富了我们对巴蜀社会的多元认知。

同时，这是一部翔实的巴蜀断代史，提供了前人未曾注意到的许多史实细节和思考角度，对我们理解唐宋及其社会转型亦有较高的参考价值。正如上文所说，宋以来的全国统一大市场，并不是哪一个单独的区域可以主导建立的，而是各个区域既有各自内在发展逻辑又持续互动才成就的。本书对于理解这一进程，亦有帮助。

唐宋时期，在四川盆地边缘地带还生活着为数不少的蛮夷，他们与巴蜀社会有着千丝万缕的联系。笔者审阅该书初稿时，就坦诚地提出既然此书开篇就已提到中国古代两种政治地理的"分块式"和"圈层式"结构，接着又提到蜀地与吐蕃、南诏、大理等少数民族政权之间的关系，那么对于巴蜀是如何以圈层式结构规范境内汉蛮关系的，也应当有所交代。第一章关于地缘政治形势与政区变动完全不提唐宋巴蜀社会中的羁縻州县治理制度，是不完整的。希望今后对这部分能够继续深入研究，力臻趋为完璧，这对当今倡导的中华民族交往、交流、交融史研究，也是有益的。

一年前我审阅过《唐宋时期巴蜀社会及其治理》一书初稿，在充分肯定其学术价值的同时也提出过一些修改意见。近日该书即将出版，马强教授来信索序，作为从四川走出多年却一直关注家乡的学者，我对此书本还有不少引申的话，但因我近来忙于广东“三交”史料汇编等工作，实在无暇再撰写一篇长篇序言，就简单地写上几句，表达一下我的主要看法。是为序。

郭声波

2024 年 10 月 25 日

目　录

第一章
唐宋时期巴蜀地区的政治地理与政区调整

第一节 唐宋时期巴蜀的地缘政治环境对其政区的影响

一、唐代巴蜀地缘政治形势对其政区变动的影响

从唐定都长安开始，巴蜀的命运便与关中地区紧密相连。鉴于巴蜀对关中的重要性，唐朝在巴蜀政区的规划设置上，由初始遵循山川形便的统合性建置，逐渐转变为以防范割据为主的分离性建置。虽然后来偶尔也有统合的情况，但是并没有改变分而治之的总体趋势，而这种变动与巴蜀的自然地理环境和巴蜀的政治地理形势是分不开的。

（一）唐代前期巴蜀地缘政治形势与巴蜀政区的重组

唐朝对巴蜀的经略其实早于唐立国。隋炀帝大业十三年（617）十一月，李渊攻占长安后，为了巩固关中基地，他迅速做出了出兵巴蜀的决定。从唐并巴蜀到安史之乱爆发，巴蜀政区发生了一系列的变化，而这些政区上的变化与同时期的巴蜀政治形势和地理环境分不开。

1. 唐代前期巴蜀地缘政治形势对巴蜀行政机构演变的影响

著名历史地理学者周振鹤先生在《中国历史上两种基本政治地理格局的

分析》中，将中国古代两种基本政治地理思想概括为“分块式”和“圈层式”。其中，“分块式”的代表是《禹贡》的“九州制”，体现的是一个国家内部如何进行政治分区以实行管理的实际体制，即中央与地方政治关系的一种地理体现①。自古以来巴蜀在政治上的变化离不开两个字：一个为“合”，另一个为“分”。“合”是指巴蜀在政治上归属于统一的中央王朝，巴蜀行政机构的设置及其权限均由中央政府规划，巴蜀服从并听命于中央政府的领导。而“分”则是指在中央政权崩溃或软弱无力的情况下，巴蜀自行割据，不再臣服于中央政府。特别值得提出的是，无论是“合”还是“分”，对巴蜀影响最大的还是其地理环境。

从政治地理学的角度上看，一个国家的基本运作主要集中于两个区域——政治中心区与地理枢纽区。政治中心区的特性显而易见，即一个时代的政治事件主要围绕这个区域展开，或者可以说一个国家的历史演变始终围绕这个区域进行。而地理枢纽区则比较独特，它必须具有得天独厚的自然条件：在经济上自给自足，在军事上攻守兼备，在交通上具有特定的对外联系通道，从而具有空间上的安全性。巴蜀的地理环境刚好符合对地理枢纽区的定义。此外，巴蜀对关中的重要意义早在春秋战国时期就已被秦人证明，秦的统一大业正是关中、巴蜀、汉中这一地域组合紧密结合的结果。这一地域组合构建了西北强大的地缘政治、经济区位优势，表明古代中国以关中为“政治心脏区”、以巴蜀为“战略枢纽区”的政治格局的形成。所以唐朝以关中、巴蜀为核心的政治地理战略组合是有先例的，这也是唐并巴蜀的原因之一。

公元617年12月，李渊任命李孝恭为山南招慰大使，经略巴蜀。唐军由关中南下，首先击溃了山南地区的朱粲势力，接着“自金川出巴蜀，檄书所至，降附者三十余州”②。李渊利用这一有利形势，遣使前往巴蜀，招抚尚未归顺的郡县。在唐强大的军事压力下，巴蜀各地郡县长官、豪族大姓、氐羌酋帅纷纷归顺，巴蜀地区就此和平地被纳入了唐王朝的版图。为了巩固后方，唐朝十分重视对巴蜀的控制。武德元年（618），改蜀郡为益州，置益州

① 周振鹤：《中国历史上两种基本政治地理格局的分析》，《历史地理》2004年第20辑。

② 〔宋〕司马光等撰，〔元〕胡三省注：《资治通鉴》卷184，中华书局1956年版，第5767页。

总管府，以窦琎为总管。这是唐在巴蜀设置的第一个高级政区。武德二年（619），因“益部新开，刑政未恰，长吏横恣，赃污狼藉”，命御史大夫皇甫无逸持节巡抚，承制除授，专制方面①。武德三年（620），撤益州总管府，新置益州道行台尚书省②，加秦王李世民为行台尚书令，以窦琎为行台仆射，具体主持巴蜀的军政事务。后窦琎之弟窦轨担任益州道行台左仆射，并兼有便宜行事之权。窦轨镇蜀六年，“时蜀土寇往往聚结，悉讨平之”③，又西击吐谷浑、党项，巩固了唐朝在西蜀的统治。

除了益州道行台尚书省这一机构外，唐在巴蜀还设置了夔州总管府，其主要目的是控扼长江航道。武德元年（618），置信州总管府，以李瑗为总管。武德二年（619），任李孝恭为信州总管，承制拜假，专制方面。武德三年（620），唐改信州为夔州，封李孝恭为赵郡王，镇守夔州。故唐初以益州道行台尚书省和夔州总管府这两个军政机构为支柱来管控巴蜀，使巴蜀逐渐成为唐朝的战略补给后方和东击萧铣的基地。

随着唐统一战争的结束，以及“玄武门之变”等一系列事件的发生，巴蜀的政治局势又发生了一些变化。武德九年（626），李世民登基后，下诏罢除益州道行台尚书省。贞观元年（627），唐太宗按山川形势分全国为十道，而巴蜀则分属于剑南道与山南道。巴蜀政治上的这些变化与巴蜀政区机构的重组是分不开的。

在唐高祖时期，为了统一战争的胜利，唐需要对巴蜀进行军事管制，其显著标志就是益州道行台尚书省的建立和任用武将出镇巴蜀。到了唐太宗时期，随着国内战事的结束，军事管制已明显不适应巴蜀的政治形势，裁撤益州道行台尚书省势在必行。行台尚书省的实质是在州一级行政建置逐渐演变为基层政权机构之后，新设置的军政机构。由于其很大程度上是基于军事目的而设的，所以随着战事终结，其使命也完成了，故唐太宗在即位后便罢除

① 〔后晋〕刘昫等：《旧唐书》卷62《皇甫无逸传》载：“无逸宣扬朝化，法令严肃，蜀中甚赖之。”（中华书局1975年版，第2385页）

② 〔后晋〕刘昫等：《旧唐书》卷41《地理志》载：“（武德）三年，罢总管，置西南道行台……九年，罢行台，置都督府……”（中华书局1975年版，第1663-1664页）

③ 〔后晋〕刘昫等：《旧唐书》卷61《窦轨传》：“（武德）三年，迁益州道行台左仆射，许以便宜从事……四年，还益州。时蜀土寇往往聚结，悉讨平之。”（中华书局1975年版，第2365-2366页）

了益州道行台尚书省。从武德三年（620）设立到武德九年（626）罢除，益州道行台尚书省的设置时间很短。从武德九年以后，唐在巴蜀逐步取消军事管制，如改原设在嘉陵江以东的总管府为都督府后，又将其裁撤，其行政权力归于州县长官。

巴蜀由于地处边陲，肩负着西抗吐蕃、南抚蛮僚的政治使命，因而唐在裁撤益州道行台尚书省之后，又设益州大都督府掌管巴蜀政务，以文官出任益州大都督府长史。贞观元年（627），窦轨被调离巴蜀，文官高士廉担任益州大都督府长史。高士廉入蜀后，劝课农桑，礼贤下士，提倡文教，一改窦轨镇蜀时的紧张局势①。贞观五年（631），高士廉入调回京，由民部尚书皇甫无逸继任益州大都督府长史。此后，巴蜀行政官的继任者或为六部尚书，或为皇亲国戚，或在州刺史中选任，极少任用武将。总之，唐太宗任用文官治理巴蜀，结束了唐高祖时期对巴蜀的军事管制政策。

巴蜀由山南道与剑南道统属，但按山川形势划分的十道，既不是单纯的地理区域，也不是行政区，而只是督察州县的监察区。唐政府不定期地分遣大使，巡察巴蜀诸州："宜察官人善恶，其有户口流散，籍帐隐没，赋役不均者；不务农桑，仓库减耗者；妖讹宿宵，奸滑盗贼，不事生业，为公私蠹害者；德行孝弟，茂才异等，藏器晦迹，堪应时用者。并访察闻奏。"② 到了唐玄宗开元二十一年（733），"分天下为十五道，每道置采访使，检察非法，如汉刺史之职"③。各道大使皆置印，监察州郡。由此，唐廷不定期派遣的大使便成为分驻各道，有印信、治所的地方监察官。后来山南道分为山南西道与山南东道（其中，山南西道专制原山南道秦巴部分），所以唐玄宗时期，巴蜀在监察上分属于剑南道与山南西道。剑南道采访使治所在成都，山南西道采访使治所在梁州（今汉中南郑）。这两道采访使的设置，使巴蜀的监察机构进一步发展与完善。

总而言之，唐朝前期巴蜀在行政管理与监察上分别由益州大都督府与两

---

① 〔后晋〕刘昫等：《旧唐书》卷 65《高士廉传》载："近代以来，多轻隐逸，士廉独加褒礼，蜀中以为美谈。"（中华书局 1975 年版，第 2443 页）

② 〔五代〕王溥：《唐会要》卷 77《巡察按察巡抚等职》，中华书局 1955 年版，第 1415 页。

③ 〔后晋〕刘昫：《旧唐书》卷 38《地理志》，中华书局 1975 年版，第 1385 页。

道采访使负责，这大大加强了中央政府对巴蜀的管控力度。值得注意的是，巴蜀行政机构的演变在很大程度上基于巴蜀民众殷实、地势险要，因为关中、巴蜀、汉中的地缘战略组合始终是唐王朝的立国之本，必须对巴蜀进行必要的行政规划和合理的机构调整，才能力保对巴蜀的控制。从这些政治行为中，我们也看得出唐朝对巴蜀的重视以及对蜀人的戒心，否则，唐王朝也不会在巴蜀这样一个天然的统一区域中设置两个监察机构。

2. 唐代前期巴蜀地缘政治形势的发展与山南道东、西分治

自秦以来，凡定都关中者，他们的立国策略基本一致。关中政权的威胁主要来自两个方向：一为山东，二为江淮。相比之下，来自江淮方向的威胁要远大于来自山东方向的威胁。因为关中东面有崤函之固、河朔之险，一夫当关，万夫莫开。而江淮方向则不然，一旦来自江淮方向的力量逆江而上占据巴蜀，控制长江上游地区，对关中政权来讲无异于釜底抽薪。巴蜀一旦沦陷，关中失去的不仅是稳定的后方①，而且还有重要的补给基地②，从而使关中陷入粮饷匮乏的被动局面。况且，若从巴蜀北出汉中，可直接威胁关中南部；若出秦陇，可取甘凉之地，以居高临下之势直取京洛。巴蜀独特的地理环境所具有的政治优势早已被前人（如刘邦、诸葛亮等）反复证明。唐王朝作为一个定都关中的政权，自然明白巴蜀对政治中心的重要性——失巴蜀则动摇关中根本。唐朝若要保持战略上的主动，必须控制巴蜀，而要控制巴蜀，又必须守住山南道的秦巴地区（汉中等处）。所以唐太宗才特别划出山南道，力保关中、巴蜀、汉中这一政治地理战略组合的安全，并再次确认与强化这一地区的地理战略地位。

但是唐王朝还有另一个顾虑，如果动乱来自巴蜀，则关中的安全也将受到极大的威胁，必须事先预防。剑南道富庶的经济与闭塞的地形容易引人产生割据自立的企图，故欲制剑南，须先控山南。在控制山南道的前提下，即使巴蜀主体剑南道叛乱，唐朝也能迅速平定内乱。但是，如果变乱来自山南

---

① 蓝勇：《唐代长江上游的三大地域空间》，李孝聪编著：《唐代地域结构与运作空间》，上海辞书出版社 2003 年版，第 140-147 页。

② 〔清〕董诰等编《全唐文》载："蜀之土地膏腴，物产繁富，足以供王命也。"（中华书局 1983 年版，第 3651 页）

道，关中、巴蜀的安全形势将不容乐观。鉴于山南道西控秦巴、东扼三峡，地理位置实在重要，故睿宗景云二年（711）分山南道为东、西二道。唐朝之所以如此划分，其原因主要有二：一是分其权重，二是使山南东、西两道各有所专。以梁州为中心的山南西道掌控川陕通道，以实现对巴蜀的管控，这是唐王朝的立国之基；以襄州为中心的山南东道则主管夔门水道，使唐朝处于攻守两利的战略主动地位。总之，山南道东西分治在很大程度上是由唐朝前期巴蜀的政治形势和地理环境造成的，其目的就是使两条入蜀要道均不在剑南道的控制之中，使巴蜀在内部形成山南与剑南相互牵制的局面。这样，唐王朝才能实现对巴蜀的有效管控，并使巴蜀在唐朝的政治地理格局中发挥出应有的作用。

3. 唐代前期巴蜀地缘政治形势的变化与剑南节度使的发展定型

自贞观元年（627）唐太宗将全国分为十道起，巴蜀政治地理的完整性就被打破了。剑门关以南的地区因“东连牂牁，西界吐蕃，南接群蛮，北通剑阁”① 而被称为剑南道（即今四川省剑阁县以南，嘉陵江中下游以西地区）；剑南道的东面（即今嘉陵江以东、长江以北地区）属于山南道。

在剑南、山南两道东西分治的政治地理大环境下，剑南道作为巴蜀的主体部分始终对巴蜀政治地理的变化起着主导作用，故唐朝自始至终都十分重视剑南道。益州大都督府与剑南道采访使的治所皆在剑南道的益州（今成都），即为唐廷重视剑南道的有力证明，而最好的证明是剑南节度使的设置。

剑南节度使一职并非唐王朝一时兴起而创制的，其设置与唐初的益州大都督府及唐代前期巴蜀地缘政治形势有关。最初，唐在巴蜀先后设置了益州总管府、益州道行台尚书省这两个兼具军政职能的战时机构，其后才在巴蜀设置益州大都督府。益州大都督府直接承袭了唐初益州道行台尚书省所享有的高度自治权，并兼有军事与行政职能。但益州大都督府在职能上也有许多变动：

第一，益州大都督府的军事职能被削弱。这种变化是最为明显的，由于大规模战事的结束，益州大都督府的军事职能被削弱，其御边任务也改由军、

---

① 〔唐〕李林甫等著，陈仲夫点校：《唐六典》卷3《尚书户部·户部尚书》，中华书局1992年版，第71页。

守捉等镇戍单位来承担。在边境的军事行动中，军事指挥权不是由益州大都督府掌握，而是由唐王朝委任的临时行军大总管来掌握①。此外，唐以文臣出任大都督府长史，不再任用武将担任巴蜀最高长官，一改过去的军事管制政策。

第二，益州大都督府对其下辖诸州既有管理权又有监察权。唐代前期，都督府一般只有行政管理权而无监察权。但由于益州大都督府是边防重地，所以情况相对特殊。公元 713 年，益州大都督府开始领有监察权，“命益州长史毕构宣抚剑南及山南道”②。而后，剑南道逐渐成为固定的行政监察区。

巴蜀物阜民丰，地势雄险，再加上“唐都关中，蜀近在户限之外”③，故时称巴蜀为长安的“外府”④。当然巴蜀不仅是唐都的“外府”，而且可以凭借区位优势牵制西北，控管西南。剑南道的主要政治任务——御边防遏，也是巴蜀内部地缘政治形势变化发展的要求。从外部政治形势来看，唐玄宗时期，唐与吐蕃、南诏等少数民族政权矛盾激化，边境冲突时有发生，且有愈演愈烈之势。唐玄宗为了加强边境地区的防务，开始重整巴蜀军备。开元二年（714），以益州大都督府长史领剑南道支度营田、松当姚巂诸州防御处置兵马经略使。开元七年（719），升剑南道支度营田处置兵马经略使为剑南节度使，兼任昆明军使。

在这里我们简单探讨一个问题，即剑南节度使是什么时候设置的。学术

① 〔宋〕宋祁、欧阳修等：《新唐书》卷 222 下《南蛮传下》：“姚州境有永昌蛮，居古永昌郡地。咸亨五年叛，高宗以太子右卫副率梁积寿为姚州道行军总管讨平之。”（中华书局 1975 年版，第 6324 页）在唐高宗时期，巴蜀边州姚州发生叛乱，指挥平叛的是朝廷任命的太子右卫副率梁积寿，并不是益州大都督府。可见在军事行动中，临时的行军大总管比都督府重要，而都督府的统兵职能也逐渐被唐廷收回。

② 〔宋〕王钦若等编：（宋本）《册府元龟》卷 162 载：“（先天）二年七月壬申，命益州长史毕构宣抚剑南及山南道。”（中华书局 1989 年版，第 349 页）长史为大都督府执行官，其宣抚剑南、山南二道，意味着其不仅有处置政务之职，还附带了监察之意。由此可看出益州大都督府已有了监察职能。

③ 〔宋〕郭允蹈：《蜀鉴》卷 7，国家图书馆出版社 2010 年版。

④ 〔后晋〕刘昫等：《旧唐书》卷 117《崔宁传》载：“大历十四年（十月）……（杨）炎惧宁怨己，入蜀难制，谓德宗曰：‘蜀川天下奥壤，自宁擅置其中，朝廷失其外府十四年矣。’”（中华书局 1975 年版，第 3401 页）

界有开元二年、开元五年、开元七年与开元二十一年四种说法①，笔者比较认可的是开元五年这种说法②。但本书为了叙述方便，在此问题不会对本书观点产生较大影响的情况下，采用宋人在《资治通鉴》《新唐书》等书中普遍认可的开元七年说。剑南节度使在大多数情况下仍由益州大都督府长史兼领，由此巴蜀军队又归属于大都督府了。《旧唐书》卷88《苏颋传》记载：

> （开元）八年（720），除礼部尚书，罢政事，俄知益州大都督府长史事。前司马皇甫恂破库物织新样锦以进，颋一切罢之。或谓颋曰："公今在远，岂得忤圣意?"颋曰："明主不以私爱夺至公，岂以远近间易忠臣节也!"竟奏罢之。嶲州蛮酋苴院私与吐蕃连谋，将为内寇。颋获其间谍，将士咸请出兵讨之，颋不从，乃作书并间谍以送苴院，苴院惭悔，竟不敢入寇。③

从以上文献可看出，开元八年（720）苏颋任益州大都督府长史，兼任剑南节度使、按察等职。在民政上，苏颋奏罢进献织锦；在军政上，将士请苏

① 开元二年说，董诰等：《全唐文》卷744卢求《成都记序》载："开元二年，始以齐景胄为剑南节度营田兼姚嶲等州处置兵马使，自此始有节度使也。"（中华书局1983年版，第7702页）郁贤皓先生考证开元三年前齐景胄在晋州刺史任上，不存在开元二年任职于剑南的可能性，故舍去。开元五年说，王溥《唐会要》卷78《诸使中》载："剑南节度使，开元五年二月，齐景胄除剑南节度使支度营田兼姚嶲等州处置兵马使，因此始有节度之号。"（中华书局1955年版，第1692页）开元七年一说，〔宋〕司马光等撰，〔元〕胡三省注：《资治通鉴》卷212载："（开元）七年……是岁，置剑南节度使，领益、彭等二十五州。"（中华书局1956年版，第6738页）此外欧阳修等撰《新唐书》卷67《方镇表》也持开元七年说。（中华书局1975年版，第1872页）开元二十一年说，李吉甫《元和郡县图志》卷31载："开元二十一年，又于边郡置节度使，以式遏四夷。"（中华书局1983年版，第766页）学术界普遍认为此说法明显有误，故不予采用。现在主要的分歧点还是集中于开元五年、开元七年两说。

② 开元五年说的依据为《唐故朝请大夫吏部郎中上柱国高都公杨府君碑铭（并序）》云："横为酷吏王勖所诬陷，贬授嶲州台登县尉，剑南节度使益府长史韦抗奏公为管记，飞书之急，倚马立成……寻有诏停官归侍，俄丁尚书府君忧。"〔宋〕宋祁、欧阳修等：《新唐书》卷120记载墓主杨仲宣之父杨元琰卒于开元六年，而杨仲宣被韦抗奏荐为管记应在开元六年前。又据郁贤皓先生《唐刺史考全编》卷222考证，韦抗在开元三年至四年在剑南任职。可见开元三年至四年韦抗已被视为剑南节度使。（中华书局1975年版，第2941-2942页）

③ 〔后晋〕刘昫等：《旧唐书》卷88《苏颋传》，中华书局1975年版，第2881页。

颋发兵讨伐嶲州叛蛮，可见苏颋作为都督府长官有调兵权。由此观之，兼任剑南节度使、按察等职的益州大都督府长史已经成为剑南道的最高军事、行政长官。开元二十一年（733），唐玄宗新置十五道采访使，采访使名义上只负责监察工作，但实际上在行使职责时或多或少地会参与地方的民政、军政事务。虽然唐玄宗在天宝九载（750）曾下诏明示采访使的职责为监察所部诸州县①，并不具有行政权，但是采访使仍逐渐掌管一道行政、财政以及人事任免权。

唐初改制以后，益州大都督府的军事职能已遭削弱，又不具备监察职能，故只能管理诸州县政务。益州大都督府长史常兼任剑南节度使、采访使等职，实际掌握了领内的行政、财政、军政等权，并让剑南道率先成为军政一体化的地区，这使得剑南道这个监察区逐渐变为了凌驾于州郡之上的一级政区。随着这一趋势的发展，剑南节度使一职也从最初的差遣性质变为了常设性要职，最终完成了定型。安史之乱后，唐王朝遍设节度使、观察使、防御使，由于节度使掌领内实权重于都督府，故剑南节度使成为方镇之号。

（二）唐代后期巴蜀地缘政治环境的变化对巴蜀政治格局的影响

延续八年的安史之乱，使唐王朝由盛转衰。虽然安史之乱没有直接波及巴蜀，但是巴蜀却受到了较大的影响，主要体现在巴蜀政治地理环境的变化上。从巴蜀政治地理环境来看：内部变乱不断，政局不稳；外部的吐蕃、南诏等利用巴蜀内乱的机会对剑南道攻伐不断。在内忧外患的政治形势下，唐王朝不得不依靠军事力量来维持对巴蜀的控制。然而这种不断加强军备的做法，加上巴蜀攻守兼备的地理环境，却引起了一个更让唐王朝头疼的问题——藩镇割据，并由此引发了一系列更大的叛乱事件。随着地缘政治形势的变化，巴蜀政治地理由唐前期的相对稳定，逐渐演变为唐后期的动荡不安。

1. 唐代后期巴蜀地缘政治环境与“剑南三川”

安史之乱后，唐王朝处于内忧外患之中。由于全国政治、经济形势剧

---

① 〔五代〕王溥：《唐会要》卷78《诸使·采访处置使》载：“本置采访使，令举大纲。若大小必由一人，岂能兼理数郡。自今以后，采访使但察访善恶，举其大纲。自余郡务，所有奏请，并委郡守，不须干及。”（中华书局1955年版，第1420页）

变，江淮赋税无法保证，加上漕运状况不断恶化，关中地区时常缺粮断饷，而巴蜀就成为唐王朝的生命之源。为了巩固对巴蜀的控制，唐王朝决定一改巴蜀由剑南道、山南西道分治的政治局面。唐肃宗至德二年（757），唐廷分剑南为东、西两道，分设节度使。剑南东川领有梓、遂等十二州，治所在梓州。剑南西川领除东川十二州以外的原剑南道益、彭、汉等十八州，并增领果州和保宁都护府，治所在成都府。到唐代宗广德二年（764），剑南东、西二川又合为一道。大历元年（766）再次分为东、西两川，此后相沿不改。剑南东川、剑南西川，再加上山南西道，形成了“剑南三川”。

当然，“剑南三川”并不是将剑南道一分为二那么简单，它与唐代后期巴蜀地缘环境及政治形势变化相关。天宝年间，唐王朝多次从巴蜀抽调军队征讨南诏，结果唐军屡战屡败，损失惨重，蜀兵早就对唐王朝心怀不满。尤其是唐玄宗为避安史之乱逃往成都后，“中官及禁军人相次到蜀，多所侵暴，号为难理”①，引发了唐肃宗至德二年（757）正月的“贾秀谋逆”与七月的“郭千仞兵变”。这两场暴乱虽然很快被镇压了，却使巴蜀政局开始动荡起来。同年十月，唐玄宗返回长安，与唐肃宗相聚。由于肃宗趁乱登基，父子间的隔阂较深，玄宗曾向肃宗提出过“当与我剑南一道自奉”的要求，玄宗的言外之意不言而喻。面对这一要求，肃宗考虑到剑南道的战略重要性以及削弱玄宗在巴蜀的政治影响力等，为了使巴蜀不成为新的兵乱策源地，故在权衡之后做出将剑南道一分为二的决定。

然而巴蜀并未因剑南道东西分治而稳定下来，反而在肃宗、代宗两朝发生了数次较大的叛乱，而这些叛乱的挑起者居然是剑南东川与剑南西川的兵马使。这些叛乱相似，大多由方镇军将或幕僚挑起，以本道节度使为攻击目标。其实质和至德二年（757）的变乱是一样的，都源于巴蜀军队对中央不满而挑起的中央与地方之争，只不过针对的对象由最高统治者变为了唐朝中央政府在巴蜀的化身——各节度使。

然而，巴蜀并没有因内乱平定而稳定下来，紧接着又面临着外患。唐代

① 〔宋〕王钦若等编：（宋本）《册府元龟》卷719《幕府部·清廉》，中华书局1989年版，第2518页。

宗任命对两川分治持异见的高适治理巴蜀①，但高适志大才疏，无法应对吐蕃、南诏的不断进犯。在吐蕃攻陷剑南西川道的西山地区后，高适即被调离。为了抵御吐蕃入侵，唐廷在广德二年（764）又将东西两川合为一道，以严武为剑南道节度使来应对危机。严武虽集剑南两川之力大破吐蕃，但也耗尽了剑南两川的物力②。永泰元年（765），严武死于任上。蜀中诸将在向朝廷推举继任者时发生严重分歧，以致刀剑相向，巴蜀大乱。唐朝为了稳定蜀中局势，不得已在大历元年（766）再次将剑南道分为东、西两道，甚至任命叛乱者崔旰为剑南西川节度使。从此，"剑南三川"的政治地理格局再也没有大的变动。

2. 唐代后期巴蜀地缘政治环境与剑南两川的分治和西川的割据

安史之乱后，巴蜀长期动荡不安，这与巴蜀特有的地缘政治环境密切相关。其实，唐代后期剑南道被划分为东西两川，巴蜀在政治地理格局上呈现"剑南三川"的景象也并非偶然。根据地缘政治学的观点，如果一国要对下辖某区域实施政治影响与控制，其前提是要准确剖析该区域的地缘环境。故在此可以借用地缘政治学的观点来对唐后期巴蜀政治环境的变化，以及此变化下的政治行为进行研讨。

唐代后期巴蜀政治环境相对于唐代前期发生了显著的变化。在唐代前期，唐以文官镇蜀，并在政治上排斥、压制巴蜀势力，巴蜀各级行政机构完全听命于中央，巴蜀政治环境相对稳定。这是在唐中央政府高度集权的基础上实现的。而到了唐后期，因安史之乱，唐中央政府的力量被严重削弱，而

---

① 〔清〕董诰等编：《全唐文》卷357（高适）《请罢东川节度使疏》载："临边小郡，各举军戎，并取给于剑南。其运粮戍，以全蜀之力，兼山南佐之，而犹不举。今梓、遂、果、阆等八州分为东川节度，岁月之计，西川不可得而参也……当宜却停东川，并力从事，犹恐狼狈，安可仰于成都、彭、蜀、汉四州哉，虑乖圣朝洗荡关东扫清逆乱之意也，傥蜀人复扰，岂不贻陛下之忧。"（中华书局1983年版，第3627—3628页）高适在此疏中认为巴蜀边防全依赖与山、剑两道，但主要依靠剑南道。若将剑南一分为二，仅靠剑南西川一隅维系边防体系将会力不从心，而且可能会引起蜀中动乱，因此他对两川分治持异见。

② 〔后晋〕刘昫等：《旧唐书》卷117《严武传》载："（严武）在蜀累年，肆志逞欲，恣行猛政……蜀土颇饶珍产，武穷极奢靡，赏赐无度……蜀方闾里以征敛殆至匮竭，然蕃虏亦不敢犯境。"（中华书局1975年版，第3396页）

各地节度使实力大为增强并形成藩镇，不再像唐前期听命于中央。唐王朝已无力恢复前期那样高度集权的体制，只好将大部分权力下放给各藩镇，以求得国家在形式上的统一。故唐后期全国政治环境发展的总趋势为：唐前期所建立的高度集权的体制已名存实亡，而适应新的分权体制的政治结构则逐步形成①。正是在此外部政治环境的影响下，巴蜀内部的政治环境也出现了两个大的变化：一是以节度使为代表的军事集团控制了巴蜀的军政大权，一改唐前期以文官镇蜀的惯例；二是唐前期备受压制的地方势力在政治上开始崛起，并以节度使为利益代表来影响巴蜀政局。在内外政治环境的大变下，巴蜀政局异常不稳，叛乱暴动此起彼伏。唐王朝为了继续控制巴蜀，也相对应地实施一系列政策，将剑南划为东、西两川则是其中之一。

然而这种随着政治环境变化所做出的人为划分，不仅未达到唐王朝的目的，反而还激化了剑南东西两川的矛盾。剑南西川仍领有原剑南道的主体区域，并且继承了原剑南道的边防军力，具有强大的经济、军事实力。剑南西川节度使经常求取剑南三川，从而引发与朝廷的冲突，因此剑南西川成为唐王朝巴蜀经略中的重点。而剑南东川在经济上则相对落后，且没有直面吐蕃、南诏的威胁，故军队在数量与战斗力方面远不及剑南西川。剑南东川相对于剑南西川最明显的优势在于地理位置，剑南东川控制着自关中、山南、荆南、黔中入蜀的通道，剑南西川与上述地区的交通都需经过剑南东川。因此，唐廷划割剑南从地理上达到了两川相制的政治目的。

但此政策的实际效果却不佳，因为两川实力差距较大，巴蜀政治地理实际形成了分割破裂、强弱相制的局面，出现剑南东川发生暴乱，尚需借剑南西川之力平叛的情况。另外为了应付外寇，唐廷不时做出将剑南东川部分州县改隶剑南西川的决策，以此来增强剑南西川的实力。这使得东西川的力量更加失衡，破坏了两川稳定的政治地理格局，激化了两川的矛盾，进而导致东西两川的全面冲突与战争。唐宪宗元和年间的刘辟之乱，则是对两川相制地理格局的一次挑战。唐王朝在全力平息刘辟之乱后，又不得不改变对巴蜀

---

① 贾大泉、陈世松主编：《四川通史》卷3《两晋南北朝隋唐》，四川人民出版社2010年版，第69页。

的策略。除了继续调整剑南东西两川的政区以维系两川相制的地理格局外，还重新以文官充任剑南西川节度使，并调外军入蜀，削弱蜀军的实力。

唐后期，在巴蜀政治形势的发展与内外部地缘环境的变化作用下，剑南道一分为二，变为了剑南西川与剑南东川两部分。唐代宗大历元年(766)，宰相杜鸿渐为剑南三川副元帅兼剑南西川节度使，这标志着西川镇的正式设立。由于崔旰作乱的缘故，西川镇从设立之初就处在唐廷的牵制与防范之中。除了剑南东川的牵制外，唐廷还在剑南西川境内委任州县镇将，以此从内部牵制西川镇。势单力薄的西川镇，在应对外敌时又不得不重新依赖朝廷，而唐廷则通过调动外军入蜀来加强对西川的控制。这种政策相当奏效，巴蜀各藩镇又处于平衡且互相牵制的状态。所以在唐宪宗元和年间的刘辟之乱后，巴蜀便进入了一个长期稳定的时期。

唐僖宗乾符年间的黄巢之乱打破了朝廷与各藩镇之间微妙的平衡①，唐廷面临着拥兵自重的地方藩镇和宦官专权两大统治危机，巴蜀也受到波及，陷入混乱局面。田令孜与唐昭宗的矛盾激化后，不得不出逃巴蜀依附其兄剑南西川节度使陈敬瑄。唐廷派出韦昭度为西川节度使兼两川招抚制置使入川讨伐陈敬瑄。田令孜、陈敬瑄则控制了剑南西川的军政大权，并形成割据之势。由于西川镇割据态势的强化是通过与邻近诸镇的冲突来实现的，并且企图打破巴蜀原有的政治格局，这更加深了唐廷对巴蜀诸藩镇、诸镇将的警惕与不满。同时，田令孜、陈敬瑄集团内部发生分化，王建势力迅速崛起，并与巴蜀诸将一道配合朝廷讨伐陈敬瑄。最终，反陈敬瑄势力攻陷成都，消灭了田、陈集团。但是西川镇的割据局面并没有因此结束，其后王建为谋自立逼走了以韦昭度为代表的中央势力②，此后唐中央势力完全退出了剑南西川。

由巴蜀的地理环境可知，若要在此形成长期割据之势，仅凭剑南西川一隅是难以做到的，还必须凭借秦岭、大巴山和峡江诸险为屏障。但唐廷早以

① 吕思勉《隋唐五代史》认为："唐自肃、代以来，方镇遍布，久成分裂之势，然中枢民愤犹存，方镇所擅之地，亦究不甚大，故自河北而外，迄未有能久居土自专者也。逮黄巢起而情势一变矣。"(上海古籍出版社 2005 年版，第 534 页)

② 〔宋〕司马光等撰，〔元〕胡三省注：《资治通鉴》卷 258："(韦)昭度甫出剑门，即以兵守之，不复内东军。"(中华书局 1956 年版，第 8415 页)

剑州属剑南东川、以夔州隶荆南、以阆州归山南西道，以扼制剑南诸道，所以无论是剑南西川还是另外两镇，要达成割据目的，必须在政治上统一剑南三川，才可将地利天险连为一体，使巴蜀真正成为攻守兼备、自给自足的战略基地。故在唐廷正式任命王建为剑南西川节度使后，王建又马不停蹄地相继吞并了剑南东川和山南西道。天复三年（903），王建受封为蜀王，以西川镇为主体的剑南三川成为当时最大的割据势力之一。随着王建割据剑南三川之势的形成，唐代巴蜀原有的政治地理格局便被彻底打破了。

3. 唐代后期巴蜀地缘政治环境与山南西道战略地位的变化

自从唐确立了关中、巴蜀、汉中的地域战略组合后，山南道以及其后的山南西道的地理价值和战略地位就得到了明确的肯定和极大的提高。如果说剑南两川是唐王朝的战略后方的话，那么山南西道则是唐王朝沟通大后方的必经之路。唐以长安为政治中心，与梁州仅一山之隔，由此唐人对山南西道的政治地理评价甚高①，所以山南西道在唐代国家安全战略中具有特殊的地位。在唐前期，山南西道与剑南道一起被定位为全国地理的战略枢纽区。安史之乱后，随着巴蜀内外部政治形势和地缘环境的变化与发展，山南西道的政治战略地位呈现下降的趋势。奇怪的是，这种趋势是在山南西道政治地位上升的背景下发生的。

随着剑南道的一分为二，唐前期的山、剑两道格局变为了剑南三川的格局。这虽然在表面上削弱了剑南道的力量，但是分治后的剑南西川继承了原剑南道的主体辖区且因边防军的存在而实力大增。这导致巴蜀政治地理格局实际上呈现出强弱相制的不平衡局面，使得巴蜀政治局势不时动荡。从巴蜀内部来看，剑南西川节度使经常向唐廷要求兼领剑南三川，从而引发与邻近诸镇的武装冲突。从外部来看，由于两川分治，巴蜀在应对吐蕃、南诏等外患时多少有些力不从心，需要唐廷调拨外军提供支援。这些影响巴蜀稳定的因素都与其地缘政治环境密不可分。无论是应对巴蜀内部西川镇的作乱，还

① 元稹曾在《元氏长庆集·补遗》卷5《授乌重胤山南西道节度使制》中评价："惟梁州会险形束，襟带皇都，南开蜀国，西控戎落，地宜用武。"（中华书局2010年版，第777页。）这是唐人关于山南西道战略地位的代表性评价。

是抗击少数民族进犯，唐廷只要动用武力就必须首先控制住掌管入蜀交通咽喉的山南西道。比如在平定刘辟之乱中，唐廷命山南西道节度使严砺率军会同统帅中央神策军的高崇文等分路进讨刘辟。在此次军事行动中，山南西道发挥了巨大作用，既遏制住了刘辟西川军的军势，又成为唐中央军及其他外军入蜀平叛的前进基地。

另外，山南西道还是唐王室避难蜀中的“流亡通道”。唐皇历次入蜀避难都经由山南西道的梁州地区。在数次的唐皇室入蜀中，犹数唐德宗兴元元年（784）的入蜀避难对山南西道影响最大。建中四年（783）十月，唐德宗在削藩过程中赏罚不当，致使途经长安的泾原军发生哗变，随后乱兵占据长安，拥立朱泚为皇帝，并围困唐德宗于奉天城（今陕西乾县）。兴元元年（784）正月，唐德宗下“罪己诏”来稳定政治局势。同年三月，前往奉天救驾的朔方节度使李怀光与朱泚暗中勾结，密谋叛乱，唐德宗在山南西道节度使严震派出的军队护送下，由奉天城出发经傥骆道南下进入山南西道，暂时驻跸于汉中南郑。其实唐德宗入蜀的真正目的地是成都，不过唐德宗却没有进入剑南地区，最后驻跸于梁州直至平叛成功。为何唐德宗不像之前的唐玄宗一样直接逃往剑南地区，而是一反常态地将山南西道当作避难所？

其实，唐德宗这个决定很大程度与山南西道优越的自然环境和巴蜀的政治形势密不可分。从自然环境来说，山南西道介于“帝都”关中平原与“外府”剑南西川之间，交通便捷，地势险要，易守难攻，自古为用武之地，其战略地位不言而喻。山南西道的核心区域梁州更是如此。况且剑南西川刚平定蜀军内乱，政局不稳，所以贸然入蜀未必为良策。唐德宗驻跸在与长安仅有一山之隔的汉中，将起着鼓舞士气、稳定人心的作用①，而德宗入蜀将会使军民寒心，不利于平叛。故在群臣的劝说下，唐德宗便留在了山南西道。同

---

① 〔宋〕司马光等撰，〔元〕胡三省注：《资治通鉴》卷 230：“山南地薄民贫，自安史以来，盗贼攻剽，户口减耗太半，虽节制十五州，租赋不及中原数县。及大驾驻跸，粮用颇窘。上欲西幸成都，严震言于上曰：‘山南地接京畿，李晟方图收复，借六军以为声援。若幸西川，则晟未有收复之期也。’众议未决，会李晟表至，言：‘陛下驻跸汉中，所以系亿兆之心，成灭贼之势。若规小舍大，迁都岷、峨，则士庶失望，虽有猛将谋臣，无所施矣！’上乃止（西幸成都）。”（中华书局 1956 年版，第 7419 页）

年七月，德宗返回长安，最终平定了朱泚之乱。特别值得提出的是，德宗在返回长安时下诏将梁州改为兴元府，山南西道治所由州升府明显提高了山南西道的政治地位，同时也是对山南西道战略价值的肯定。

就在山南西道政治地位上升的时候，其战略地位却在逐步丧失。其战略地位丧失的主要原因不在山南西道本身，而在与其一山之隔的关中平原上。由地缘政治学的观点可知，一个地缘空间组合战略价值的形成依赖于两大因素：一为空间组合在地理环境上的优越性；二为该地域空间组合内有丰富的资源。山南西道作为关中、巴蜀、汉中地缘组合中的一部分，在地理环境上的优越性是毋庸置疑的。但是山南西道在人力资源与物质资源上则相对匮乏，需要关中与巴蜀的全力支持。对于山南西道而言，关中对其的影响明显要强于剑南两川地区。因为山南西道始终是以服务关中帝都为主要任务，所以其政治地位随关中政治地位的变化而变化。唐代后期，关中政治中心区因农业生产力下降、陇右道外缘屏障丧失等因素，在经济、贸易、军事、交通、人口等方面都逐渐衰落，无法再像秦汉时期一样发挥出政治优势。在关中衰落的影响下，山南西道也随之衰落，其政治上的战略地位随着唐王朝的衰落而丧失。

（三）唐代巴蜀高层政区官员选调与巴蜀地缘政治环境

一般来说，政区是一个国家对其辖区内某个固定区域进行有效管理的保障，同时也是这个国家行使国家职能的体现。影响国家管理的因素主要为各级政区的政治行为，尤其表现在高层政区官员的任免，以及这些官员的施政行为两大方面。因巴蜀有特殊的地理区位优势①，在战略层面上又被唐王朝视为战略枢纽区，所以唐王朝在选调入蜀官员上显得格外谨慎，这又特别表现在剑南三川最高长官节度使的选调上。

---

① 〔明〕杨慎编，刘琳、王小波点校：《全蜀艺文志》卷1《朝山堂赋》：“吾行半天下兮，阅重岨乎。西南之坤，北有万夫莫开之剑关兮，东有险过百牢之夔门，外联六诏作屏兮，中贯三巴而为垣，梯磴钩连，莫知其际兮。”（线装书局2003年版，第26页）

1. 唐代地缘政治影响下的剑南东、西两川节度使选调

终唐一代，巴蜀独特的地理环境和社会现状使得唐王朝在政治上对其实行种种特殊政策，尤其是延续了两晋南北朝在巴蜀的用人政策（即禁止巴蜀人士在巴蜀做官，将蜀人排斥在统治集团外）。因此，唐代巴蜀各级官员基本都是外地人，而巴蜀人士在政治上长期遭受歧视，并逐渐形成不乐仕进的风气。尽管巴蜀人士“多溺于逸乐，少从宦之士”①，但唐王朝还是不停地打压和削弱巴蜀地方势力。这样的政治安排使得唐王朝与巴蜀地方势力之间始终存在着矛盾与斗争，并不时引发政局动荡。更重要的是，这种政治现象与地域矛盾的产生与发展离不开巴蜀地缘环境的作用与影响。在此影响下，剑南东、西两川节度使的主要职责与任务就是妥善处理巴蜀地方与唐中央的关系。要解决这个问题，最好的方法是任用蜀人为蜀官，因为蜀人对巴蜀的形势最为熟悉。但是唐王朝与巴蜀地方势力的矛盾，以及蜀人不乐仕进的风气，使得“蜀人治蜀”成为空想。唐王朝不得不退而求其次，在任命剑南东、西两川节度使时，将候选人有无在巴蜀生活或任职的经历作为重要考虑因素。

接下来将结合王寿南先生《唐代藩镇总表》所统计的剑南东、西两川节度使的任职情况，来进一步分析巴蜀地缘政治对剑南两川节度使任免的影响。

表 1　剑南西川节度使任职情况表②

姓名	受镇时间	受镇原因	任前官职	去镇时间	去镇原因	去镇后官职	在镇时间	文武	对中央态度	备注
杜鸿渐	大历元年二月	朝命	宰相	大历二年六月	朝命	宰相	2 年	文	恭顺	旧 108，新 126
崔宁	大历二年七月	拥兵据位	西川行军司马	大历十四年十一月	朝命	京畿观察使	13 年	武	跋扈	旧 117，新 144

① 〔唐〕魏徵：《隋书》卷 29《地理志》：“（蜀人）多溺于逸乐，少从宦之士，或至耆年白首，不离乡邑。”（中华书局 1973 年版，第 830 页）

② 此表及表 2 均出自王寿南：《唐代藩镇与中央关系之研究》，台湾大化书店 1978 年版，第 789-793 页、第 796-804 页。

续表

姓名	受镇时间	受镇原因	任前官职	去镇时间	去镇原因	去镇后官职	在镇时间	文武	对中央态度	备注
张廷赏	大历十四年十一月	朝命	荆南节度使	贞元元年六月	朝命	宰相	6年	文	恭顺	旧129，新127
韦皋	贞元元年六月	朝命	左金吾大将军	永贞元年七月	卒于任上	无	21年	文	恭顺	旧140，新158
袁滋	永贞元年十月	朝命	宰相			吉州刺史		文		旧185，新151
刘辟	永贞元年十二月	拥兵据位	西川行军司马	元和元年九月	被擒杀		10个月	文	跋扈	旧140，新158
高崇文	元和元年九月	朝命	东川节度使	元和二年十月	朝命	邠宁节度使	1年	武	恭顺	旧151，新170
武元衡	元和二年十月	朝命	宰相	元和八年三月	朝命	宰相	6年	文	恭顺	旧158，新152
李夷简	元和八年一月	朝命	山南东道节度使	元和十三年一月	朝命	御史大夫	6年	文	恭顺	新131
王播	元和十三年一月	朝命	礼部尚书	长庆元年二月	朝命	刑部尚书	4年	文	恭顺	旧164，新167
段文昌	长庆元年二月	朝命	宰相	长庆三年	朝命	刑部尚书	3年	文	恭顺	旧167，新89
杜元颖	长庆三年十月	朝命	宰相	太和三年十二月	朝命	贬授韶州刺史	7年	文	恭顺	旧163，新96

续表

姓名	受镇时间	受镇原因	任前官职	去镇时间	去镇原因	去镇后官职	在镇时间	文武	对中央态度	备注
郭钊	太和三年十二月	朝命	东川节度使	太和四年十月	朝命	太常卿	10个月	武	恭顺	旧120，新137
李德裕	太和四年十月	朝命	义成节度使	太和六年十二月	朝命	兵部尚书	3年	文	恭顺	旧174，新180
段文昌	太和六年十一月	朝命	荆南节度使	太和九年二月	卒于任上	无	3年	文	恭顺	旧167，新89
杨嗣复	太和九年二月	朝命	东川节度使	开成二年十月	朝命	户部尚书	3年	文	恭顺	旧176，新174
李固言	开成二年	朝命	宰相	会昌元年	朝命	右仆射	5年	文	恭顺	旧173，新182
崔郸	会昌元年十一月	朝命	宰相	大中元年	朝命	淮南节度使	5年	文	恭顺	新163
李回①	大中元年八月	朝命	宰相	大中二年一月	朝命	贬授湖南观察使	6个月	文	恭顺	旧173，新131

① 〔后晋〕刘昫等：《旧唐书》卷173《李回传》载："贼平，以本官同平章事，累加中书侍郎，转门下，历户、吏二尚书。武宗崩，回充山陵使，祔庙竟，出为成都尹、剑南西川节度。大中元年冬，坐与李德裕亲善，改潭州刺史、湖南观察使，再贬抚州刺史。白敏中、令狐绹罢相，入朝为兵部尚书，复出为成都尹、剑南西川节度使。"（中华书局1975年版，第4502页）据此记载，李回曾两次任西川节度使，但时间不详。

续表

姓名	受镇时间	受镇原因	任前官职	去镇时间	去镇原因	去镇后官职	在镇时间	文武	对中央态度	备注
杜悰	大中二年二月	朝命	东川节度使	大中六年三月①	朝命	淮南节度使	5年	文	恭顺	旧147，新166
白敏中	大中六年四月	朝命	邠宁节度使	大中十一年一月	朝命	荆南节度使	5年	文	恭顺	旧166，新119
魏謩	大中十一年二月	朝命	宰相	大中十一年	朝命	吏部尚书	数月	文	恭顺	旧176，新97
李景让	大中十一年五月	朝命	御史大夫	大中十三年七月②	朝命	吏部尚书	1年	文	恭顺	新177
杜悰	大中十三年	朝命	东都留守	咸通元年十月	朝命	右仆射	2年	文	恭顺	旧147，新166
夏侯孜	咸通元年十月	朝命	宰相	咸通三年七月	朝命	宰相	2年	文	恭顺	旧177，新182
萧邺	咸通三年	朝命	荆南节度使	咸通五年二月	朝命	左迁为山南西道观察使	2年	文	恭顺	新182

① 〔唐〕李商隐：《李商隐文集编年校注》之《为河东公谢相国京兆公第二启》载："某启：伏奉荣示，伏蒙辟署某第二子前乡贡进士充摄剑南西川安抚巡官，并赐公牒举者。"（中华书局2002年版，第1939页）刘学锴考证此文写于大中六年三月六日。据此，大中六年三月杜悰还在西川节度使任上。

② 吴钢主编：《全唐文补遗·千唐志斋新藏专辑》收李景让《唐故朝散大夫守左散骑常侍赠工部尚书裴公（夷直）墓铭并序》记大中十三年七月李景让为裴夷直撰写墓志时署："银青光禄大夫、前剑南西川节度观察处置等使、检校尚书右仆射、兼成都尹、御史大夫、酒泉县男李景让。"（三秦出版社2006年版，第397页）可见李景让在此前已卸任。

续表

姓名	受镇时间	受镇原因	任前官职	去镇时间	去镇原因	去镇后官职	在镇时间	文武	对中央态度	备注
李福	咸通五年二月	朝命	刑部尚书	咸通七年四月	朝命	贬蕲王傅	3年	文	恭顺	新131
刘潼	咸通七年三月	朝命	河东节度使	咸通九年	卒	无	3年	文	恭顺	新149
卢耽	咸通九年九月	朝命	山南东道节度使	咸通十一年	朝命	不详	2年	文	恭顺	
吴行鲁	咸通十一年十月	朝命	彭州刺史	咸通十二年	朝命	不详	1年	武	恭顺	
路岩	咸通十二年四月	朝命	宰相	咸通十四年十一月	朝命	荆南节度使	3年	文	恭顺	旧177，新184
牛丛	咸通十四年十一月	朝命	睦州刺史	乾符二年	朝命	太常卿	2年	文	恭顺	旧172，新174
高骈	乾符二年一月	朝命	天平军节度	乾符五年一月	朝命	荆南节度使	3年	武	恭顺	旧182，新224
崔安潜	乾符五年	朝命	忠武节度使	广明元年三月	朝命	太子宾客分司①	3年	文	恭顺	旧177，新114
陈敬瑄	广明元年三月	朝命	左金吾大将军	大顺二年十月	为王建所执	卒	12年	武	跋扈	新224

① 〔宋〕宋祁、欧阳修等：《新唐书》卷90《刘崇望传》载："崔安潜帅许及剑南……安潜入为吏部尚书，崇望又以员外郎主南曹。"（中华书局1975年版，第3768页）

续表

姓名	受镇时间	受镇原因	任前官职	去镇时间	去镇原因	去镇后官职	在镇时间	文武	对中央态度	备注
韦昭度	文德元年六月	朝命	宰相		原藩拒代	东都留守		文		旧 179，新 185
王建	大顺二年十月	拥兵据位	永平节度使	天佑四年	唐亡	唐亡	17 年	武	跋扈	旧五代史 136，新五代史 63

表 2　剑南东川节度使任职情况表

姓名	受镇时间	受镇原因	任前官职	去镇时间	去镇原因	去镇后官职	在镇时间	文武	对中央态度	备注
李奂	上元二年	朝命	兴平节度使	上元二年 3 月	段子璋反叛弃镇而逃	无	数月		恭顺	
严武	上元二年	朝命	西川节度使	上元二年	朝命	西川节度使	数月	文	恭顺	旧 117，新 129
章彝	宝应元年	朝命	梓州刺史	广德元年	朝命		2 年	文	恭顺	附见旧 117 严武传
张献诚	大历元年二月	朝命	山南西道节度使	大历元年	朝命	山南西道节度使	数月	武	恭顺	旧 122，新 133
杜济	大历元年	朝命	剑南西川副元帅判官及行军司马	大历三年	朝命	给事中	2 年	文	恭顺	全唐文 344
鲜于叔明	大历三年五月	朝命	邛南节度使	贞元二年四月	朝命	右仆射	18 年	文	恭顺	旧 122，新 147，全唐文 423

续表

姓名	受镇时间	受镇原因	任前官职	去镇时间	去镇原因	去镇后官职	在镇时间	文武	对中央态度	备注
王叔邕	贞元二年四月	朝命	东川兵马使①	贞元十八年			16年		恭顺	全唐文527
李康	贞元十八年三月	朝命	东川行军司马	永贞元年一月	为刘辟所擒	无	3年		恭顺	唐方镇年表6
韦丹	永贞元年十二月	朝命	右谏议大夫	元和元年一月	朝命	晋绛观察使	2个月	文	恭顺	唐方镇年表6
高崇文	元和元年三月	朝命	右神策行营节度使	元和元年九月	朝命	西川节度使	7个月	武	恭顺	旧151，新170
严砺	元和元年九月	朝命	山南西道节度使	元和四年三月	卒于任上	无	3年	武	恭顺	旧117，新144
潘孟阳	元和四年	朝命	华州刺史	元和八年八月	朝命	户部侍郎	5年	文	恭顺	旧162，新160
卢坦	元和八年八月	朝命	户部侍郎	元和十二年九月	朝命	无	5年	文	恭顺	旧153，新159
李逢吉	元和十二年九月	朝命	宰相	元和十五年一月	朝命	山南东道节度使	3年	文	恭顺	旧167，新174

① 〔宋〕王钦若等编：（宋本）《册府元龟》卷176载：“（贞元十二年二月乙亥）剑南东川节度营田观察使、静戎军使、检校工部尚书、兼梓州刺史、御史大夫王叔邕……并检校右仆射。”（中华书局1989年版，第424页）

续表

姓名	受镇时间	受镇原因	任前官职	去镇时间	去镇原因	去镇后官职	在镇时间	文武	对中央态度	备注
王涯	元和十五年一月	朝命	吏部侍郎	长庆二年秋①	朝命	御史大夫	3年	文	恭顺	旧169，新179
李绛	长庆二年秋	朝命	东都留守	宝历元年四月	朝命	左仆射	3年	文	恭顺	旧164，新152
郭钊	宝历元年三月	朝命	兵部尚书	大和三年十二月	朝命	西川节度使	5年	武	恭顺	旧120，新137
刘遵古	大和四年一月	朝命	邠宁节度使		朝命			文	恭顺	唐方镇年表6
杨嗣复	大和七年七月	朝命	左丞	大和九年二月	朝命	西川节度使	2年	文	恭顺	旧176，新174
冯宿	大和九年春	朝命	兵部侍郎	开成元年十二月	卒于任上	无	2年	文	恭顺	旧168，新177
杨汝士	开成元年十二月	朝命	兵部侍郎	开成四年九月	朝命	吏部侍郎	3年	文	恭顺	旧176，新175
郑复	开成四年九月	朝命	京兆尹	会昌元年	朝命	不详	2年		恭顺	唐方镇年表6

① ［宋］宋祁、欧阳修等：《新唐书》载："（王涯）长庆三年，入为御史大夫，迁户部尚书、盐铁转运使。"（中华书局1975年版，第5318页）似乎王涯去镇应在长庆三年，其实不然。根据继任者李绛在长庆二年七月已由东都留守改徙东川，可知王涯可能于此时罢镇，次年抵京任御史大夫。

续表

姓名	受镇时间	受镇原因	任前官职	去镇时间	去镇原因	去镇后官职	在镇时间	文武	对中央态度	备注
归融	会昌元年	朝命	山南西道节度使	会昌二年	朝命	兵部尚书	2年	文	恭顺	旧149，新164
卢弘宣	会昌三年	朝命	刑部侍郎	会昌四年	朝命	秘书监①	2年	文	恭顺	新197，全唐文741
卢商	会昌四年六月	朝命	户部侍郎	会昌六年五月	朝命	兵部侍郎	2年	文	恭顺	旧176，新182
杜悰	会昌六年	朝命	左仆射	大中二年二月	朝命	西川节度使	2年	文	恭顺	旧147，新166
周墀	大中三年四月	朝命	宰相	大中五年二月	卒于任上	无	2年	文	恭顺	新182
柳仲郢	大中五年	朝命	河南尹	大中九年十月	朝命	吏部侍郎	5年	文	恭顺	唐方镇年表6
韦有翼	大中九年十一月	朝命	兵部侍郎	大中十二年一月	朝命	吏部侍郎	3年		恭顺	
崔慎由	大中十二年一月	朝命	宰相	咸通三年	朝命	华州刺史	5年	文	恭顺	旧177，新114

① 〔宋〕范祖禹《唐鉴》云："会昌五年正月，弘宣自秘书监改任义武节度使。"（上海古籍出版社1981年版）《文苑英华》载秘书监卢弘宣任易定节度使，即弘宣由东川节度使入为秘书监，再出为义武节度使。

续表

姓名	受镇时间	受镇原因	任前官职	去镇时间	去镇原因	去镇后官职	在镇时间	文武	对中央态度	备注
薛耽	咸通三年春	朝命	（朝官）	咸通三年秋	朝命		数月	文	恭顺	
高璩	咸通三年八月	朝命	兵部侍郎	咸通六年四月	朝命	宰相	3年	文	恭顺	旧171，新177
王承业	咸通六年	朝命		咸通六年	朝命		数月		恭顺	
独孤云	咸通七年	朝命		咸通十一年	朝命		5年	文	恭顺	
颜庆复	咸通十一年二月	朝命	左神武将军	咸通十二年	朝命		2年	武	恭顺	
崔充	咸通十三年	朝命	户部侍郎	乾符二年四月	朝命	河南尹	4年	文	恭顺	旧159附崔群传
吴行鲁	乾符二年	朝命	东川兵马使	乾符四年	朝命		3年	武	恭顺	
李璧①	乾符四年	朝命			朝命				恭顺	
杨师立	广明元年四月	朝命	神策军将	中和四年一月	拒命为高仁厚所杀	无	4年	武	跋扈	附见新189高仁厚传

① 吴廷燮：《唐方镇年表》卷6《剑南东川》："乾符元年十一月，以长安令李璧为谏议大夫。"（中华书局1980年版，第1014页）

续表

姓名	受镇时间	受镇原因	任前官职	去镇时间	去镇原因	去镇后官职	在镇时间	文武	对中央态度	备注
高仁厚	中和四年六月	朝命	眉州刺史	光启二年三月	为陈敬瑄所杀	无	2年	武	恭顺	新189
顾彦朗	光启三年一月	朝命	右卫大将军	大顺二年十月	卒于任上	无	5年	武	跋扈	新186
顾彦晖	大顺二年十二月	朝命袭兄彦朗之位	汉州刺史	乾宁四年十月	为王建所败被杀	无	6年	武	跋扈	新186
刘崇望	乾宁四年	朝命	兵部尚书		原藩拒代①	兵部尚书		文		旧179，新90
王宗滌②	乾宁四年十月	强藩任命	西川将	天复元年四月	自请		4年	武	跋扈	九国志卷6
王宗裕	天复元年四月	强藩任命	西川马步使	天复二年	强藩任命		2年	武	跋扈	九国志卷6
王宗佶	天复二年	强藩任命	武信军节度	天佑四年	唐亡		5年	武	跋扈	九国志卷6

将上表中的信息进行整理分析后，可以看出唐王朝选任剑南东、西川节

---

① 〔后晋〕刘昫等：《旧唐书》卷179《刘崇龟传》："时西川侵寇顾彦晖，欲并东川，以崇望检校右仆射、平章事、梓州刺史、剑南东川节度使。未至镇，召还，复为兵部尚书。"（中华书局1975年版，第4665页）〔宋〕宋祁、欧阳修等：《新唐书》卷90载《刘崇望传》："王建欲并东川，诏崇望为剑南东川节度使、同中书门下平章事。未至，建已使王宗滌知留后，崇望乃还为兵部尚书。"（中华书局1975年版，第3769页）

② 〔宋〕欧阳修：《新五代史》卷63《前蜀世家》载："（王）建以王宗滌为东川留后，唐即以宗滌为节度使，于是并有两川之地。"（中华书局1974年版，第786页）

度使有以下特点：

（1）职官属性。无论是剑南西川，还是剑南东川，在正式担任过节度使的人中，文臣占有绝对优势。如正式出任剑南西川节度使的33人中，文官有26人；正式出任剑南东川节度使的45人中，文官有25人。文官出身的节度使占65%左右。这种情况表明唐王朝在剑南节度使的任用上，与其他中央控制下的藩镇一样，一般以文臣为主，并且在镇时间相对较长。武将出镇两川的时间相对较短，但具体到东西两川，情况又有所不同。武将出镇剑南西川大多是由于文臣们抵御外敌不力，或为平息内部的暴乱；武将出镇剑南东川大多是为了节制剑南西川的跋扈，或支援剑南西川抵御外敌。无论剑南西川节度使还是剑南东川节度使都需要处理各种往来公文，这就使得文化程度相对较低的武将难以长期担任此职位。另外唐王朝选任武将出任剑南东川节度使，很大程度都是基于监控防范剑南西川的需要，一旦剑南西川政治形势好转，唐中央就会以文臣出镇。故武将担任剑南东、西川节度使都具有临时性、过渡性的特点。

从职官属性和唐廷对剑南两川各自的政治需求来说，剑南西川节度使最好是文武兼备型官员。这类官员对外能防御外敌，对内能改善民生，并忠顺于朝廷，例如韦皋、李德裕等。剑南东川节度使最好为本地恭顺型官员，这类官员由于生于巴蜀，熟知巴蜀民情、政情，对上能秉承朝廷旨意，对下能兼顾地方利益，并能较好地处理与协调巴蜀与唐中央的关系，例如鲜于叔明等。总之，无论是剑南西川还是剑南东川，都需要“硕德名臣”才“方可寄任”①。

（2）受镇原因。担任过西川节度使的33人中，拥兵据位者仅有崔宁、刘辟、王建三人。这其中，崔宁虽拥兵据位，迫使朝廷任其为西川节度使，但就任之后对朝廷相当恭顺。刘辟虽也拥兵据位，但一些学者研究指出刘辟并非想要反抗朝廷，只想按照当时其他藩镇的继承惯例行事②。但他与朝廷旨意

① 卢求：《成都记序》：“（蜀地剑南西川）故非上将贤相、殊勋重德，望实为人所归伏者，则不得居此。”（中华书局1983年版，第7703页）这说明剑南西川节度使基本上由重臣和亲贵担任。

② 陆扬：《从西川和浙西事件论元和政治格局的形成》，《唐研究》第8卷，北京大学出版社2002年版，第225-256页。

相违，并一错再错，而被朝廷剿杀。三人中只有王建上任后不服王命，割据自立。除了这三人，其余官员皆为接受朝命而出任者。

担任过东川节度使的46人中，大部分官员都是朝廷任命的。值得注意的是，剑南东川虽没有像剑南西川那样出现拥兵据位者，但是在唐末出现了三位以强藩任命的形式任东川节度使的情况。结合剑南东川的地理环境可知，当时周围诸藩中能给剑南东川施加重大影响的就只有兵强财富的剑南西川了。三位以强藩任命形式就任的东川节度使皆来自剑南西川，而且还都是剑南西川藩主王建麾下的亲信镇将。虽然唐王朝曾以文臣刘崇望出镇剑南东川，但是王建谋图自立，不愿拱手让出剑南东川，于是便任命亲信管治剑南东川，抗拒朝命，最终达到了据有“剑南三川”的目的。

（3）去镇原因及去镇后的状况。剑南西川35任节度使的去镇情况为：2人被擒杀，3人死于任上，1人因唐亡自立，其余29人皆受朝命离任。对中央的态度上，仅有4位在任期间对朝廷态度“跋扈”，剩下的31位则对朝廷表现恭顺。综合起来可发现在大部分时间里，剑南西川节度使都能听命于中央，唐政府始终控制与影响着剑南西川地区。

剑南东川46任节度使的去镇情况则为：1人弃镇，4人被擒杀，4人卒于任上，1人为原藩拒代，2人为强藩任命，1人因唐亡去职，其余33任皆受朝命离任。对中央的态度上，仅有6位在任期间对朝廷态度“跋扈”，余下的40位对朝廷表现相当恭顺。

综合两者不难看出，剑南东川在大部分时间里都能服从中央，唐王朝能有效地理治剑南东川。最后，整合剑南两川节度使去镇的原因，可知剑南西川35任节度使中有11人在卸任后入朝担任宰相，而剑南东川仅有1人担任宰相，两者结果悬殊。不难看出，剑南两川在唐统治者心目中的地位是不一样的，剑南西川明显略胜一筹。由于剑南西川节度使入相者颇多，因此唐人将剑南西川地区称誉为“宰相回翔之地”。

（4）除了以上的特点外，一些节度使还有在巴蜀生活或任职的经历，现根据相关史料整理如下：

表 3 剑南两川节度使在蜀经历表

姓名	在蜀经历	资料出处
严武	上元二年为东川节度使；广德二年担任剑南两川节度使	《旧唐书》卷 117,《新唐书》卷 129
章彝	初为梓州刺史，后为严武判官	《旧唐书》卷 117
杜济	广德年间入严武幕府，为剑南西川行军司马	《全唐文》卷 344《京兆尹兼中丞杭州刺史剑南东川节度使杜公墓志铭》
张献诚	任山南西道节度使长达 5 年	《旧唐书》卷 122,《新唐书》卷 133
崔宁	天宝年间入蜀任职达 20 多年，为剑南西川西山都知兵马使	《旧唐书》卷 117,《新唐书》卷 144
鲜于叔明	阆州新郑县人，曾任巴蜀邛南节度使	《旧唐书》卷 122,《新唐书》卷 147,《全唐文》卷 423《唐剑南东川节度使鲜于公经武颂》
张延赏	其父张嘉贞担任过益州长史	《旧唐书》卷 129,《新唐书》卷 127
韦皋	张延赏之婿，曾入蜀	《太平广记》卷 305“韦皋”条
王叔邕	曾任剑南东川兵马使	《全唐文》卷 527《弹崔位状》
李康	曾任剑南东川行军司马	《唐方镇年表》卷 6《剑南东川》
袁滋	贞元十年出使南诏	《袁滋石门摩崖题名》
刘辟	贞元初入韦皋幕府	《旧唐书》卷 140,《新唐书》卷 158
高崇文	元和元年任剑南东川节度使达 7 个月，后改任剑南西川节度使	《旧唐书》卷 151,《新唐书》卷 170
严砺	任山南西道节度使长达 7 年	《旧唐书》卷 117,《新唐书》卷 144
段文昌	少年时居蜀，贞元年间入韦皋幕府，两次出任剑南西川节度使	《旧唐书》卷 167,《新唐书》卷 89
郭钊	宝历元年任剑南东川节度使，后改任剑南西川节度使	《旧唐书》卷 120,《新唐书》卷 137
李德裕	贞元十一年至贞元十九年随父李吉甫赴忠州	《李德裕年谱》①

① 傅璇琮编：《李德裕年谱》，河北教育出版社 2001 年版，第 25-28 页。

续表

姓名	在蜀经历	资料出处
杨嗣复	元和年间入武元衡幕府①，太和七年任剑南东川节度使，太和九年任剑南西川节度使	《旧唐书》卷176，《新唐书》卷174
李固言	太和九年任山南西道节度使，后于开成二年任剑南西川节度使	《旧唐书》卷173，《新唐书》卷182
崔郸	曾入杜元颖幕府	《新唐书》卷163
归融	开成年间任山南西道节度使，后转任剑南东川节度使	《旧唐书》卷149，《新唐书》卷164
杜悰	会昌六年任剑南东川节度使，其后两次出任剑南西川节度使	《旧唐书》卷147，《新唐书》卷166
李福	曾入杨嗣复幕府	《新唐书》卷131
周墀	曾入山南西道节度使李宗闵幕府	《新唐书》卷182
高璩	其父高元裕曾任阆州刺史	《旧唐书》卷171，《新唐书》卷177
刘潼	大中年间，曾赴山南西道招抚贼寇	《新唐书》卷149
牛丛	曾入李福幕府	《鉴戒录》卷2“判木夹”条
高仁厚	曾为剑南西川镇营使，后任眉州刺史	《新唐书》卷189
陈敬瑄	蜀人②	《新唐书》卷224
王建	中和年间随忠武大将鹿晏弘入蜀，后为利州刺史	《旧五代史》卷136，《新五代史》卷63

这些有在剑南两川地区生活与任职经历的节度使，除去本人为蜀人的情况外，大致分为以下几种状况：

① 国家图书馆善本金石组编：《隋唐五代石刻文献全编》第1册《诸葛武侯祠堂碑阴题名》，北京图书馆出版社2003年版，第493页。

② 关于陈敬瑄的籍贯，主要有两种说法：一为《新唐书》卷208载“田令孜字仲则，蜀人也，本陈氏”（中华书局1975年版，第5884页），而陈敬瑄为令孜之兄，故亦为蜀人。二为《资治通鉴》卷253《唐纪僖宗下》载“（广明元年）三月，庚午，以左金吾大将军陈敬瑄为西川节度使。敬瑄，许州人，田令孜之兄也”。（中华书局1956年版，第11207页）唐代许州乃今河南许昌。本文采用了《新唐书》的说法。

一为曾在剑南三川诸道中担任过幕府僚佐、州刺史等职者，共有 14 人。剑南西川方面：崔宁在广德年间为西山都知兵马使，专职防御吐蕃；段文昌在贞元年间入韦皋幕府；杨嗣复在元和年间入武元衡幕府；崔郸曾在杜元颖幕府担任副使；李福任职于杨嗣复幕府；牛丛在李福幕府中任副职；王建在光启年间为山南西道利州刺史。剑南东川方面：杜济在广德年间为剑南西川行军司马；王叔邕在鲜于叔明时期担任剑南东川兵马使；李康在贞元年间为剑南东川行军司马；周墀任职于李宗闵幕府；高仁厚在陈敬瑄镇西川时，任西川镇营使以及眉州刺史。

二为曾任过蜀地一道节度使，后又调任其他两道者，属于这种情况的节度使有严武、张献诚、高崇文、郭钊、杨嗣复、李固言、归融、杜悰等人。巴蜀的自然环境较为封闭，三道风俗文化等基本相似，故将曾在巴蜀一道任过节度使者调任邻镇，相比那些从未入蜀的外地官员而言，他们能更好、更早地适应和掌控局势。

三为曾有在蜀经历者，大致分为两类：第一种为因公事而入蜀者，如刘潼因受诏剿贼而赴蜀①。第二种为因游历而入蜀者，如段文昌曾在少时居蜀②。他们因为很早就接触到巴蜀的风俗民情，所以对巴蜀相关情况的了解比一般人而言要多。

唐王朝在挑选剑南东、西川节度使时就相对看重有过在蜀经历的人选。段文昌之所以能担任剑南西川节度使一职，就是因为朝廷考虑到其有在巴蜀生活过的经历。他在任期间对内实行宽松政策，休养生息，对外妥善处理与周边势力的关系，使剑南西川地区出现了安定的局面。总之，在选任剑南东、西川节度使时，候选人有无在巴蜀生活或任职的经历，是唐王朝考虑的重要因素之一。

---

① 〔宋〕宋祁、欧阳修等：《新唐书》卷 149《刘潼传》载：“山南有剧贼，依山为剽，宣宗怒，欲讨之……诏（刘）潼驰往。潼挺身直叩其垒曰：‘有诏赦尔罪。’盗皆列拜，约潼就馆而降。会山南节度使封敖遣兵击贼，潼罢归。”（中华书局 1975 年版，第 4800 页）〔宋〕宋祁、欧阳修等：《新唐书》卷 177《封敖传》载：“大中中，（封敖）历平卢、兴元节度使……蓬、果贼鸡山，寇三川，敖遣副使王赞捕平之。”（中华书局 1975 年版，第 5287 页）大中正是唐宣宗的年号，所以剿贼处应为山南西道地区，由此看出刘潼确有在蜀经历。

② 〔后晋〕刘昫等：《旧唐书》卷 167《段文昌传》载：“朝廷以文昌少在西蜀，诏授西川节度使。”（中华书局 1975 年版，第 4368 页）

通过对剑南东、西川节度使选调与任职情况的梳理与分析，不难看出这些人事任命或多或少与地缘政治环境有关。由于剑南地区地处西南一隅，既为边疆要地又为财赋重地，故剑南地区节度使的委任不但与处于中央控制下的中原诸藩大不相同，而且在剑南地区内部也有不同。

从政治地理上看，中原诸藩居唐王朝心腹之地，具有控扼河朔、拱卫关中、沟通江淮等职能，需要重兵驻守，因此中原诸藩节度使必须擅于统军、治军，故节度使以武将居多。而剑南地区位居西南，地处边疆，攻守兼备，加上物阜民丰等，主要履行防御边疆、提供财赋、防遏叛乱等职能。除外侵、内乱时需要以武将为节帅统兵外，大多数时候还是任用熟悉朝纲的文官为节度使镇蜀。

另外，因中原诸藩节度使大多为武人出身，再加上军事力量普遍较强，容易发展成为河朔型藩镇，但唐政府又不得不倚重他们来防范河朔藩镇。剑南地区节度使大多为文臣，加上唐王朝不断以种种方式削弱西川实力，使得剑南地区大多数时候都能服从并执行朝廷政策，是唐政府为数不多的可以直接掌控的地区之一。

经过一段时期的统治后，剑南地区在政治地理上形成了分割破裂、两川相制的局面。“分割破裂”指将剑南道一分为二，分设剑南西道与剑南东道；而“两川相制”则指东、西两川相互制约的政治格局。如果说“分割剑南”是唐王朝经略巴蜀的政治目的，那么这目的确实达到了，而“两川相制”的政治布局是否成功，还不好说。

仅根据两川节度使的任免情况来看，剑南东川有四任节度使都是被剑南西川所杀，而最后几任节度使皆为西川任命，并且剑南东川有内乱还得依靠剑南西川帮忙才能平乱（如东川段子璋作乱，最后靠剑南西川出兵才得以平定），这些足以说明剑南东川的政治、军事实力确实不如剑南西川。

唐王朝顾及这一客观情况，不仅将剑南地区的险要地势划归东川管辖，以此控扼西川的外联之途，而且还在两川节度使人选上做文章，以维持两川相制的格局。如大历年间剑南西川节度使崔宁以拥兵据位的方式上任，唐王朝立马就任命崔宁的原上级、前剑南西川行军司马杜济担任剑南东川节度使。在平定刘辟之乱后，唐朝委任宰相武元衡出镇西川，不久又任命与武元衡私交甚密的潘孟阳为剑南东川节度使，以此结束了安史之乱以后军人长期控制剑南两川的局面，从而使得朝廷在一段时期内真正成功实现了两川相制的政治目标。故唐王朝选任剑南东、西川节度使并不是孤立的，而是有一种隐蔽的内在联系。

2. 唐代巴蜀地缘政治环境与山南西道节度使和剑南西川节度使的选任

若要进行唐代巴蜀的政治地理研究，仅对剑南东西两川进行分析是完全不够的。在唐人的地理认识中，山南西道始终是与剑南两川连为一体的，不能割裂来看，所以才会被称为“剑南三川”。但笔者私下认为另一个称谓更好——“山剑西道”①，它更能体现出唐人对巴蜀地域范围的认知。毕竟终唐一代，每当巴蜀某一镇发生事故时，唐廷所派出的使臣一般都带三川的使衔，以便统筹全局、协调各方力量，因此可以从中看出山南西道与剑南两川“一体化”的程度。在节度使的任免上，山南西道的情况也基本类似于剑南东西两川，其大多数节度使主要还是由外来的文臣出任。其中的政治考虑也与唐廷选任剑南两川节度使的原则相似，但地理区位等因素的不同，也使得山南西道节度使选任表现出与剑南东西川相异的特征。接下来将结合历任山南西道节度使的任职情况进行说明。

表 4　山南西道节度使任职情况表②

姓名	受镇时间	受镇原因	任前官职	去镇时间	去镇原因	去镇后官职	在镇时间	文武	对中央态度	备注
李栖筠	乾元元年	朝命	吏部员外郎判南曹	乾元二年	朝命	太子中允	2 年	文	恭顺	新 146
李希言	乾元二年	朝命	浙东观察使	上元元年			2 年		恭顺	唐方镇年表卷 4

① 〔五代〕王溥：《唐会要》卷 78 载：“（开元）二十七年，章仇兼琼又兼山南西道采访使，其后或兼或不兼，无定制。”（中华书局 1955 年版，第 1431 页）由此知时人将剑南、山南两道合称为山剑西道。

② 此表出自王寿南《唐代藩镇与中央关系之研究》。（台湾大化书店 1978 年版，第 742-751 页）需要特别说明的是，山南西道节度使表为原表引用，其以乾元元年（758）而不是以建中元年（780）作为山南西道节度使成为定职的起点。

续表

姓名	受镇时间	受镇原因	任前官职	去镇时间	去镇原因	去镇后官职	在镇时间	文武	对中央态度	备注
高武光	上元二年	朝命	大理卿	宝应元年	朝命	绛州刺史	2年	武	恭顺	全唐文444
李勉	宝应元年	朝命	河中行军司马	宝应元年	党项寇梁州，弃镇走	大理少卿	数月	文	恭顺	旧131
臧希让	宝应元年	朝命	邠宁节度使	广德元年	朝命	太子詹事	2年	武	恭顺	唐方镇年表卷4
张献诚	广德二年	朝命	（朝官）	大历三年四月	朝命	户部尚书	5年	武	恭顺	旧122，新133
张献恭	大历三年四月	朝命	右羽林将军	大历四年二年	朝命		2年	武	恭顺	旧122，新133
李抱玉	大历五年一月	朝命	泽潞节度使	大历六年二月	朝命	泽潞节度使	2年	武	恭顺	旧132，由泽潞兼领
张献恭	大历六年	朝命		大历十四年	朝命		9年	武	恭顺	旧122，新133，此为其再任
贾耽	大历十四年十一月	朝命	鸿胪卿	建中三年十一月	朝命	山南东道节度使	3年	文	恭顺	旧138，新166
严震	建中三年十一月	朝命	兴州刺史	贞元十五年六月	卒于任上	无	17年	文	恭顺	旧117，新158，全唐文505
严砺	贞元十五年七月	朝命	山南西道都虞候	元和元年九月	朝命	东川节度使	7年	武	恭顺	旧117，新144，全唐文497

续表

姓名	受镇时间	受镇原因	任前官职	去镇时间	去镇原因	去镇后官职	在镇时间	文武	对中央态度	备注
柳晟	元和元年九月	朝命	将作监	元和三年	朝命	将作监	2年	文	恭顺	旧183，新159，全唐文738
裴玢	元和三年二月	朝命	鄜坊节度使	元和七年二月	朝命	不详	4年	武	恭顺	旧146
赵宗儒	元和七年一月	朝命	刑部尚书	元和九年三月	朝命	御史大夫	3年	文	恭顺	旧167，新151
郑余庆	元和九年三月	朝命	太子少傅	元和十一年	朝命	太子少师	3年	文	恭顺	旧158，新165
权德舆	元和十一年十月	朝命	刑部尚书	元和十三年八月	卒于任上	无	2年	文	恭顺	旧148，新165，全唐文562
崔从	元和十三年八月	朝命	右丞	长庆元年十月	朝命	左丞	4年	文	恭顺	唐方镇年表卷4
乌重胤	长庆元年十月	朝命	横海节度使	长庆二年十月	朝命	天平军节度使	1年	武	恭顺	旧161，新171
韦绶	长庆二年十月	朝命	礼部尚书	长庆三年八月	卒于任上	无	10个月	文	恭顺	旧162，新160
裴度	长庆三年八月	朝命	右仆射	宝历二年二月	朝命	宰相	3年	文	恭顺	旧170，新173

续表

姓名	受镇时间	受镇原因	任前官职	去镇时间	去镇原因	去镇后官职	在镇时间	文武	对中央态度	备注
王涯	宝历二年二月	朝命	礼部尚书	太和三年一月	朝命	太常卿	3 年	文	恭顺	旧 169，新 179
李绛	太和三年一月	朝命	太常卿	太和四年二月	军乱被杀	无	2 年	文	恭顺	旧 164，新 152
温造	太和四年二月	朝命	右丞	太和五年四月	朝命	兵部侍郎	2 年	文	恭顺	旧 165
李载义	太和五年四月	朝命	太保	太和七年六月	朝命	河东节度使	3 年	武	恭顺	唐方镇年表卷 4
李宗闵	太和七年六月	朝命	宰相	太和八年十月	朝命	宰相	2 年	文	恭顺	旧 176，新 174
李德裕	太和八年十月	朝命	宰相		朝命	兵部尚书		文		旧 174，新 180，未至镇即改官
王源中	太和八年十一月	朝命	礼部尚书	太和九年十月	朝命	刑部尚书	1 年	文	恭顺	唐方镇年表卷 4
李固言	太和九年九月	朝命	宰相	开成元年四月	朝命	宰相	8 个月	文	恭顺	旧 173，新 182
令狐楚	开成元年四月	朝命	左仆射	开成二年十一月	卒于任上	无	2 年	文	恭顺	旧 172，新 166

续表

姓名	受镇时间	受镇原因	任前官职	去镇时间	去镇原因	去镇后官职	在镇时间	文武	对中央态度	备注
郑澣	开成二年十一月	朝命	刑部尚书	开成四年一月	朝命①	户部尚书	2年	文	恭顺	旧158，新165
归融	开成四年二月	朝命	吏部侍郎	会昌元年	朝命	东川节度使	2年	文	恭顺	旧149，新164
崔瑨	会昌元年	朝命	东都留守	会昌三年	卒于任上	无	3年	文	恭顺	旧177，新182
孙简	会昌三年	朝命	（朝官）	会昌四年	朝命	太常卿	2年	文	恭顺	唐方镇年表卷4
王起	会昌四年秋	朝命	左仆射	大中元年	卒于任上②	检校司空	3年	文	恭顺	旧164，新167
郑涯	大中元年	朝命	不详	大中三年	朝命	不详	3年	文	恭顺	
封敖	大中四年	朝命	吏部侍郎	大中八年	朝命	左散骑常侍	5年	文	恭顺	旧168，新177

---

① 〔后晋〕刘昫等：《旧唐书》卷158《郑澣传》载："（郑澣）出为山南西道节度观察使，检校户部尚书、兴元尹、兼御史大夫……开成四年闰正月，以户部尚书征。诏下之日，卒于兴元。"（中华书局1975年版，第4168页）〔宋〕宋祁、欧阳修等：《新唐书》卷165《郑澣传》载："（郑澣）累进尚书左丞，出为山南西道节度使……以户部尚书召，未拜，卒，年六十四。"（中华书局1975年版，第5062页）郑澣受朝命转户部尚书之时，突然卒于山南西道节度使任上。

② 原表中的去镇原因是因年事已高移镇。但是据《旧唐书》卷164《王起传》载："（会昌四年）其年秋，出为兴元尹，兼同平章事，充山南西道节度使……在镇二年，以老疾求代，不许。大中元年，卒于镇，时年八十八。"（中华书局1975年版，第4280-4281页）〔宋〕宋祁、欧阳修等：《新唐书》卷167《王起传》载："武宗立……擢山南西道节度使、同中书门下平章事……宣宗初，检校司空，以疾愿代，不许。卒，年八十八，赠太尉，谥曰文懿。"（中华书局1975年版，第5118页）王起实际上卒于任上。

续表

姓名	受镇时间	受镇原因	任前官职	去镇时间	去镇原因	去镇后官职	在镇时间	文武	对中央态度	备注
蒋系	大中八年	朝命	左丞	大中十一年	朝命	刑部尚书	3年	文	恭顺	旧149
卢钧	大中十一年九月	朝命	太子太师	大中十三年	朝命	东都留守	3年	文	恭顺	
柳仲郢	大中十三年	朝命	户部尚书	咸通元年	朝命	雷州刺史	2年	文	恭顺	旧165，新163
苗恪	咸通元年十一月	朝命	户部尚书	咸通二年			2年	文	恭顺	
李从晦	咸通三年九月	朝命	工部侍郎	咸通五年			3年		恭顺	新78，附于襄邑王神符传
萧邺	咸通五年二月	朝命	西川节度使	咸通八年	朝命	户部尚书	4年	文	恭顺	唐方镇年表卷4
李当	咸通九年	朝命	宣歙观察	咸通十一年	朝命	吏部侍郎	3年	文	恭顺	
王宗	咸通十二年	朝命		乾符元年			4年	武	恭顺	旧182，新186附王处存传
牛蔚①	乾符二年	朝命		乾符四年	朝命	刑部尚书	3年	文	恭顺	旧172，新174
吴行鲁	乾符五年	朝命	神策军将	乾符六年			2年	武	恭顺	

① 《旧唐书》与《新唐书》上均记载牛蔚担任山南西道节度使在咸通年间，而王寿南先生在《唐代藩镇与中央关系之研究》中的《山南西道节度使表》附录中考证牛蔚任刑部尚书是在乾符五年，其之前一直在山南西道节度使任上，并以此考证出新、旧《唐书》中牛蔚在咸通年间就任山南西道节度使有误。

续表

姓名	受镇时间	受镇原因	任前官职	去镇时间	去镇原因	去镇后官职	在镇时间	文武	对中央态度	备注
郑廷休	乾符六年	朝命	（朝官）	广明元年			2年	文	恭顺	
牛勗	广明元年四月	朝命	神策军将	中和三年十二月	为鹿晏弘驱逐，奔往龙州		4年	武		
鹿晏弘	中和三年十一月	拥兵据位	忠武大将	中和四年十一月	为禁兵所败，弃镇	忠武节度使	1年	武	跋扈	
石君涉	光启元年	朝命		光启二年三月	弃镇		2年		跋扈	
卢渥	光启二年三月	朝命	左丞	光启三年	朝命	太常卿	数月	文	恭顺	唐方镇年表卷4
杨守亮	光启三年一月	朝命	金商节度使	景福元年八月	为李茂贞所败，弃镇被杀	无	6年	武	跋扈	新186
李茂贞	景福元年	拥兵据位	凤翔节度使	乾宁二年	自请	凤翔节度使	5年	武	跋扈	旧五代史132，新五代史卷40
李茂庄	乾宁二年	强藩任命	天雄节度使	光化元年			4年	武	跋扈	
李继密	光化元年五月	强藩任命	武定节度使	天复二年八月	为西川王建所败，弃镇	凤翔属官	5年	武	跋扈	

续表

姓名	受镇时间	受镇原因	任前官职	去镇时间	去镇原因	去镇后官职	在镇时间	文武	对中央态度	备注
王宗贺	天复二年八月	强藩所命	西川指挥使	天祐二年	强藩任命	西川属官	3年	武	跋扈	旧五代史136，新五代史63，附于王建传

将上表所反馈出的情况与剑南西川的状况相结合，可获知这样一些信息：

（1）山南西道55位正式上任的节度使中，文臣有35位，占节度使总人数的63.6%。这种情况与剑南东西两川情况相似，符合唐廷一贯以文官镇蜀的传统政策。虽然山南西道的文官比重大，但是武将在镇情况也相当频繁。这里不妨将山南西道与剑南西川做个对比。

虽然山南西道与剑南西川均有文、武节度使上任，但是结合地缘因素来看，两者在节度使的具体选任上却各有不同。一般来说，唐廷大部分时候都以文官节制剑南西川，若以武将出镇剑南西川，大多是为了应付吐蕃、南诏的进攻（当然有时也为了平息剑南地区的变乱，不过相对较少）。此外在地理环境上，剑南西川西接吐蕃、南临南诏，御边防卫乃唐廷赋予西川镇的一项重要任务。但是唐廷为了避免剑南西川成为河朔型藩镇，又着重于削弱其实力，一旦边境情况好转，便以文臣替代武将出镇西川。这使得武将出镇剑南西川带有一些临时性、过渡性的特点与救急的目的。

相对而言，武将出镇山南西道很少表现出以上特点，这种情况跟山南西道的地理环境有莫大关联。单从政治布局来看，如果说御边防卫是剑南西川的地缘职责，那么拱卫帝都、控扼入蜀要道便是山南西道的第一要务，所以唐廷才会不断派出武将出镇山南西道。而山南西道节度使中三成左右的武将比例也远超剑南西川，从侧面也可印证山南西道的地缘价值与优势。由于山南西道的地理区位优势显著，战略价值突出，唐廷在选用武将出任山南西道节度使上格外谨慎，除了考虑武将的忠诚度、政治才干以外，还要考察其品德、礼仪。所以担任山南西道节度使的军将不仅对唐廷忠诚、治理有方，而且大多为官清廉、品行高尚，如元和三年（808）出任山南西道节度使的裴玢就是一个很好的例子①。因为山南西道地近京畿，选官又极为“苛刻”，再加上地薄民贫、资源匮乏，所以就任山南西道节度使的武将很少像剑南西川的军将节帅那样大搞“区域自治”，唐廷对武将出镇山南西道也相对放心。

（2）从山南西道节度使的受镇情况来看，55 位正式上任的节度使除了 2 位靠拥兵据位、3 位以强藩任命的形式上任外，其余 50 任节度使均受朝命所托。故在受镇原因方面，山南西道与剑南西川是较为相似的。同时也说明了唐廷在大部分时间里始终控制着山南西道地区，有效地保障了帝都南面的安全，以及维护了前往巴蜀道路的畅通。

另外，综合对比“剑南三川”各节度使的受镇原因可发现，山南西道是巴蜀三川中唯一既有拥兵据位又有强藩任命的节度区。从拥兵据位的节度使来看，山南西道与剑南西川的具体状况也是不一样的。上文说过剑南西川三位拥兵据位的节度使都是在西川镇内部开拓势力，最后控制全镇才得以就任。再观山南西道，两位拥兵据位的节度使则不同，他们是直接从外部进入山南西道，并驱逐原节度使而上任的（如鹿晏弘逐走牛勖、李茂贞逐杀杨守亮），由此可以明确山南西道拥兵据位的节度使的“外来户”身份。

此外，山南西道三位强藩任命的节度使也并不是像剑南东川那样全由一个藩镇任命，这其中有两位受巴蜀之外势力的委任，这种情况反映了当时巴蜀势力与外部势力在山南西道地区的激烈争夺。为什么山南西道节度使的任命会出现与同区域中剑南东、西川节度使不同的情况呢？

从政治地理上解释，这是由山南西道的独特地理位置造成的。从全国大范围看，山南西道正好处在南北方交界地带；从区域小范围来讲，山南西道又处在秦陇地区与巴蜀地区之间，再加上“古之为用武之国”，这样一个地方必当被枭雄们反复争夺。结合唐代后期的具体情况，有能力对山南西道进行控制的，除了唐廷象征性的统治外，就莫过于关陇藩镇（以凤翔节度使等为代表）与巴蜀的剑南藩镇（以剑南西川节度使等为代表）了。由于山南西道

---

① 〔后晋〕刘昫等：《旧唐书》卷 146《裴玢传》载：“（裴玢）颇以公清苦节为政，不交权幸，不务贡献，蔬食敝衣，居处才避风雨，而廪库饶实，三军百姓安业，近代将帅无比焉。”（中华书局 1975 年版，第 3970 页）

与剑南西川并不接壤，关陇藩镇在山南西道的争夺中得到先机，所以山南西道节度使中才会出现两个拥兵据位、两个强藩任命的受镇情况。但是剑南藩镇对山南西道也不是完全弃之不管，而是本着“若无汉中则无蜀”① 的原则，积极与关陇藩镇争夺山南西道。天复二年（902），剑南西川节度使王建从凤翔节度使李茂贞手中夺下山南西道，实现了占据剑南三川的目标，从地域上形成了巴蜀、汉中的割据组合，打破了唐廷以山南西道牵制剑南西川的政治地理布局。

（3）从表中所列的56任节度使的去镇原因看，有2人因变故被杀，5人弃镇，6人卒于任上，1人因强藩任命而卸任，其余大部分皆受朝命去任。在对唐廷的态度上，有7位节度使在任期间对中央态度跋扈，其余49任对朝廷表现恭顺。

与剑南西川节度使不同的是，山南西道节度使的跋扈集中表现于唐末，并不是像剑南西川那样时不时地与中央抗命。山南西道节度使由恭顺变为跋扈，说明了随着唐中央政府权力的衰落，唐中央与地方藩镇的最后一点平衡被完全打破了。不过，我们还是得认识到在唐朝大部分时间里，山南西道都牢牢地被唐廷掌控着，大多数山南西道节度使都能服从唐廷的调遣。虽然山南西道节度使卸任后“入相”没有剑南西川那么频繁，但是凭着3人入相的情况也力压剑南东川。我们从中不难看出在唐廷心目中巴蜀三道政治地位的轻重。

通过以上对山南西道与剑南西川节度使任职状况的对比，可见两道节度使的选任确实存在着很大的不同。如果说唐王朝在剑南西川节度使的选任上重点照顾剑南西川的政治区位因素的话，那么在山南西道节度使的选任上则主要考虑山南西道的地理环境因素。所以唐廷在选任山南西道节度使时就一再强调山南西道在地理环境上“县道带蛮夷，山川扼陇蜀”② 的特性。唐廷

---

① 〔晋〕陈寿：《三国志》卷41《蜀书·杨洪传》载：“汉中则益州咽喉，存亡之机会，若无汉中则无蜀矣。”（中华书局1959年版，第1013页）

② 〔清〕董诰等编：《全唐文》卷606刘禹锡《山南西道节度使厅壁记》中载：“梁州为都督治所，领十有五州，县道带蛮夷，山川扼陇蜀，故两千石有采访、防御之名，兵兴多故，其任益重。”（中华书局1983年版，第6118-6119页）

在选任剑南西川节度使上本着“铨大帅，须要素司兵”① 的一贯原则，反复提醒节度使出镇西川的政治使命，而不像山南西道那样特别强调地理因素，这也是山南西道节度使与剑南西川节度使在选任上的差异之一。

此外，从节度使的地位上讲，山南西道节度使与剑南西川节度使也是有区别的。一般来说，剑南西川节度使的地位是与其在镇时期的政治功绩相关联的。如剑南西川节度使韦皋就因为在其 20 多年的镇蜀生涯中，对内稳定剑南西川局势，对外联结南诏大破吐蕃，功绩卓著，备受尊崇，蜀人甚至称其为“诸葛转世”。

与此不同的是，山南西道节度使的地位则与山南西道自身地理位置的重要性密切相关。如吕温称赞山南西道节度使严砺“仆射禀天全才，受国重寄，控全蜀咽喉之地，当狂寇奔侮之冲”②。虽然着重称颂了严砺的功绩，但也提到了其功绩离不开山南西道“控全蜀咽喉之地”。山南西道地近京畿，一旦有变便会危及唐廷，所以唐王朝才会十分注重山南西道节度使的选任。如唐文宗太和四年（830），山南西道因“兴元军乱，节度使李绛举家被害”而处于失控状态。消息传入长安后，唐廷立刻任命温造为检校右散骑常侍、山南西道节度使兼兴元尹统大军前往平乱。温造到达山南西道后很快平定叛乱，他因功升为“检校礼部尚书”③。唐廷在任命温造为山南西道节度使时，也反复提到山南西道“控巴岷之道路”④，以如此要地、要职授予温造来彰显唐廷对其寄予的厚望。

最后再指出一点，许多剑南西川节度使曾有过巴蜀生活或任职的经

---

① 陈尚君辑校：《全唐诗补编·全唐诗续拾》卷 37 易静《兵要望江南》中载：“铨大帅，须要素知兵。非是等闲虚誉职，莫将军印任狂生，轻拥甲兵行。”（中华书局 1992 年版，第 1255 页）

② 吕温：《吕和叔文集》卷 3《代李侍郎与山南严仆射书》载：“仆射禀天全才，受国重寄，控全蜀咽喉之地，当狂寇奔侮之冲，处瘠土而其材甚丰，训羸师而其武可畏。”（《四部丛刊初编》，上海书店 1989 年版，第 4 页）

③ 〔后晋〕刘昫等：《旧唐书》卷 165《温造传》载：“（太和）四年，兴元军乱，杀节度使李绛，文宗以造气豪嫉恶，乃授检校右散骑常侍、兴元尹、山南西道节度使……以功就加检校礼部尚书。”（中华书局 1975 年版，第 4317-4318 页）

④ 〔清〕董诰等编：《全唐文》卷 71《授温造山南西道节度等使诏》载：“汉水上游，梁山东险，控巴岷之道路，作咸镐之藩屏。实命长帅，必惟全才，简求臣僚，佥属邦彦。”（中华书局 1983 年版，第 752 页）

历，而这些经历是唐廷选任节度使的重要考量因素之一。同样的，山南西道也属于巴蜀，故其节度使之中也有人与巴蜀有千丝万缕的联系，但是其人数、比例相对于剑南西川来讲相对较少。这主要也是因为山南西道地近关中且位置险要，唐廷在节度使选任上将候选人的忠诚度摆在首位，虽然也重视候选人的历蜀经历，但是并不像选任剑南西川节度使那样注重。

总而言之，山南西道节度使一职中含带的地理要素成分较重，故造成了山南西道与剑南西川在选任节度使上存在比较大的差异。山南西道“会险形束，襟带皇都，南开蜀国，西控戎落，地宜用武”的地理特性，形成了唐廷在选任山南西道节度使上“政必兼文，兹惟信臣，膺是专委”① 的政治特色。

二、宋代巴蜀地缘政治形势对巴蜀政区建置的影响

自公元960年赵匡胤建宋以后，宋朝经过一系列征战结束了唐末藩镇割据所带来的乱象。但是由于关中政治地位的衰落，宋王朝将政治中心东移与南迁，受其影响，巴蜀的政治形势发生了极大的变化。这种政治变化在地理上的主要表现是，两宋不断地对巴蜀的政区等进行整合与改变。宋朝继承与借鉴了唐朝的治蜀经验，尤其是延续了唐王朝对巴蜀分而治之的总方针。当然，宋王朝在巴蜀行政方面的变动也与自身所面临的政治形势与巴蜀的地缘环境密切相关。

（一）“川峡四路”与“剑南三川”的历史渊源

巴蜀的政区历史，最早可追溯至《尚书·禹贡》“华阳黑水惟梁州”。秦汉时，又设巴郡、蜀郡。到了唐代，巴蜀便演变为“剑南三川”。到宋代，“四蜀”的称号得以流传，并最终确立了“川峡四路”政区格局。唐至宋这段时期，巴蜀政治格局的演化与巴蜀的政治形势变化和巴蜀特殊的地理环境有关。

---

① 〔清〕董诰等编：《全唐文》卷648《授乌重胤山南西道节度使制》载：“惟梁州会险形束，襟带皇都，南开蜀国，西控戎落，地宜用武，政必兼文。兹惟信臣，膺是专委。”（中华书局1983年版，第6564页）

1. 唐代后期“剑南三川”与前、后蜀政权的建立

上文提到“剑南三川”的形成，主要是因为唐王朝考虑到巴蜀特殊的地势易引发枭雄的割据之心，所以将巴蜀一分为三以达到对内互相牵制、防范，对外彼此呼应、援助的目的。虽然唐王朝以三川镇蜀，但是巴蜀三道之间综合实力相差太大，故此措施在唐后期不但没达到唐廷的政治目的，反而使巴蜀政局动荡不安。这为乱世之中的豪杰们提供了窃取巴蜀的机会。

天复二年（902），王建占据山南之地，最终尽有三川之地，并在天祐四年（907）建立前蜀政权。王建在巴蜀割据称帝的本质是唐末皇权衰落、藩镇割据的产物①。王建能以“外来户”的身份夺取“剑南三川”，与唐末巴蜀三川各自面对的政治形势是有关的。如在“剑南三川”之中，以凤翔节度使并有山南西道的李茂贞势力最大，但是山南西道的政治、经济、军事重心不在南部的四川部分，而在北部的汉中地区。故李茂贞的发展目标是向北发展以图控制唐廷中央政权，而不是向南割据巴蜀三川。剑南东川的顾氏兄弟因力量弱小，只求保全其身，缺乏割据巴蜀三道的相应实力。而最有可能割据巴蜀的剑南西川节度使陈敬瑄虽然实力强大，但是其政治、军事能力有限，并且还不断与朝廷、邻镇发生冲突，势力难以得到有效扩张。因此，王建得以利用诸势力间的矛盾浑水摸鱼、远交近攻，最终使得割据“剑南三川”的前蜀政权得以确立。

前蜀政权在巴蜀统治了十八年之后，于公元925年被后唐所灭。在随后八年中，后唐又在巴蜀恢复了“剑南三川”的政治格局，以孟知祥为西川节度使、董璋为东川节度使、张虔钊为山南西道节度使。后来因为后唐皇室内乱，孟知祥便阴有王蜀之志。在“剑南三川”的政治格局中，控制巴蜀政治、经济核心地带的西川镇始终是割据巴蜀的首要任务。孟知祥利用西川镇的这些优势并联合东川共同抵御后唐，并驱逐了后唐在两川的势力。随后按照唐代以来割据巴蜀的传统方案，先吞并东川再夺取山南西道，最终于应顺元年（934）称帝建立后蜀政权。

---

① 贾大泉、陈世松主编：《四川通史》卷4《五代、两宋》，四川人民出版社2010年版，第4页。

2. 地缘政治环境的变化对“川峡四路”政区格局的影响

宋立国之后，鉴于巴蜀特殊的地理环境以及唐朝藩镇割据的教训，在巴蜀行政区划的设置上极其严密。宋朝在巴蜀基本上沿袭晚唐之旧，实行路、州（府、军、监）、县三级建制。宋太祖在乾德三年（965）平蜀后立马设置西川路。开宝四年（971），宋在巴蜀分置峡西路，其后又合西川路为川峡路。宋真宗咸平四年（1001），把川峡路改为益州路（宋仁宗嘉祐四年改为成都府路）、梓州路（宋徽宗重和元年改为潼川府路）、利州路、夔州路，简称为“川峡四路”，从此宋代巴蜀四路的政区格局就此固定下来。虽然到了南宋时期曾一度将利州路分为东、西二路，但时分时合，直到嘉定三年（1210）合为一路后，就一直保持利州路的建置。

宋代“川峡四路”的政区格局与唐宋之际巴蜀地缘政治环境是分不开的，而这种影响源自唐朝。上文说过唐以关中、汉中、巴蜀为唐廷的立国之基，虽然唐仍都关中，但是中国政治中心东移的趋势已经初现端倪。随着安史之乱后中国经济重心由北方移到南方，以及唐末频繁的战乱使传统意义上的京洛地区遭到毁灭性破坏并日益衰落，宋王朝直接将政治中心选在了地处东方且交通便利的开封地区，由此以巴蜀为“外府”的关辅地区彻底退出了中国政治舞台的中心。在这种大趋势的剧烈影响下，巴蜀原有的地缘政治环境发生了极大的变化。虽然巴蜀毗邻政治中心的区位优势随着宋都开封而荡然无存，但是其地处西南一隅且易守难攻的地理优势还是受到了宋人的关注。如余靖描述巴蜀为“西迩邛筰，南接徼外”①，蔡襄也称巴蜀“蜀道天险，剑外辽绝”②，唐人与宋人关于巴蜀地理环境险要的看法是一致的。

在巴蜀内部的政区设置上，宋廷最初想恢复秦汉时期的两川分蜀制，以西川路与峡西路来分治巴蜀。但是鉴于两路管辖区域过大以及宋初巴蜀政局动荡，所以宋廷出于政治目的和用兵需要，将巴蜀一分为四。相比于唐代“剑南三川”，宋代巴蜀的地域范围则相对扩大。宋代还将另外一条入蜀通

---

① 〔宋〕余靖：《武溪集》卷10《龙图阁直学士文彦博可枢密直学士知益州制》，《景印文渊阁四库全书》第1089册，台湾商务印书馆1983年版，第92页。

② 〔宋〕蔡襄：《端明集》卷11《枢密直学士给事中程戡可依前给事中充端明殿学士知益州制》，《景印文渊阁四库全书》第1090册，台湾商务印书馆1983年版，第428页。

道——三峡水道重归于巴蜀，使得夔州路应运而生。

巴蜀从唐时的“剑南三川”演变为宋时的“川峡四路”，是诸多因素作用的结果。不过单从政治地理和地缘政治的观点来看，唐宋时期巴蜀的政区演变与此时期政治中心东移的大趋势是分不开的，巴蜀在战略地位上由唐时的“外府”变为了宋时的财赋供给地。唐廷因帝都关中的国防需要，格外重视巴蜀的军备，并不断派外军入蜀来加强对巴蜀的管控。而宋代的边防重心与唐代相比发生了比较大的变化，无论北宋还是南宋，国防重点都在北部边疆。虽然两宋时期巴蜀的局势与唐代有所不同，但其仍然是政治版图上的西部重镇，始终为宋王朝西南边疆之屏障。

同时，宋朝以“陈桥兵变”立国，自然十分注意防范内部隐患。对宋朝而言，巴蜀远在西南，四塞险固，经济富庶，很容易形成地方割据，因此十分重视对巴蜀的控管。因此，宋廷对巴蜀长时间实行“特殊化”政策。如在熙宁九年（1076），鲜于师中向朝廷献策：“蜀有剑门栈道之险，瞿唐三峡之隘。今朝廷命帅，举利、益二路以付之，万一中国多事，奸雄恃险，无以分制。乞以利、夔两路置帅，以维西蜀之势。”宋廷采纳，“诏自今中书选官知兴元府，枢密院选官知夔州”①。与唐廷相似，宋廷在选派巴蜀守备大员方面格外谨慎，也从侧面反映了巴蜀在宋朝的地位。宋王朝在巴蜀核心区（益州路）外围以利、夔两路扼出入要道，方便中央控蜀；在蜀中以梓州路牵制益州路，分割巴蜀核心区的资源。由此，“川峡四路”中形成了内、外两大政治地理格局系统。这比唐廷以东西两川相制、山南西道辅助的“剑南三川”的政治地理格局要高明得多。巴蜀一分为四的政区格局也影响着后世各朝，同时也使“四川”作为一个地区的名称形成并确定下来。

（二）宋代巴蜀地缘政治环境与“川峡四路”政区格局及其沿革演变

从公元965年宋灭蜀开始，巴蜀就进入了宋王朝的版图。对于这样一个地形险要、经济富庶之地，宋廷始终极为重视，并鉴于唐代“剑南三川”格局的不足之处，重新对巴蜀政区进行规划，最终形成了“川峡四路”的政治地理格局。不过“川峡四路”的政区格局也不是一成不变的，有许多因素推

① 〔宋〕吴曾：《能改斋漫录》卷9《利夔路置帅维蜀之险》，大象出版社2019年版，第323页。

动其不断地变化，而巴蜀的地缘政治环境则是其中相当重要的推力之一。

1. 北宋初期巴蜀政区变动中的政治地理因素

北宋平蜀以后，便将巴蜀视为财源基地。所以在北宋初期，宋廷侧重于从巴蜀征敛财物，忽视了团结蜀人，使得巴蜀政局动荡不安。巴蜀不断发生反宋斗争（如王小波、李顺起义，王均兵变等），历经太祖、太宗、真宗三朝才结束。为了稳固在巴蜀的统治，宋廷不断调整治蜀方略，如整顿吏治、安抚士民，改善和加强巴蜀的统治机器。改善和加强巴蜀的统治机器作为治蜀的一个重要环节，主要是通过构建巴蜀政区、完善巴蜀各级政府等来实现。

自从巴蜀反宋斗争被平息后，宋廷鉴于巴蜀幅员辽阔，远离统治中心，难于应援，所以在较短时间内，不断地调整巴蜀政区。咸平四年（1001）“诏分川峡转运使为益、梓、利、夔四路”①，即将西川路分为东西二路，“东路（梓州路）治梓州，西路（成都府路）治成都”，峡西路分为利、夔两路，“利州路仍治兴元，夔州路治夔州”②，“川峡四路”政区格局得以成型。

其实宋廷最早是想以西川路、峡西路分治巴蜀，重现秦汉时期巴、蜀两郡治蜀的政治地理格局。但是由于巴蜀四塞险固、幅员辽阔，并且西川路与峡西路各自还要兼顾到自身辖区内入蜀要道的通畅，所以仅以两路治蜀略微呈现出力不从心之势。

古往今来欲治蜀就必先控制蜀道，毕竟巴蜀完全依赖于两条主要入蜀通道（即川陕通道和三峡水道）与外界保持联系。唐廷在政治地理布局上将入蜀通道与蜀中分割开，以此来削弱蜀中实力，维持巴蜀政治格局的平衡。如“剑南三川”中的山南西道、剑南东川就是受此政治地理因素的作用应运而生的。在平定巴蜀的叛乱中，川陕通道与三峡水道为宋中央禁军入蜀快速平乱提供了极大的便利。同时，巴蜀叛乱势力欲抢占两条入蜀通道的控制权，以达到割据巴蜀的目的。这也使得宋廷意识到扼住入蜀通道对治蜀的重要性，所以才分置四路，以利州路、夔州路专辖入蜀通道，以梓州路与益州路分治巴蜀核心区域。

---

① 〔宋〕李焘：《续资治通鉴长编》卷48，中华书局1992年版，第1052页。《续资治通鉴长编》下文简称《长编》。

② 〔清〕顾祖禹：《读史方舆纪要》卷66《四川一》，中华书局2005年版，第3099页。

这样，在地域上巴蜀内部形成了两个小的政治地理格局：一是以利州路和夔州路为主的巴蜀外沿通道带，主要以防控蜀中为目的，故简称“外蜀监控带”；二是以梓州路与益州路为主的巴蜀心腹区，形成了两路分治蜀中的局面，类似于唐剑南两川的模式，故简称“内蜀制衡区”。以梓、益二路分治蜀中、相互牵制，以利、夔两路控扼蜀道、就近监控，达到了内外兼管的政治目的。纵观宋朝，巴蜀在“川峡四路”的政治地理格局形成后鲜有大动乱，即使在靖康之变、宋室南渡等一系列变故下，巴蜀局势也平稳。这一切与宋廷在政治地理因素影响下对巴蜀政区进行的一系列变动和调整是分不开的。

2. 两宋之际巴蜀地缘政治环境变迁与利州路的变动

自入宋以后，巴蜀虽然因独特的地理区位优势受宋廷重视，但是在宋王朝最初的政治地理结构中，却将巴蜀视为南方边远区及财赋供馈区①。随着靖康之变、金灭北宋、宋室南渡等一系列变故，巴蜀逐渐成为抗金前线的战略枢纽区。为了应对外部政治环境的变化，两宋之际不得不对巴蜀政区做较大的调整，而利州路的分合便是其中之一。

在两宋之交，利州路由于管扼川陕通道，自然成了宋金双方反复交兵之处。在南宋初年，陕西地区因不是金军重点进攻的区域，再加上又有原北宋王朝长期驻防西夏的重兵把守，故陕西基本为南宋所有。但建炎四年(1130)，宋军在富平之战中失利，陕西尽失，原为大后方的巴蜀瞬间变为前线，利州路更是独挑南宋西线的抗金重任。南宋时期的利州路除了继续领有原北宋时期的辖区外，还兼管原陕西秦凤路以及京西南路的部分险要区域(如文、阶、成、岷、金五州和天水军)。正是凭借着秦巴山系与关外（大散关）诸州的地理优势，宋廷在利州路建立起了一条西起甘肃天水、东至陕西汉中的抗敌前线，并在此屡败外敌。

由于利州路扼川陕交通要道，又深处前线，所以利州路的政区调整大多具有鲜明的军事性特点。绍兴十四年（1144）九月，四川宣抚副使郑刚中始分利州路为东、西两路。兴元府、利州、阆州、巴州、剑州、洋州、大安军

① 余蔚：《两宋政治地理格局比较研究》，《中国社会科学》2006 年第 6 期。

七地为利州东路，治兴元府，以杨政为安抚使；兴州、成州（同庆府）、岷州（西和州）、阶州、文州、凤州、龙州七州组成了利州西路，治兴州，以吴璘为安抚使。后来出于军事防卫的需要，利州路分合无常①，直到端平三年（1236）利州路因兵乱而废。南宋时期利州路的政区变动不居，从政治地理格局和地缘政治上可以看出，利州路的分合并不只是简单的政区调整，而是出于宋王朝协调、统辖川陕战区的战略需要。南宋通过细化利州路的辖区来使巴蜀各防卫部队的职权、防区等得以明确，促使巴蜀更好地适应外部政治环境的变化，最终达到延续宋王朝国祚的根本目的。

（三）宋代巴蜀地缘政治环境与巴蜀行政机构及职官的变化

宋王朝鉴于巴蜀特殊的政治地理环境，在巴蜀设立了一套极为完整和严密的行政区划体系。巴蜀和其他地方一样实行路、州（府、军、监）、县（监）三级建置。随着宋室南渡和巴蜀成为抗敌的前线基地，宋王朝不得不一改北宋时期极端限制地方权力的做法，以跨高层综合政治区的形式来实现一定程度上的地方集权，以应对政治、军事的需要。

1. 北宋时期地缘政治环境影响下的巴蜀官员选调分析

北宋治蜀之初因横征暴敛、贪污成风、忽略团结蜀人等，使巴蜀在宋初三十年动荡不安，蜀人反抗此起彼伏。宋廷历经太宗、真宗、仁宗三朝才得以平息蜀乱，巴蜀由乱而治。宋朝统治者认识到巴蜀内乱“非蜀之罪也，非岁之罪也，乃官政欺懦而经制败坏之罪也”②。“蜀之四隅绵亘数千里，土腴物衍，资货以蕃，财力贡赋率四海三之一”，“北倚剑阁，险绝天下，东连狡獞獠，蟠聚固深，西南皆蛮诏，自古犷强”③，可见巴蜀是宋朝西南的边防重地，巴蜀安则西南安，巴蜀危则西南危。治蜀之效果取决于官吏，因此宋廷

---

① 〔元〕脱脱等：《宋史》卷89《地理志》载：“绍兴十四年，分东、西两路；绍熙五年，复合为一；庆元二年，复分；嘉定三年，复合；十一年，又分。端平三年，兵乱废。”（中华书局1977年版，第2222页）

② 〔宋〕张俞：《送张安道赴成都序》，〔宋〕袁说友等编，赵晓兰点校：《成都文类》卷22，中华书局2011年版，第460页。

③ 〔宋〕吕陶：《新建备武堂记》，〔宋〕袁说友等编，赵晓兰点校：《成都文类》卷27，中华书局2011年版，第532页。

十分重视巴蜀官员的选任。宋统治者在选择巴蜀知州、通判、转运使、军监等时格外谨慎，“故常择近密之臣，当抚御之寄”①，这些官员大多为皇帝的亲信或政府重臣。政务能力强且对朝廷忠心耿耿，便成为了皇帝选派赴蜀官员的标准。大臣们在选派巴蜀官员问题上的看法也与皇帝大体相同，如太宗时期用兵北汉前，宰相卢多逊向宋太宗上书称“西蜀，远险多虞”，若征伐北汉“当先以腹心重臣镇抚之，则无后忧”②。另一大臣范纯仁在《论李之纯蔡京札子》中提到：“臣窃以成都兼两路钤辖方面之任，最为要重，祖宗以来尤慎付与，闻之纯宽厚简静，蜀人安之，宜且令终任，或增秩再任，今户部虽欲得人，而远方数千里休戚安危所系，亦不为轻。”③ 故巴蜀各州知州、通判，各路转运使、安抚使和提点刑狱等均由皇帝的心腹重臣担任。

当然，顾虑到巴蜀民富殷实、地势险要的环境特点，且赴蜀官员又手握重权，为了防止生变，宋廷不时对官员加以制衡。除此之外，宋廷在巴蜀官员的选调上实行了最重要的一个措施——以蜀人为蜀官，以蜀治蜀，从而使得巴蜀吏治相比宋初而言焕然一新④。不过宋廷在以蜀人治巴蜀时，也同样担心蜀人会凭借天险割据⑤，为了以防不测，宋廷还是或多或少地采取了一些措施来约束蜀人⑥。但是相比唐朝而言，蜀人的政治状况得到了明显的改善，巴蜀社会矛盾也有所缓解，这有利于社会经济的进一步发展。

唐、宋虽然都基于巴蜀特殊的地理环境，对其实行过特殊政策，但是唐、宋在治蜀上又有诸多的不同之处。在这诸多的不同点中，值得一提的是，唐、

---

① 〔宋〕余靖：《武溪集》卷10《龙图阁直学士文彦博可枢密直学士知益州制》，《景印文渊阁四库全书》第1089册，台湾商务印书馆1983年版，第92页。

② 〔宋〕李焘：《长编》卷20，中华书局1990年版，第458页。

③ 〔宋〕范祖禹：《范太史集》卷15《论李之纯蔡京札子》，《景印文渊阁四库全书》第1100册，台湾商务印书馆1983年版，第212页。

④ 〔宋〕李焘：《长编》卷85言：“故川峡令录，多得良吏。”这说明宋廷深刻地认识到官吏委任不当、政治败坏是北宋初期巴蜀动乱的重要原因。(中华书局1992年版，第1953页)

⑤ 如唐庚《眉山唐先生文集》卷7《辩蜀论》中阐述道：“自顷诸公议论，多以蜀人为疑，苟可以防闲阻遏，无不为矣。”说明宋廷的担忧是有根据的，但是历史却告诉人们这种看法带有一些偏见，毕竟历来割据乱蜀者，大多不为蜀人。蜀人“民性朴实懦弱”不会轻易造反，却容易受到奸雄的要挟。(上海书店1986年版)

⑥ 如《长编》卷281：“自今川峡四路转运、提点刑狱、提举常平官，不得兼差川峡人。”（中华书局1992年版，第6882页）

宋两朝在以蜀治蜀的问题上看法大不相同。终唐一代始终沿用了南北朝时期在巴蜀的用人政策，即一般不任用巴蜀人士在巴蜀做官（鲜于氏、严氏等特例除外），还制定了一套相当严格的“回避”制度来限制巴蜀人士的政治作为。

巴蜀人士在政治上长期受到唐廷的歧视，被排斥在统治集团之外，因而逐渐形成不乐仕进的风气。这使得唐王朝与巴蜀地方势力之间始终存在着矛盾和斗争，并长期影响巴蜀的政局和唐廷的治蜀策略。唐王朝限制蜀人任蜀官，主要有两个方面的考虑：一是政治上，唐廷一直以来强调高度集权，不允许地方豪强势力影响国家的权力，所以不断打压和削弱巴蜀人士，以维持唐廷统治的最高权威；二是地理上，巴蜀特殊的地理环境很容易形成割据，这对定都关中的唐王朝而言是个莫大的威胁。若大举任用蜀人做蜀官，将使巴蜀原本就强大的豪强势力进一步坐大。故基于这两方面的因素，唐廷不得不普遍限制蜀人做蜀官以防患于未然。

北宋平蜀后，宋廷曾一度轻视和不团结蜀人，在巴蜀横征暴敛，导致民心尽失，蜀人揭竿而起、反抗不断。在弹压了巴蜀的暴乱后，宋廷才意识到必须重视和团结巴蜀士大夫来维持宋朝在巴蜀的统治。正是基于这种观点，宋朝不断地鼓励巴蜀士大夫入仕。早在太宗时期，入蜀主政的张咏就率先认识到了团结蜀人的重要性，史载：“初，蜀士向知学，而不乐仕宦。咏察郡人张及、李畋、张逵者皆有学行，为乡里所称；遂敦勉就举，而三人者悉登科，士由是知劝。”① 后来这三人皆入朝为员外郎。之后，宋廷还实施了一些优待政策②，鼓励巴蜀士大夫为朝廷效命。同时，巴蜀官员也大力提拔人才支持蜀人入仕，如庆历年间，蒋堂常招揽士人入学并亲视其文，并对时年13岁的吕陶倍加推奖，其后成为宋代名臣。通过下表可以看出北宋政府在鼓励蜀人出仕上取得的具体成果：

---

① 〔元〕脱脱等：《宋史》卷293《张咏传》，中华书局1977年版，第9801页。

② 如《长编》卷83：“诏益州举人自今荐送定名额外，别解三人，以其远方，多学者，故优之。”（中华书局1990年版，第1889页）从中可以看出北宋朝廷的一些优待措施。

表 5　北宋时期各地南方籍官员数量表①

时代＼地区	淮南路	两浙路	江南西路	江南东路	荆湖北路	荆湖南路	福建路	广南东路	广南西路	成都府路	梓州路	利州路	夔州路
北宋前期（太祖太宗真宗三朝）	4	5	3	9	1		12	1	1	9	1	4	
北宋中期（仁宗英宗神宗三朝）	30	40	19	16	5	4	20	2		14	2	3	
北宋后期（哲宗徽宗钦宗三朝）	24	55	26	11	4	1	35			20		1	

从表中可知，人数最多的是两浙路（100 人），几乎占了三分之一，其次为福建路（67 人）、淮南路（58 人）等。虽然淮南路居第三，但其实不然，因宋代淮南路经常以淮南西路与淮南东路的形式出现，所以真正的第三乃是“川峡四路”。北宋时期“川峡四路”出仕者 54 人，占南方籍官员的 14.2%。这从侧面反映出北宋巴蜀人士的政治地位明显提高，并逐渐在北宋朝廷内形成了以效忠朝廷、崇尚忠义、不避权贵、耿直不屈、乡土观念强的蜀士群体，他们对宋廷政治环境的改善与优化起了积极的作用。

宋朝除了鼓励巴蜀士大夫入仕外，还逐渐解除了蜀人不能在巴蜀为官的禁令。北宋天禧四年（1020），朝廷规定“群官中川峡人有科名、历任无赃罪、经荐举者，三任内许一任去本贯三百里外守官。其年老致仕者，亦听还乡”②。仁宗天圣八年（1030），宋朝正式允许蜀人在本地做官③，开始以蜀人治蜀。从政治地理格局上看，北宋一直十分重视巴蜀的地缘价值与经济贡

---

① 此表参考程民生《宋代地域文化》中的《宋代各地官员数量统计表》，表中数据皆源于《宋史》。

② 〔宋〕李焘：《长编》卷 95，中华书局 1992 年版，第 2185 页。

③ 〔宋〕李焘：《长编》卷 109：“集贤校理彭乘以亲在蜀，恳求便官，诏乘知普州。蜀人得乡郡，自彭始。”这道明了蜀人可任本地官。（中华书局 1992 年版，第 2536 页）

献，但宋都开封使得中央与巴蜀的距离较远，在维持对巴蜀统治上，效仿唐代是不可行的，只能依靠和拉拢巴蜀人士。

2. 南宋时期地缘政治环境态势下巴蜀行政机构和职官特点

宋室南渡后，先后与金、蒙〔元〕对峙，南宋的地缘政治环境态势进一步恶化。史载："自古夷狄为中国患，世皆有之，然未有若今日之甚者。自古夷狄与中国通和，亦世皆有之，然未有非中国强盛，力足以制之，而自肯与中国和好者也。"① 由此可见南宋地缘环境的恶劣程度。巴蜀作为南宋国家安全的战略要地，其地缘环境态势也日益恶劣。为了加强巴蜀的防卫，以及巩固宋在巴蜀的统治，南宋政府在原川峡四路的基础上构建川陕防区，集中巴蜀的人力、物力、财力，并将成都府、潼川府、夔州三路作为后方，以利州路为前线，防御外敌由陕入蜀、顺流而下袭取东南。

川陕防区由直接指挥作战的四川宣抚司、负责巴蜀军民之政的四川制置司和主管巴蜀财务的四川总领所三大机构组成。宣抚司、制置司、总领所等跨高层准行政组织显示出了很大的能动性，他们以便宜行事来应对巴蜀地缘政治态势的突变。巴蜀在高层行政制度上表现出了"轻言而遽改，忽行而骤废"② 的特性，史载：

> 绍兴元年，领成都路安抚使。五年，兼西路安抚、制置大使。十年罢宣抚，罢制置司……十八年，罢宣抚，复制置司；乾道六年，又罢，并归安抚司……淳熙二年，复制置司，罢宣抚司。开禧元年，置宣抚，罢制置司。未几，两司并置；后罢宣抚，仍置制置大使。嘉定七年，去"大"字。③

从上述史料中不难看出，南宋巴蜀最高行政机构和职官设置明显缺乏稳

① 〔宋〕李心传：《建炎以来系年要录》卷 123，中华书局 1988 年版，第 1933 页。

② 〔宋〕赵善括：《应斋杂著》卷 1《建明奏议》，《景印文渊阁四库全书》第 1159 册，台湾商务印书馆 1983 年版，第 3 页。

③ 〔元〕脱脱等：《宋史》卷 89《地理志》，中华书局 1977 年版，第 2210-2211 页。

定性。受巴蜀地缘政治环境的影响，巴蜀行政机构及职官的变化始于四川宣抚司。其最高长官为宣抚使，有便宜黜陟之权，并总揽整个巴蜀的军民之政，后专职于前线战事。其后在绍兴五年（1135）十月，为了统一事权、通达号令，在川峡四路置安抚制置，使“掌节制御前军马，官员升改、放散，类省试举人，铨量郡守，举辟边州守贰，其权略视宣抚司，惟财计茶马不与”①。四川制置司的设置对协调巴蜀资源，稳定巴蜀政局，支援川陕防线抗敌起了重要作用。

南宋初期曾广置制置司、宣抚司，但由于宣抚司、制置司集军政、民政大权于一身，辖区又广阔，对宋廷中央集权构成了潜在的威胁，特别是像设置在巴蜀这种天险民富之地的制置司和宣抚司。故朝廷在防患的心理下，总领所这种分割宣抚司、制置司辖区内财政权的机构应运而生。四川总领所始置于建炎三年（1129），专门总领巴蜀财赋（即征收川峡四路的赋税以及供应川陕战区的全部军费）。后虽一度改为四川都转运使，但最终于绍兴十五年（1145）复为四川总领所，成为与宣抚司、制置司并立的巴蜀三大跨高层行政组织之一，体现了巴蜀行政机构和职官设置上的制衡性原则。随后，巴蜀行政机构及职官又几经变化，最终在嘉定三年（1210）废罢四川宣抚司，并将其事权归于四川制置司，同时确立专掌巴蜀防务的四都统制（即兴元都统司、金州都统司、沔州都统司和利州副都统司）必须对四川制置司负责后，巴蜀的行政机构和职官终于稳定下来。

经过这些变化之后，巴蜀的行政机构和职官出现了难得的稳定性，如原属于宣抚司后又改隶于制置司的都统司。由于四川制置司常居于最高地位，故得以按察巴蜀四路的各监司、仓司和帅司。其次，四川制置司对原隶属于宣抚司、统管川陕军队的都统司也拥有节制权。值得注意的是，这些受制置司节制的都统司也在不断地侵蚀着巴蜀安抚使的兵权，且其地位日益上升。在此变化下，川峡四路原有机构的重要性不断下降，出现了“兵事皆属

① 〔宋〕李心传著，徐规点校：《建炎以来朝野杂记》甲集卷 11《制置使》，中华书局 2000 年版，第 220 页。

都统，民政皆属诸司，安抚司特虚名而已”① 的行政局面。这说明南宋巴蜀行政机构与职官在调整变化后，宣抚司和四路帅司地位不断下降，而制置司与四都统司的地位不断上升。四都统司作为巴蜀的基层行政机构，其地位纵有升降，却不像巴蜀高层行政机构那样变化无常，但他们都是深受巴蜀地缘政治环境形势的影响。其设置不因行政区划的改变变动，表现出了难得的稳定性。巴蜀行政机构的这种变化显然是与巴蜀的地缘政治环境密不可分的。

第二节　唐宋时期巴蜀与少数民族政权的关系

无论是进行巴蜀政治地理研究，还是剖析地缘政治，都离不开对地缘政治关系的探讨。所谓的地缘政治关系是指国家或地区间由于地域上的邻接而产生的政治关系，如结盟、中立或敌对等。唐宋之际西南少数民族政权林立，而巴蜀又处在边境要冲之地，因此同少数民族政权的关系十分密切。

一、唐代巴蜀与少数民族政权的关系

（一）与吐蕃的关系

在唐王朝建立的同时期，青藏高原上也兴起了一个少数民族政权——吐蕃。最初吐蕃并未与巴蜀接壤②，后来经过不断地对外扩张逐渐抵近唐朝边界，其西北与陇右道相接，其东南则与剑南道相交错。终唐一朝，唐朝与吐蕃经常发生冲突，并因地缘环境逐渐形成以北庭、安西为主的西北方向和以巴蜀为主的西南方向两大战场。

在唐高宗至唐睿宗时期，由于西北地区为唐蕃双方的主战场，故此时巴蜀诸道只是起了一个牵制、配合的作用。史料记载仪凤三年（678），唐高宗

---

① ［宋］李心传著，徐规点校：《建炎以来朝野杂记》甲集卷 11《安抚使》，中华书局 2000 年版，第 228 页。

② ［后晋］刘昫等：《旧唐书》卷 196《吐蕃传》载：“吐蕃，在长安之西八千里，本汉西羌之地。”（中华书局 1975 年版，第 5219 页）

使李敬玄、刘审礼统大军自西北方向入青海击吐蕃之前，就已“令益州长史李孝逸、嶲州都督拓王奉等发剑南、山南兵募以防御之”。后来因李、刘大军失利于青海，为了阻止吐蕃南下，益州大都督府长史李孝逸在茂州西南筑安戎城扼守蓬婆岭路①。

除了以上军事措施外，巴蜀也做出了相应的行政区划变动。如唐朝将原属于陇右道的松州都督府划归剑南道，以便与茂州都督府互为犄角之势，共同防御吐蕃的进犯。武周长安二年（702），吐蕃军队进犯悉州，唐剑南道茂州都督陈大慈与贼四战，斩首千余级②，击败了吐蕃的进攻。唐军的这次胜利基本上稳定了剑南道西山（唐人把今四川岷山和邛崃山统称为西山，把当时位于该地区的八个部落称为“西山八国”）一线的战局。在唐高宗至唐睿宗时期，吐蕃方面始终保持着攻势，而唐军则节节败退处于守势，唐军在西山方向上龟缩于松、茂等州，死守岷江上游，在嶲州方向上则退保安宁河一线。

在唐玄宗到唐末时期，唐王朝加强了剑南道的军事力量，玄宗时又设置剑南节度使统帅边军，秣马厉兵，准备一改前期单纯的防御战略变为主动进攻，而吐蕃同样也整顿军备。于是唐蕃双方在西山地区和嶲州两个方向上展开拉锯战，双方互有胜负。开元十七年（729），唐嶲州都督张守素攻拔吐蕃昆明城及盐城，并斩首万余；开元二十六年（738），唐剑南节度使王昊“率剑南兵募攻其安戎城……其年九月，吐蕃悉锐以救安戎城，官军大败”③；开元二十八年（740），剑南节度使章仇兼琼买通安戎城内的吐蕃人员，引唐军入城大败吐蕃军，收复了被吐蕃占据了六十年的安戎城，使得唐军控制了蓬婆岭路与滴博岭路两条交通要道。天宝八年（749），唐剑南节度使鲜于仲通“讨吐蕃摩弥城，拔之。改洪州为保宁都府，堑弱水为蕃汉之界，收户数十

---

①〔后晋〕刘昫等：《旧唐书》卷196《吐蕃志》载：“仪凤三年……又令益州长史李孝逸、嶲州都督拓王奉等发剑南、山南兵募以防御之。其年秋，敬玄与工部尚书刘审礼率兵与吐蕃战于青海，官军败绩……往剑南兵募，于茂州之西南筑安戎城以压其境。”（中华书局1975年版，第5223-5224页）

②〔宋〕王钦若等编：（宋本）《册府元龟》卷358《将帅部·立功》载：“陈大慈为都督，长安二年十月，吐蕃赞普率众万余人寇悉州，大慈与贼四战，皆破之，斩首千余级。”（中华书局1989年版，第820页）

③〔后晋〕刘昫等：《旧唐书》卷196《吐蕃传》，中华书局1975年版，第5234页。

万，辟土千余里”①。天宝十四载（755），吐蕃大举进攻西山地区，结果为唐军所败，损失惨重。同年十二月唐朝发生安史之乱，边防空虚；此外剑南道还多次发生军队哗变，进一步削弱了巴蜀的边防力量。而此时吐蕃联结南诏从西面与南面夹攻剑南道诸州，唐军损失惨重，退至大渡河黎州一线。

肃宗、代宗时期，吐蕃频频入寇，从唐手中取得巂州与西山地区。因西山地区地近成都，为了收复西山，唐集剑南三川之力外加中央援军与吐蕃在西山地区展开激烈争夺。唐大历十四年（779），“吐蕃与南诏合兵十万，三道入寇”，并言“欲取蜀以为东府”②。唐代宗令剑南东川兵自江油北上与山南西道合军一处，防御吐蕃进攻利州，同时又命李晟统援军万余驰援剑南三川，大破吐蕃、南诏。但唐却没有收复西山要地③，也没从根本上扭转剑南地区的战局。为了扭转巴蜀的劣势，贞元元年（785），唐德宗任命韦皋出任剑南西川节度使，开始了唐对吐蕃的新一轮攻略。韦皋首先争取到巂州境内的东蛮部落，然后利用吐蕃与南诏的矛盾，瓦解了他们之间的联盟，使南诏转而与唐结盟共同对抗吐蕃。贞元五年（789），剑南西川节度使韦皋率军在巂州台登城大破吐蕃军，将吐蕃势力逐出巂州④。随后韦皋统剑南兵北上，与吐蕃再争西山地区。贞元八年（792）九月，唐军收复维州，擒吐蕃大将论赞热。同年十一月，山南西道节度使严震配合韦皋行动，在今白龙江上游地区败吐蕃于芳州及黑水堡⑤。贞元九年（793）至贞元十七年（801），唐军频频

---

① 〔唐〕颜真卿：《中散大夫京兆尹汉阳郡太守赠太子少保鲜于公神道碑铭》，〔清〕董诰等编：《全唐文》卷343，中华书局1983年版，第3483页。

② 〔宋〕司马光等撰，〔元〕胡三省注：《资治通鉴》卷226，中华书局1956年版，第7270页。

③ 〔后晋〕刘昫等：《旧唐书》卷196《吐蕃传》载：“剑南西山、大渡河东，为汉界……抵剑南西界磨些诸蛮，大渡水西南，为蕃界。”（中华书局1975年版，第5247页）〔宋〕宋祁、欧阳修等：《新唐书》卷216下《吐蕃传》载：“唐地泾州右尽弹筝峡，陇州右极清水，凤州西尽同谷，剑南尽西山、大度水。吐蕃守镇兰、渭、原、会，西临洮，东成州，抵剑南西磨些诸蛮、大度水之西南。”（中华书局1975年版，第6093页）从新旧《唐书》关于建中四年清水会盟的记载中可看出，吐蕃仍然占据着剑南西山地区。

④ 〔宋〕宋祁、欧阳修等：《新唐书》卷216《吐蕃传》载：“（贞元）五年，韦皋以剑南兵战台登，杀虏将乞臧遮遮……西南少安。不三年，尽得巂州地。”（中华书局1975年版，第6098页）

⑤ 〔宋〕宋祁、欧阳修等：《新唐书》卷216《吐蕃传》载：“山南西道节度使严震破虏于芳州，取黑水壁，焚积聚。”（中华书局1975年版，第6098页）

在松州、当州、维州、彭州、邛州、雅州、黎州、嶲州一线发起全面进攻。尤其是在贞元十八年（802）的维州之役中，韦皋指挥唐军围点打援，大败吐蕃军，擒获吐蕃宰相论莽热①。此次维州之役是唐蕃战争的战略转折点，唐军不仅夺回了西山地区的战略要地，还使剑南西川边境上的许多部落和小国先后又归附唐朝。吐蕃则在巴蜀战线上全面转入防御，再也无力大举进攻。其后吐蕃内乱不断，国势极度衰落，吐蕃王朝趋于崩溃，唐朝则乘机收复部分失地。唐宣宗大中三年（849），剑南西川节度使杜悰收复维州，山南西道节度使郑涯收取扶州，进一步巩固了巴蜀的西部边防线。

（二）与南诏的关系

剑南三川由于地处西南边陲自然有防边保境的职责。《旧唐书·地理志》直接指出剑南道的政治使命为“西抗西戎，南抚南蛮”，所以终唐一朝巴蜀与周边主要少数民族联系频繁，主要对象为“西戎”和“南蛮”。唐朝时期的“西戎”主要为吐蕃，而“南蛮”则主要是指盘踞于今云南洱海地区的南诏。南诏早在唐高宗时期就遣使入贡②，与唐关系逐渐密切。当时洱海地区六诏并立，因其他五诏归附吐蕃，惟南诏尽忠于唐。为了与吐蕃争夺洱海地区，唐玄宗大力扶持南诏，使其逐步兼并其余五诏，统一洱海地区。开元二十六年（738），唐玄宗遣使册封南诏首领皮罗阁为云南王③，南诏逐渐成为今云南地区最强大的地方政权。但其后南诏因对外扩张损害了唐的利益，与唐朝的关系逐渐恶化。为了惩治南诏，唐廷屡次发蜀兵南下攻打南诏。例如天宝十载（751），剑南节度使鲜于仲通统大军击南诏，结果南诏大败鲜于仲通④；天宝

---

① 〔后晋〕刘昫等：《旧唐书》卷196《吐蕃传》载：“（论莽热）率杂虏十万众来解维州之围。蜀师万人据险设伏以待之，先出千人挑战，莽热见我师之少，悉众追之。”（中华书局1975年版，第5261页）

② 〔宋〕宋祁、欧阳修等：《新唐书》卷222《南蛮传》载：“（永徽四年）高宗时遣使者入朝，赐锦袍。”（中华书局1975年版，第6270页）

③ 〔后晋〕刘昫等：《旧唐书》卷197《南蛮传》载：“（开元）二十六年，诏授特进，封（皮罗阁）越国公……其后破洱河蛮，以功策授云南王。”（中华书局1975年版，第5280页）

④ 〔后晋〕刘昫等：《旧唐书》卷197《南蛮传》载：“（鲜于仲通）进兵逼大和城，为南诏所败。”（中华书局1975年版，第5281页）

十三载（754），剑南节度使杨国忠又派侍御史、剑南留后李宓将兵七万击南诏。阁罗凤诱之深入，至大和城闭壁不战，“宓粮尽，士卒罹瘴疠及饥死者什七八，乃引还。蛮追击之，宓被擒，全军皆没。杨国忠隐其败，更以捷闻，益发中国兵讨之，前后死者几二十万人”①。后来南诏乘安史之乱之机，攻占越嶲郡和会同军，由此进入巴蜀境内。

唐王朝与南诏的连年战争影响极大。对唐内部而言，由于出征军队多从巴蜀调发，且人员伤亡惨重，而唐廷却没有妥善处置，这使得巴蜀与唐中央政府矛盾激化，导致唐后期巴蜀政局几度动荡。对唐外部而言，失去南诏这一盟友，南诏转而与吐蕃交结。吐蕃、南诏多次联合从西、南两个方向攻击巴蜀，让唐军陷入两线作战，疲于应付。唐朝一度放弃嶲州，沿大渡河至西山一线布防。唐欲争取政治主动权，就必须瓦解吐蕃与南诏的联盟。

政治学原理指出一国的政策并不是一成不变的，而是由一国的国家利益决定的。南诏的对外政策也完全取决于自身的实际利益，有利则合，无利则反目。再加上吐蕃并未将南诏视为完全平等的同盟国，而只是将其视为吐蕃在云南地区的仆从国，不断侵害南诏的利益，这使得吐蕃与南诏之间的矛盾逐渐激化。而此时唐德宗则适时采取了拉拢南诏共抗吐蕃（“断吐蕃右臂”）的战略。

随着韦皋出任剑南西川节度使，唐开始实施其战略，目的是瓦解吐蕃与南诏的联盟，即使不能让南诏依附唐，也要让南诏在唐蕃开战时保持中立。韦皋为了达成这一目的，首先从唐与南诏交界地带的东蛮诸部着手，使得东蛮诸部相继“面圣”，而唐廷对他们封赏极厚，并让他们担任剑南西川的行政官员。这无疑给南诏传递了一个重要的信息，南诏国主异牟寻乘机不断暗遣使臣与唐联络。其次，唐不断行使离间之计，挑拨吐蕃与南诏的关系②，加紧

① 〔宋〕司马光等撰，〔元〕胡三省注：《资治通鉴》卷217，中华书局1956年版，第6926-6927页。

② 〔宋〕司马光等撰，〔元〕胡三省注：《资治通鉴》卷233：“韦皋知云南计方犹豫，乃为书遗云南王，叙其叛吐蕃归化之诚，贮以银函，使东蛮转致吐蕃。吐蕃始疑云南，遣兵二万屯会川，以塞云南趣蜀之路，云南怒，引兵归国。由是云南与吐蕃大相猜阻，归唐之志益坚。”（中华书局1956年版，第7515-7516页）

劝诱南诏归附。贞元九年（793），异牟寻遣使正式归附唐朝，唐德宗亲自召见南诏使团，并命剑南西川节度使韦皋派使答复南诏。贞元十年（794），唐与南诏会盟于点苍山，南诏与吐蕃公开决裂。南诏的归顺改变了唐与吐蕃作战中的被动局面，唐与南诏联军在嶲州与西山地区屡败吐蕃，使得吐蕃全面转入防御态势，吐蕃对剑南三川的威胁基本消除。

当然，唐与南诏的关系也是一波三折。唐文宗大和三年（829），南诏趁巴蜀军政不修之际派兵寇蜀，以蜀卒为先导直抵成都，并陷其外郭，剑南西川节度使杜元颖退保成都子城不敢出战。此后南诏又分兵攻梓州，唐剑南东川节度使郭钊兵弱将寡亦不敢出战。南诏撤军时掠巴蜀子女、工匠数万而还①。此后，唐与南诏战端又开。乾符二年（875），唐廷任命高骈为剑南西川节度使，他一面“开城纵民出，各复常业，乘城者皆下城解甲，民大悦”，以恢复巴蜀生产，安定民心；一面“发步骑五千追南诏，至大渡河，杀获甚重……修复邛崃关、大渡河诸城栅”，以重整军备，并在南诏入蜀的要道上筑城防御。高骈通过以上措施稳定巴蜀局势，积极防御南诏，自后南诏不复入寇。南诏在半个世纪中多次大规模入侵剑南西川，给剑南三川造成严重损失，唐宰相卢携曾评价说：“咸通以来，蛮始叛命，再入安南、邕管，一破黔州，四盗西川，遂围卢耽（咸通九年至咸通十一年任剑南西川节度使），召兵东方，戍海门，天下骚动，十有五年，赋输不内京师者过半，中藏空虚，士死瘴疠，燎骨传灰，人不念家，亡命为盗，可为痛心！”② 此后南诏又欲与唐修好，致书唐昭宗，“朝廷欲以诏书报之。王建上言：‘南诏小夷，不足辱诏书。臣在西南，彼必不敢犯塞。’从之”③。唐天复二年（902），南诏权臣郑买嗣篡位，灭蒙氏自立，改国号为大长和，南诏灭亡。五年之后，唐亦亡。

---

① 孙樵《孙樵集》卷2《书田将军边事》载此次南诏攻蜀，对巴蜀造成极大破坏，“其所剽掠，自成都以南，越嶲之北，八百里之间，民畜为空。加以败卒、贫民持兵群聚，因缘劫杀，官不能禁，由是西蜀十六州，至今为病”。（上海古籍出版社1979年版）

② 〔宋〕宋祁、欧阳修等：《新唐书》卷222中《南蛮传》，中华书局1975年版，第6292页。

③ 〔宋〕司马光等撰，〔元〕胡三省注：《资治通鉴》卷261，中华书局1956年版，第8512页。

二、宋代巴蜀与少数民族政权的关系

两宋时期的地缘政治形势，比起唐朝有了较大的变化。由于幽云十六州的丧失，再加上辽与西夏的不断南侵，北宋时期始终将国防注意力集中于北部边疆，对大理、交趾等政权采取守势。巴蜀作为西南边陲的屏障，始终对南方少数民族政权采取防御为主的政策。随着宋室南渡，南宋时期的地缘政治环境更加恶劣，巴蜀由北宋时期的战略后方一下变为了前线战略枢纽区，其与少数民族政权，特别是与北方少数民族政权的关系更加密切。

（一）与金的关系

巴蜀偏居西南腹地，并未与金国接壤。随着靖康之变，金军全面南侵，巴蜀原有的地缘政治环境发生了极大的变化。建炎四年（1130），张浚发动的富平之战失败，陕西尽失，从此川峡四路开始成为抗金基地。

南宋初期，金在富平之战后认识到了川峡四路重要的战略地位，逐渐改变了原有的从东西两路攻宋的计划，将战略重点从东线的江淮战场转到了西线的川陕战场，确立了由陕入蜀，再经巴蜀东下灭宋的战略方针。而宋在富平之败后，张浚置巴蜀安危于不顾退至川东。在此危难之际，吴玠率军力保大散关东面的和尚原要地，坚壁重兵，下瞰雍甸，使金军惧其袭后，不敢轻易入蜀。为了打开入蜀通道，金军在绍兴元年（1131）三月至绍兴三年（1133）屡次进攻和尚原。特别是绍兴元年十月的进攻，金大将完颜宗弼甚至组织敢死队，并下达了“伍长战死，四人皆斩；什长战死，伍长皆斩；佰长战死，什长皆斩”的命令。金军命令之严酷，连吴玠都惊叹“盖自昔用兵所未尝见”①。不过吴玠审时度势，合理利用地形，设伏巧击，金军大败，完颜宗弼负伤而走，宋军缴获军器数万计。

金天会十一年（1133）正月，金以撒离喝为陕西经略使再次率军入蜀，金军与宋军在巴蜀饶凤关、武休关等要地展开激战，金军惨败被迫撤兵。

---

① 〔元〕脱脱等：《宋史》卷366《吴玠传》，中华书局1977年版，第11413页。

“吴玠急遣兵邀于武休关，掩击其后军，坠涧死者以千计，尽弃辎重去。”①绍兴四年（1134），完颜宗弼率领金军再攻巴蜀，与宋将吴玠在仙人关激战，宋军凭险据守，大破金军，并乘胜收复秦、凤、陇等州，史称“仙人关大捷”。仙人关大捷是宋金川陕战场的转折点，其表明了金对宋的压倒性优势已不复存在，金军猛攻宋军西线的军事计划彻底破产。对宋而言，川陕前线得到巩固，并牵制了金军，对声援南宋东线战场，巩固南宋的半壁江山起了重要作用。自金天会三年（1225）发起攻宋战争，至皇统元年（宋绍兴十一年，1141）宋金签订“绍兴和议”，是金与南宋地缘政治矛盾最为白热化阶段。在西线战场上，金军所向披靡，宋处于被动挨打、损军失地的不利境地。南宋军民利用巴蜀的地理险阻顽强抵抗，擅长骑射的金军不得不放弃优势与宋军展开山地战，金军损失惨重，双方实力逐渐趋于平衡，宋金之间的关系也紧跟着发生转变。

随着绍兴和议的签订，从金熙宗皇统元年（1141）到金宣宗贞祐五年（1217），宋金在巴蜀一线和平共处、各安边境。在这几十年的和平时期内，川峡四路社会经济得到进一步的发展，并且与金的经济、文化交流达到顶峰。然而随着蒙古在北方兴起并不断南下，金国势力向南方急剧退缩，迁都汴梁。为了弥补对蒙古战争的损失，宋嘉定十年（1217），金宣宗决定分兵攻宋，宋金战端又开。宋宁宗时期，巴蜀“沿边关隘悉为金毁”，“军民莫知死所”，关外四州之地“民不聊生”②，再加上镇蜀的安丙夺功杀人，宋军内部矛盾不断，巴蜀宋军的防御力量大大削弱。金军趁巴蜀防务空虚，连下天水军、西和州、成州、阶州等数州，焚大散关、破武休关进而陷兴元，横扫整个汉中地区，宋军一败涂地。嘉定十七年（1224），金哀宗鉴于蒙古军的攻势，改变了两线作战的策略，放弃攻宋，结束了宋金战争。金朝虽然在对宋的战争中获得了部分利益，但也消耗了大量军力，使自己陷入了两线作战的不利境地，并且还为蒙古与南宋的政治联合提供了契机。金天兴四年（1234），宋蒙联合灭金，金朝灭亡。

---

① 〔元〕脱脱等：《宋史》卷366《吴玠传》，中华书局1977年版，第11411页。

② 〔元〕脱脱等：《宋史》卷402《安丙传》，中华书局1977年版，第12190-12191页。

宋金在巴蜀既有交战的政治斗争期，又有止兵戈的和平共处期，两者的关系呈现出多样化、变动性的特点。这种特点与巴蜀的地理环境是有关联的。若金取得民富财丰的巴蜀，将大大增强其实力，能让顺江而下一鼓作气灭掉南宋的战略目标得以顺利实现；如果宋保住巴蜀，则可以将“巴蜀重险之固”与“吴三江之阻”① 的地利联为一体，并有效阻挡金军南下，对力保南宋半壁河山有着重要作用。宋金在秦巴山地一线鏖战，山高险阻的环境有利于步战为主的宋军作战，不利于金军骑兵机动性的发挥。虽然金军意识到这一点，但为了抢下这块战略要地，金军甚至下马充作步兵，并以人海战术猛攻巴蜀各关隘，但收效甚微。宋凭借地利之险在巴蜀边缘构筑了一个“三关为门户，五州为藩篱”② 的防御体系，并以此体系力保川峡四路。但是“固国不以山溪之险”而在于治国的仁德清明，南宋宁宗朝以后，巴蜀前线抗金的失利和巴蜀内部的矛盾与军乱，使得这道防御体系不堪一击。巴蜀地缘政治形势并未在金灭亡之后得以好转，反而面临着外有强敌压境、内有社会动荡的困局。

（二）与蒙古的关系

当宋金对峙百余年都筋疲力尽之时，一股新兴势力——蒙古在北方草原上逐渐壮大，并于宋宁宗开禧二年（1206）建立了蒙古汗国。蒙古立国之后，迅速向南进发，猛攻金与西夏等，尤其是将金作为重点进攻目标。

宋宁宗嘉定十五年（1222）十月，蒙古太师木华黎率军进攻金朝凤翔，派遣了一支偏师南越秦岭之牛岭关，经宋利州路辖区的凤州而还。巴蜀与蒙古有了第一次接触，同时也引发了宋蒙之间第一次武装冲突③。宋理宗宝庆三年（1227），蒙古军为了攻金与西夏，再次遣军突入巴蜀。进入利州路后，蒙古军攻伐宋“三关五州”要地，并掳掠数月之久方北还。宝庆三年（1227），蒙古灭西夏，蒙古与巴蜀的地缘关系进一步密切。绍定四年

---

① ［晋］陈寿：《三国志》卷45《蜀书·邓芝传》载：“蜀有重险之固，吴有三江之阻，合此二长，共为唇齿，进可并兼天下，退可鼎足而立，此理之自然也。”（中华书局1959年版，第1072页）

② ［元］脱脱等：《宋史》卷449《高稼传》，中华书局1977年版，第13230页。

③ ［明］宋濂等：《元史》卷119《木华黎传》，中华书局1976年版，第2935页。

(1231)，窝阔台汗遵循成吉思汗“假道于宋”① 的攻金遗旨，派其弟拖雷强行取道汉中攻金，蒙古军再度进入巴蜀，引发了宋蒙战争正式爆发前最大的武装冲突。此次借道行动中，蒙古军攻陷凤州、沔州、褒城、大安军、兴元、洋州、金州、西和州、同庆、河池、文州、利州、阆州等处，基本上横扫了整个利州路。四川总领所存于关内外的大批军需物资皆遭劫掠与焚毁，川峡四路的边防屏障“三关五州”相继被破坏，巴蜀军民死伤惨重，防御力量大大削弱。

端平元年（1234），宋蒙军队攻破蔡州，金朝灭亡，宋蒙之间失去了缓冲地带，川峡四路与蒙古直接接壤。公元1235年，宋蒙战争正式爆发，蒙古兵分三路伐宋，其中西路军的目标便是拿下巴蜀。这时巴蜀经过吴曦叛乱、金军入侵与蒙古军两次“假道”，正处在“关隘疏鲁，旧来备御去处，未暇尽修，而损之又损”② 之时，加上军政腐败，主帅无能，如此的防御态势在强大的蒙古军面前必将不堪一击。果不其然，蒙古军大举入蜀，再破三关五州要冲，在阳平关击败宋将曹有闻所统的宋军主力，彻底打开了通向川峡四路内部的门户。

端平三年（1236）十月，蒙古军攻破成都，又分兵四出，“凡破四川府州数十，残其七八”，使全蜀“五十四州俱陷破，独夔州一路及泸、果、合数州仅存”③。成都地区满目疮痍、残破不堪、人口锐减，为了支撑巴蜀政局，宋廷不得不将巴蜀政治、经济、军事中心东移，并拨荆湖米数十万石以补给巴蜀驻军，依靠川东山区来支撑抗蒙战争。蒙古军虽几次入侵巴蜀，但并不打算长期占领，但也不允许巴蜀成为南宋的后方基地，因而数次对巴蜀进行抄掠和破坏。面对蒙古军的劫掠，宋廷也根据地理环境调整和加强巴蜀防务。淳祐二年（1242），任命余玠为四川制置使兼知重庆府，全面主持巴蜀防务。余玠入蜀后进一步加强巴蜀在彭大雅时期确立的山城防御体系，并恢复巴蜀

---

① 〔明〕宋濂等:《元史》卷1《太祖纪》载:“若假道于宋，宋、金世仇，必能许我。”（中华书局1976年版，第25页）

② 〔宋〕魏了翁:《鹤山集》卷37《黄制置壬辰书》,《景印文渊阁四库全书》第1172册，台湾商务印书馆1983年版，第427页。

③ 〔元〕佚名撰，王端来笺证:《宋季三朝政要笺证》卷1，中华书局2010年版，第13页。

经济，多次打退蒙古军的进犯。后来巴蜀军民继续沿用余玠的策略，在开庆元年（1259）取得了钓鱼城战役的胜利。景定元年（1260），忽必烈即汗位后，改变了劫掠巴蜀的政策，而以屯田筑寨之法步步为营围逼宋军。宋军则不断兴建山城、层层设防与蒙古军周旋，双方断断续续地在巴蜀进行了十几年的拉锯战。公元1276年，元军攻陷临安，南宋灭亡，巴蜀宋军仍在坚持作战。直至祥兴二年（1279），宋合州守将王立投降，蒙〔元〕才彻底占领川东诸城，统一巴蜀。

宋蒙〔元〕双方长达半个多世纪的争夺，在巴蜀历史上是极其罕见的。巴蜀能成为宋王朝抗蒙〔元〕战争的最后基地，除了巴蜀军民坚强的抵抗精神外，还与巴蜀特殊的地理环境分不开。巴蜀山高险阻，宋军的山城防御体系十分有效，寸土必争，才使蒙〔元〕军无法轻易占领巴蜀。再加上南宋政权在政治、经济、军事诸多方面对巴蜀的支援，对巴蜀宋军长期坚持抗战起了极其重要的作用。即使蜀边三关五州失守、巴蜀残破、成都被占，巴蜀的地方政治军事枢纽仍能在中央政权的支持下重新恢复运转。

（三）与大理的关系

自唐天复二年（902）南诏国灭亡以来，今云南与四川西南地区先后被大长和国、大天兴国、大义宁国等地方性政权所统治。即使在五代十国时期，巴蜀与位于今云南的地方政权也有政治联系。如乾化四年（914），大长和国国主郑仁旻遣军进攻巴蜀黎州边境，前蜀王王建派军反击，大破郑军，俘斩数万人，郑军渡河时又溺死数万人，大长和国从此不敢犯境。天福二年（937），大义宁国通海节度使段思平起兵灭大义宁国，建立大理国，自此开启了大理国与巴蜀为邻的时代。大理的疆域与南诏大致相当，据史料记载大理国“凡收府八，善阐其一也，郡四，部三十有七”，“其地东至普安路之横山，西至缅地之江头城，凡三千九百里而远；南至临安路之鹿沧江，北至罗罗斯之大渡河，凡四千里而近”①。

公元965年，北宋灭后蜀，将巴蜀地区纳入大宋版图。据传宋将王全斌

① 〔明〕宋濂等：《元史》卷61《地理志》，中华书局1976年版，第1457页。

平蜀后，欲取云南，以地图进献宋太祖询问意见。哪知太祖展开地图后挥玉斧划大渡河为界，并言“界外（大渡河以南）非吾所有”。这就是“宋挥玉斧”的典故。无论北宋时期还是南宋时期，宋王朝对大理遣使进贡等外交反应冷淡。

大理国在对待宋廷上始终持积极接触的态度，乾德三年（965）宋平巴蜀后，宋境与大理国接壤。大理国闻讯即刻派遣建昌城守吏，由清溪关道入蜀向宋表示祝贺。开宝元年（968），大理国再次遣使至黎州递交文书，希望与宋通好。在大理国的一再请求之下，宋于太平兴国七年（982）在黎州大渡河畔建舟船“以济西南蛮之朝贡者”①，从此大理国经巴蜀与宋廷建立了朝贡关系。史载大理国在雍熙二年（985）、端拱二年（989）、淳化二年（991）、至道三年（997）、咸平二年（999）、景德二年（1005）、大中祥符二年（1009）和宝元元年（1038）皆经巴蜀向宋朝贡。大理国除了向宋廷朝贡外，还多次请求宋王朝的册封。北宋政和七年（1117），大理再次向宋廷进贡，宋廷册封大理国主段和誉为云南节度使、大理国王，赠金紫光禄大夫、检校司空、上柱国，这意味着大理与宋廷的政治关系进一步紧密。

大理为了保持与宋王朝的政治关系，十分重视辖区内的交通发展，尤其是入蜀通道的维护。史载大理国的交通“东至戎州，西至身毒国，东南至交趾，东北至成都，北至大雪山，南至海上，悉著其道里之详，审询其里堠，多有完葺者”②。其中，“东至戎州”指唐代的石门关道，“东北至成都”指唐代清溪关道，这两条通道是大理与巴蜀联系的主要通道。北宋在戎州和黎州设置博易场与大理进行马匹交易，双方往来正是通过石门关道与清溪关道。

总而言之，北宋始终与大理维持着一种“以和为主”的关系，宋廷虽在政治上对大理进行册封，但是始终与其保持着若即若离的关系。北宋与大理的关系主要受到北宋北方地缘政治形势的干扰：当宋廷北方地缘政治形势恶化时，北宋往往淡化与大理的关系，同时还在川峡四路整顿军备，以防大理

---

① 〔宋〕李焘：《长编》卷 23，中华书局 1992 年版，第 515 页。

② 方铁：《西南通史》，中州古籍出版社 2003 年版，第 385 页。

趁机而入；当北方的地缘政治形势缓和时，宋与大理的关系则比较缓和，双方在巴蜀边境经贸往来相对频繁。

南宋偏居江南一隅，在处理与大理政权的关系上，基本承袭了北宋后期对大理的态度，但态度上更加趋向于保守，甚至宋高宗一度打算中止与大理的政治经济往来①。在地缘上，南宋与大理则仍以大渡河为界。在巴蜀边境雅州与黎州等大渡河以南地区，南宋积极维持对当地少数民族的羁縻统治。而这些处于巴蜀与大理交界处的少数民族既接受宋朝的封号，也受到大理的控制，实际上在巴蜀与大理之间形成了一条缓冲带。故《宋史》中才会记载南宋孝宗朝时期蜀边常有“黎州蛮犯边”“黎州蛮投附”和宋加强黎州边防一类的事件。受这些事件的影响，南宋更加坚信大渡河以南区域已属外域，非天朝疆土。不过大理的态度却刚好相反，始终积极地与宋廷接触，大理君民通过不停地进献表达想归属宋王朝的心愿。虽然双方在政治上疏远，但是在经济上尤其是在马匹贸易上交流频繁。

宋王朝与大理的政治接触大都经由川峡四路，可以说巴蜀与大理的地缘政治关系构成了宋王朝与大理地缘政治关系的基础。双方基本在大渡河一线保持着和平相处、各安边境的局面。为什么宋王朝对大理始终保持着一种刻意回避的态度呢？这也许可以从巴蜀政治地理，尤其是唐代巴蜀与南诏的关系上寻得答案。

宋王朝起于中原河洛之地，为了重振中原王朝的权威，自然要借鉴与吸取前朝的经验与教训。唐王朝曾与南诏国在巴蜀发生过一系列战争，导致巴蜀残破、民不聊生、边境不宁等一系列严重后果，所以宋王朝错误地总结了唐王朝灭亡的教训，提出了“唐亡于黄巢，而祸基于桂林”② 的结论。即认为唐朝虽亡于黄巢起义，但起因却是驻扎于桂林防御南诏的戍卒发生了兵变。所以宋灭后蜀后，太祖玉斧一挥，划大渡河为界，果断弃越嶲、云南等不毛之地，以防止唐朝巴蜀边患重演。绍兴六年（1136），南宋官员朱震说：“按

① 〔元〕脱脱等：《宋史》卷186《食货志》载：“绍兴三年，邕州守臣言大理请入贡。上谕大臣，止令卖马，不许其进贡。”（中华书局1977年版，第4565页）

② 〔宋〕宋祁、欧阳修等：《新唐书》卷222《南蛮志》，中华书局1975年版，第6295页。

大理国，本唐南诏，大中、咸通间，入成都、犯邕管，召兵东方，天下骚动。艺祖皇帝鉴唐之祸，乃弃越嶲诸郡，以大渡河为界，（使大理）欲寇不能，欲臣不得，最得御戎之上策。”① 而宋高宗则更加直白地说：“蛮夷桀黠，从古而然。唐以前屡被侵扰入川，属自太祖兵威抚定，以大渡河为界，由是不敢猖獗。然沿边控御兵官，岂可非人？”②

此外，宋廷还在巴蜀与大理之间积极构筑一条由西南少数民族部落为主的政治羁縻地带，并将其作为巴蜀与大理政权之间的战略缓冲带，以防止大理边患祸及巴蜀。然而事实证明，宋王朝对大理的地理认识是有局限性的，特别是宋王朝没有正确认识宋时的大理与唐时的南诏在地缘环境与政治形势上有着明显的不同。大理在长达三百年的时间里始终与宋王朝保持着和平相处、守境相安的政治状态，没有发生类似唐与南诏那样的军事冲突。这主要是由于此时的大理政权已完成了封建化，其政治注意力转向国内，其关注如何维持对各部落、各小邦的统治，而不是像奴隶制的南诏那样需要积极对外掠夺，故对外扩张不是大理国的基本政策。

大理国的军力也远不如南诏时期，甚至连与交趾这样的小国的战争都打得极为吃力，可见大理哪有侵犯巴蜀的实力。再加上大理国历代国主始终“身居边地、心系汉家”③，都十分重视增进与宋朝的政治关系，屡次遣使进献更加说明大理对宋王朝的态度。而宋王朝有意疏远大理，使云南地区与中原王朝的政治关系难以得到正常发展，这不得不说是宋王朝在处理与少数民族政权政治关系上的一大损失。

---

① 〔宋〕李心传：《建炎以来系年要录》卷105，中华书局1956年版，第1713页。

② 〔清〕徐松辑：《宋会要辑稿》方域21，中华书局1997年版，第7661页。

③ 〔清〕倪蜕撰，李埏点校：《滇云历年传》卷5载：“段氏向慕中国，志不少衰，而宋室君臣视之蔑如者，终鉴于唐季之祸也。”（云南大学出版社1992年版）

第三节　唐宋时期巴蜀高层政区在全国政治地理格局中的地位及影响

唐、宋作为中国历史上极具影响力的两个朝代，其国家运转机制与政治地理战略布局都有较为鲜明的特色。巴蜀由于独特的地理环境和政治战略重要性而受到唐、宋王朝的重视，他们为巴蜀“量身定做”的各种高层政区更是匠心独运。唐、宋政府通过这些高层政区因时、因地地管控巴蜀，发挥其应有的战略作用，以此来满足自身的政治需要。

一、唐代巴蜀高层政区的地位及影响

巴蜀经过一系列的政治变动，最终形成了剑南三川的高层政区格局。这种高层政区的布局使巴蜀的地理优势与战略功能得以完美展现，既提升了巴蜀的政治地位，又延续了唐王朝的国祚。

（一）巴蜀高层政区政治枢纽地位的确立及缘由

政治地理学认为：“一个国家或区域的地理位置、界域、接壤情况，以及在此基础上形成的地缘政治关系本身就具有极大的战略意义，直接影响着国家的安全。”① 剑南三道作为唐王朝的战略枢纽区，直接控制和影响着西南地区，在全国政治地理格局中具有举足轻重的战略地位。

1. 益州都督府的地位及影响

前文提过唐王朝曾在巴蜀设置过益州都督府这一高层政区，当然这一政区并不是巴蜀的专利。在益州都督府设立的同时，唐廷还相继设立了并州、荆州、扬州三大都督府。并、益、荆、扬四都督府的设置有着明显的政治目的，即以四府分镇东南西北，达到拱卫帝都的目的。“四府”并非唐朝首

① 彭光谦等：《军事战略简论》，解放军出版社 1989 年版，第 14 页。

创，这来源于传统的四方四维的地理认识，如汉朝官职中的四方中郎将、四镇将军、四征将军等均是其体现。它的形成可追溯到魏晋南北朝时期，与隋代四大总管府（并、益、荆、扬）的政治格局一脉相承。周振鹤先生《中国历史上两种基本政治地理格局的分析》提出了“分块式”与“圈层式”的政治地理格局形态①。其中的“圈层式”的代表正是《禹贡》中“五服制”，体现的是一个国家的核心区与边缘区的地缘关系。益州都督府作为唐王朝四府之一，与其他三府一起分镇四方，拱卫政治中心，体现出了“圈层式”政治地理格局形态。那么益州都督府在“四府”政治格局中居于何种地位，又有何种影响呢？

益州都督府作为四大都督府之一，其优势很明显，这主要表现在政治上。根据《唐会要》记载，垂拱二年（686）十二月，唐廷下诏：“三辅及四大都督并冲要当路及四万户以上州市令，并长安等六县录事，并宜省补充。”② 这说明益州在政治地位上与京畿同等重要。益州大都督府与其他诸如州、县等普通政区建置相比，最大的不同还是在于其官职。益州大都督府在官职上的特点为：一是品级高，一般大都督府以皇子遥领，实际领其政务的都督府长史为从三品，基本上与京兆尹相当。二是都督府的内部官员人数较多，远远多于地方州、府等机构。《新唐书·百官志》记载：

> （在功曹的人员定额上京府）有府四人、史十人。大都督府有府三人、史六人；中府有府二人、史三人；下府有府一人、史三人。大都护府有府一人、史二人。上府有府、史各二人。上州有佐二人、史五人；中州减史二人。
>
> （在仓曹的人员定额上京府）有府五人、史十三人。大都督府有府四人、史六人。中府、下府，各有府三人、史五人。都护府有府、史各二人。上州有佐二人、史五人；中州、下州减史二人。③

---

① 周振鹤：《中国历史上两种基本政治地理格局的分析》，《历史地理》2004 年第 20 辑。

② 〔五代〕王溥：《唐会要》卷 86《市》，中华书局 1960 年版，第 1183 页。

③ 〔宋〕宋祁、欧阳修等：《新唐书》卷 49《百官志》，中华书局 1975 年版，第 1312–1314 页。

而户曹、田曹、兵曹、法曹、士曹的官员人数情况大致与上述相同。通过以上史料，不难看出益州大都督府与巴蜀其他行政单位相比确实有较大的政治优势，而这种政治优势正是其地位显著的体现。

在纵向对比益州大都督府与巴蜀其他行政机构后，再横向对比益州大都督府与其他三府。益府作为帝国西部疆域的守护者，再加上在四府中距帝都最近，所以在政治上唐廷一直十分重视有着“外府”之称的益府。实际主持益府政务的都督府长史长期兼领剑南节度、按察、观察等使职，是成为剑南道的最高行政、军事长官。众所周知，唐代“剑南（西川）是宰相回翔之地”，即出镇益府、担任剑南节度使者经常会被唐廷召入朝中为相。当然这并不是益府才有的殊荣，其他三府也有此殊荣，但是没有益府这样频繁，由此可见益府在唐王朝心目中的政治地位。

益府的影响主要体现在有大变故之时，如在安史之乱、泾原兵变、黄巢之乱中，玄宗、德宗、僖宗三位皇帝先后逃亡益府。益府的地势天险、财富民丰等优势足以为唐王室提供保障。

2. “剑南三川”作为“外府”的缘由

纵览唐代有关“剑南三川”的史料，总会发现唐人常将其称为“外府”，那么巴蜀的“外府”称谓缘何而起?

从地理区位来看，剑南三川与唐朝政治中心近在咫尺①，再加上巴蜀物阜民丰，这使得巴蜀政治经济优势越发明显。众所周知，唐朝时期关中地区的经济产能不及往日，帝都的供需都仰仗于内河漕运，一旦漕运受限，关中地区就会爆发粮荒及动乱，此时巴蜀往往就成为唐廷化解危机的关键。如唐初百废待兴，“时天下饥乱，唯蜀中丰静”，唐高祖就让关中地区的饥民“就食剑南诸郡”②。又如“高宗咸亨元年十一月，运剑南义仓米百万石救饥人”。唐代诗人陈子昂评价道：“蜀为西南一都会，国家之宝库，天下珍货聚出其

---

① 〔宋〕郭允蹈：《蜀鉴校注》卷7载：“唐都关中，蜀近在户限之外。”（国家图书馆出版社2010年版，第166页）

② 《定户口令》，〔清〕董诰等编：《全唐文》卷1，中华书局1983年版，第18页。

中，又人富粟多，顺江而下，可以兼济中国。”① 巴蜀正是凭着毗邻帝都的区位优势，为唐王朝立国、发展和强盛做出了巨大的经济贡献。

剑南三川的地理区位优势绝非仅仅作用于唐朝前期，在唐朝中后期，这种优势仍然发挥着作用并有着强化的趋势。安史之乱后，唐朝的政治经济形势骤然改变，江淮赋税已无法保证贡入关中，剑南三川就成了唐王朝赖以生存的“生命之泉”。见证了唐朝由盛到衰的大诗人杜甫对巴蜀政治经济地位的重要性做出了如下评价：“河南、河北贡赋未入，江淮转输，异于曩时，惟独剑南自用兵以来，税敛则殷，部领不绝，琼林诸库，仰给最多，是蜀之土地膏腴，物产繁富，足以供王命也。”② 杜甫此言不假，在安史之乱后，来自巴蜀的贡赋比起常遭兵火扰乱的扬州更具有稳定性。

剑南三川因特殊地形使得自身经济很少受外部干扰，有着“恃险而富”的特点，尤其在动荡时期，剑南三川的政治经济地位愈发重要，成为皇帝出逃的首选之地。如唐玄宗是因“蜀土腴谷羡，储贡易办”而前往；唐德宗奔蜀则以山南之险为屏障，再以剑南贡赋为支撑；唐僖宗入蜀则由于“蜀中府库充实，与京师无异”。在“三皇幸蜀”后，巴蜀的政治经济地位得到进一步巩固，并真正成为唐廷的“外府”。在回顾和总结剑南三川何以成为唐王朝“外府”这一问题时，明人于慎行的回答相当精辟，他说：“唐都长安，每有寇盗，辄为出奔之举，恃有蜀也。所以再奔再北而未至亡国，亦幸有蜀也。长安之地，天府四塞，辟如堂之有室，蜀以膏沃之土处其阃阈，辟如室之有奥，风雨晦明有所依而蔽焉。盖秦汉以来，巴蜀为外府，而唐卒赖以不亡，斯其效矣。”③ 可见剑南三川作为唐王朝的“外府”是名副其实的。

（二）巴蜀高层政区在唐代边疆经略中的作用和影响

自定都关中以来，唐王朝就十分关注国防安全体系的构筑。对于剑南三川这样一个内有秦巴峻岭、外有异族毗邻的特殊地域，唐廷自然对其极为关

① 〔唐〕陈子昂著，徐鹏点校：《陈子昂集》卷 8，中华书局 1960 年版。

② 〔唐〕杜甫：《为阆州王使君进论巴蜀安危表》，〔清〕董诰等编：《全唐文》卷 359，中华书局 1983 年版，第 3651 页。

③ 〔明〕于慎行：《谷山笔尘》卷 12《形势》，中华书局 1994 年版，第 136 页。

注。巴蜀诸道在地理上正好位于西北、西南交通的联结部，在唐王朝国防安全体系中起着牵制西北、控扼西南的作用。陇蜀两地是唐都长安的屏障，唐王朝可以“北假胡宛之利，南资巴蜀之饶”，以保帝都稳固。此外，掌控剑南三川还能使唐廷控制住一支重要的力量——西北边军，这股力量对唐廷相当重要。安史之乱的平定、蜀道安全的保护以及唐都的拱卫等一系列国家安全任务都主要依靠西北边军。在唐帝国中央影响力衰弱、藩镇林立的情况下，西北边军为何却仍服从唐廷调遣呢？这主要是因为其后勤供给全依赖于唐廷控制下的巴蜀诸道，史载：“自陇右及河西诸州，军国所资，邮驿所给，商旅莫不皆取于蜀。”① 正因如此，唐廷始终控制着西北边军，西北河陇防线得以巩固，并有效地遏制了吐蕃在西北的扩张。

此外，巴蜀诸道在唐王朝的边疆经略中也起着巨大的作用。在唐朝近三百年的时间里，唐经常与西界的吐蕃爆发战争，再加上南边的南诏也对唐时叛时附、反复无常，有时吐蕃与南诏甚至“合纵”抗唐，这使得唐朝的西南边疆危机一直存在。不管是吐蕃还是南诏，它们都与剑南西川接壤，剑南西川就像一面盾一样阻挡了吐蕃与南诏的进攻。就算吐蕃与南诏突破了剑南西川，还有剑南东川、山南西道这两道防线，这使其不敢贸然深入。唐廷也深知巴蜀诸道对西南边疆经略的重要性，才以韦皋、李德裕等名将贤相出镇巴蜀，归化南诏，“断西戎之股臂”，“巩固关防，训练士卒，修理兵器”，以强化巴蜀三道的防御能力②。

二、宋代巴蜀高层政区的地位及影响

在巴蜀高层政区方面，宋廷继承并调整了唐时剑南三川镇蜀的格局，设置川峡四路。同时，巴蜀在全国政治地理格局中的地位及影响也发生了变化。唐宋时期巴蜀高层政区的变动既有中国传统政治重心东移这一大趋势的影响，同时也与巴蜀内外政治地理形势变化等有关。巴蜀高层政区在宋代地位

---

① 〔唐〕陈子昂：《上蜀川军事》，〔清〕董诰等编：《全唐文》卷 211，中华书局 1983 年版，第 2133 页。

② 梁中效：《唐代四川的区位优势》，《成都大学学报（社科版）》2000 年第 1 期。

的升降与影响的骤变是唐代所没有的，带有鲜明的时代烙印。

（一）宋代巴蜀高层政区的地位变化

唐、宋两朝有着许多相似之处，比如都面临外患、都有过动荡以及都曾对巴蜀格外重视。唐始终将剑南三川视为“外府要地”，其地位一直备受推崇。而宋王朝定都汴梁，对川峡四路的依存度不像定都关中的唐王朝那样强，再加上宋廷的外部威胁始终为北重南轻，所以最初将巴蜀视为后方补给地。靖康之变、宋室南渡迫使宋王朝重新审视巴蜀的地缘价值。

1. “川峡四路”在全国政治地理格局中的地位

北宋平蜀后，为了治理这个远离帝都汴梁的边疆地域，宋廷设置益、梓、利、夔四路。巴蜀巨大的地理优势和富庶的经济，为北宋的统一提供了巨大的支持。在北宋完成中原地区的统一后，川峡四路更成为宋王朝的“钱粮仓储区”。由于首都长期处于北方少数民族的威胁中，所以北宋的地缘政治关注重点皆在北方，从而使得宋廷将川峡四路视为政治上的边缘区和经济上的供馈区。这就让巴蜀的战略定位由唐时的“外府”变为了北宋时期的“边远财源区”，巴蜀的政治地位大大下降。

北宋定都汴梁，在军事地理上存在着外围无险可恃的先天劣势①。宋真宗景德四年（1004），辽军大举南下，直抵距汴梁不远的澶州，宋廷大震。北宋定都汴梁主要是基于漕运便利的考虑，而忽略了开封地区一马平川的地势带来的无险可守的境地，故不得不“以人为城垣，以人为险隘”，集重兵以护京师，并导致了一个更令宋廷头疼的问题——“冗兵”，所以宋廷中一再出现回迁京洛的提议。其实最早倡导这一提议的是决定定都汴梁的宋太祖本人，他在晚年认识到定都开封的问题后，有过迁都洛阳或长安的打算，试图“欲据山河之胜而去冗兵，循周汉故事以安天下”②，只不过因群臣劝阻而作罢。大

① 顾祖禹《读史方舆纪要》卷46《河南省》对河南政治地理的缺陷以及建都的危险性是这样评述的：“河南者，古所称四战之地也。当取天下之日，河南在所必争；及天下既定，而守在河南，则岌岌焉有必亡之势矣。”（中华书局2005年版，第2083页）。

② 〔宋〕李焘：《长编》卷17，中华书局1992年版，第369页。

臣们的劝阻理由不外乎重提唐末兵火祸及关洛等不利因素，却忽略了太祖欲移鼎关洛以巴蜀为依托的考量，最后太祖在放弃迁都时发出“不出百年，天下民力殚矣”的感叹。

在仁宗、神宗两朝时，北宋面临着辽与西夏的双重压力，帝都汴梁的形势进一步恶化，宋廷才又一次考虑迁都的问题，并以关洛地区作为首选。秦观上言道：“臣闻世之议者，皆以谓天下之形势莫如雍，其次莫如周。至于梁，则天下之冲而已，非形势之地也。”① 范仲淹也力呼“洛阳险固，而汴为四战之地”②，愿朝廷早做准备。这些都表明北宋中后期宋人已开始对汴梁产生担忧，而迁都的首选仍是关洛地区。关洛地区除了险要的地势外，还有川峡四路的物质支持。决定巴蜀政治地位升降的要素在于其自身的地理区位优势，尤其是与政治中心的地理距离。唐代巴蜀政治地位高离不开毗邻关中的地理优势，后来宋廷中屡现以关洛地区为迁都首选的议题时，也自然离不开对巴蜀政治地理优势的评估。所以在北宋中后期，随着宋人政治地理思想的改变，他们对川峡四路在全国政治地理格局中的地位认识有了转变。渐渐地，宋人不再像宋初那样只将巴蜀看作是提供财赋支援的边缘区，而是将其视为宋廷的战略功能区，以及兴复宋室王业的重要地缘区域。虽然这一认识在南宋时期得到了强化，但是宋人对川峡四路认识的最终改变却源于靖康之变、宋室南渡，这是让人极为痛心的。

2. “川峡四路”在政治地理格局上的变化

历史上唐、宋两朝皆重视巴蜀的政治地理价值，但宋王朝并不像唐王朝那样一开始就特别“优待”巴蜀，对其政治地位与地理优势的评估在不同时期（两宋时期）有所不同。如果说唐因安史之乱更为重视巴蜀的话，那么宋则因靖康之变而重新审视巴蜀的地位与价值。就两宋时期的地缘政治形势而言，南宋的地缘政治形势比北宋更加严峻，甚至有人一针见血地指出：“贯穿

---

① 〔宋〕秦观：《安都》，曾枣庄、刘琳主编：《全宋文》第120册，上海辞书出版社、安徽教育出版社2006年版，第24页。

② 〔元〕脱脱等：《宋史》卷314《范仲淹传》，中华书局1977年版，第10269页。

北宋政治的主线，是危机与变革，而贯穿南宋政治的主线，是生死存亡之争”。①

在北宋时期，川峡四路在相当长的一段时间里充当了宋王朝“钱柜子”与“粮袋子”。就当时的政治地理格局而言，宋廷的重点是收拾唐末藩镇割据的“烂摊子”。宋廷首先以巴蜀为目标，因为统一巴蜀后既能控制长江上游的地利天险，又能利用巴蜀丰富的物产来支持“先南后北”的统一战争。随着北宋收复幽云十六州的失败，宋廷逐渐将注意力转向北方，但对居于西南一隅的巴蜀仍不能完全放心。虽然北宋时期巴蜀的政治形势与唐时大不相同，但巴蜀仍是国家政治地理版图上的西南重镇。宋廷鉴于唐末藩镇教训，十分注重“防内”，而川峡四路极易割据，自然成为需要注意的敏感地区。蜀人出身的北宋名臣吕陶就一语概括了巴蜀在宋人政治地理观念中的形象：

> 夫蜀之四隅绵亘数千里，土衍物阜，资货以蕃，财利贡赋率四海三之一。县官指为外府。北倚剑阁，险绝天下。东连獞獠，蟠聚深固。西南皆蛮诏，自古犷强……方其王政衰圮，则奸豪凭险自安，或七八十载不以赋税归中国。②

在概括和梳理了巴蜀地缘政治情况与历史后，吕陶进一步提醒宋廷要注重以巴蜀为重心：“夫重轻者，天下之异势，安危治乱所从出。易而无备，则变逆之资也。汉之衰，冀州之兵起。唐之季，桂林之戍叛……议者知三路之为重，而不知蜀之不可为轻。岂善计乎？”③

吕陶的这一见解也受到了宋廷的重视。故在北宋时期，宋廷逐步将巴蜀定位为“以财赋供馈为主的边远警备区”。但由于西南边疆长时间的稳定和巴蜀由乱而治的状况，巴蜀最终还是以后勤补给区的定位融入北宋全国政治地

---

① 张其凡：《两宋历史文化概论》，广东人民出版社2002年版，第57页。

② 〔宋〕吕陶：《净德集》卷14《成都新建备武堂记》，中华书局1985年版。

③ 〔宋〕吕陶：《净德集》卷14《成都新建备武堂记》，中华书局1985年版。

理格局。

但随着靖康之变、北宋灭亡、宋室南渡、王业偏安等一系列事件的发生，川峡四路的政治地理优势又重新被宋廷认识。宋廷中又再度出现了迁都关陇的呼声，并主张将其与巴蜀四路的政治地理优势相结合以求王业中兴。知京兆府兼京兆府路经略制置使唐重就反复上言朝廷应“镇抚关中以固根本。然后营屯于汉中，开国于西蜀”①。同时宰相李纲也奏请高宗应该利用巴蜀物阜民丰、位置险要的政治地理优势将政治重心放于关陕，或者退而求其次选择襄邓，而绝不可偏居临安②。鉴于朝堂上下的一再呼吁，宋高宗派出曾建言“中兴当自关陕始”的张浚经略关陕与巴蜀，以图实现光复中原的目标。但富平之战惨败后关陕尽失，川峡四路由昔日的边远后勤补给区一下子成为了前线的战略枢纽区。

另外，南宋以长江为天堑防备外敌，为了力保长江下游的临安，就必须全力保住长江上游的巴蜀。除此之外，川峡四路还与关陕和荆襄毗邻，并对关陕和荆襄两个战略要地起着牵制和支援的作用。从整个地缘战略上来讲，巴蜀四路对欲灭南宋的势力而言极具军事意义。由于巴蜀直接关系着宋廷的生死存亡，故南宋王朝不得不重新审视巴蜀的政治地理优势，而这种优势在北宋时期并没有被深入发掘与利用。南宋王朝立国东南，倚蜀为重，只有做到四蜀可守，而后东南才始可立矣。

（二）巴蜀外部政治环境的变化与内部防御体系的变动

川峡四路作为西南重镇一直备受“关注”。由于两宋时期政治形势截然不同，故在此影响下，巴蜀内部出现了一些相应的改变，而其中最显著的当属防御体系上的变动。

北宋时期，巴蜀外部政治环境相对宽松，宋廷为防止割据，严禁巴蜀四路地区增筑城池，故巴蜀最初的防御体系是极不完备的。但是巴蜀坐拥秦巴

---

① 〔元〕脱脱等：《宋史》卷447《唐重传》，中华书局1977年版，第13186页。

② 〔宋〕李心传：《建炎以来系年要录》卷7：“夫襄邓之地，西邻川陕，可以召兵；北近京畿，可以进援；南通巴蜀，可以取货财。”（中华书局1956年版，第185页）其话较全面地阐述了驻跸襄邓与巴蜀政治地理优势的关联。

之险，占据峡江之固，辖区内群山环绕、山林茂密，水陆交通又连接周边的秦陇、荆襄等处，为盗匪贼寇提供了藏匿、转移之便。如仁宗朝时光化军、庆州民哗变叛乱，其贼首欲率叛党趋蜀以躲避官军的围剿，好在宋廷及时调集永兴军和金州驻军才将其镇压下去①。到了神宗时期，巴蜀城池破败、军备废弛，已经出现了较为严重的安全问题。不仅民间不法者利用巴蜀隐蔽的环境走私，而且巴蜀周边地区的叛军常常就近入蜀，使宋王朝头疼不已。为了防患于未然，宋廷一改宋初的政策，开始积极完善巴蜀的防御体系，在川峡四路普遍修筑与增筑城池以增强防御能力，改变州县无城防可守的状态。

随着宋室南渡，巴蜀外部政治环境变化极大，并直面北方少数民族。北方少数民族军队战斗力极强，他们不同于一般的流匪草寇，巴蜀原本以防匪患为宗旨而布设的防御体系已不适应当时的需要，宋廷不得不完善巴蜀的防御体系。

在宋金对峙时期，宋廷将金军牢牢地阻截在天水至汉中一线上，金军无法进入巴蜀。为了巩固这条防线，宋廷强化利州路北端的仙人关、七方关、武休关等内部险要，并维护这些关隘之外的阶、成、岷、凤、天水军等据点，将天水——汉中防线真正打造成以“三关为门户，五州为藩篱”的多层次、全方位的防御体系。即在三关驻守重兵，使敌军不能越过秦岭到达巴蜀内部；在关外五州驻守重兵，进则出关陇，退则以保三关。另外还配合着一系列措施来完善巴蜀防御体系，如设置四川宣抚司、四川制置司与四川总领所三大机构来主持巴蜀抗战大局。在军事上，以三都统制（后演化为四都统制）统大军驻防上述区域加强防卫。宋廷在巴蜀防御体系上的调整收到了明显的成效，在宋金一百多年的对峙期里，金人始终没有突破秦巴天险，而宋廷也因此保住了江南的半壁河山。

南宋后期，巴蜀的外部政治危机更加严重。由于宋廷腐败不堪、巴蜀政局动荡和蒙古军队的全力进攻，巴蜀原有的“三关五州”防御体系支离破

---

① 〔宋〕李焘:《长编》卷145:“初，光化军贼邵兴帅其党趋蜀道，遇华、商、虢等州提举捉贼上官珙，杀之；又败兴元府兵于饶风岭，本府军校赵明以众降，乃自州北循山而西。捉贼使臣陈曙等领兵追击（邵）兴于壻水，及其党皆就擒。”（中华书局1992年版，第3496页）

碎，不堪一击。蒙古军趁机突进蜀中，于南宋端平三年（1236）十月攻陷成都，整个川西地区沦陷，巴蜀大部分地区惨遭劫掠。蒙古军的入寇与抄掠迫使宋廷又一次调整和加强巴蜀的防务。四川安抚制置使余玠一面恢复巴蜀经济生产，一面总结抗蒙战争的经验与教训，在此基础上充分利用巴蜀尤其是川东地区山地丘陵地势险峻的特点，建立起了极富巴蜀地理特色的山城防御体系，并将其广泛推广。这些山城"皆因山为垒，棋布星分，为诸郡治所，屯兵聚粮为必守计"①，将防御阵地和州府治所搬至山城，借助水势，增加山险，充分发挥地理优势，扬长避短，以步制骑。

此外，余玠还将巴蜀政治重心由成都迁往重庆，并调整防线，将四川制置司麾下四大都统制司部署于新筑的山城战略要地上，层层设防，力保巴蜀峡江通道的安全。川峡四路山城防御体系的确立与强化，以及巴蜀军民的顽强阻击，使得蒙古军无法实现从长江上游顺流东下直捣宋室帝都的计划②。山城防御体系除了适应了巴蜀政治局势的变化外，还将巴蜀政治地理优势发挥到了极致，连蒙古人都不得不感叹："我之乘险以用奇则难，彼之因险以制奇则易。"③ 由此可看出，两宋时期巴蜀政治地理优势是在巴蜀外部政治环境逐步恶化的情况下，被一步步发掘出来的。巴蜀防御体系由北宋时期的从无到有，变为南宋时期的日渐完备，为延续宋朝国祚起到了至关重要的作用。

第四节　唐宋王朝经略巴蜀边疆的经验与教训

唐、宋两朝作为中国历史上极为重要的时期，他们对边疆地区的经营一直为史学家们津津乐道。地处西南一隅的巴蜀凭借独特的地理环境和显著的区位优势，也一直深受历朝历代的重视。唐、宋两朝因政治局势的不同，在巴蜀面临的边疆问题也大不一样。蜀边经略的得失成败，也对各自的兴衰存亡产

---

① 〔元〕脱脱等：《宋史》卷416《余玠传》，中华书局1977年版，第12470页。

② 吴昌裔：《论边防事宜疏》，傅增湘：《宋代蜀文辑存》卷85，香港龙门书店影印本，第1081页。

③ 〔明〕宋濂等：《元史》卷157《郝经传》，中华书局1976年版，第3701页。

生了较大的影响与作用。

一、唐王朝经略巴蜀边疆的得与失

一般来说，一个国家经略边疆离不开两大问题，即边疆政策与治边思想。前者是实施边疆经略的指导方针与具体措施，后者是制定边疆政策的重要前提。在蜀边治理问题上，唐廷根据政治形势及时转变西南地区的治边思想，同时对蜀边政策做出适应性调整。

（一）巴蜀的定位与北守南攻战略思想

唐代巴蜀边疆主要有吐蕃和南诏这两个少数民族政权。面对这种情况，唐廷并未实行积极的扩张政策，而认为西南治理务在守成，反对在区域内对蛮獠进行无意义的征讨。唐的巴蜀边疆政策比较谨慎，甚至趋向于保守①。受此影响，在蜀边治理中，唐以怀柔、招抚为主，通过在巴蜀西南边界地带建立羁縻府州来控制川西与云南的局势。特别是唐朝重点扶植南诏来增强唐在西南地区的影响力和控制力，通过南诏来维持巴蜀边界的稳定，以达到以夷制夷的目的。虽然唐朝前期偶尔与西南少数民族有过武装冲突，但是唐廷始终在蜀边施行招辑怀抚的政策，故西南边境与巴蜀平安无事。

唐朝前期蜀边安稳除了积极有效的治边政策外，也离不开在剑南三川地区的政治军事部署。唐在巴蜀先后设立了益州道行台尚书省、益州大都督府等政治机构来具体执行蜀边政策。在军事上，在巴蜀边界险要之处设置军、守捉、镇、城、戍等军事机构并屯以重兵，基本上将巴蜀作为唐朝西南边疆的军事警备区，这同北宋时期巴蜀的政治定位是相一致的。后来随着安史之乱的爆发，唐王朝不得不改变治边思想与战略部署。鉴于国力衰落与西北兵源枯竭的事实，唐王朝无力继续执行积极扩张的边疆政策，“北守南攻”的战略思想应运而生，并成为唐朝中后期最重要的边防战略之一。

---

① 如高宗武后时期，唐曾在蜀边设立姚州来加强对云南东北部地区的管理，但姚州自设立后纷扰不断，民族冲突加剧。针对此问题，张柬之曾上书朝廷：“省罢姚州，使隶巂府。岁时朝觐，同之蕃国……增巂府兵选，择清良宰牧以统理之。”［〔后晋〕刘昫等：《旧唐书》卷91《张柬之传》，中华书局1975年版，第2941页］。

在唐朝中后期，唐面临的最大外患莫过于西面的吐蕃。吐蕃趁安史之乱唐边军内调之际大举进犯唐朝，并勾结南诏蚕食剑南道地区，西南边患日益严重。受困于内乱的唐朝，面对严峻的形势，及时调整政策，制定了“北和回纥，南通云南，西结大食、天竺”，共抗吐蕃的地缘政治策略，“北守南攻”的边防战略即源于此。唐在北部边疆收缩势力，并积极拉拢回纥诸部为外援，牵制吐蕃在西北的扩张；而在南部边疆（主要是西南一线）则设法瓦解吐蕃与南诏的联合，让南诏重归于唐，以此共抗吐蕃。更具体点讲，在北面利用朔方等西北军镇屏护关陇地区，拱卫王室，以图恢复北地边疆；在南面守护“外府”重地，力保巴蜀这一后勤补给区，并利用剑南三川在经济、军事上的局部优势牵制吐蕃，以缓解西北边防的军事压力。

正是在这一战略思想的指导下，巴蜀早已不是以前的“军事警备区”了，这需要及时调整巴蜀内部政治体制以适应巴蜀的新战略定位。剑南三川节度使制度的设立与加强，在政治军事上解决了这一问题。再加上巴蜀物产丰富，不仅为唐王朝的西北边军提供了后勤保障，而且为剑南三川军队在蜀边的军事行动解除了后顾之忧。所以唐廷在经历了肃宗、代宗两朝的边防收缩之后，开始在巴蜀边疆地区展开军事行动。尤其在德宗时期，剑南西川节度使韦皋联合山南西道节度使严震等，整合了剑南三川的政治、经济、军事资源，有计划、有目的地在巴蜀西南边界展开行动，收复失地，并招抚南诏等西南少数民族共同驱逐吐蕃。这些行动最终恢复了巴蜀边疆的稳定，有力地配合了唐廷在北部边疆的反击，达到了以“南攻”配合“北守”的战略目标。在“北守南攻”战略思想的指导之下，巴蜀完成了在全国政治地理格局中的功能转型与重新定位，从以前单一的边疆守备区变为了在国家政治体系中不可或缺的战略枢纽区。

（二）唐王朝的治蜀政策与巴蜀内外的动乱

终唐一朝，剑南三川在全国政治地理格局中占据着极其重要的地位。不过巴蜀的天险地利既让唐廷坐拥“外府”之利，也让唐廷担忧割据之患。在治理巴蜀的问题上，唐王朝始终关注着两个因素：一为治蜀政策的适用性；二为巴蜀官吏，特别是高级官吏对治蜀政策的执行度。前一个因素是唐王朝治蜀的方向标与行动指南，后一个则直接关系到治蜀的成败。像巴蜀这样一个地处边域、四塞险固又邻近帝都的区域，一旦治理不力，极易引发动乱，甚至可能出现地方割据。

在唐朝前期，唐廷为了一统天下，将巴蜀作为战略上的后勤基地。对于这样一个新占领区，稳定社会秩序就成了当时治蜀的首要问题。唐王朝在巴蜀相继设置益州道行台尚书省、益州大都督府等军事镇戍机构来治理巴蜀，军事管制成了唐初治蜀政策的核心，并取得了不错的成果。在窦轨镇蜀的六年中，窦轨对内讨平了巴蜀的匪寇，对外击败了党项、吐谷浑等，以武力维持了巴蜀的内外局势。

唐对巴蜀军事管制的政策顺应了隋末唐初的形势，一方面巩固了对巴蜀的统治，另一方面又利用了巴蜀的经济、军事资源支持唐朝统一全国的战争。不过军事管制只是在特定时期下施行的特定政策，不能长期实行。正是看到了这一点，唐太宗在统一战争完成后任用文臣治理巴蜀，结束了对巴蜀的军事管制。以益州大都督府长史皇甫无逸为代表的巴蜀官员廉洁自律、谨慎施政，使巴蜀局势安定。不过到了武周时期，受中央高压政策的影响，巴蜀吏治败坏，甚至连统治者都不得不承认蜀中“久缺良守，弊于浸渔，政以贿成，人无措足”。这造成人口脱籍严重，经济停滞，社会动荡，各种矛盾十分尖锐①。而后在睿宗、玄宗时期，唐廷调整治蜀政策，轻徭薄赋、改善民生、恢复生产，并重点整顿吏治。史载毕构“在蜀中尤革旧弊，政号清严”②；陆象先鉴于蜀中官吏贪暴，以身作则不滥用权力，“在官务以宽仁为政”③；苏颋因巴蜀经济凋敝、人口流亡严重，非常注意减轻人民负担，劝课农桑、开源节流，恢复巴蜀经济，维持社会安定。唐廷更是不断采取措施加强对巴蜀中下层官吏的管理，惩治贪官，罢除酷吏，调选政绩突出的官员入蜀任

---

① 陈子昂《上蜀川安危事》中载：“蜀中诸州百姓所以逃亡者，实缘官吏贪暴，不奉国法，典吏游容，因此浸渔。剥夺既深，人不堪命，百姓失业，因即逃亡。凶险之徒，聚为劫贼。今国家若不清官人，虽杀获贼终无益。”［〔清〕董诰等编：《全唐文》卷211，中华书局1983年版，第2133页］此言道明了武周时期巴蜀动荡的原因主要在于吏治的腐败。

② 〔后晋〕刘昫等：《旧唐书》卷100《毕构传》，中华书局1975年版，第3113页。

③ 〔后晋〕刘昫等：《旧唐书》卷88《陆象先传》，中华书局1975年版，第2876页。

职，以逐步改善巴蜀官员整体素质不高的问题。由于因时制宜地调整了治蜀政策，原本动荡的巴蜀又恢复了往日的安宁。

然而好景不长，由于唐玄宗天宝年间外交失策，再加上巴蜀官吏的处置不当，南诏与唐朝矛盾激化，爆发了“天宝战争”，给巴蜀人民带来了深重灾难，引起巴蜀民众的强烈不满，巴蜀政治矛盾不断激化。与此同时，南诏开始向吐蕃靠拢，不断入寇。然而，这种内忧外患的局面没有及时引起唐廷的重视，巴蜀在唐朝中后期再次陷入动荡之中。

随着安史之乱的爆发，玄宗的仓皇入蜀避难更直接激化了与巴蜀民众的矛盾，这种矛盾的逐渐积累，最后竟导致了蜀军的兵变。如至德二年（757）巴蜀“贾秀谋反”“郭千仞兵变”，宝应元年（762）“徐知道之乱”，以及代宗、德宗时期的“崔旰之乱”等。上述动乱使得唐王朝不得不重新考虑治蜀政策，将剑南道一分为二以削弱巴蜀地方势力，并重组巴蜀政治格局，逐步形成了剑南西川与剑南东川在蜀中互相牵制，山南西道从旁监控的地理格局。同时唐王朝还根据剑南三川不同的政治情况，采用灵活多变的措施来缓和巴蜀的社会矛盾，恢复巴蜀的社会生产。

但是仅仅解决巴蜀内部问题是不够的，巴蜀还面临着吐蕃、南诏这两大外部势力的威胁。唐廷也意识到巴蜀在边疆经略中的重要性，在打压蜀军势力维持内部安稳的同时，通过不断调外军入援以及采用灵活多变的外交政策来防遏异族入寇，维护巴蜀边界的稳定。

不过唐朝一再打压蜀军的做法实有不妥，不仅使得心怀不满的蜀军与外族勾结，同时也使得蜀军与节度使之间关系紧张、矛盾重重。例如唐文宗太和三年（829），蜀卒引导南诏军大规模入侵成都；唐僖宗乾符二年（875），剑南西川节度使高骈贯彻唐廷政策削弱蜀军，造成流血冲突。这些事件正是唐廷治蜀不当所引起的内外动荡的缩影。当然唐王朝的治蜀政策也有值得注意的，即在官吏选任上格外谨慎。唐中后期，巴蜀尽是武元衡、韦皋、李德裕等良将贤相，他们在镇蜀期间巧妙地处理着各种内外危机，并严格地执行着唐廷的治蜀政策，使得剑南三川始终处于唐王朝的有效管辖之下。

最后需要特别指出的是，唐朝中后期治蜀政策不断调整的根本原因是，唐王朝在经历安史之乱后，权力不断削弱，已无力再像前期那样恢复对巴蜀的高度集权统治，只能根据巴蜀的政治形势做出相应的调整，以求维持在巴蜀的统治，故唐中后期在治蜀政策的制定与实施上才会显得如此谨慎。不过总的来说，唐王朝在治蜀方面的巧妙布局、因地制宜，为后世提供了宝贵的经验。

二、宋王朝经略巴蜀边疆的经验与教训

宋王朝在对巴蜀边疆的经略中十分重视和借鉴唐王朝的治蜀经验。随着两宋时期巴蜀政治地理环境的改变，宋王朝在唐王朝治蜀的基础上进一步发展了蜀边政策，以维持西南地区的稳定。

（一）两宋对巴蜀政治地理的认识与“御北安南”的战略思想

宋王朝自立国伊始便受到北方政治形势的影响，为了全力应对北方地缘政治危机，宋朝统治者在南部边界尤其是在西南巴蜀一线上煞费苦心。宋朝统治者在面对继承南诏衣钵的大理政权时丝毫不敢掉以轻心，所以宋在统一巴蜀后，面对大理的遣使归附不但没有接纳的打算，反而以大渡河作为宋与大理的边界，还在蜀边少数民族部落区广设羁縻府州，形成缓冲带隔绝与大理的往来，并对其实施严密监控。这说明宋廷鉴于唐朝治蜀的历史教训，果断放弃了大渡河以外的领土，减少与大理的地缘接触，避免南诏寇蜀扰边的悲剧重演，并将精力全面投入北方。

由于大理与北宋始终相安无事，所以巴蜀四路的经济贡献常占主要地位，而军事色彩则略显淡薄。宋人普遍认为巴蜀是一个物阜民丰的后方，例如北宋景德元年面对辽军压境，宋真宗问计于群臣。蜀人陈尧叟劝其西幸成都，而江南人王钦若建议真宗谋幸金陵。从中可以看出，宋人视巴蜀与江南为可“避难”的内地区域。而到了南宋时期，宋廷在巴蜀边疆的治理上也做出了较大的调整，这主要是源于对巴蜀政治地理状况的重新认识与规划。靖康之变后，宋高宗在东南一隅仓促立国，南宋北部疆域大大收缩，宋金两国以西起大散关、东至淮河一线为界，而南宋的南部边界无较大变化。南宋基本上凭借长江天险与金抗衡，巴蜀因地处长江上游，多次成为金军南下灭宋的主要进攻对象，其战略价值与政治地位相比北宋时期陡然上升。随着巴蜀

地缘政治危机的日益严重，宋廷积极营建四川防区，集全川之力抗战，力保巴蜀与长江上游门户的安全①。而南宋在面对大理时还是继承了北宋时期的做法，即警戒并加遏制，以维护巴蜀南面的稳定。

从两宋时期对巴蜀政治地理认识的变化中可以看出，巴蜀的政治地位和战略价值得到了较明显的提升。这种变化一方面离不开巴蜀内外政治地理环境的影响，而另一方面则和宋王朝“御北安南”的地缘战略思想有关。所谓的“御北安南”是指在防范北方少数民族南下的同时，又尽力稳定南方少数民族，以此解除面对北方政治危机时的后顾之忧。这种思想的形成与宋王朝面临的政治地理环境有莫大的关系。

两宋时期的地缘政治形势相对于汉唐时代有了较大的变化，宋自开国就面临着多边对峙的局面，尤其是在与北面的辽、西夏的抗衡中，宋始终处于弱势。与此同时，宋王朝还在地理上失去了历代中原王朝维护北部边疆的国防屏障，这种极其不利的政治地理环境使得宋王朝长期将防御重心放在北方而无暇顾及南方。无论是北宋还是南宋都在其北方边界要地屯驻重兵，以防御北方强大的少数民族政权南下，而且驻防兵力随着形势恶化呈逐渐增加的趋势。而南方兵力则略显薄弱，如荆湖南路的澧州在北宋后期还“养禁旅至三千有畸”，到了南宋光宗时期竟“吞并至百余人”②，可见南方兵力甚少。宋王朝的军力部署在地域上呈现出重北轻南的特点。宋王朝以“御北安南”的战略思想来应付地缘政治危机，既有历史传统的影响，也有宋朝统治者对整体局势的考虑。

就历史而言，宋之前的中原王朝的边患危机主要来自北方少数民族，而南方少数民族则很难从根本上逼近中原王朝的统治中心，所以来自北方的威胁远远超过南方。因此历代中原王朝在治边政策上对北方主要是防御，而对南方则是以安抚为主，这样的治边政策就使“御北安南”思想隐约地显现出来。宋王朝在面对北方辽、西夏、金、蒙古等少数民族的军事进攻时，宋始

---

①〔宋〕徐梦莘撰：《三朝北盟会编》卷154绍兴二年十二月一日条载：“臣又闻金人重兵悉趋陕西，志在吞蜀，万一不幸，蜀有变动，彼将顺流而下，水陆并进，则陛下岂可复有乘桴之行乎？”（上海古籍出版社1987年版，第1112页）此话精辟地论述了南宋时期对巴蜀政治地位与地缘价值的认识，道出了巴蜀直接与宋王朝命运相连的事实。

②〔宋〕楼钥：《攻媿集》卷54《澧阳楼记》，《四库丛刊》，商务印书馆1934年版，第10页。

终处于弱势的不利局面。而南方诸如大理、交趾等顶多就是骚扰一下宋廷的边界，对宋王朝不构成实质性的威胁，故宋廷采用“御北安南”的政策是符合实际的。

北宋时期的巴蜀在政治地理上的作用主要是镇抚大理，维护宋王朝西南边疆的稳固。而到了南宋时期，巴蜀既要担负西南边疆安稳的责任，又需要配合江淮一线支撑起宋王朝的整个北方边防，故两宋时期对巴蜀政治地理的认识才会有如此大的反差。

（二）联蒙攻金战略和汉中地区的丧失

继承唐王朝正统的宋王朝，在许多问题上深受唐王朝的影响，比如在应对地缘政治危机方面。由于唐、宋的地缘政治危机主要来自北方，北宋在借鉴与吸收唐朝经验和教训的基础上，总结和摸索出了一些适合自己的新观点与新方法，而渡江后的南宋则将之沿袭了下来。虽然南宋承袭了北宋的治边思想和治边方略，但是两宋时期政治地理形势风云变幻，仅靠固定的套路而不灵活应对危机是不行的。可南渡之后的宋王朝却始终抱残守缺，不到万不得已绝不轻易做出改变或调整，这造成宋朝在治边思想与策略上的严重滞后，并直接影响到边疆经略，甚至带来更严重的边患危机。南宋时期联蒙攻金的错误战略正是以上观点的具体反映。

宋王朝在应对边患的问题上，借鉴和吸取了唐王朝的经验与教训，并结合了自身实情逐渐形成了两个重要观点：一为前面提过的“御北安南”的地缘战略思想，即以重兵戍卫北境，守卫国本，对南边则进行安抚，免除后顾之忧；二为在地缘政治上采取联弱事强、远交近攻的战略，即合理运用外部力量来应对主要威胁，以保障自身的安全。从本质上看，第一个观点实为政治地理上的军事布局，而第二个观点则为地缘政治上的外交谋划。

联弱事强、远交近攻的战略，南宋并不陌生，因为北宋就通过“海上之盟”来联金抗辽，而在联蒙攻金之前，南宋还曾在巴蜀实践过上述战略。南宋嘉定十年（1217），在金对蒙古作战不断失利后，为了补偿战争损失，金军再次大举南侵。危难之时，宋廷以安丙为四川宣抚使出镇巴蜀主持战事。嘉定十三年（1220），安丙联合西夏夹攻金军，只可惜西夏兵攻金巩州不克而退军。安丙指挥宋军分路北进也无功而还[1]，联夏抗金失败。

随着蒙古势力的不断壮大，其与金的矛盾也逐渐白热化。宋朝因靖康之耻更是视金为主要敌人，不断地找寻机会以图消灭金朝。如此，宋蒙之间有了实现政治联合的可能性。蒙古军出于南下攻金的考虑，多次选取金陕西地区为突破口。宋宁宗嘉定十五年（1222），蒙古军为攻金凤翔城，以一偏师进入宋利州路而还，这是宋蒙之间的首次地缘政治接触。在随后十年多时间里，蒙古军多次以“借道”讨伐金朝为名，深入巴蜀（主要是巴蜀北部的利州路）攻城略地。而宋军在四川制置使桂如渊“诸将毋得擅出兵沮和好”的命令下放弃了军事戒备，甚至还在汉中地区“趣办牛羊酒以犒鞑师”[2]。不过蒙古人似乎不领情，照样将利州路地区劫掠个精光，使得原本就饱受金兵摧残的蜀边更是雪上加霜。同时，蒙古军也趁机进一步熟悉了汉中地区的地理环境，并为再次入寇做好了准备。

然而蜀边被侵也没有让宋廷及时醒悟，反倒在宋理宗绍定六年（1233），本着联弱事强（但是这一次实际是联强攻弱）、远交近攻的固有思路与蒙古达成了联合灭金的约定。宋端平元年（1234）正月，宋蒙军队攻破蔡州灭掉了金朝，这同北宋联金灭辽如出一辙。不过南宋似乎忘记了北宋在联金抗辽后的悲剧。

随着金的灭亡，宋蒙之间失去了缓冲地带，双方之间的战事不可避免。其实，这种情况早在宋廷敲定联蒙攻金的战略时就已埋下伏笔，联强攻弱在本质上就违背了地缘政治的传统规律，不仅不能求得政治地理格局上的“均势”，而且更达不到宋朝期望的“自保”。宋王朝只顾眼前之利，对实际政治情况判断错误，而其咽下的第一颗苦果便是西蜀战略要地——汉中地区的丧

---

① 〔元〕脱脱等：《宋史》卷402《安丙传》载：“先是，夏人来乞师并兵攻金人，丙且奏且行，分遣将士趋秦、巩、凤翔……〔宋〕师次于巩。夏人以枢密使甯子宁众二十余万，约以夏兵野战，宋师攻城。既而攻巩不克，乃已。”（中华书局1977年版，第12194页）

② 〔宋〕魏了翁：《鹤山集》卷82《郭公墓志铭》，《景印文渊阁四库全书》第1173册，台湾商务印书馆1983年版，第257页。

失。端平元年六月，南宋发起收复三京的行动，给了蒙古攻宋的口实①，很快蒙古军全线攻宋，形成了四川、荆襄、两淮三大战场。在蒙古军大举入侵下，宋军连连败退。宋将曹有闻率巴蜀宋军主力在汉中阳平关大战蒙古军，但寡不敌众，全军阵亡，通向巴蜀的门户被蒙古军彻底打开。随后蒙古军兵分两路：一路沿金牛道经利州入蜀；另一路出阴平郡沿阴平小道趋蜀，两路大军相约于成都会合。端平三年（1236）九月，蒙古军攻成都，四川制置使兼成都知府丁黼战死，蒙古军横扫巴蜀州县，一月之间，成都、利州、梓州三路俱陷没，西蜀仅存夔州一路及梓州顺庆府而已。宋廷被迫将巴蜀政治、经济、军事中心东移至川东地区，依靠川东山高水险来抵御蒙古。由于此时蒙古军的主要精力并不在南宋方面，而在对欧亚大陆的西征上，蒙古此时对南宋仅仅是掠夺以及摧毁宋的经济基础，因此蒙古军很快就撤出了巴蜀。宋廷趁机收复残土，并在巴蜀实行安抚之策，恢复巴蜀的经济生产，选派能臣干将主持巴蜀军政，巴蜀局势逐渐好转。

可好景不长，随着蒙古西征的终结以及蒙哥汗的即位，蒙古的注意力开始集中于灭宋之上。蒙哥汗采纳谋臣的建议，促使蒙古军一改之前抄掠的做法，稳扎稳打，层层进逼。在此思路的指导下，蒙古军又一次南下入蜀，并很快攻入巴蜀。鉴于汉中地区的地理区位优势明显，足以充当蒙古军攻蜀的前进战略基地，所以在宋理宗宝祐二年（1254）蒙古大臣汪德臣贯彻执行了蒙哥汗的政策，统军在汉中地区修筑城池，且耕且守②，使得汉中地区完全成为了蒙古的属地。对于宋朝来说，这种情况是致命的，若蒙古长久驻守下去，则汉中不可再复，也意味着巴蜀北部天险的彻底丧失。这一不利局面的形成与宋朝联蒙攻金的错误战略有直接的关系，一旦汉中丧失，则巴蜀无险可守，巴蜀一破，则蒙古可顺流而下水陆并进，宋王朝的灭亡就只是时间问题了。

---

① 〔明〕宋濂等：《元史》卷119《塔思传》记载了窝阔台汗在军事会议上的决定：“今中原、西夏、高丽、回鹘诸国皆已臣附，惟东南一隅，尚阻声教。朕欲躬行天讨。”（中华书局1976年版，第2939页）这拉开了蒙古攻宋的序幕。

② 〔明〕宋濂等：《元史》卷155《汪德臣》载：“屯田为长久计……即命置行部于巩，立漕司于沔，通贩鬻，给馈饷。”（中华书局1976年版，第3651页）

三、唐宋王朝在特殊时期的治蜀分析

唐、宋两朝为了使巴蜀一隅安定，进而最大限度地发挥和利用巴蜀的政治地理价值，可谓是殚精竭虑。尽管唐、宋王朝不时依据巴蜀政治形势的变化及时调整治蜀方略，可治蜀策略的好坏与否没有一段时间的观察尚难得知，而巴蜀发生的特殊事件则正好成为了那些治蜀策略的“试金石”。

(一) 刘辟之乱对唐王朝“两川相制”政治格局的影响

安史之乱后唐王朝由盛转衰，而巴蜀内外的动乱则成为唐朝转衰的缩影。为了力保“外府”安全，唐廷不得不依靠军事力量来维持对巴蜀的控制，如此一来，以各道节度使为代表的军人势力控制了巴蜀的军政大权并导致藩镇跋扈，使得巴蜀政局进一步动荡。“刘辟之乱”正是在全国藩镇普遍跋扈的大时代里发生在巴蜀的一个既偶然又必然的特殊事件。

说它偶然是因为唐王朝早就看到剑南道地区极易形成地方势力坐险割据，甚至与中央分庭抗礼，所以才在巴蜀政治地理格局的规划上做了手脚，将剑南道一分为二形成“两川相制”的局面，再以山南西道从旁策应，来防范巴蜀的割据，所以有人指出“剑南道变成两川相制的形势，要割据自立就更不容易了”①。说它必然主要是唐廷“两川相制”的布局设想太过于理想化，并没有将当时巴蜀实际的政治状况考虑在内，如剑南东西两川的矛盾以及两川实力不均衡等，故“两川相制”其实形成了一个“强弱相制”的局面。

此外，“两川相制”的布局实际上主要是防范剑南西川的跋扈，在巴蜀只有剑南西川才有一统三川、割据巴蜀的政治、经济、军事实力。故在唐肃宗至唐顺宗时期，巴蜀政治形势的发展，主要是由为了维持巴蜀统治而频繁插手巴蜀政务的唐王朝，和与巴蜀本地利益捆绑的军人势力之间的矛盾不断激化所推动。由此可看出，“刘辟之乱”是在巴蜀政治矛盾持续积累下的偶然性事件。

---

① 周尚兵：《山南道在唐代政权安全体系中的战略地位》，《史学月刊》2005 年第 7 期。

在肃宗朝至顺宗朝这段时间里，尤其是在德宗朝韦皋镇蜀时期，剑南西川的实力逐渐增强。韦皋二十一年的镇蜀生涯里取得了南结南诏、西破吐蕃的成绩，有效地稳定了巴蜀局势。虽然韦皋功绩卓越，但是他在巴蜀骄横跋扈、独断专行，史载“其从事累官稍崇者，则奏为属郡刺史，或又署在府幕，多不令还朝，盖不欲泄所为于阙下故也”①。韦皋不仅将剑南西川苦心经营成“国中之国”，而且还觊觎剑南东川与山南西道这两个节度使之位。韦皋的上述治蜀思想对追随者刘辟有着重要的影响。永贞元年（805），韦皋派剑南西川支度副使刘辟前往长安求领剑南三川，而这一做法因触碰了唐廷经略巴蜀的底线而遭到拒绝②。同年八月唐宪宗即位，与此同时韦皋卒于任上。

韦皋去世后，刘辟自立为剑南西川节度留后，并效仿当时其他藩镇擅自决定节度使的做法，请求正式任命自己为剑南西川节度使。唐宪宗因为初登大位，力求息事宁人，对刘辟妥协退让，正式任命其为剑南西川节度使。可以说此时的刘辟完全继承了韦皋在剑南西川的政治军事“遗产”。谁知刘辟并不满足，欲步韦皋后尘，企图兼领剑南三川，且对唐廷不敬，派兵进攻剑南东川、兵围梓州，将兼领剑南三川的要求付诸实际行动。这严重地突破了唐廷的政治底线，并造成了巴蜀政治形势的动荡不安③。为了维持在巴蜀的统治，唐宪宗决定采取武力手段平定刘辟之乱。于是令左神策行营节度使高崇文统中央神策诸军，会同山南西道节度使严砺与剑南东川节度使李康两道之兵进讨刘辟。唐廷之所以敢对剑南西川用兵，而不再像崔旰之乱时畏首畏尾，是因为除认定西川非反侧之地外，还因周边诸镇实力有所增强，并皆受

---

① 〔后晋〕刘昫等：《旧唐书》卷140《韦皋传》，中华书局1975年版，第3826页。

② 〔后晋〕刘昫等：《旧唐书》卷140《韦皋传》载：“皋乃遣支度副使刘辟使于京师，辟私谒王叔文曰：‘太尉使致诚于足下，若能致某都领剑南三川，必有以相酬；如不留意，亦有以奉报。’叔文大怒，将斩辟以徇，韦执谊固止之，辟乃私去。”（中华书局1975年版，第3825页）

③ 〔后晋〕刘昫等：《旧唐书》卷140《刘辟传》载：“（最初）朝廷不许，除给事中，便令赴阙，辟不奉诏。时宪宗初即位，以无事息人为务，遂授辟检校工部尚书，充剑南西川节度使。辟益凶悖，出不臣之言，而求都统三川，与同幕卢文若相善，欲以文若为东川节度使，遂举兵围梓州。”（中华书局1975年版，第3826-3927页）从以上史料中可以看出刘辟之乱发生的原因，即剑南西川求领剑南三川，挑起与唐廷的直接冲突。

朝廷节制，足以对西川形成制约①。

刘辟对剑南西川所处的形势也有深刻的认识，此时能对剑南西川提供支持的仅有吐蕃等少数民族势力。刘辟也的确派人向吐蕃求援，但是吐蕃此时也面临内忧外患，实在无心干涉巴蜀政局。吐蕃只愿给刘辟提供政治庇护，因此才上演了刘辟在西逃吐蕃的过程中被唐军千里追擒的一幕，所以刘辟之乱并不是一个简简单单的内部动乱，它有外部势力的因素，这是以前不曾有过的特点。从中可见唐廷此次平乱既有维持唐在巴蜀统治的目的，又有巩固西南边疆稳定的考虑，因此才促使唐廷迅速作出入蜀平叛的决定。

唐廷的平叛过程也不是一帆风顺的。因“两川相制”实质上乃强弱相制，刘辟很快攻占梓州，活捉李康拿下东川，之后便挥军北上欲图进占山南西道，但在剑门关被严砺击退。剑门关一役对最初的战局有着较深的影响，单从政治地理层面而言，若刘辟取胜则将乘胜进占山南西道，然后卡关设阵与唐军形成持久战，并集全川之力反抗朝廷，从而实现占有巴蜀的计划。幸好严砺在剑门关遏制了刘辟的攻势，确保了唐中央军入蜀道路的畅通，同时粉碎了刘辟控制入蜀通道凭险抵抗的企图。高崇文才得以率军入蜀与严砺等分军进讨，迅速收复剑南东川。唐军步步紧逼压制刘辟，并在拿下扼剑南两川之要的鹿头关之后长驱直入成都，剑南西川诸州县莫不望风而降。“(刘)辟大惧，以亲兵及逆党卢文若赍重宝西走吐蕃。吐蕃素受其赂，且将启之。崇文遣高霞寓、郦定进倍道追之，至羊灌田及焉。辟自投岷江，擒于涌湍之中。西蜀平，乃槛辟送京师伏法。”② 唐廷以高崇文为检校司空兼成都尹充剑南西川节度使留守巴蜀，刘辟之乱至此平定。

刘辟之乱给唐廷带来极大的震动，同时也促使唐王朝不得不重新调整治蜀策略。虽然唐廷意识到了剑南地区“两川相制”格局的弊端与不足，但是鉴于自身力量不断削弱、藩镇势力日益增强的现实，只得对巴蜀采取以藩镇

---

① 〔清〕董诰等编：《全唐文》卷646李绛《论河北三镇及淮西事宜状》载：“西川、浙西皆非反侧之地，其四邻皆国家臂指之臣。刘辟、李锜独生狂谋，其徒皆莫之与，辟、锜徒以货财啖之。大军一临，则涣然离耳。故臣等当时亦劝陛下诛之，以其万全故也。”（中华书局1983年版，第6538页）这说明利用藩镇牵制藩镇是唐廷稳定巴蜀的重要手段。

② 〔后晋〕刘昫等：《旧唐书》卷151《高崇文传》，中华书局1975年版，第4052页。

制藩镇的方法，继续贯彻剑南“两川相制”的固有政治格局。这种处理办法属实是唐廷的无奈之举。

为了维持剑南“两川相制”的政治地理格局，唐廷一方面将原属西川的六个州割隶给东川，使得剑南西川从此不再与荆南、黔中诸道为邻，失去了出川通道，并被牢牢地套在巴蜀的政治地理格局之中。鉴于剑南东川与山南西道的力量相对较弱的状况，唐廷逐渐充实两道的实力，使原有“两川相制”的局面变为剑南东川与山南西道联合防遏剑南西川的新格局。另一方面又大力削弱剑南西川的实力，尤其是军事实力。如刘辟之乱后上任的许多西川节帅都遵循朝廷旨意鼓吹“蜀兵脆弱论”，不断削减巴蜀军备，同时又为外军入蜀监控蜀军提供便利。为了防范像刘辟之类的野心家再度染指剑南西川，唐廷强化了对剑南西川的控制力度，特别是在剑南西川节帅的任免上显得更加的谨慎，并以文臣取代武将镇守剑南西川。如刘辟之乱后，唐廷立马将不识政务的高崇文调离，以宰相武元衡出镇西川，同时亦以文官出镇剑南东川。利用平定刘辟之乱的声威，唐廷以高级文臣出镇巴蜀两川，从而扭转了安史之乱以来军人专权于巴蜀的局面。如此构建的“两川相制”新格局，使得剑南西川“四面皆是国家兵镇”①，剑南西川的军人势力即使有所不满，亦不敢轻举妄动，巴蜀的局势又逐渐稳定了下来。

（二）宋王朝治蜀失策与“吴曦之变”

宋因巴蜀处西南边陲、远离王都且地势险要、物阜民丰，极易形成割据之势，所以宋王朝一直以“特殊化”的政策治理巴蜀。这种特殊化政策主要是以行政机构之间的相互制约以防止地方势力坐大，进而维持宋廷对巴蜀的控制。哪怕在宋室南渡后巴蜀面临地缘危机之时，宋廷也一直在执行这种特殊化的治蜀政策。

为了力保对巴蜀的控制，宋廷将巴蜀军力大部归入兴元、金州、兴州三大都统司之下防御巴蜀北边，又以宣抚司、制置司等跨高层政区机构来统领三大都统司，全面主持巴蜀的军政要务。由于宋王朝始终坚持守内虚外、强

---

① 〔唐〕李绛：《论镇州事宜状》，〔清〕董诰等编：《全唐文》卷646，中华书局1983年版，第6539页。

干弱枝的治国方略，尤其是在军政上一直奉行财军分治、兵将分离的策略，所以对巴蜀出现的大规模兵将结合的现象自然不会放任不管。但是宋廷鉴于巴蜀地位显著以及严重的边患危机，又不得不特殊处理这一问题，采取诸如以财制军、以文制武等特殊手段来变相地实现强干弱枝的目的。可是在宋廷想方设法地以特殊政策治蜀的情况下还是发生了“吴曦之变”这样动摇巴蜀政局的事件，这不得不说是一种讽刺。

其实“吴曦之变”的发生与宋王朝治蜀政策有着密切的关联。早在南宋初期，吴玠、吴璘便领军守蜀，他们对外骁勇善战、足智多谋、屡破金军，对内忠君报国、治军有方、善待士卒。吴氏兄弟统领的这支“吴家军”成了巴蜀诸军中战斗力最强、人数最多的一支部队。因此宋廷也对其格外重视，先后委任兄弟俩为四川宣抚使并命其全权负责巴蜀防务。在吴玠死后，宋廷还专门以吴家军为班底组建了巴蜀三大都统司之一的兴州都统司，并以吴璘为统帅，由此开启了吴家世将镇蜀的序幕。

宋朝因军事政变起家，一直实行以文制武的策略①，到了两宋交际之时，武将的地位才得到提高。当时，宋人面对这种状况总结道：

> 自祖宗世，陕西、河东、北三路皆以文臣为经略使，领大兵，武臣为总兵，号将官，受节制。熙丰后，始置武帅，论者非之。自渡江以来，沿边之兵尽归大将。帅臣反出其下。②

虽然宋廷也在巴蜀设置了宣抚司、制置司来节制巴蜀诸将，但事实上作用不大，如“川陕宣抚使王似、卢法原人望肃轻，颇不为吴玠所惮”。故在巴蜀人望极高的吴玠得以排挤他人独掌兵权。鉴于巴蜀特殊的战略形势，宋廷迫于无奈只得接受③，所以巴蜀出现了吴玠、吴璘、吴挺世代统兵的局面，史

---

① 〔宋〕汪藻：《浮溪集》卷 1 载：“祖宗时，武臣莫尊三衙，见大臣必执梃趋庭，肃揖而退，非文具也，以为等威不如是之严，不足以相制。”（中华书局 1985 年版，第 4 页）

② 〔宋〕李心传：《建炎以来系年要录》卷 112，中华书局 1956 年版，第 1814-1815 页。

③ 〔宋〕李心传：《建炎以来系年要录》卷 72，中华书局 1956 年版，第 1203-1204 页。

载“西边自中兴以来，权归吴氏”①，形成了强大的武将势力。

面对这种情况，宋廷再也不能容忍了，因此制约和分化吴氏武将的权力成了治蜀政策中的一个重要内容。从孝宗朝起，以赵汝愚为代表的宰执大臣纷纷上书要求派重臣入蜀牵制吴氏势力，得到朝廷允准。淳熙九年（1182）出任四川制置使的留正就上书言：“西边三将，惟吴氏世袭兵柄，号为‘吴家军’，不知有朝廷”，并请朝廷议更蜀帅：“虑吴氏世将，谋去之。”② 未果。绍熙三年（1192）四川制置使丘崈在入蜀前就在考虑削去吴氏兵权一事，并请求朝廷吴挺死后，“兵权不可复付其子（吴曦）”。次年，吴挺死，乃“别差兴州守臣，并利州西路帅司归兴元，以杀其权。挺长子曦勿令奔丧，起复知和州”。于是宋廷以文臣代吴挺，“遂革世将之患”③，达到了“以文制武”的政治目的。但此举引起了吴曦对宋廷的强烈不满，为吴曦的叛乱埋下了伏笔。这不得不说是宋廷治蜀失策的一个表现。

宋廷治蜀失策的另一个表现则是在巴蜀军政上的布局失当，给了吴曦发动叛乱的可乘之机。出于协调与巩固巴蜀防御体系的需要，宋廷相继设立了宣抚司与制置司主持巴蜀军政要务。特殊的政治形势使宣抚司、制置司下的武将势力一度膨胀，并在一定程度上造成了中央权力的旁落，所以宋廷才不断致力于强化对武将的节制，而总领所的设置在很大程度上就是为了通过掌管财政牵制巴蜀武将势力，进而恢复地方兵权与财权相分离的局面。

宋朝在地方治理上一直贯彻“祖宗以来，遣将出师，统制官掌兵，转运使措置钱粮，应副军兵，各不相统摄，使掌钱粮官得以修举职事，检察妄费，爱惜财用”④ 的政策。而总领所以朝廷赋予其“各专一报发御前军马文字，诸军并听节制。盖使之与闻军事，不独职馈饷”⑤ 的职权，来参与军需物资的调配并间接参与军务，以此达到对武将的制约。不过政治学理论指出制度分为两个层面，即一为中央的制度设计与规定层面，二为制度在地方上

① 〔宋〕曹彦约：《昌谷集》卷20《朝奉郎致仕晏子中墓志铭》，《景印文渊阁四库全书》第1167册，台湾商务印书馆1983年版，第248页。

② 〔元〕脱脱等：《宋史》卷391《留正传》，中华书局1977年版，第11974页。

③ 〔元〕脱脱等：《宋史》卷398《丘崈传》，中华书局1977年版，第12110-12111页。

④ 〔宋〕李心传：《建炎以来系年要录》卷27，中华书局1956年版，第550页。

⑤ 〔宋〕李心传：《建炎以来系年要录》卷140，中华书局1956年版，第2250页。

的具体实施层面。分离巴蜀兵权与财权确保中央政令在巴蜀的绝对权威，是宋廷在四川设置总领所的制度规定与设计要求。可是再好的制度和政策在实行中，也会受到诸多因素的干扰，从而产生不同程度的变化，其效果甚至会大打折扣。

四川总领所设立后，一度起到了宋廷所期望的效果。如赵彦逾在掌管四川总领所期间，核查裁减吴挺军中虚籍，使得“挺不敢隐”①。四川总领所在吴挺统兵期间对其发挥了较好的制约作用。可是好景不长，在吴挺死后至吴曦就任兴州都统这段时期内，四川总领所本应趁机加强对巴蜀武将的牵制力度，哪知数任总领非但没有起到应有的监督节制作用，甚至反倒让自己被罢免。这说明在地缘政治环境恶劣的特殊时期，总领所制度出现了异化，自身权力逐步消失，无法对巴蜀武将发挥应有的节制作用。而当吴曦重返巴蜀领兵后，更是加快了四川总领所在节制武将权力上日益弱化的趋势，尤其是宋廷因北伐需要任命吴曦为四川宣抚副使，许其节制按劾总领四川财赋司，最终让吴曦架空了四川总领所的权力，并取得了巴蜀的财政权②。但吴曦知道仅掌握财政权是不够的，重要的是还得掌控军权，而吴曦重掌巴蜀军权的行动则要早于控制财政权。

就在吴氏被调离巴蜀后，宋廷内部政局发生突变。庆元元年（1195），权臣韩侂胄发动“庆元党禁”，相继罢免了赵汝愚、留正等一批曾力主削弱吴氏势力的朝臣，这让吴曦看到了重返巴蜀的希望。而韩侂胄出于个人目的力主北伐又需要借助吴氏的力量，于是一来二去，双方达成共识。吴曦得以重返巴蜀继承父位，执掌巴蜀三都统司之首的兴州军。为什么说兴州军在巴蜀诸军中居于首位？有两个原因：一是这支军队自创始之初便一直由吴氏统领，有极强的家族世袭特性，吴氏世领兴州，积威难制；二是兴州军在巴蜀

① 〔元〕脱脱等：《宋史》卷247《赵彦逾传》，中华书局1977年版，第8768页。

② 〔元〕脱脱等：《宋史》卷475《吴曦传》载：“开禧二年，朝廷议出师，诏曦为四川宣抚副使，仍知兴州，听便宜行事……以总计隶宣司，副使得节制按劾，而财赋之权又归于曦。”（中华书局1977年版，第13812页）此则材料说明了吴曦在叛乱前已完全掌握了巴蜀的财政。

诸军中人数最多、战斗力最强①。下表直观地反映了这一点：

表6　南宋孝宗乾道年间各地驻军兵力表②

驻地	殿前司	马军司	步军司	建康都统司	池州都统司	镇江府都统司	江州都统司	楚州武锋军	平江府许浦水军	鄂州都统司	荆南都统司	兴州都统司	金州都统司	兴元府都统司
驻军兵力	七万三千	三万	二万一千	五万	一万二千	四万七千	一万	一万一千	七千	四万九千	二万	六万	一万一千	一万七千
合计	四十一万八千													

从上表中足可看出，兴州军在全国诸军中的横向对比中处于优势地位，而在川陕防区中更是拥有绝对的优势。在巴蜀，兴元府的兵力不到兴州军的三分之一，而金州的兵力仅为兴州军的六分之一，即使兴元府与金州合起来也不及兴州军的一半，这样的兵力部署严重失衡。况且当时巴蜀是集全蜀之力抗战，大多数军队都归于三大都统司之下，而巴蜀内部州县几乎没有兵力。若兴州军一旦作乱，后果不堪设想，而这一点也引起一些大臣的担忧，如绍熙年间监察御史黄度就曾言：

> 国家徒倚世将扞虏，而不为蜀虑……成都非用武国，本赖梓潼，号东、西川，剑阁天险，汉中、兴势，蔽遮于外，昔人守蜀之常也。今内无一兵，若吴氏南指，两川岂朝廷有！③

① 关于兴州军力状况，有诸多记载，如《建炎以来朝野杂记》乙集卷17《王德和郭杲争军中缺额人请给》中载“四川大军，独武兴为多”。（中华书局2000年版，第818页）吴泳《鹤林集》卷37《西陲八议》中载“蜀中劲兵，西路（利州西路兴州）为最”。（《四库全书珍本初集》）周必大《文忠集》卷147《金州傅钧奏》载“三路之兵，敌常以兴州为重”。（《文渊阁四库全书》）。

② 表格中的数据出自《建炎以来朝野杂记》甲集卷18《乾道内外大军数》，并不包括巴蜀义勇、民兵等辅助部队。（中华书局2000年版，第405页）

③〔宋〕叶适：《叶适集》卷二十《故礼部尚书龙图阁学士黄公墓志铭》，中华书局2010年版，第394页。

可是这一担忧并没引起重视，宋廷没有及时将巴蜀军力部署失衡的状况调整过来，吴曦之变使这一担忧变成了现实。巴蜀军力部署失衡还一度影响了宋廷的平叛行动。开禧三年（1207）宋朝以杨辅为四川制置使，许以便宜从事之权，令其平叛，但是杨辅却鲜有作为，其中很重要的因素在于其鲜有军队。就在川峡四路局势危难之际，巴蜀军民上下齐心、同仇敌忾平定了吴曦叛乱，力保宋王朝上游要地不落入金人之手。宋廷平息吴曦叛乱后也意识到治蜀中的失策之处，并及时加以弥补。如将兴州都统司分为沔州都统司与利州副都统司，将原有的三都统司变为四都统司以平衡巴蜀的军力。同时强化对武将的节制，逐步完善宣抚司、制置司和总领所的运转体制。宋朝逐渐消除了巴蜀内部的不稳定因素，进一步强化了中央集权，实现了“强干弱枝”的政治目的。

（三）唐、宋王朝在特殊时期的治蜀比较

从上文可以了解到唐、宋王朝在巴蜀特殊事件发生前后各自的治蜀表现，我们不妨从政治地理角度将其做一个对比。先就事件本身而言，“刘辟之乱”与“吴曦之变”都发生在唐宋两朝格外注重巴蜀治理，并且为了预防巴蜀动乱又提前进行政治布局的背景之下。无论是唐王朝剑南三川的格局设置，还是宋王朝川峡四路的内外相制，都体现了中央力求稳定巴蜀局势的政治决心。

正所谓智者千虑必有一失，巴蜀受其特殊的地理区位与地理优势的影响，内外政治形势错综复杂，不是仅凭一个地缘政治布局或一种对应政策便能使其长治久安的。结合具体情况来说，唐王朝始终致力于以政治地理布局的方式去维持巴蜀的统治，不管是前期两道分治还是后期三川鼎立，在治蜀上采取以朝廷为主导，通过任免节帅等方式来实现巴蜀诸道间互相牵制、防范与协作，从而妥善处理与解决巴蜀的内忧外患。而宋王朝则是更多地着眼于从政治机构的设置与完善上来维持西南边域的稳定。无论是在北宋时期还是南宋时期，在治蜀上都采取让行政机构彼此监督，最终由朝廷决定巴蜀的内外政务的政策。虽然唐宋两朝治蜀的设计构想是无懈可击的，但是从历史发展中可以看出这些治蜀策略或多或少都显得有些一厢情愿，“刘辟之乱”

“吴曦之变”等的发生正说明了唐宋两朝原有的治蜀政策存在着问题与漏洞。

从政治地理上讲，“刘辟之乱”是唐廷在巴蜀政治地理格局上布局不当和未能及时落实相关治理措施的情况下，对巴蜀原有政治地理格局发起挑战的地缘政治事件。“吴曦之变”是在宋廷守内虚外、严防武将的错误政策下，别有用心之人利用治蜀措施中的漏洞而引发的一次企图据蜀自立的政治地理事件。二者是有一定区别的，不过它们也有共同之处，即都源于中央政府实施的治蜀策略与措施未能及时随巴蜀内外政治地理环境和形势的改变而改变，从而使巴蜀处于内外交困的政治动乱之中。

比较了唐宋时期巴蜀这两大特殊事件后，再来探讨一下唐宋两朝在变乱发生后各自的政治态度与治蜀平叛的措施。就唐王朝而言，在“刘辟之乱”发生后，唐廷一改以往纵容姑息的政策，在第一时间决定武力平叛讨伐刘辟①。而反观宋王朝则在“吴曦之变”后惊慌失措不知如何处置，甚至有人主张将巴蜀封与吴曦来平息事态②。而巴蜀内部在吴曦之变后更是人心震惧、混乱不堪，巴蜀大小官员竟没有一人公开反抗，更有甚者仓皇出逃。如四川宣抚使程松在闻讯后慌忙逃离汉中，翻越米仓山至阆中，沿嘉陵江奔重庆，最后出峡逃离巴蜀。一时间巴蜀群龙无首、人心惶惶，更助长了吴曦叛乱的嚣张气焰。而“刘辟之乱”后，巴蜀许多官员都表现出不与刘辟合作的对抗态度，如邛州崔从自刘辟作乱后立即闭城坚守，反对刘辟作乱，这与宋朝官员形成了显著的对比。

唐宋两朝各自平定巴蜀变乱的方式也略有不同。唐王朝以中央军配合巴蜀力量自上而下平定了“刘辟之乱”。宋王朝应对“吴曦之变”不是采取自上而下的传统方式，而是巴蜀军民团结一心自发地由下而上粉碎了“吴曦之变”，宋廷只是趁此重新恢复了对巴蜀的统治。由此可以看出在巴蜀陷入非常

---

① 〔后晋〕刘昫等：《旧唐书》卷14《宪宗纪》载：“宜令兴元严砺、东川李康掎角应接，神策行营节度使高崇文、神策兵马使李元奕率步骑之师，与东川、兴元之师类会进讨。”（中华书局1975年版，第415页）可见唐廷对刘辟之乱处理极快，以及武力平叛的决心。

② 〔元〕脱脱等：《宋史》卷475《吴曦传》载：“（韩）侂胄闻曦反，不知所为，或劝不如因而封之，侂胄纳其说。”（中华书局1977年版，第13813页）可见当时宋廷处理吴曦之变时茫然失措的窘态。

事件时，唐宋王朝治蜀能力上的强弱之别。为何唐宋两朝在治蜀平叛中的政治表现差异如此巨大呢？

单从国家角度而言，唐朝继承了隋朝大一统的成果，无论是对外还是对内都锐意进取。在对巴蜀的统治上，唐朝更是显得自信满满。对于近在咫尺的巴蜀三川，唐王朝可通过军政手段牢牢控制，使得唐朝在平定巴蜀叛乱时更加从容。而宋王朝鉴于唐末藩乱，在政治上始终奉行守内虚外的政策，国内始终处于大乱不发、小乱不断的状况①，巴蜀治理出现了一种宏观控制有效、微观调控无力的局面。再加上宋朝分权的政策，使得行政效率不高，在处理地方突发事件时经常政令不一，难以协调。所以，唐宋两朝对同一地域发生的类似事件才会有不同的政治表态与处理手段。

巴蜀因偏居西南一隅的地理区位与丰富的物产资源，成为了中国西部地区的一个独特区域。而地理上独特的巴蜀在唐宋时期呈现出一种怎样的时代特点与趋势呢？这值得人们思索与探究。在时代变化的推动下，唐宋王朝对巴蜀在政治战略格局上进行了不断的整合、重构与调整，使巴蜀的政治地理发展呈多元化趋势，中国古代政区由单一性、直观化、固定式的传统政治地理设置格局，向多元性、层次化、复合型的政治地理设置格局演变。这不但反映了不同时代的政治特征，而且还呈现出地域的独特印记，并适应了实际的地缘需求，起到了稳定区域政局、促进区域的整合与发展以及推动历史发展的巨大作用。无论是唐时的剑南三川还是宋时的川峡四路，都是不同时代的政治诉求在空间上的展现。影响唐宋时期巴蜀政治地理格局的因素不外乎来自两个方面：巴蜀内部与巴蜀外部。巴蜀内部的影响源自地方势力与中央政府的矛盾，其外部的影响则源自巴蜀与相邻地区的地域联系。正是这内外两方面因素的影响塑造了唐宋时期独特的巴蜀政治地理，鲜明的时代特性与显著的地域特点在巴蜀得到了完美的融合与展现。

---

① 韦祖松：《北宋国家安全问题研究》，博士学位论文，暨南大学2006年。

第二章
中央与地方：北宋的治蜀及其政治经验

第一节　对巴蜀的政治权衡

一、对巴蜀主政官员的铨选

宋代地方的主政官员主要包括知州、通判、转运使、军监、安抚使、提点刑狱等，他们是地方的关键人物。对于地方主政官员的人选问题，中央都有着成熟的考虑。

（一）巴蜀官员的铨选

1. 主政官员由中央任命

巴蜀有着特殊的地理环境，四周险固，易守难攻。余靖称巴蜀“西迩邛筰，南接徼外”①，“蜀道天险，剑外辽绝”②。所以皇帝格外重视知州、通

---

① 〔宋〕余靖：《武溪集》卷10《龙图阁直学士文彦博可枢密直学士知益州制》，《景印文渊阁四库全书》第1089册，台湾商务印书馆1983年版，第92页。

② 〔宋〕蔡襄：《端明集》卷11《枢密直学士给事中程戡可依前给事中充端明殿学士知益州制》，《景印文渊阁四库全书》第1090册，台湾商务印书馆1983年版，第428页。

判、转运使钤辖、军监等地方高官的选择，“故常择近秘密之臣，当抚御之寄”①，“每委帅臣，俾之专决”②。太平兴国四年（979）七月，收复北汉的计划提上了议事日程，宰相卢多逊为太宗建言“西蜀，远险多虞”③，如果要亲征北汉“当先以腹心重臣镇抚之，则无后忧”④。范纯仁在《论李之纯蔡京札子》中也讲到：

> 臣窃以成都兼两路钤辖方面之任，最为要重，祖宗以来，尤慎付与。闻之纯宽厚简静，蜀人安之，宜且令终任或增秩再任，今户部虽欲得人，而远方数千里休戚安危所系，亦不为轻。⑤

在如何选择巴蜀方面大员上，皇帝和大臣的观点是一致的，知州、通判、转运使副、军监、安抚使和提点刑狱等均由皇帝的“腹心重臣”担任。这些地方主政官员手握重权，身系一方平安，但他们并不是事事都能“专决”。特殊时期，主政官的权力增大，如果不加以限制，就会出现权力的转移和滥用。王安石在田况的墓志铭中这样写道：“守臣得便宜从事，多擅杀以为威，虽小罪，犹并妻子徙出蜀，至有流离死道路者。”⑥ 可见问题已经显现。神宗熙宁年间，在巴蜀大员的授权问题上，中央政府形成了观点对立的两派：一派以赵抃、刘季孙为代表，主张加大地方权力；另一派以王安石、谢景初为代表，主张限制地方权力。中央先前的惯例是“诸路经略、钤辖有权便宜斩配百姓”，御史刘孝孙向神宗反映这种政策的弊端，主张限制地方官员的权力。赵抃曾经做过成都府路的知州，他认为“当独许成都四路”，宰相王安石坚决

---

① 〔宋〕余靖：《武溪集》卷 10《龙图阁直学士文彦博可枢密直学士知益州制》，《景印文渊阁四库全书》第 1089 册，台湾商务印书馆 1983 年版，第 92 页。

② 〔宋〕蔡襄：《端明集》卷 11《枢密直学士给事中程戡可依前给事中充端明殿学士知益州制》，《景印文渊阁四库全书》第 1090 册，台湾商务印书馆 1983 年版，第 428 页。

③ 〔宋〕李焘：《长编》卷 20，中华书局 1992 年版，第 458 页。

④ 〔宋〕李焘：《长编》卷 20，中华书局 1992 年版，第 458 页。

⑤ 〔宋〕范祖禹：《范太史集》卷 15《论李之纯蔡京札子》，《景印文渊阁四库全书》第 1100 册，台湾商务印书馆 1983 年版，第 212 页。

⑥ 〔宋〕李焘：《长编》卷 169，中华书局 1992 年版，第 4064 页。

反对，“而中书、枢密院同立法许之”①。后来谢景初反映“成都妄以便宜诛释……多不当”，于是中书省改变政策，巴蜀“惟军士犯罪及边防机速许特断”，缩小了巴蜀官员的权力。而当赵抃“移成都，又请立法，御史刘季孙亦为之请”，但王安石“寝其奏”②。这两派官员有着截然相反的政治观点，我们无需对他们的对错优劣做出评论，但政府通过这样的权力制衡，既控制了官员，又促进了地方发展。

2. 地方官员由主政官辟除

北宋中央政府鉴于巴蜀的具体情况，本着蜀人治蜀的思想，给予了主政官很大的自主权力，让大员们自己辟除下级。熙宁二年（1069），神宗下诏：“川峡、闽、广、七路除堂选守臣外，委转运司依四选例，立格就注。”③ 这样，转运司有了很大的用人权。后在神宗改革官制的时候，又下了一道诏书：“川峡、福建、广南，之官罢任，迎送劳苦，其令转运司立格就注，免其赴选。”④ 神宗皇帝把地方官的任免权也给了主政大员。

尽管方面大员掌控了地方的主要权力，但他们同本地官员相比，在人数上不占优势，蜀人治蜀的局面逐渐形成。何正臣发表了对该问题的看法，反对蜀人治蜀：

> 蜀人之在仕籍者特众，今自郡守而下皆得就差，一郡之官，土人太半，僚采吏民皆其乡里亲信，难于徇公，易以合党。请收守令缺归之朝廷，而他官兼用土人，量立分限，庶经久无弊。兼闻差注未至尽公，愿许提刑司索案牍究察之。奏上，法不为改，但申严提刑司互察之法。⑤

---

① 《宋史》对此事的记载较为简略，《长编》卷239中这样载：“会安石斋祠，中书、枢密院同立法，许之。”可见当时这个政策是王安石不在的时候通过的，有一定的巧合因素。

② 〔元〕脱脱等：《宋史》卷199《兵志》，中华书局1977年版，第4979页。

③ 〔元〕脱脱等：《宋史》卷167《职官志》，中华书局1977年版，第3964页。

④ 〔元〕脱脱等：《宋史》卷159《选举志》，中华书局1977年版，第3722页。

⑤ 〔元〕脱脱等：《宋史》卷159《选举志》，中华书局1977年版，第3722页。

何正臣认为巴蜀以蜀人为官有很大的弊端，官员和百姓为乡里乡亲，就不能“徇公”，反而容易“合党”，给地方的管理和稳定带来威胁。他主张改变巴蜀官员“土人大半”的情况，但政府没有采取切实可行的措施，只是“申严提刑司互察之法”。

王安石和冯京关于这个问题也有过一段对话。

> 熙宁三年（1070）八月初，上督执政，指挥川、广等路远官就差文字。其后冯京言：“川峡差本土人知州不便。”上问其故，京曰：“今仕宦一任远，一任近，而四路人许连任就四路，则是常得家便，实为大幸。”安石曰：“所以分远近者，均劳佚甘苦。今内地人不乐入四路，四路人乐就家便，用新法即两得所欲，何须苦之使两失优便？且此非特便于士人，省吏卒迎送劳费，尤为善法也。”①

冯京、何正臣的理由差不多，都认为巴蜀的本地官员数量实在太多，占了大半，对工作的开展不利。但王安石认为辟除蜀人为官，是一个“两得所欲”的办法。由于王安石的反对，他们的建议没有被采纳，虽然后来的政策有所反复，但蜀人治蜀的状况并没有从根本上被动摇，可见政府是支持蜀人治蜀的。

当然，蜀人治蜀只是一定程度上相对而言的，地方政府的主要权力掌握在中央政府的手里，也掌握在外地官员的手中，因为巴蜀本地人不能任巴蜀的地方大员。后面将详论此问题，此处不做赘述。

（二）巴蜀官员的待遇

1. 经济待遇

众所周知，北宋实行文治政策，重文轻武，文官们生活优裕，收入远高于前朝文官。但如果将在巴蜀的官员和中原地区的官员做一个横向的比

---

① 〔宋〕李焘：《长编》卷214，中华书局1992年版，第5217页。

较，则知巴蜀官员的经济状况并不乐观。我们能从官员俸禄的调整中窥探一二：“（太平兴国二年四月）壬寅，令西川诸州幕职官常俸外更增给钱五千。”① 巴蜀处西南，距中都较远，在常俸外，官员还享有一定的补助，这是中央从经济上关怀巴蜀官员。赴任的官员还给路费，“其赴任川峡者，给驿券”②，但巴蜀官员的经济状况没有根本改变。且方面大员的工资很高，但普通官吏的待遇则低很多。“（咸平五年七月）癸亥，诏增川、峡路京朝使臣等月给添支及羊直，令如铜钱界。其知州公用酒亦如之。”③ 咸平年间，规定出使川峡的京官的补助与内地一样，巴蜀知州的公用酒补助和内地也一样。这可以看出官员们的待遇有明显的地域差异，巴蜀官员的待遇明显低于内地。咸平年间也只是在公用酒补助上进行了一些调整，距离全面改善巴蜀官员的待遇还有一定的距离。

在宋人的笔记和正史中不乏政府提高巴蜀官员待遇的记载，我们当然应该肯定政府对此所做的努力。但换一个角度来看，政府做出这样的调整，是为了缩小贫富差距、缓和社会矛盾而不得不采取的一种措施。

造成巴蜀官员待遇不高的主要原因是地区封闭，经济发展不平衡。中原地区的官员很不愿意到巴蜀任官，因为巴蜀距东都汴京有三千里之遥，途中有舟车劳顿之苦。赵抃由长江逆流而上入巴蜀，在经过巫峡时发出这样的感叹：“险碛恶滩知几许，晚停征棹问渔翁。”④ 巴蜀是一个典型的盆地，四周崇山峻岭，和中原有联系但不紧密，虽然不乏商人、官员、游客等穿梭其中，但绝大多数的老百姓一辈子也没有走出去过，可见巴蜀与中原地区的联系非常有限。

巴蜀地区的经济整体相对落后，而且发展不平衡。川西平原经济发展相对较好。张泳在《悼蜀四十韵》中这样说道：“蜀国富且庶，风俗矜浮薄。奢

---

① 〔宋〕李焘：《长编》卷18，中华书局1992年版，第403页。

② 〔元〕脱脱等：《宋史》卷172《职官志》，中华书局1977年版，第4145页。

③ 〔宋〕李焘：《长编》卷52，中华书局1992年版，第1145页。

④ 〔宋〕赵抃：《清献集》卷3《初入峡》，《景印文渊阁四库全书》第1094册，台湾商务印书馆1983年版，第776页。

侈极珠贝，狂佚务娱乐。”① 这主要是针对西川而言的，而北部和川东地区还非常落后。神宗熙宁六年（1073）二月壬午，政府发出这样的诏示：“有虎豹州县，令转运使度山林浅深，招置虎匠，仍无得它役，遇有虎豹害人，即追集捕杀，除官给赏绢外，虎二更支钱五千，豹二千，并以免役剩钱充。”② 可以看出利州路常有虎患，政府还得招募猎人，组织力量灭虎。现在看来，有虎的地区动植物肯定丰富，生态肯定良好，但也意味着土地还没有得到开发，人烟稀少，经济发展落后。大中祥符六年（1013）秋七月辛丑，太常博士齐革对真宗说：“蜀民以射生为业，民私蓄弓矢，请行禁绝。”③真宗认为“平时民家或用防盗，不必禁也”④。可以看出部分蜀民还在以射生为业，农业经济在这些地区还不占主导地位。仁宗天圣八年（1030）三月，利州路转运使陈贯请求不要禁止川峡农民使用畲刀，因为“畲刀是民间日用之器，川峡山险，全用此刀开山种田，谓之刀耕火种。今若一例禁断，有妨农务”。蜀人苏轼也讲到“三峡之民，刀耕火耘，与鹿豕杂居”⑤。他们描述了川峡地区人们刀耕火种的生活。齐革、陈贯、苏轼的这些描述和张咏讲到的“蜀国富且庶”的情况形成了鲜明的对比，可见当时巴蜀地区的经济发展是极不平衡的。经济状况如此，所以官员们的待遇也不会太高。

2. 政治待遇

北宋时期，许多中原地区的官员不愿入蜀为官，除了上面讲到的巴蜀处偏远、经济待遇不好外，还有一个重要的原因就是社会不稳定，官员入蜀为官有风险。所以他们并不是很愿意到巴蜀为官，于是政府就通过提高官员的政治待遇来解决这个问题。

宋初平定巴蜀不久，相继发生了淳化四年（993）的王小波、李顺之

① 〔宋〕张咏：《乖崖集》卷2《悼蜀四十韵》，《景印文渊阁四库全书》第1085册，台湾商务印书馆1983年版，第582页。

② 〔宋〕李焘：《长编》卷242，中华书局1992年版，第5902页。

③ 〔宋〕李焘：《长编》卷81，中华书局1992年版，第1841页。

④ 〔宋〕李焘：《长编》卷81，中华书局1992年版，第1841页。

⑤ 〔宋〕苏轼：《东坡全集》卷170《王公仪夔州路转运使程高夔州路转运判官》，《景印文渊阁四库全书》第1108册，台湾商务印书馆1983年版，第686页。

变，至道三年（997）的刘旰之变，咸平二年（999）的王均之变，很多官员死于战乱。太祖平蜀时的战争阴影还没有完全褪去，官员们又不得不面对诸多动乱，所以他们个个心有余悸，并不愿意入蜀为官。关于巴蜀地区容易为乱的原因，宋人曾有分析。首先，蜀人有容易为乱的性格。欧阳修说“蜀民易摇，喜倡事以相惊吓，遂缘为乱”①，可见蜀人的性格是为乱因素之一。其次，与巴蜀独特的地理环境有关。仁宗皇帝在给右骐骥副使蒋揆的制敕中指出“地阻而易恃”②。正是易守难攻的地势，助长了部分人为乱的野心。最后，与当时腐败的吏治有关。“官逼民反”是一条被历代王朝充分证实了的颠扑不破的真理，当人们被逼到了生死的边缘，就不得不反了。巴蜀地区多次的动乱和地方官密切相关，后有论述，此不赘述。

面对一个社会不稳的边远之地，中州的官员们当然不愿去为官，但中央对入蜀官员做出了许多具体、带有强制性的规定。太祖时，平民卢谊建议：“西川官已不拘选限注授，有怀敕不赴，侥幸近地员缺者，请罚之。”③ 政府便规定，给一个月的期限，如果不去就削去官职。到了仁宗朝，不愿入蜀为官的情形并没有好转，天圣五年（1027）四月，皇帝发布诏书：“选人注川峡、广南、福建路幕职州县官，除给程限外，违一年以上不到任者，无问有无事故，并许格式司收使员缺。”④ 可见，居然有该去巴蜀任职，但过了一年都没有去上任的情况，所以规定一年没有到任，不管有什么理由都要削去官职。但这些规定并没有改变人们的想法。嘉祐五年（1060），仁宗诏：“京朝官当入西川、广南、福建路差遣，而用荐举规避者，委本院执奏之。”⑤ 有些人为了不去巴蜀为官，居然用“荐举规避”。张咏是治蜀的里程碑式的人物，他第二次入蜀时，可谓感触良多：“从来巴蜀称难制，此是君恩岂合

---

① 〔宋〕欧阳修：《文忠集》卷 61《内殿崇班薛君墓志铭》，《景印文渊阁四库全书》第 1102-1103 册，台湾商务印书馆 1983 年版，第 484 页。

② 〔宋〕王珪：《华阳集》卷 40《右骐骥副使蒋揆可庄宅使制》，《景印文渊阁四库全书》第 1093 册，台湾商务印书馆 1983 年版，第 295 页。

③ 〔宋〕李焘：《长编》卷 7，中华书局 1992 年版，第 178 页。

④ 〔宋〕李焘：《长编》卷 150，中华书局 1992 版，第 2440 页。

⑤ 〔宋〕李焘：《长编》卷 191，中华书局 1992 年版，第 4628 页。

违，兵火因由难即问，郡城牢落不胜悲。”① 当他离开巴蜀时，在剑门关的石壁上留下了自己的肺腑之言：“剑门山势碧摩天，匹马重来鬓已斑，多赖皇明烛幽远，西川无事得生还。”② 巴蜀的最高行政长官居然把活着离开巴蜀当作一件值得庆幸的事情。我们可以看出张咏是多么的无奈，而那时的现实又是多么的残酷。既然像张咏这样的朝廷大员都不愿意来蜀做官，其他官员的情况就可想而知了。

政府面对如此窘境，只得采取提高官员的政治待遇来缓解矛盾。文彦博有一段关于全国路分轻重差别的记载：

> 河北、陕西、河东三路为重路，岁满多任三司副使或任江淮都大发运使，发运使任满亦充三司副使。成都路次三路，任满亦有充三司副使或江淮发运使，任满充三司副使。京东西、淮南又其次，江南东西、荆湖南北、两浙路又次之，二广、福建、梓、利、夔路为远小，已上三等路分转运使、副使任满或就移近上次等路分，或归任省府判官渐次擢充三路重任以至三司副使。③

从规定中我们可以清楚地看到成都在全国路分中的地位仅次于河北、陕西、河东三路，在全国十六路中居第四位。在成都任职的高官回到朝廷，一般都会升迁，“故事自成都回者，多为执政，其次犹为三司使、知开封府”④。真宗皇帝对自己的辅臣讲到：“藩方重地，切在得人，朝行中亦难其选。自今须历方面，始可擢为大官，卿等志之。”⑤ 他认为只有在藩方重地经过磨砺的

---

① ［宋］张咏：《乖崖集》卷3《再任蜀川感怀》，《景印文渊阁四库全书》第1085册，台湾商务印书馆1983年版，第589页。

② ［宋］张咏：《乖崖集》卷5《再任益州回留题剑门石壁》，《景印文渊阁四库全书》第1085册，台湾商务印书馆1983年版，第598页。

③ ［宋］文彦博：《潞公文集》卷29《奏除改旧制》，《景印文渊阁四库全书》第1100册，台湾商务印书馆1983年版，第744–745页。

④ ［宋］范祖禹：《范太史集》卷15《论李之纯蔡京札子》，《景印文渊阁四库全书》第1100册，台湾商务印书馆1983年版，第212页。

⑤ ［宋］李焘：《长编》卷73，中华书局1992版，第1672页。

官员，才能成为合格的政府重臣。对政府来说，巴蜀地区就是一个培养优秀政治人才的摇篮；对于官员来说，任职巴蜀也是对自己人生的一次磨炼。

官员的铨选是政府治理巴蜀的重点，只有设计出良好的用人制度，才能选拔出优秀的人才。政府派出重臣治理巴蜀，并给予他们很大的权力，但在放权的同时，也制定了一些防范措施，审时度势随时调整政策。历届地方长官也不负中央所托，维护了巴蜀的稳定，促进了地方的发展。张咏期满离蜀，蜀民恋恋不舍；英宗治平三年（1066），赵抃卸任归朝，也出现“府之黎老士民举千百数伏使者车前”的情况①。这些方面重臣尽心于巴蜀，在史册留下了千古美名，被人们讴歌至今。

（三）入蜀官员的除代

1. 官员的任职资格

北宋政府主要从籍贯和为官素质上对巴蜀的官员做出规定，第一是蜀人不能为巴蜀大员。下面有几条限制蜀人任职资格的史料，为了便于把握政策变化的过程，现按时间的先后顺序罗列于下：

> 太平兴国七年十二月，诏御史台：“有西蜀、岭表、荆湖、江、浙之人，不得为本道知州、通判、转运使及诸事任。”②
>
> 明道二年五月癸未，诏审官院，东、西两川人自今勿得任本路知州、同判。③
>
> 熙宁八年五月，诏川峡四路知州、通判，四路人差授，不得以本路人为代。④
>
> 熙宁十年冬十月己亥，诏川峡路令、佐勿得并差川峡人。⑤

---

① 〔明〕周复俊：《全蜀艺文志》卷26《赐赵抃父老借留笑谕诏序》，《景印文渊阁四库全书》第1381册，台湾商务印书馆1983年版，第265页。

② 〔宋〕李焘：《长编》卷23，中华书局1992版，第531页。

③ 〔宋〕李焘：《长编》卷112，中华书局1992年版，第2618页。

④ 〔宋〕李焘：《长编》卷264，中华书局1992年版，第6481页。

⑤ 〔宋〕李焘：《长编》卷285，中华书局1992年版，第6982页。

> 神宗元丰七年十一月，诏黎、茂、威三州知州，委钤辖转运使，依选格奉差。又诏川峡四路诸州录事、司理参军，毋得并差川人。①
>
> 崇宁二年正月二十六日，中书省言："四川监司、钤辖、大州守臣不差蜀人。"②

从太宗到徽宗，均规定不得以巴蜀地区的人为本路知州、通判，这一政策贯穿北宋一朝，几乎没有变化。这一政策不仅有它存在的社会背景和现实基础，还充分地体现了政府的政治意图。熙宁八年（1075），规定本地人不能为知州、通判；熙宁十年（1077），又规定本地人不能为令佐；元丰年间又规定了录事、司理参军不得差川人。可以看出在神宗时期，政府对巴蜀人的防范是越来越强，蜀人为官的范围在缩小，特别是对实权官，政府控制得更严了。直到仁宗年间，才出现了例外，天圣八年春正月，"集贤校理彭乘以亲在蜀，恳求便官。诏乘知普州，蜀人得乡郡自乘始。普鲜知学者，乘为兴学，召其子弟为生员，教育之，俗遂变"③。平定巴蜀好几十年后，蜀人才始得乡郡，这也只是政策的略微松动而已，而且数量也极有限。彭乘仅是个案，对巴蜀方面大员的构成和中央对地方权力的控制没有丝毫的影响。这一政策一直延续到北宋末年，对维护巴蜀的稳定起到了很好的作用。

第二是年甲未高，无私罪者才能为官。政府铨选官员还特别重视官员的素质，只有有了高素质的官员，巴蜀地区才能稳定和发展。文彦博在给政府建议时讲到巴蜀重地"差官须是历任内无私罪，升朝后有举主，年甲未高者，方得差任"④，认为只有年富力强、为官清廉的人才能任巴蜀官员。景祐元年（1034）闰六月己巳，政府规定"今川、广知县毋得差有赃罪人"⑤。庆

---

① 〔宋〕李焘：《长编》卷350，中华书局1992年版，第8395页。

② 〔清〕徐松辑：《宋会要辑稿》职官48之113，中华书局1957年版，第3512页。

③ 〔宋〕李焘：《长编》卷109，中华书局1992年版，第2536页。

④ 〔宋〕文彦博：《潞公文集》卷14《乞选差川峡州郡知州》，《景印文渊阁四库全书》第1100册，台湾商务印书馆1983年版，第676页。

⑤ 〔宋〕李焘：《长编》卷114，中华书局1992年版，第2682页。

历七年（1047）六月丁卯，政府规定“益、梓、利三路并选历官无私罪人为知州”①。这些规定极具针对性，对官员的任职资格做了明确限制。由知州不能任犯私罪者，可以看出政府对巴蜀官吏素质的要求。

2. 对官员家属的限制

宋立国之初，政府对入蜀官员的亲属做出了一些规定，主要也是出于防范的目的，如果官员违法乱纪甚至叛乱，那么他们的家属就会成为最有效的人质。到了太平兴国六年（982），政策有些松动，“诏岭南、西川、江南、两浙职官等，先不许亲属至治所，自今得以期功亲一人随行，仍不得参预政事”②。入蜀官员可以带近亲一人，但其不能参与政事。李顺、王均之乱平定后，政府的工作重心由军事防范转向了对巴蜀的治理。景德元年（1004）诏“川、峡、广西路官自今听携家之任”③，对文官的限制有所松动。其后，对武官的限制也在改变，大中祥符八年春正月，“上封者言，自今文武官授川峡任，其家属有所依而辄携赴者，请不许首罪，从之”④，至此武官也可以携带家属赴任了。

政府还对官员在巴蜀安家的政策做出了一些调整。景祐元年（1034），“诏幕职州县官任川峡路者听搬家，京朝官如无亲属可倚者，亦听之”⑤。驻蜀的幕职州县官可以安家于巴蜀，京朝官没有亲属，也依此例而行。同年二月，还对转运使副、提点刑狱等大员做出规定，“诏川峡路转运使副、提点刑狱听泊家邻路而岁一过之，毋得过十日”⑥。虽然这些大员们不能像幕职州县官那样直接安家于巴蜀，但他们每年有十日的探亲假。到元丰五年（1082），“其除之”⑦，对家属的限制完全解除。

当然政策和现实会有一些差距，我们不能对当时的情况过于乐观。尽管

---

① 〔宋〕李焘：《长编》卷160，中华书局1992年版，第3876页。
② 〔宋〕李焘：《长编》卷22，中华书局1992年版，第506页。
③ 〔宋〕李焘：《长编》卷56，中华书局1992年版，第1224页。
④ 〔宋〕李焘：《长编》卷84，中华书局1992年版，第1914页。
⑤ 〔宋〕李焘：《长编》卷114，中华书局1992年版，第2660页。
⑥ 〔宋〕李焘：《长编》卷114，中华书局1992年版，第2669页。
⑦ 〔宋〕李焘：《长编》卷331，中华书局1992年版，第9785页。

政府不再做强制性的规定，但巴蜀三千里之遥还是把许多官员的家属挡在了夔门、剑门之外。官员们的抱怨随之而来："须知锦城虽云乐，不如早还沧海头。"吴照邻任成都通判时，梅尧臣有诗云："君家妇何贤，舍舟具车毂，五年梦在梁，三年行向蜀，迢递今日同，辛勤昔时独，看花久莫留，买锦慰不足，归来儿女大，婚嫁应相续。"① 他提醒吴照邻回来的时候儿女都大了，要买一些巴蜀有名的锦回来，好为孩子们做婚嫁之用。诗中所讲的事情并没有什么特别之处，但在字里行间流露出了梅尧臣对吴照邻无奈之情的一种深深共鸣。梅尧臣在送另一位朋友杨浩入蜀时写道："有才不得试，志亦无所干，有母不得养，法当之远官，虽曰在民政，孝心宁得安，志愿且未遂，而趋蜀道难，行思叱驭者，勿复苦长叹。"② 他认为入蜀是很糟糕的事情，朋友的才志不得伸，父母也不能照顾，只能安慰朋友"勿复苦长叹"。入蜀官员的抱怨、长叹，是对苦闷的巴蜀生活的一种发泄。

3. 除代年限的调整

北宋对官员的任职年限有一定的规定，任职期满，就按磨勘的规定，该转员的就转员，该调离的就调离，中央政府有一个统筹的安排。太平兴国六年（981）乙酉发布诏书："诸道知州、通判、知军监县及监物务官，任内地满三年，川、广、福建满四年者，并与除代。"③ 在巴蜀做官的除代年限是四年，内地为三年。这一规定对巴蜀的官员很不利，意味着他们的升迁会比内地官员晚。太平兴国八年（983）十一月己卯，政府调整政策，"河东、江、浙、川、峡、广南官自今满三考，并与除代"④。咸平三年（1000）四月，政策再一次向巴蜀地区倾斜，"诏川峡幕职州县官并二年注替"⑤，规定幕职州县官可以两年注替了。这是对除代年限的进一步缩短，有利于巴蜀官员的

---

① 〔宋〕梅尧臣：《宛陵集》卷18《送吴照邻都官通判成都》，《景印文渊阁四库全书》第1099册，台湾商务印书馆1983年版，第138页。

② 〔宋〕梅尧臣：《宛陵集》卷25《送杨浩秘丞入蜀》，《景印文渊阁四库全书》第1099册，台湾商务印书馆1983年版，第186页。

③ 〔宋〕李焘：《长编》卷22，中华书局1992版，第494页。

④ 〔宋〕李焘：《长编》卷24，中华书局1992年版，第559页。

⑤ 〔宋〕李焘：《长编》卷47，中华书局1992年版，第1015页。

发展。

但更重要的还要看政策落实的具体情况。巴蜀之地远离首都，官员到了该除代而不能按时除代的情况时有发生。乾兴元年（1022）六月，真宗对大臣讲到："比闻川、广幕职州县官有过期未代者，岂人情所乐耶？"①责问之后，他连忙令"吏部流内铨亟选代"，及时地解决了这一问题。

4. 其他规定

政府对川峡官员还有一些特别的规定，比如景德三年（1006）四月乙亥，规定"川、峡官丁父母忧者，除州军长吏奏裁，余并许解官"②。官员不能随便离任，必须上报，得到朝廷的允许才可以离开。康定元年（1040）八月，政府规定"京朝官徙益、梓、利、夔四路而父母老疾或谋葬者，许权入近地监当"③。在巴蜀的外地官员如果需要照顾父母或安葬父母的，可以到比较方便的地方为官。

主政官是联系地方和中央的关键，他们手握重权，身系一方安危，北宋政府丝毫不敢大意，在铨选上始终遵循因时制宜、灵活处理的原则，取得了较好的效果。

二、对巴蜀官员腐败的惩治

纵观历史，官员腐败的问题一直存在，没有哪个朝代能彻底解决。北宋实行科举取士制度，为王朝选拔出了一批批素质极高的官员，但维护吏治的清明仅靠官员们自身素质肯定不够，还必须辅以严厉的惩治措施，才能取得良好成效。

（一）腐败的原因

巴蜀地区存在着严重的腐败问题，具体原因有以下几个方面。

---

①〔宋〕李焘：《长编》卷98，中华书局1992年版，第2281页。

②〔宋〕李焘：《长编》卷62，中华书局1992年版，第1393页。

③〔宋〕李焘：《长编》卷128，中华书局1992年版，第3032页。

1. 奢侈之风盛行

北宋时期，西川地区得到了很大发展，其原因一方面源于成都平原优越的自然地理条件，另一个方面就是因为社会的相对稳定。在此种条件下，巴蜀人养成了一种爱消费的习惯，我们在史书中常常见到巴蜀官员们纵情游宴的记载："文潞公以枢密直学士知成都时，年未四十，成都风俗喜行乐，公多燕集，有蜚语至京师。"① 文彦博在巴蜀"入乡随俗"，奢侈铺张到闻名京师：

> 彦博知成都，贵妃以近上元，令织异锦为献。彦博遂令工人织金线灯笼载莲花中为锦，又为秋千以备寒食。贵妃始衣之以见上。上惊曰："何处有此锦？"妃正色曰："昨令成都文彦博织来，以尝与妾父有旧。然妾安能使之，盖彦博奉陛下耳。"上色怡。②

蜀锦在当时冠绝天下，属于高档奢侈品。从巴蜀盛产蜀锦中，我们也能隐隐约约地感受到巴蜀的奢侈之风。在这种风气之下，要求官员们出淤泥而不染，的确有点强人所难。

2. 官员素质有待提高

政府对巴蜀官员的素质要求较高，但主要是针对高官。巴蜀的官员中有一部分是犯了法、受了处分被贬而来的，这部分官员的基本素质值得怀疑，他们难免不再犯罪。淳化二年（991）九月，御史中丞王化基向太宗反映：

> 其五择远官，曰："负罪之人，多非良善，或贪婪残暴，凶很逾违，若授以远地亲民之官，或秉性不悛，用情自任，事欺遐僻，纵毒伤残，远民罹殃，卒莫上诉，甚非抚人怀远之意也，望自今凡负罪之人，不许任四川、广南为长吏。"书奏，上嘉纳其言。③

---

① 〔宋〕邵伯温：《邵氏闻见录》卷10，《景印文渊阁四库全书》第1038册，台湾商务印书馆1983年版，第768页。

② 〔清〕潘永因：《宋稗类钞》卷24，中华书局1983年版，第507页。

③ 〔宋〕李焘：《长编》卷32，中华书局1992年版，第736页。

太宗赞赏这种说法，却没有实际的行动。以负罪之人治理巴蜀，对他们的政绩，我们不应报以过高期望。

3. 官员结构不合理

我们知道巴蜀的官员由两部分构成，少部分是外来的官员，绝大部分是本地的官员，政府中的吏员更是由本地人担任。本地的官员熟悉本地的情况，这对巴蜀的治理有好处。如前所述，就因他们熟悉情况，所以更加易于“徇情”“合党”。地方有监察机构提点刑狱司，但该机构并不能完全独立于行政权之外，知州、转运使等也有司法权。长官考课自己的部下，纠察他们的行为，这就很难杜绝暗箱操作。只要和辟除自己的长官搞好关系，一切问题都能解决。

政府对入蜀官员的任职年限有明确的规定，一般情况都是“居官既不久，又不究知其俗，常不暇抉剔已辄易去”①。这种经常换人的情况有其好处，对防止官员培植自己的私人势力效果明显，但其弊端也是不言而喻的。官员任职时间短，不能充分地了解当地的民风民情，很多时候不得不依赖当地的地方势力，“而县之大吏，皆宿老其事，根坚穴深。为其长者非甚明锐，难卒攻破。故一县之政，吏常把持而上下之”②。这种不合理的人员结构和制度设计，难脱吏治腐败的问题。

4. 官员缺乏制衡

巴蜀的高官们有很大的权力，在某些特定时间还有“便宜行事”的权力，因此他们难免有滥用权力的情况。官员们还有很大的辟除权，自己辟除的官员，上下级关系肯定很融洽，有利于工作的开展，但官员们上下联手，更容易滋生腐败。然而，政府对腐败的官员处罚并不严，太祖任用文官执政，就曾说：文官再怎么贪污，不过就是钱的问题，危害并不大；但以武官执政，如果他犯法的话，就不再是钱的问题了，那就可能反抗政府，危害

---

①〔宋〕欧阳修：《文忠集》卷63《陈氏荣乡亭记》，《景印文渊阁四库全书》第1102－1103册，台湾商务印书馆1983年版，第494页。

②〔宋〕欧阳修：《文忠集》卷63《陈氏荣乡亭记》，《景印文渊阁四库全书》第1102－1103册，台湾商务印书馆1983年版，第494页。

巨大。所以在皇帝的眼里，贪污并不是什么大事，处罚也不甚严重。巴蜀的官员们对此深有体会，况且他们有的人就是因贪污被贬至巴蜀的，所以要求他们洁身自好就难上加难了。

（二）腐败的表现

1. 贪污受贿，挪用公款

官员们常常由于经济拮据而贪污腐败。有的相互送礼，收受贿赂，“蜀地远民弱，吏肆为不法，州郡公相馈赂”①。有的在账面上弄虚作假，从中渔利。更有甚者直接伙同他人盗官银，咸平五年（1002）五月“壬寅，国子博士、知荣州褚德臻坐与判官郑蒙共盗官银，德臻杖死，蒙决杖配流”②。褚德臻、郑蒙因盗官银，被判了宋代文官极少被判的死刑。大中祥符七年（1014）五月“戊子，知益州凌策言眉州民孙延世强夺孙朴田，积三十年，六经制勃，官吏受赇枉法，殿中丞、知华阳县黄梦松鞫之，尽得其状”③。官吏受贿枉法，以至一件案子六经制勃，才得到解决，政府也为此付出了极高的执法成本。政和五年（1115）“五月二十六日，徽猷阁直学士、提举西京嵩山崇福宫庞恭孙落职。坐前知成都府贪墨营私故也”④。庞恭孙作为成都知府，也由于贪墨营私而落马。

2. 司法不公，判刑不当

一个社会要发展，要迈向文明的进程，法制的公平是一个很重要的方面，只有做到法制的公平，社会才能和谐。景祐三年（1036）十一月十日，梓州路提刑司建议：“法司人吏失出入徒罪二人以上，及二人以下再犯，乞求不差充法司。”⑤这个规定是在警示司法人员，如果渎职，很有可能不能再任职于司法部门。但司法上的冤假错案仍大量存在。大中祥符五年

---

① 〔清〕朱轼撰：《史传三编》卷31《赵抃》，《景印文渊阁四库全书》第459册，台湾商务印书馆1983年版，第768页。

② 〔宋〕李焘：《长编》卷52，中华书局1992年版，第1131页。

③ 〔宋〕李焘：《长编》卷82，中华书局1992年版，第1874页。

④ 〔清〕徐松辑：《宋会要辑稿》职官68之15，中华书局1957年版，第3915页。

⑤ 〔清〕徐松辑：《宋会要辑稿》刑法4之74，中华书局1957年版，第6657页。

（1012）二月甲子，以侍御史赵稹为兵部员外郎、益州路转运使，真宗语重心长地对赵稹讲："蜀去朝廷远，民间事有可更置者，悉条上之。"① 赵稹到了益州，"事无大小，悉心究访，至有一日章数上者。蒲江县捕劫盗不得，而官司反系平民十数人，楚掠强服之，又合其辞若无疑者。稹适行部，意其有冤，乃驰入县狱，因尽得其冤状，释出之"②。官吏在抓不到盗贼的情况下，竟反系平民十数人，强行让他们认罪。赵稹到了益州，"悉心究访"，最终让冤屈得以尽释。

3. 行政混乱，越职办事

北宋政府对官员权限的规定比较明确，如在建国初期太祖就把行政、司法、财权和军权进行了分离，但越权办事的情况时有：

> （元丰元年春正月）诏成都府路转运司，劾成都府官司越职受理茶场司事者，茶园户等如有罪，亦劾之；已决者具析以闻。以李稷言，知成都府刘庠受名山知县杨少逸越诉事，不可提举茶场司故也。③

刘庠越职处理事件，违反政策规定，最后因越职受罚而无法"提举茶场司"，仕途受挫。但此事并没有完结，成都府路转运司以此为契机状告成都府官司越职办事。这反映出了政府部门之间出现了争权的现象。由此可见，越职的情况不仅出现在个人身上，部门之间也会出现。元丰二年（1079）八月十八日，刘庠再次为自己的越职付出了代价："知虢州、龙图阁直学士刘庠罚铜二十斤，西上閤门使狄咏十斤，坐前为成都府、利州路钤辖越职受诉故也。"④

4. 荐举不当，奏报不实

在北宋时期，荐举官员既是高官的权利也是他们的义务。政府为了防止

① 〔宋〕李焘：《长编》卷77，中华书局1992年版，第1757-1758页。
② 〔宋〕李焘：《长编》卷77，中华书局1992年版，第1757-1758页。
③ 〔宋〕李焘：《长编》卷287，中华书局1992年版，第7020页。
④ 〔清〕徐松辑：《宋会要辑稿》职官66之9，中华书局1957年版，第3872页。

高官滥举官员，就规定了连带责任，如果被荐举的官员犯了法，荐举人也得连坐：

> （熙宁五年）闰七月三日，职方郎中李瑜、周约，供备库使罗居中，各降一官，坐为利州路监司日，称荐知利州、左藏库使周永意不以实，永意后以赃抵罪故也。①

李瑜、周约和罗居中由于荐举周永意不实，受到了各降一官的处分。另外，中央政府对巴蜀信息的了解，主要是通过官员们的奏报来实现的。官员们出于各种不同的原因，常有奏报不实的情况：

> （元丰五年）十一月二日，梓州路转运判官、承议郎程之才，知徐州、朝散大夫赵鼎并冲替。之才坐与前知泸州任伋交讼，报上不实，鼎坐乘官舟附私物也。②

程之才因报上不实之举，受到了冲替的处罚。政和元年（1111）四月十二日，“直龙图阁、夔州路转运判官崔子坚降两官落职，提举夔州路学事陈撝放罢”，原因是政府要求“诸路有弗便于民者，监司各得具状实封以闻”，但“子坚、撝谄谀偷安，皆以为无可条具”③。

5. 工作不力，鲜有实效

官员在工作中经常会出现工作不力、鲜有实效的问题：

> （政和四年八月）二十六日，夔州路转运司管勾帐司李公奕、知大宁监王藻各降一官。藻坐前知忠州，公奕任忠州垫江县令，各失详前后朝旨，借当二钱支俵预买紬绢钱故也。④

---

① 〔清〕徐松辑：《宋会要辑稿》职官 65 之 37，中华书局 1957 年版，第 3865 页。
② 〔清〕徐松辑：《宋会要辑稿》职官 66 之 19，中华书局 1957 年版，第 3877 页。
③ 〔清〕徐松辑：《宋会要辑稿》职官 68 之 22，中华书局 1957 年版，第 3919 页。
④ 〔清〕徐松辑：《宋会要辑稿》职官 68 之 32，中华书局 1957 年版，第 3924 页。

王藻、李公奕没有完全理解朝廷的旨意，工作出了差错，所以受到了处分。这样的例子史籍中还有很多：

> 大观四年正月十七日，前知成都府路转运判官张持送吏部，与远小监当。以臣僚论持欺诞，擅以私意变更钱引故也。①
>
> 宣和元年正月二十三日，诏：龙图阁学士、知成都府孙羲叟远守西蜀，明见用红伞迎神，不行焚毁，落职，降五官，与宫观。②

张持、孙羲叟也是由于没有做好自己的本职工作而受到降职罢官的处分。欧阳修曾对入蜀官员们的心态做过描写："中州之人，凡仕宦之蜀者，皆远客孤寓思归，以苟满岁脱过失得去为幸。"③ 来自中州的官员们思家心切，在工作中敷衍，以脱过为幸，官员们的主动性根本没有得到充分发挥，这其实就是一种典型的行政不作为现象。

（三）腐败的影响

官吏腐败给巴蜀带来了极大的影响，主要体现在两个方面。

1. 加重百姓赋税负担

巴蜀整体的发展水平不高，人民对国家赋税负担的承受能力较弱。大中祥符四年（1011）五月十三日，政府诏："川陕诸屯兵草茅覆屋，连接官舍，颇致延火，宜令自今坏者，渐易以瓦，无得因缘扰民。"④ 政府的屯兵之所为茅屋，这能侧面反映出普通百姓的居住环境不会比这好。天圣三年（1025）八月，司封员外郎盛京讲到了东川万州的情况："万州民货鬻斛斗，商税务收纳税钱……缘村民刀耕火种，所获不多，望免收税。"⑤仁宗皇

① 〔清〕徐松辑：《宋会要辑稿》职官68之20，中华书局1957年版，第3918页。

② 〔清〕徐松辑：《宋会要辑稿》职官69之1，中华书局1957年版，第3930页。

③ 〔宋〕欧阳修：《文忠集》卷63《陈氏荣乡亭记》，《景印文渊阁四库全书》第1102-1103册，台湾商务印书馆1983年版，第494页。

④ 〔清〕徐松辑：《宋会要辑稿》刑法2之11，中华书局1957年版，第6501页。

⑤ 〔清〕徐松辑：《宋会要辑稿》食货17之19，中华书局1957年版，第5093页。

帝立马应允，指出："远俗至贫，非理科率，何以存济？宜亟依所。"① 可见东川地区的人民对赋税的承受能力非常弱。

官吏还不考虑百姓的实际生活情况，巧立名目，采用多种手段增加税收，加重百姓的负担。淳化五年（994）二月二十六日，诏：

> 剑南诸州民为州县长吏建生祠堂者，宜禁之。先是，官吏有善政，部内豪民必相率建祠宇，刻碑颂，以是为名，因而掊敛，小民患之。帝知其事，故降是诏。②

当地的官员真是颇费心机，以立碑为名进行掊敛，其他的事情也就可想而知了。科折之弊，更加重了百姓的负担。吕陶向仁宗皇帝讲到："臣伏见川路近年赋敛失当，民力彫弊，其事在于科折不得其平，聚敛之臣恣为掊克，皆转运司不任其责故也。"③ 吕陶的话真实地反映了当时存在于巴蜀地区的"赋敛失当"现象，也指出了失当的缘由就是"科折不得其平"，希望政府能高度重视这一情况。吕陶还讲到"地利、人力所出有限"④，"且两川之富，出产虽多，计其地利，亦有穷竭"⑤。嘉祐三年（1058），都转运使曹颖叔也向政府反映"蜀人苦于重敛"⑥。后来政府做了一些调整，从本路商税中抽出五十万"以易军衣"，"舒两川之扰"⑦。宋徽宗崇宁三年（1104），大臣们再次对西蜀折科之弊进行了大讨论：

> 西蜀初税钱三百折绢一匹，草十围计钱二十。今本路绢不用本

---

① 〔清〕徐松辑：《宋会要辑稿》食货 17 之 19，中华书局 1957 年版，第 5093 页。

② 〔清〕徐松辑：《宋会要辑稿》刑法 2 之 5，中华书局 1957 年版，第 6498 页。

③ 〔宋〕吕陶：《净德集》卷 4《奉使回奏十事状》，《景印文渊阁四库全书》第 1098 册，台湾商务印书馆 1983 年版，第 34 页。

④ 〔宋〕吕陶：《净德集》卷 4《奉使回奏十事状》，《景印文渊阁四库全书》第 1098 册，台湾商务印书馆 1983 年版，第 35 页。

⑤ 〔清〕徐松辑：《宋会要辑稿》食货 42 之 15，中华书局 1957 年版，第 5569 页。

⑥ 〔宋〕李焘：《长编》卷 188，中华书局 1992 年版，第 4536 页。

⑦ 〔宋〕李焘：《长编》卷 188，中华书局 1992 年版，第 4536 页。

色，匹折草百五十围，围估钱百五十，税钱三百输至二十三千。东蜀如之。仍支移新边，谓之远仓，民破产者众。①

这种科来折去的方法，实在是害苦了巴蜀人民，折科“展转增加”，以至“民无所诉”②。

2. 造成社会不稳

北宋时期，巴蜀发生的许多动乱事件，都和官员的腐败息息相关。至道二年（996）五月己未，石普这样分析巴蜀动乱的原因：“蜀之乱，由赋敛迫急，农民失业不能自存，遂入于贼。”而平息叛乱的最好办法就是“望一切蠲其租赋，使知为生”③。太宗认可了石普的观点，采纳了他的建议。吕大防知青城县时，了解到“故时，圭田粟入以大斗，而出以公斗，获利三倍，民虽病不敢诉”④，这种行为激化了政府和人民之间的矛盾，吕大防便纠正了此事。

在这些动乱中，影响较大的是淳化年间发生的李顺之乱和随后的王均之变。两次动乱的性质不一样，李顺之乱是典型的农民起义，而王均之变是统治阶级内部的军事政变。我们可以看出巴蜀地区的矛盾，不仅存在于统治阶级和农民之间，统治阶级内部也存在尖锐的矛盾。李顺之乱能很好地诠释“官逼民反”，当人民被逼到了死亡的边缘，人们就会为了生存毫不犹豫地起来斗争：“川峡豪民多旁户，以小民役属者为佃客，使之如奴隶，家或数十户，凡租调庸敛，悉佃客承之。时有言李顺之乱，皆旁户鸠集。”⑤ 当时的社会矛盾已经激化，王小波一提出“均平富”的口号，一下子就得到很多人的拥护。

王均之变则完全发生在军界。史书记载王均管理无方，部队贪污、赌博盛行，以至于很多将官、士兵没有衣服可穿。而长官在得知这一情况后也没

---

① 〔元〕脱脱等：《宋史》卷174《食货志》，中华书局1977年版，第4213页。

② 〔元〕脱脱等：《宋史》卷174《食货志》，中华书局1977年版，第4213页。

③ 〔宋〕李焘：《长编》卷39，中华书局1992年版，第838页。

④ 〔元〕脱脱等：《宋史》卷340《吕大防传》，中华书局1977年版，第10839页。

⑤ 〔元〕脱脱等：《宋史》卷304《刘师道传》，中华书局1977年版，第10064页。

有高度重视，没能很好地缓解这一矛盾。当王均的部队和另一支队伍在阅兵场上同时亮相时，王均的队伍衣着褴褛地在寒风中发抖，军人们的自尊心受到极大伤害，这导致了后来的兵变。

（四）对腐败的治理

面对腐败的吏治，政府从多个方面进行了治理。

1. 加强监管

政府对官员的违法犯罪行为并没有放任自流，而是进行了富有成效的治理。首先是实行考课法：

> 绍圣复行旧制，且许八路人荫补出官，即转运司试中注阙。重和间，臣僚又言其弊："转运以军储、吏禄、供馈、支移为己责，而视差注为末务，往往付之主案吏胥定拟，而签厅视成书判而已。注阙之高下，视贿之厚薄。无赂，则定差之牍，脱漏言词，隐落节目。及其上部，必致退却，参会重上，又半岁矣。以是阙多而不调者众。宜督典领之官，岁终取吏部退难有无、多寡，为之课而赏罚之，庶可公注拟而绝吏赇。"乃命立《考课法》。①

政府制定考课法对官员进行考核，并依据考核的结果来对官员进行升迁和降黜，这无疑会对官员起到监督的作用。

其次还有来自上级的监督。"天禧三年（1019）九月，诏自今应犯赃注广南、川峡幕职州县官，委逐路转运使常加纠察，再犯赃罪者，永不录用。"②转运使掌控着一路的财富，为地方的最高行政长官，自然担负起了部分纠察责任，所以就有"委逐路转运使常加纠察"之语了。另一个负有监察之职的机构就是提点刑狱司。"熙宁三年（1070）十二月，御史薛昌朝言成都府路自

---

① 〔元〕脱脱等：《宋史》卷159《选举志》，中华书局1977年版，第3722页。

② 〔宋〕李焘：《长编》卷93，中华书局1992年版，第2167页。

监司以下，饮宴过多，无复忌惮，诏提点刑狱薛繗、李元瑜密体量以闻。”①监察一路官吏本是提点刑狱的分内之责，故在监察方面，他们肯定不能置身事外。

2. 严厉打击

治理腐败，除了监督之外，严厉的打击就是最为直接、有效的措施了。

（1）罚金

官员工作不力或工作失误会受到经济上的处罚：

> （元丰元年冬十月）大理寺言：“散员都虞候、万州刺史全信，乞取卫旦等钱物，当追刺史，罚铜六十斤，降配。”诏依断，降充湖南本城都头。②

在这起事件中，罚钱仅有象征意义。元丰二年（1079）四月二日，“诏权判南京国子监、驾部郎中郑宗砺罚铜十斤，致仕，坐前知眉州失入人死罪，会赦，而宗砺年七十余故也”③。对郑宗砺仅仅是罚铜十斤并勒令退休，处罚不算重。

（2）矜贷

矜贷就是在特殊情况下改变对罪犯的处罚，体现了政府的人文关怀和法律的公平性。天圣九年（1031），“九月二十八日，都官郎中、前知嘉州张约免死，杖脊，黥面配连州牢城。坐受赇枉法，计银千五百两，法抵死，在降诏约束之前”④。知嘉州张约贪污银千五百两，本来按现行法律该判死刑，但张约的行为发生在法律颁布之前，所以就改死刑为“杖脊，黥面配连州牢城”。元丰二年（1079）五月二十三日，“梓夔路钤辖司上泸州路分都监王宣

① 〔宋〕李焘：《长编》卷218，中华书局1992年版，第5296页。

② 〔宋〕李焘：《长编》卷293，中华书局1992年版，第7153页。

③ 〔宋〕李焘：《长编》卷297，中华书局1992年版，第7236页。

④ 〔清〕徐松辑：《宋会要辑稿》刑法6之13，中华书局1957年版，第6700页。

等所部亲兵不救护主将，诏并免死，等第决配，重伤人免杖"①。这就是针对特殊的事件做出的特殊处理。法律明文规定，亲兵在战争中不救护主将是要判死刑的，但政府在处理这件事的时候，考虑到了王宣有主观上的明显失误，而且亲兵众多，如果全部处死，很有可能会引起动乱，所以就"诏并免死，等第决配，重伤人免"。还有一种情况就是违反了法律，但及时改正且没有造成严重的后果，也可以减轻处罚。政和六年（1116）四月十三日，徽宗下诏："眉州违法开井，本路转运司已行改正，栈阁了毕，所有令提刑司取勘漕臣指挥更不施行，特与放罪。"② 眉州转运司违法开井是为了增加政府的收入，并不是为谋个人私利，而后也得到及时的改正，所以政府"特与放罪"。

矜贷和我们今天的依法减刑政策有点类似，只是减刑的依据不同而已。北宋矜贷依据当时的具体情况减刑，随意性很大，皇帝的个人意见往往起着非常重要的作用。

（3）冲替

冲替这种处罚并不严重，对一些比较轻的违法，政府有可能采取这种惩罚。其实冲替这种处罚非常微妙，实际上是政府对官员的一种保护，当一个官员在某地的工作不如人意，引起了人们的不满，政府就会把该官员调离，让他们换个地方继续为官，这样既保护了官员，又缓和了当地的矛盾。

> （熙宁十年秋七月）诏提举成都府等路茶场都官郎中刘佐，知彭州、屯田员外郎吕陶并冲替，令转运司劾罪。佐坐买茶措置乖方，陶不即听受堋口茶园户讼也。③

实际上，刘佐在茶场事件中为国家做出了巨大的贡献，他做的事情符合政府的利益，只是激化了当地的矛盾，所以政府认为他功过相抵，给予他冲替的处罚。

---

① 〔清〕徐松辑：《宋会要辑稿》刑法 6 之 17，中华书局 1957 年版，第 6702 页。

② 〔清〕徐松辑：《宋会要辑稿》刑法 6 之 23，中华书局 1957 年版，第 6705 页。

③ 〔宋〕李焘：《长编》卷 283，中华书局 1992 年版，第 6931 页。

辍罢官就是官员由于违法乱纪或其他原因，遭到了免官的处理，严厉程度远远重于冲替。

(4) 决仗配流、死刑

冲替、降职、罢官都是行政上的处罚，决仗配流、死刑就是刑事处罚了。宋朝对文官施以决杖流配和死刑的处罚并不多见，咸平五年五月壬寅，“国子博士、知荣州褚德臻坐与判官郑蒙共盗官银，德臻杖死，蒙决杖配流”①。褚德臻作为一州的最高长官，伙同判官盗官银，性质非常严重，故施以重罚。

官员犯罪有公罪和私罪的区别，对工作失误的处罚相对来说要轻一些，比如象征性地给点罚金，或是降官、罢免。但对私罪的处罚就要严重多了，最严重的可以直至死刑。

三、司法事务

司法是否合理、公平，能否得到严格的执行，直接关系到社会的稳定和发展。北宋政府对此也有清晰的认识，在制度的设计上，在法律法规的调整上，在中央与地方司法权的分配上，政府都在尽量寻求平衡。从司法实践的效果而言，宋代司法也可谓是成功的。

(一) 立法、司法的权责归属

1. 立法权属于中央

在立国之初，太祖皇帝就把绝大部分立法权收归中央。尽管地方政府、地方官员的立法权有限，但他们却有很大的建议权。巴蜀远离中央政府，中央除了时常派遣巡检了解地方的具体情况外，地方官的上奏自然就成了中央了解巴蜀的最主要途径。由于他们的上奏往往是对地方实际情况的反映，再加上地方的高官们本就是朝中重臣，和皇帝的关系也极为密切，所以他们的建议一般很容易获得政府的支持。神宗元丰二年（1079）七月，权提点梓州路刑狱穆珣言：

① 〔宋〕李焘：《长编》卷52，中华书局1992年版，第1131页。

资州、广安军，有子为人所杀，而父母受财私和者，皆决以亲属被杀私和期亲徒二年半律。案《刑统》称子孙之于祖父母，皆有祖父子孙之名，其有相犯，多不据服而断，《贼盗律》有所规求而故杀期以下卑幼者，绞，《斗讼律》子孙违犯教令而祖父母殴杀者，徒一年半，故杀者加一等。今子孙被杀，父母乃坐私和徒二年半，则是私和之罪重于自杀，举重明轻难从旁期之法，止当用不应得为轻重法，乞下有司申谕天下。从之。①

这段文字读来有点混乱，我们抛开比较和论述的内容，梓州路司法长官穆珣所要反映的问题是，他认为“私和之罪重于自杀”与现实的情理不符，建议朝廷修改法律，朝廷采纳了他的建议。

神宗元丰二年十二月四日，成都府、利州路钤辖司言：“往时川峡绢匹为钱二千六百，以此编敕估赃两铁钱得铜钱之一。近岁绢匹不过千三百，估赃二匹乃得一匹之罪，多不至重法，盗贼寖多。”法寺乞以一钱半当铜钱之一。从之。②

当时对盗窃罪的处罚和所盗物品的价值大小有关，但物价出现了波动，绢的价格跌了一半，现在要盗窃两倍的货物才和往时所判罪行相当，实际上大大减轻了对罪犯的惩罚力度，出现了“盗贼寖多”的情况。政府听从成都府、利州路钤辖司的建议，使法律更加合理。从这些史料中我们可以看到，对于地方官员提出的建议，皇帝是会给予充分的考虑和支持的，其实质是立法权的再分配。

2. 司法权属于地方

太祖在建国之初，就逐渐把死刑的判决权收归中央。但司法体系极其广泛和复杂，在巴蜀的实际治理中，主要的司法权仍归属于地方政府。大中祥

---

① 〔宋〕李焘：《长编》卷299，中华书局1992年版，第299页。

② 〔清〕徐松辑：《宋会要辑稿》刑法3之3，中华书局1957年版，第6579页。

符七年（1014）五月戊子，知益州凌策言："眉州民孙延世强夺孙朴田，积三十年，六经制劾，官吏受赇枉法，殿中丞、知华阳县黄梦松鞫之，并得其状。"① 黄梦松作为华阳知县，有权对属地的司法案件进行管理。大中祥符七年六月丙辰，"眉州通判董荣受赇鬻狱，长安知县王文龟酗酒滥刑，并投荒裔"②。这是关于知县在审理案件时违法的记录。

当然作为更高一级的知州，其司法权更大。元丰二年（1079）四月二十六日，"诏权判南京国子监、尚书驾部郎中郑宗砺罚铜十斤，致仕。坐前知眉州失入人死罪，会赦，而宗砺年七十余故也"。从这条史料中，我们可以肯定的是，知州一级已经具有了判死刑的权力。另外，转运使的司法权也极大：

> 王均反，（马亮）以为西川转运副使。贼平，主将邀功，诛杀不已，亮全活千余人……时诸州盐井，岁久泉涸，而官督所负课，系捕者州数百人。亮尽释系者，而奏废其井，又除属部旧逋官物二百余万。③

马亮作为转运使，军、政、刑，他都有参与，以至"全活千余人"。这说明转运使有决定人生死的权力，司法权极大。以上均表明，在司法问题上地方政府拥有很大一部分权力。

（二）审案遵循的法理

前面提到很多官员在审理案件的时候因为贪污受贿、过失等造成了很多冤狱，但这不是当时社会的主流。大多数官员在审理案件的时候，还是能够依法办事，得到了人们和社会的认可。张咏知益州，"民有谍诉者，咏灼见情伪，立为判决，人皆厌服"④。真宗曾对张咏说："得卿在蜀，朕无西顾之忧

---

① 〔宋〕李焘：《长编》卷82，中华书局1992年版，第1874页。
② 〔元〕脱脱等：《宋史》卷8《真宗纪》，中华书局1977年版，第156页。
③ 〔元〕脱脱等：《宋史》卷298《马亮传》，中华书局1977年版，第9916页。
④ 〔元〕脱脱等：《宋史》卷293《张咏传》，中华书局1977年版，第9801页。

矣。"① 赵抃在蜀，也治绩有声。

官员在处理案件的时候，也非常注重人文主义关怀，实行矜贷政策。天圣十年（1032）正月二十八日，"益州民费进特赎铜百二十斤，婢赵氏配邻州羁管。坐怒赵索逋钱，殴赵死，法当死，进年十四，上请，特矜之"②。在该案件中，费进的犯罪性质是很恶劣的，但他只有14岁，年龄很小，司法部门向中央讲明了情况，最终免除了死刑。这不算太大的案子，但是很有代表性，表明司法部门在处理案件时比较慎重。从这件事情中，可见巴蜀司法官员的工作态度是值得肯定的。天圣九年（1031）十月三日，"渝州民黄漆特免死，黥面配隶海岛。坐梃杀盗粟人程大，法应死，特矜之"③。黄漆"梃杀盗粟人程大"，按照杀人偿命的原则，黄漆该判死刑。马亮处理案件的时候，注意对法条的理解，黄漆杀的是偷盗粮食的人，所以给予减刑处理。从上述两个案件中可以看出，巴蜀官员对"杀人偿命"中的人进行了新的诠释，人有好人和坏人之分，如果所杀之人是坏人、是违法之人，应该减轻或免于处罚。这和我们当今的正当防卫有惊人的相似，古代和现代的法律内容、体现的阶级意志不同，但有些法理却是相通的，这值得我们思考和借鉴。

（三）囚犯的配隶情况

配隶应该是属于比较重的惩罚，有点类似于我们现在的无期徒刑。现在的无期徒刑只是由犯罪当事人一人承担，北宋时的配隶是要连坐的。在政府的眼里，巴蜀的罪犯本就是社会的不稳定因素，政府一般情况下不愿意巴蜀罪犯返回故里，也主要是出于维护社会安定的考虑。但在实践中并不能简单地一刀切：

> 景德元年正月一日，诏川、广犯事人解送赴阙配逐处及已逐便者，正身已亡、儿幼小无以存济者，委逐处勘会，给与公凭，放还

① 〔元〕脱脱等：《宋史》卷293《张咏传》，中华书局1977年版，第9802页。

② 〔清〕徐松辑：《宋会要辑稿》刑法6之14，中华书局1957年版，第6700页。

③ 〔清〕徐松辑：《宋会要辑稿》刑法6之14，中华书局1957年版，第6700页。

乡里。又所送罪人赴阙，多是与一房老幼同来，抛废田园，流散道路。自今止得押送本身并妻，如骨肉愿从者亦听。①

有些罪犯在半路就死了，政府就规定其幼子办好一定的手续之后，可以回到乡里。景德以前，配隶者多是一家老幼同来受刑，现在只是要求妻子必须同行，其他的亲属遵循自愿的原则，这是法律的部分松动。天圣四年（1026）正月，知益州薛田言："两川犯罪人配隶他州，虽老疾得释者悉留不遣，自今请无放停。"上曰："远民无知犯法，而终身不得还乡里，岂朕意乎！察其情有可矜者听遣还。"② 在以前，配隶之人注定要老死他乡了，到了天圣四年情况发生了改变，仁宗允许年迈生病的人回到家乡，但"其情有可矜者"才有这项权利。皇祐五年（1053）十一月四日，政府告示："应东西两川配出川界之人永不放还乡里者，其间有情轻偶被诖误之人，宜令所在件析以闻。"③ 可见到了皇祐五年，"情轻偶被诖误之人"也有机会放还乡里了。一个多月后，政府新规又出："川峡人刺配为内地军者，遇拣停毋得放归，其令关津常讥察之。"④ 可见"刺配为内地军者"没有机会放还乡里。而在特殊的时期，政府也会有临时性的政策："元丰三年（1080）八月十四日，诏知成都府张诜觉奸盗，存抚人户，务令安静。应犯罪情涉凶恶、法不至编配者，听编配出州，俟泸州事平日如故。"⑤ 在特殊时期对罪犯实行特殊的处理方法有助于维护社会的稳定，这是很有必要的。

（四）司法的效率提高

1. 缩短办案时间，优先处理巴蜀的案件

宋代规定大的案件必须上报，由大理寺和刑部共同审理，最后返回到地方。但由于距离的关系，一来一往会浪费很多时间，不少案件往往积压很久

---

①〔清〕徐松辑：《宋会要辑稿》刑法4之3，中华书局1957年版，第6623页。
②〔宋〕李焘：《长编》卷104，中华书局1992年版，第2400页。
③〔清〕徐松辑：《宋会要辑稿》刑法4之23，中华书局1957年版，第6633页。
④〔清〕徐松辑：《宋会要辑稿》刑法4之23，中华书局1957年版，第6633页。
⑤〔清〕徐松辑：《宋会要辑稿》刑法4之27，中华书局1957年版，第6635页。

也得不到解决。政府针对这一实际情况做出了相应的政策调整。一是减少积压的时间，其他的案件可以缓一缓，巴蜀的案件优先解决。二是严格要求到地方处理案件的官员，必须抓紧时间处理政务。政和六年（1116）五月十四日，“诏每岁大暑，差官虑囚，外路限四月，在京限六月行下。以川广路远，受命多后时，故有是诏”①。这条诏令虽不是针对巴蜀制定的，但也适用于巴蜀地区，政府希望通过制定这样的政策来提高办事效率。

2. 扩大地方的司法权

中央知道必须限制地方的权力，但也须下放部分权力给地方政府，调动起官员的积极性，才能提高办事效率，以利于社会的稳定和发展。于是政府扩大安抚和钤辖司的部分司法权，让他们尽量独立处理案件：

> （元祐元年五月）尚书省言：“远方奏谳待报者甚众，动经岁月，淹禁罪人，极为不便。欲川、广、福建、荆湖南路罪人系情轻法重合奏断者，申安抚或钤辖司酌情决断讫奏。”从之。②

这种方法虽不能解决所有问题，但能起到一定的效果：

> 宣和元年十月八日，提点潼川府路刑狱公事蒲卤奏：“乞自今后被受御笔及特旨体究根勘公事，应合差推勘官并依本条，更不拘碍诸司。虽不拘常制，亦不得违专条，所贵差请得行，不致淹滞。”从之。③

宣和年间对推勘官做了某些规定，目的是使案件“不致淹滞”，但具体的内容我们不得而知。

① 〔清〕徐松辑：《宋会要辑稿》刑法5之31，中华书局1957年版，第6685页。

② 〔宋〕李焘：《长编》卷376，中华书局1992年版，第9125页。

③ 〔清〕徐松辑：《宋会要辑稿》刑法3之71，中华书局1957年版，第6613页。

3. 规定案件的受理时限

宋代对法律的调整还很多，比如太祖乾德四年（966）闰八月五日，诏："应先隔在剑外人，蜀平来认田宅者，如已过十五年，除本户坟茔外，不在理诉。"① 太祖在蜀平的时候，有很大一部分人离开巴蜀避乱，巴蜀平定后，他们重返家园后向政府要回自己的田宅。政府规定十五年是最长的案件受理时限，和我们今天的案件受理时限制度极为相似。太宗淳化二年（991）正月二十六日，诏："荆湖、淮南、江南、两浙、西川、岭南管内诸州民诉水旱害田稼，自今夏以四月三十日，秋以八月三十日，违限者更不得受。"② 这是调整受灾民众申报受灾情况的时限。规定受理的时限，对提高司法效率有明显作用。

四、 其他方面

在维护社会稳定，促进社会发展方面，政府要做的事情很多。除铨选出高素质的官员，澄清吏治，尽量做到司法的公平公正，政府还在解决人们的实际生活问题，维护社会稳定等方面做了大量的工作，这些都值得我们关注。

（一）迁徙蜀民

巴蜀是一个经济发展很不平衡的地区，川东不少地方还是蛮荒之地，部分人还过着刀耕火种的生活。而在富饶的川西平原地区，情况截然相反。川西在北宋时就得到了充分的开发。有史书记载巴蜀寸土寸金，人们死后连埋葬的地方都没有，这当然是个别现象，主要存在于川西的某些地方。宋人文集中不乏关于巴蜀人地矛盾的记载，石介的《徂徕集》记载："五谷无种处，巴蜀土田窄，痴岩顽石长不休，诜诜赤子将何食。"③ 张方平也留下了

---

① 〔清〕徐松辑：《宋会要辑稿》刑法 3 之 43，中华书局 1957 年版，第 6599 页。

② 〔清〕徐松辑：《宋会要辑稿》刑法 3 之 43，中华书局 1957 年版，第 6599 页。

③ 〔宋〕石介：《徂徕集》卷 3《蜀地多山而少平田因有云》，《景印文渊阁四库全书》第 1090 册，台湾商务印书馆 1983 年版，第 202 页。

“两川地狭，生齿繁，无尺寸旷土”① 之句。人多地少这个矛盾普遍存在于川峡四路，而在富庶的西川表现得更为突出。政府在面对这个矛盾的时候并不是“无为”的，而是积极采取措施。下面是真宗和丁度讨论是否迁徙蜀民的对话：

> (皇祐二年六月) 上讲书迩英阁，因谓侍臣曰：“古有迁民于宽闲之地，今闽、蜀地狭，其民亦可迁乎?”丁度对曰：“律令故在，但有司不能举行尔，太祖尝徙太原民千余家于山东，太宗又徙云、应、寰、朔之民于京西诸州。西北之人，勤力谨俭，今以富称于乡里者，多当时所徙之民也。民固安土重迁，若地利既尽，要无可恋之理。蜀民岁增，旷土尽辟，下户才有田三五十亩，或五七亩而赡一家十数口，一不熟，即转死沟壑，诚可矜恻。臣以谓不但蜀民，凡似此狭乡，皆宜徙之宽乡，计口给田，复其家如律令，实利农积谷之本也。”上纳其言，乃诏京西转运司晓告益、梓、利、夔、福建路，民愿徙者听之。②

真宗问丁度迁徙蜀民的可行性，丁度讲到了历史上有迁徙的先例，还分析了蜀民人多田少的具体情况，认为迁徙对百姓和政府都是一件有利无害的事情，建议实行迁徙之政。真宗最后下诏允许蜀民迁徙，同时还制定了相应的配套措施。熙宁六年（1073）冬十月，“诏布衣李复、王谌听往川峡募人分耕畿县荒地，以为稻田”③。元丰元年（1078）冬十月，“司农寺言：进士李复、王谌踏视府界官荒地，募诱闽、蜀民种稻有劳，乞推恩。诏李复、王谌并与广南路摄官”④。李复、王谌在熙宁年间到川峡“募人分耕畿县荒地以为

① 〔宋〕张方平：《乐全集》卷 36《宋故龙图阁学士朝散大夫尚书工部侍郎提举南京鸿庆宫上柱国清河郡开国公食邑三千八百户食实封八百户赐紫金鱼袋傅公神道碑铭》，《景印文渊阁四库全书》第 1104 册，台湾商务印书馆 1983 年版，413-414 页。

② 〔宋〕李焘：《长编》卷 168，中华书局 1992 年版，第 4048 页。

③ 〔宋〕李焘：《长编》卷 247，中华书局 1992 年版，第 6021 页。

④ 〔宋〕李焘：《长编》卷 293，中华书局 1992 年版，第 7152 页。

稻田”，是对嘉祐政策的延续。二人还因为此事受到了嘉奖，说明该项政策实行的效果不错，不但部分解决了川峡地少人多的问题，而且使得迁入之地得到了开发，有效地推动了社会的发展。

（二）严控军器

巴蜀是一个极易发生动乱的地方，因此中央的防范之心一直未曾松懈。大中祥符四年（1011）七月十日，知益州李士衡言：“永康军村民社赛，用棹刀为戏，望行禁止。”①天禧元年（1017）十一月十六日又“禁川峡民畜飞梭”②，政府视棹刀和飞梭为危险的武器，禁止民间持有。大中祥符六年（1013）秋七月辛巳，“太常博士齐革言蜀民以射生为业，民私蓄弓矢，请行禁绝。上曰：‘平时民家或用防盗，不必禁也。’”③ 巴蜀部分民众以射生为业，齐革请禁绝弓矢，但真宗认为这是人们谋生的工具，不能禁止，足见官员们的担心。景祐二年（1035）五月乙酉，“诏臣僚入川所将人马器械，旧皆给公据以检奸伪。如闻渐弛禁防，自今陆行至剑门，水行至江陵府，其令所司参验公据，每月上枢密院”④。这加强了对入蜀人马器械的检查，“以检奸伪”，维护了社会的稳定。

（三）加强对军队的管理

对军队的管理，政府的措施相当严厉，开宝四年（971）壬戌，“蜀班内殿直四十人援御马直例乞赏，遂挝登闻鼓，命各杖二十，翌日，悉斩于营”⑤。“蜀班内殿直四十人”挝登闻鼓，希望援用“御马直例乞赏”。内殿直的要求并没有过分的地方，但政府认为他们采取的方式过于激进，便把此事定性为聚众闹事，最后参与此事的人全部被杖后斩杀。

---

① 〔清〕徐松辑：《宋会要辑稿》刑法2之11，中华书局1957年版，第6501页。

② 〔清〕徐松辑：《宋会要辑稿》刑法2之13，中华书局1957年版，第6502页。

③ 〔宋〕李焘：《长编》卷81，中华书局1992年版，第1841页。

④ 〔宋〕李焘：《长编》卷116，中华书局1992年版，第2730页。

⑤ 〔元〕脱脱等：《宋史》卷2《太祖纪》，中华书局1977年版，第34页。

（明道二年六月）辛酉，以天章阁待制王龖为枢密直学士，知益州。戍卒有夜焚营杀马胁军校为乱者，龖潜遣兵环营，下令曰：“不乱者敛手出门，无所问。”于是众皆出，令军校指乱卒十余人戮之，及旦，人皆不知也。①

王龖处事干练，对为首作乱者严惩不贷，很快平息了事件。王龖在处理这件事上也灵活运用了政策法规，对犯罪情节轻重不同的人区别对待，避免激化矛盾，维护了社会的稳定。但总体而言，巴蜀官员对军队问题的处理并不理想，以至于诱发了王均军变，造成了严重后果。政府制定的法律不能说不严，但军队中的矛盾始终存在。

（四）防“甲午”民变

从淳化四年（993）发生的震惊全国的李顺之乱到皇祐五年（1053），刚好一个甲子。当时人心中有一种普遍的观点，认为六十年就是一个轮回，很多事情会顺理成章地重演，而六十年前的起义也应该会重演。人们这种迷信的看法和舆论对政府极为不利，出于维护社会稳定的考虑，政府采取了一系列的预防措施。

1. 控制舆论

王均乱后不久，咸平四年（1001）十二月二日诏：“宜令长吏严切警察，如有讹言动众、情理切害者，斩讫以闻。”② 王均之乱刚刚平息，人们心有余悸，社会环境不容乐观，因此政府对“讹言动众、情理切害者”的处罚是很严厉的，地方官可以先斩后奏。至和二年（1055）十二月乙酉，“参知政事程戡言：前知益州，闻风俗所传岁在甲午，当有兵起，而民心不安，盖淳化中李顺狂逆之年。请禁民间私习《六十甲子歌》。从之。”③ 这条禁令专为皇祐甲午而定，针对性极强。

---

①〔宋〕李焘：《长编》卷112，中华书局1992年版，第2621页。

②〔清〕徐松辑：《宋会要辑稿》刑法2之6，中华书局1957年版，第6498页。

③〔宋〕李焘：《长编》卷181，中华书局1992年版，第4384页。

2. 修筑城池

北宋城镇的商业价值远较军事价值小。冷兵器时代，城池在军事攻防中的作用不可低估。巴蜀官员对是否修筑城池很是纠结，特别又是在“皇祐甲午”这样的特殊时期，就更难以抉择了。因为一修城池就会引起人们的恐慌，增加社会的不稳定因素，而当时局势极为不稳，城池的修筑又势在必行。皇祐四年（1052）“十二月，前守蜀者多以嫌不治城，戡独修筑之”①。程戡决定在甲午前夕修筑城池。皇祐五年（1053）八月戊午，“诏益、梓州路转运使司渐修筑诸州军城池，毋致动民。言者谓蜀之城池久废不治，甲午再乱，不可不豫为备也”②。紧接着皇祐五年，又在诸州修筑城池，一切也还顺利。同年十一月，政府还“赐川峡西路修城役卒特支钱”③，给工人发了特别补助。修城工作的顺利进行，起到了预防动乱的作用，维护了巴蜀地区的稳定。

3. 加强对入蜀人员的管理

在严峻的形势面前，政府对入蜀人员进行了严格管控。皇祐五年（1053）九月，“诏臣僚毋得以子孙恩请弟侄任四川职田处官”④，非常时期，不许让臣子的弟侄入蜀做官。三个月之后，十二月丙辰，“诏川峡人刺配为内地军兵者，遇拣停，自今毋得放归，其令关津常讥察之”⑤，规定平时该返家的军人也不得回蜀。中央政府除了从政策上做出规定，还派遣官员视察地方情况。皇祐五年八月，遣盐铁判官都官员外郎燕度往陵、渠等州定夺盐井利害以闻。其实这只是一个幌子，真正的原因是当时朝中大臣担心“前后甲午蜀再乱”，忧“明年复有变故”，特遣“度往治盐筴，因预为之防”⑥。燕度到了巴蜀，察民俗，了解实际情况，认为“今甲午必无事”，事实的确如此。中央

① 〔宋〕李焘：《长编》卷173，中华书局1992年版，第4182页。
② 〔宋〕李焘：《长编》卷175，中华书局1992年版，第4230页。
③ 〔宋〕李焘：《长编》卷175，中华书局1992年版，第4239页。
④ 〔宋〕李焘：《长编》卷175，中华书局1992年版，第4232页。
⑤ 〔宋〕李焘：《长编》卷175，中华书局1992年版，第4240页。
⑥ 〔宋〕李焘：《长编》卷175，中华书局1992年版，第4228页。

和地方都积极果断地采取措施，严防甲午年可能发生的动乱，最终使巴蜀地区平稳地度过了危险时期，有效维护了巴蜀的安全和稳定

第二节　对巴蜀的经济策略

北宋王朝的养兵政策和西北边境战争，需要大量的物资支持，而巴蜀地区相对稳定，物资丰富，自然成了王朝重要的大后方。在维护巴蜀稳定的前提下，北宋政府采用各种手段控制巴蜀经济命脉，掠夺大量的物质财富，为王朝的发展提供支持。

一、货币政策

货币政策是政府重要的经济政策之一，它的实施与一个地区的经济发展状况密切相关。科学的货币政策会促进经济的发展，相反则会阻碍经济的发展。北宋时期巴蜀有两种货币流通，一种是金属货币，另一种就是纸币。两种货币相辅相成，共同促进了地区经济的发展。

（一）货币的种类及运行

1. 金属货币

金属货币主要有两种：一种是铁钱，另一种就是铜钱。在太祖平蜀之初，巴蜀仍用铁钱，铁钱是人们交易的主要货币。到了开宝年间，政府开始对货币政策做调整，“雅州百丈县置监冶铸，禁铜钱入两川”①。可见当时人们使用的货币应该是以铁钱为主、铜钱为辅，政府加强了对铜钱的管理，不准铜钱进入两川地区。到了太平兴国四年（979），政府再次调整货币政策，“始开其禁，而铁钱不出境”②。政府取消了对铜钱的禁令，但对铁钱做出了限制，不许铁钱流出巴蜀地区。这一政策实行了很长的时间，巴蜀地区

① 〔元〕脱脱等：《宋史》卷180《食货志》，中华书局1977年版，第4376页。
② 〔元〕脱脱等：《宋史》卷180《食货志》，中华书局1977年版，第4376页。

成了主要使用铁钱的区域。

2. 纸币

北宋时期有两种纸币，一种是出自民间后由官办的交子。随着商品经济的发展，铁钱已不能满足人们的日常生活需要，于是巴蜀地区产生了世界上最早的纸币——交子。交子从私交发展到官交的过程，《长编》和《通考》都有记载："初，蜀民以铁钱重，私为券，谓之交子，以便贸易。"元人费著《楮币谱》也说："蜀民以钱重，难于转输，始制楮为券……书络钱之数，以使贸易，谓之交子。"吕祖谦亦说："故当时之券会生于铁钱不便"，"交子之法出于民之所自为"。即交子是宋代成都商人为适应商业贸易的需要而发明创造的。后来专为携带巨款的商人经营现钱保管业务的"交子铺户"出现了，存款人把现金交付给铺户，铺户把存放现金的数额临时填写在用楮纸制作的卷面上，再交还存款人。这种临时填写存款金额的楮纸券便谓之交子。这时的交子只是一种存款和取款凭据，而非货币。

私交发展的初始阶段，政府没有加以干涉。到真宗大中祥符末年，薛田任益州路转运使，私交子的弊端日益凸显，他建议朝廷置交子务，"以榷其出入"①。朝廷没有采纳他的建议。天禧四年（1020），寇瑊知益州，对交子市场进行干预。他一方面令交子铺归还现款，另一方面"诱劝交子户王昌懿等，令收闭交子铺，封印卓，更不书放"，"其余外县有交子户并皆诉纳，将印卓毁弃讫"；并下令益州，"今后更不得似前日置交子铺"。但"自来交子之法，久为民便"，寇瑊废除交子，违背了社会经济发展的规律，造成"街市并无交子行用"，"市肆经营买卖寥索"② 的情况，严重阻碍了商业贸易的正常进行，不利于社会经济的发展，在蜀中引起了强烈的不满。仁宗天圣元年（1023），朝廷命薛田与益州路转运使张若谷对交子的废罢问题提出处理意见。他们二人商议后，向朝廷建议："废交子不复用，则贸易非便，但请官为置

---

① 〔宋〕李焘：《长编》卷101，中华书局1992年版，第2342页。

② 〔宋〕李攸：《宋朝事实》卷15《财用》，《景印文渊阁四库全书》第608册，台湾商务印书馆1983年版，第173页。

务，禁民私造。”① 朝廷得到薛田的建议后，又诏梓州路提点刑狱官王继明与薛田再次斟酌。最终朝廷决定设置益州交子务，发行官交子。薛田、张若谷为官交的发行做出了巨大的贡献。

另一种纸币是徽宗年间出现的钱引。徽宗大观元年（1107），宋朝政府改交子为钱引，改交子务为钱引务。除四川、福建、浙江、湖广等地仍沿用交子外，其他诸路均改用钱引。后来四川也于大观三年（1109）改交子为钱引。钱引与交子的最大区别是，它以“缗”为单位，不置钞本，不许兑换，能随意增发，因此纸券价值越来越小。南宋时还有纸币会子、关子，性质和交子、钱引相似，在此不做赘述。

北宋时期政府的货币政策是要把巴蜀建为一个铁钱使用区，限制铜钱的流通量，支持纸币的使用，把私交变为官交，将货币的发行权完全控制在政府的手里，使其既符合政府的需要，也尽量满足巴蜀经济发展的需要。

（二）货币运行存在的问题

1. 钱荒及政府的应对措施

巴蜀地区的钱荒主要是指铜钱的钱荒，发生钱荒的原因是多方面的。商品经济的发展会增加对货币的需求，但巴蜀地区的钱荒，却不是由对货币需求增加引起的，而是由政府的货币政策引起的。政府的两条政策造成了铜钱的钱荒，第一是禁铜钱入川。开宝中诏“雅州百丈县置监冶铸，禁铜钱入两川”②，这样的政策限制了外地铜钱的流入。而巴蜀地区缺少铜矿，多年来货币一直都是以铁钱为主。北宋商品经济有所发展，铁钱太笨重，行用不便，而价值较高的铜钱就受到了市场的青睐，这就形成了对铜钱的需求。第二是“租税以铜”的税收政策。政府要求巴蜀地区“输租及榷利，铁钱十纳铜钱一”③。政府收租税以铜钱，实际上是对巴蜀铜钱的搜刮，巴蜀形成了铜钱只有出没有入的局面，钱荒就在所难免了。后来即使允许铜钱入蜀，也没

---

① 〔宋〕李焘：《长编》卷 101，中华书局 1992 年版，第 2342 页。

② 〔元〕脱脱等：《宋史》卷 180《食货志》，中华书局 1977 年版，第 4376 页。

③ 〔元〕脱脱等：《宋史》卷 180《食货志》，中华书局 1977 年版，第 4376 页。

有改变铜钱钱荒的情况，“商贾争以铜钱入川界与民互市，铜钱一得铁钱十四”。转运判官范祥“因以月俸所得铜钱市与民，厚取其直，于是增及三分，民益以为苦，或发古冢、毁佛像器用，才得铜钱四五，坐罪者甚众”①。这样的政策让铁钱和铜钱兑换比率失衡更加严重，形成了铜贵钱轻的情况。

面对钱荒，政府采取了两条措施。第一是减少对铜的需求，调整铜、铁钱兑换比率。铜钱的钱荒并没有引发巴蜀动乱，因为当“民以为苦”的时候，政府就改变了税收政策，允许人民用铁钱交税，这就减少了人们对铜钱的需求。政府在降低人们对铜需求的同时，还调整铜、铁钱的兑换比率，以期达到货币的平衡。太祖、太宗时期，铜、铁钱的兑换比率有一个变化的过程。太祖沿用旧制，铁钱一千换铜钱四百，铜钱比铁钱贵不了多少。但随着政策的改变，政府采取措施把铜钱逐渐收归中央，铜、铁钱的兑换比率便发生了很大的改变。

> 太平兴国四年（979）始开其禁，而铁钱不出境，令民输租及榷利，铁钱十纳铜钱一。时铜钱已竭，民甚苦之，商贾争以铜钱入川界与民互市，铜钱一得铁钱十四。七年，遂令川峡输租榷利勿复征铜钱，咏、祥等皆坐罪免。既而又从西川转运使刘度之请，官以铁钱四百易铜钱一百，后竟罢之。②

太平兴国年间，铁、铜钱的兑换比率达到了十比一，最高的时候达到了十四比一。太宗马上调整政策，渐开其禁，但效果并不明显。太平兴国七年(982)，转运使刘度很想改变现状，就从政府入手，通过政府调控来改变比率，仍然以四百铜钱换铁钱一千，但政策不久即罢。到了真宗时期，铁钱越来越贱，人们交易的时候要携带大量铁钱，十分不便，很不利于商业的发展。因此政府出面进行钱币改革，具体的办法就是“改铸当十大铁钱”。大铁钱一可以换铜钱二，换小铁钱十。此时的铜铁钱的兑换比率有所下降，通过换

① 〔元〕脱脱等：《宋史》卷180《食货志》，中华书局1977年版，第4376页。

② 〔元〕脱脱等：《宋史》卷180《食货志》，中华书局1977年版，第4376页。

算，一铜钱换五小铁钱。用现在的话说就是增加了钱的面额，人们买东西的时候就可以用大钞，有利于交易。淳化二年（991）宗正少卿赵安易言：“尝使蜀，见所用铁钱至轻，市罗一匹，为钱二万。坚请改铸一当十大钱……五年，安易复请，不许，第令川峡仍以铜钱一当铁钱十。”① 可见改革受挫，铜铁钱兑换比率仍为一比十，大铁钱没有发挥出它应有的作用。

> 利州路提刑司言：“旧铜铁钱轻重相寻，以大铁钱一折小铜钱二，今大铁钱五止当一铜钱，比旧轻十倍，又流入川界，钱轻物重，颇类陕西。欲将折二大铁钱以一折一，虽稍减钱数，钱必稍重。”诏许陕西铁钱入蜀仍旧，尽释其禁，且命以今物价量宜裁之。②

最初一个大铁钱可以换两千铜钱，现在大铁钱越来越贬值，反过来是一铜钱换五个大铁钱，换算后一个大铁钱只能换两个小铁钱，大铁钱贬值十倍。

第二条措施是支持和发展纸币。在货币流通中，铁钱笨重的弊端非常明显，为了缓解这一矛盾，政府采取了许多措施，除了调整铜、铁钱的兑换比率外，还大力支持纸币的发展。特别是让纸币由民间私人承办的性质转变为政府控制下的官办，这无疑是一个极大的进步。这既大大缓解了人们对铜钱的需求，还解决了铁钱笨重和流通缓慢的弊端。

2. 私铸及政府的应对措施

私人铸造包括两个方面，一是铸造钱币，直接进入流通领域，参与商品的交换。当钱贵的时候，人们就会把铁铸成钱币，获取利益。另一个就是铸造铁器，当铁钱贬值的时候，人们就会融化铁钱，铸造成价值更高的铁器，获取更高的利润。私铸对社会的危害很大，如果化钱为器，就会减少流通领域的钱币，引起钱荒，从而对商业的发展造成严重影响。相反如果化器为钱，谋求暴利，就会造成钱轻货重的现象，扰乱钱币市场，影响工商业的

① 〔元〕脱脱等：《宋史》卷 180《食货志》，中华书局 1977 年版，第 4378 页。

② 〔元〕脱脱等：《宋史》卷 180《食货志》，中华书局 1977 年版，第 4391 页。

发展。

政府面对私铸的现象，主要采取了两个措施加以制止。第一，制定法律，明文禁止私铸。政府对违反法规的处罚非常重，“其私铸者皆弃市”。“咸平初，又申新小钱之禁，令官置场尽市之。旧犯铜禁，七斤以上处死，奏裁多蒙减断，然待报常淹缓。四年，诏满五十斤以上取裁，余从第减。”① “自天圣以来，毁钱铸钟及为铜器，皆有禁。庆历初，阑出铜钱视旧法第加其罪，钱千，为首者抵死。”② 可以看出，在太祖、太宗朝私铸者皆弃市，到了仁宗咸平年间，国家渐趋稳定，惩罚才有所减轻。

第二，通过经济手段调控，减少私铸。私铸的问题并不好解决，因为私铸的技术门槛不高，而且有利可图，所以此现象在一定的时期相当普遍。尽管政府严厉禁止私铸，但在利益面前，法律往往显得苍白无力。所以为了取得更好的效果，政府不仅通过法律禁止私铸，还从经济的角度进行调节：

> 大钱贯十二斤十两以准铜钱，嘉、邛二州所铸钱，贯二十五斤八两，铜钱一当小铁钱十兼用。后以铁重，多盗镕为器，每二十五斤鬻之直二千。大中祥符七年（1014），知益州凌策言：“钱轻则易赍，铁少则镕者鲜利。”于是诏减景德之制，其见使旧钱仍用如故。岁铸总二十一万贯，诸路钱岁输京师，四方由此钱重而货轻。③

只有无利可图，私铸现象才能从根本上得到解决。此话讲来容易，做好就很难了，因为政府调控的是经济行为，而政府对市场的把握不可能时时准确，那么制定的政策也就难免滞后和失误。

3. 货币贬值及政府的应对措施

货币贬值现象主要发生在纸币上。交子在官办之初，政府设立了交子务，由地方最高行政长官直接进行管理。交子的钞本比较充足，人们并不担

---

① 〔元〕脱脱等：《宋史》卷180《食货志》，中华书局1977年版，第4379页。
② 〔元〕脱脱等：《宋史》卷180《食货志》，中华书局1977年版，第4380页。
③ 〔元〕脱脱等：《宋史》卷180《食货志》，中华书局1977年版，第4379页。

心兑换问题，加上政府严厉打击伪造现象，所以最初交子的币值能够保持稳定，从而促进了商品的流通，推动了商业的发展。到了北宋中后期，北方和西北的边防形势变得严峻起来，战事吃紧。此时政府需要大量的资金，巴蜀地区交子的准备金就不再充足了，政府大量印刷纸币，导致了交子的严重贬值。

钱引和交子在本质上没有区别，其贬值原因及带来的后果和交子是一样的。货币贬值的本质并不复杂，是政府对人们财产的掠夺。当经济状况不好的时候，特别是国家急需用钱，如在面临战争、灾害的时候，国家支出巨大，政府没有其他更好的办法解决经济问题，往往都会采取增印钞票的办法。这个办法可以解决一时之需，但不能长期使用，一定得及时调整。因为交子、钱引贬值会引发信用危机，将不利于经济发展。

弄清了纸币贬值的本质和原因后，政府的应对措施就易于理解了。政府积极采取措施，一方面制定法律，严惩伪造者，奖励告发者；另一方面，增加准备金，消除交子、钱引的信用危机。“大凡旧岁造一界，备本钱三十六万缗，新旧相因。大观中，不蓄本钱而增造无艺，至引一缗当钱十数。”① 这种没有本钱的增造，肯定会引起纸币的贬值。“至引一缗当钱十数”表明钱引的贬值率几乎高达100倍，这是一个惊人的贬值率。大观四年（1110），“假四川提举诸司封桩钱五十万缗为成都务本，侵移者准常平法”②，以五十万缗为成都务本，增加纸币的准备金，并从法律上规定政府不能挪用准备金，其目的是要保证有充足的准备金，维持币值的稳定。“及张商英秉政，奉诏复循旧法，宣和中，商英录奏当时所行，以为自旧法之用，至今引价复平。”③ 张商英在宣和年间解决了货币贬值的问题，到北宋末“引价复平”。

4. 伪造及政府的应对措施

交子、钱引作为纸币，其制造成本远远低于其所代表的价值，所以伪造

---

① 〔元〕马端临：《文献通考》卷9《崇宁元年复行陕西交子》，《景印文渊阁四库全书》第610册，台湾商务印书馆1983年版，第223页。

② 〔元〕脱脱等：《宋史》卷181《食货志》，中华书局1977年版，第4405页。

③ 〔元〕脱脱等：《宋史》卷181《食货志》，中华书局1977年版，第4406页。

交子、钱引是一本万利的事情。因此在北宋时期，伪造现象层出不穷，严重干扰了货币市场的正常运行。政府只得立法严厉打击伪造纸币的行为。“神宗熙宁初，立伪造罪赏如官印文书法”①，即伪造货币和伪造官方文书是一样的罪。“崇宁三年（1104），置京西北路专切管干通行交子所，仿川峡路立伪造法。通情转用并邻人不告者，皆罪之；私造交子纸者，罪以徒配。”② 这是京西北对伪造交子的处罚，但明确讲到此法借鉴了川峡路所立的伪造法。我们可以间接地看出，川峡路所立伪造法应该比较完善了。该法不仅惩处伪造交子的人，连使用假钞的人、知情不报的邻居都要受到处罚，伪造交子用纸的人更是要受到徒配之罚。“若民间伪造，许人陈告，支小钱五百贯”③，政府在打击犯罪时实行奖惩并行的办法，即奖赏陈告者的同时，惩处伪造者、使用者以及隐匿不告者，以此调动人们的积极性，共同维护货币市场的稳定。

二、赋税政策

北宋王朝有着庞大的官僚队伍，再加上边境形势一直都比较紧张，政府要应对这些问题，需要大量的物资支持，所以巴蜀租赋的重要性就不言而喻了。

（一）巴蜀租赋的重要性及出蜀途径

我们都知道北宋的都城汴京四周没有天险可守，而关中自然环境的变化和黄河的改道，使定都关中、洛阳也不再现实④。北宋定都汴梁本是权宜之计，但后来漕运改善，军粮问题解决，定都汴梁的最大障碍便消除了。汴梁的粮食主要来源于江浙之地，但政府不仅仅需要粮食，还需要布帛、钱币等，巴蜀具有丰富的物资，使得其重要地位开始凸显。文同写道：“蜀有两

---

① 〔元〕脱脱等：《宋史》卷181《食货志》，中华书局1977年版，第4403页。

② 〔元〕脱脱等：《宋史》卷181《食货志》，中华书局1977年版，第4404页。

③ 〔宋〕李攸：《宋朝事实》卷15《财用》，《景印文渊阁四库全书》第608册，台湾商务印书馆1983年版，第173页。

④ 马强在《唐宋时期关于定都与迁都之议》一文中对北宋定都汴梁的问题有过深入的论述。

川，梓为一道，财赋之衍，常供边场之求。”① 吕陶又言：“蜀之四隅绵亘数千里，土衍物阜，资货以蕃，财利贡赋率四海三之一。”② 这个比例是否属实还有待考证，但巴蜀贡赋比例较高是不争的事实。巴蜀上贡之物种类繁多，主要是布帛和供达官贵人享用的奢侈丝织品，其次就是土产之物，包括药物、土特产等等。中央政府每年要从巴蜀运走大量的物资，当然也有将巴蜀物资直接运往西北前线的情况。熙宁三年（1070）十一月，三司言：

> 成都府路有剩钱七十四万缗，绢十九万匹，紬五万匹，布十三万匹，丝六万两，绵四十六万两，银四千九百两。诏转运使选官与成都府转运司划刷年计外，见在钱市物帛并余物，尽数发至陕西转运司变转，充西盐钞场本钱外，封桩以备边费。③

王安石也认为：“移巴蜀物就与陕西封桩，非独省蜀人输送，且可以免自京师支拨之费。”④ 由于与西夏的战争，巴蜀的上供之物常常直接运入陕西封桩，以支持西北的军事行动。

> （太平兴国七年春正月）两川上供纲，所过丁男百十辈转送，罪人锢送阙下，在道病者亦发民舆担。知河南府何承矩奏，以为疲民横役，请罢其事。乙亥，诏西川、岭南、荆湖、陕西每岁上供钱帛，勿复调民负担，以传置卒代之。⑤

两川的上供之物运往中央，在太平兴国七年（982）以前是调民运送，后

---

① 〔宋〕文同：《丹渊集》卷33《运使度支先状》，《景印文渊阁四库全书》第1096册，台湾商务印书馆1983年版，第750页。

② 〔宋〕吕陶：《净德集》卷14《成都新建备武堂记》，《景印文渊阁四库全书》第1098册，台湾商务印书馆1983年版，第106页。

③ 〔宋〕李焘：《长编》卷217，中华书局1992年版，第5281页。

④ 〔宋〕李焘：《长编》卷217，中华书局1992年版，第5281页。

⑤ 〔宋〕李焘：《长编》卷23，中华书局1992年版，第514页。

来以传置卒代之。巴蜀物资通过水陆两路出川，水路主要是通过长江运往中游的荆湖地区，然后转运至京师：

> 川益诸州金帛及租、市之布，自剑门列传置，分辇负担至嘉州，水运达荆南，自荆南遣纲吏运送京师。①

西川地区的物资通过陆运运到嘉州上船，然后沿长江运往下游。乾兴元年（1022）十二月，三司言：

> 每年自西川水路起发布帛六十六万匹赴京南路，转般上京，并副在京并京西州军衣赐，难议减省，欲且依旧。②

西川上供的布帛，走的是水路出川。天圣八年（1030）七月，“益州路转运司言：窃缘当司每年起拨水路布帛、牛皮纲运下往荆南卸纳，自离嘉州江岸，经历过梓、夔州路，直至荆湖北路地分……诏差供奉官李蟠乘递马往益州路转运司取会文字，勾当自嘉州至荆南催捉起发匹帛牛皮等纲，早赴荆南下卸。”③可见布帛到了荆南后卸下，再转到京城。天圣七年（1029）三月，屯田郎中李璹言：

> 渝州当二江之险，纲船至者，比为风涛所溺，其失官物三二分者，法当备偿；全纲失者反不坐，以故舟人不敢救而船岁溺者不可胜数。请自今若失全纲，舟人皆杖一百，主吏递降一等；其官物判为三分，须偿一分。如救及分而无侵欺者，释其罪。④

政府通过调动官吏和舟人的积极性，来保障出川物资的安全。而陆路主

① 〔元〕脱脱等：《宋史》卷175《食货志》，中华书局1977年版，第4252页。

② 〔清〕徐松辑：《宋会要辑稿》食货64之20，中华书局1957年版，第6109页。

③ 〔清〕徐松辑：《宋会要辑稿》食货42之17，中华书局1957年版，第5570页。

④ 〔宋〕李焘：《长编》卷107，中华书局1992年版，第2503页。

要是通过剑门关运到陕西，就是当时的永兴军和秦凤路地区，再运到中央。后来战事吃紧，巴蜀的物资经陆路直接运到陕西战场，走的也是剑门关；而经水路者，到荆湖再通过襄州也能到达陕西。

（二）赋税存在的弊端及政府的调控

1. 税收较重，减轻征额数量

北宋时的巴蜀税收很重，淳化年间震惊全国的王小波、李顺之乱爆发的主要原因就是当时的税收政策不合理。后来情况虽有所好转，但也不容乐观。

> （景德三年六月）戊寅，诏东西两川商税盐酒课利所纳二分金宜罢之，其愿纳者听。先是，计司请令半输银帛外，其二分入金，上闻其地或不产，故有是命。①

巴蜀的铜基本被搜刮殆尽，而金的产量非常少，“计司请令半输银帛外，其二分入金”，这无疑增加了人们的负担，后来真宗取消了该政策。

> （庆历六年春正月戊子）益、梓、夔三路转运使皆乞增盐井课，岁可为钱十余万，尧臣固不从。上问其说，对曰：“庸蜀僻远，恩泽鲜及，而贡入常倍，民力由此困，朝廷既未有以恤之，而又牟利焉，是重困也。”②

巴蜀的官员希望增加盐井课，但王尧臣坚决反对，指出巴蜀贡入已经超出了百姓承受能力，朝廷不去关怀人民还一味增加负担，于情理不合。熙宁九年（1076）十月，侍御史周尹言：“访闻成都府路州县酒务多有亏败，盖是买扑人故作弊倖。”③ 这讲到了成都的榷酒现状和存在“买扑人故作弊倖”的

---

① 〔宋〕李焘：《长编》卷63，中华书局1992年版，第1406页。

② 〔宋〕李焘：《长编》卷158，中华书局1992年版，第3817页。

③ 〔清〕徐松辑：《宋会要辑稿》食货20之9，中华书局1957年版，第5137页。

弊端。元祐元年（1086）十二月，殿中侍御史吕陶自成都府路回，“言西川每岁坊场钱可足一年所用”①。吕陶一直非常关心巴蜀的情况，他本身就是蜀人，也在巴蜀做过地方官。吕陶向政府反映他知彭州的情况，指出坊场钱非常高，仅此一项，就够地方政府开支一年了。由此可以看出当时赋税之重。宋徽宗崇宁三年（1104），言者论西蜀折科之弊，其略谓：“西蜀初税钱三百折绢一匹，草十围计钱二十。今本路绢不用本色，匹折草百五十围，围估钱百五十，税钱三百输至二十三千。东蜀如之。仍支移新边，谓之远仓，民破产者众”，以至“非法折变，既以绢折钱，又以钱折麦。以绢较钱，钱倍于绢；以钱较麦，麦倍于钱。展转增加，民无所诉”②。这讲到了税钱是如何通过折变由“三百输至二十三千”的问题，人们的税收增加了近七倍，“民破产者众”。

政府的税收政策本需随时调整，以符合实际情况。宋建立之初，保留了后蜀的绝大部分税收政策，但也对当时的一些不合理政策做出调整：“伪蜀官仓纳给用斗有二等，受纳斗盛十升，出给斗盛八升七合，诏自今给纳并用十升斗。”③ 这种大斗进小斗出的情况得到了纠正。当然政府对赋税的调整并不限于建宋之初。“淳化五年（994）二月，诏剑南东、西川、陕路诸州民欠淳化五年以前租税，州县吏掌仓库、盐铁、榷酤负官钱，上计利及挽船卒负官物，并除之。”④ 淳化五年五月二十三日，诏：“利州路兴元、洋州西县民辇运粮草，颇甚劳役，其今年夏、秋正税并沿科物色，并予除放。”⑤ 至道二年（996）五月己未，石普言：“蜀之乱，由赋敛迫急，农民失业，不能自存，遂入于贼。望一切蠲其租赋，使知为生，则不讨自平矣。”⑥ 大中祥符三年（1010）春正月“乙亥，减泸州淯井监盐课三之一”⑦。

---

① 〔宋〕李焘：《长编》卷394，中华书局1992年版，第9613页。

② 〔元〕脱脱等：《宋史》卷174《食货志》，中华书局1977年版，第4213页。

③ 〔宋〕李焘：《长编》卷6，中华书局1992年版，第154页。

④ 〔清〕徐松辑：《宋会要辑稿》食货70之158，中华书局1957年版，第6449页。

⑤ 〔清〕徐松辑：《宋会要辑稿》食货70之158，中华书局1957年版，第6449页。

⑥ 〔宋〕李焘：《长编》卷39，中华书局1992年版，第838页。

⑦ 〔宋〕李焘：《长编》卷73，中华书局1992年版，第1652页。

2. 税目繁多，改变部分税种

在北宋，税收科目比原来要多，主要是由于工商业的发展，政府的税收构成比原来要复杂。政府获得收入方式主要有两种：一种是自己参与到经济活动中来，如对盐、铁、酒、茶的官买官卖；另外一种就是收税，不直接参与经营活动。政府一般不会轻易放过收税的机会："（景德三年三月）戊辰，免简州居民造舍所输竹木税钱，每岁四百三十余贯。"① 大中祥符元年九月"壬戌，免夔州地基钱"②。这两条史料讲到了人们造房所用的建筑木材要上税，地基也要上税。开宝六年（973）八月乙酉，"罢成都府伪蜀嫁装税"③。咸平五年（1002）二月，"除果州官邸店本课外地铺钱"④。官邸店在税收外还有地铺钱，嫁妆也得缴税，可以看出政府的经济触角已经深入到人们生活的方方面面。

对于一些确实不合时宜的税收种类，政府也能及时取消。景德二年（1005）九月取消了"三泉县东，西及青乌，嘉陵四津渡"的年额钱。巴蜀的丝织品在当时是非常有名的，天圣四年（1026）七月辛未，"诏两川所造锦绮、鹿胎、透背、欹正等岁减上供之半，其大小绫及花纱，仍令改织绢，以供边费"⑤。明道二年（1033）冬十月甲辰，诏曰："先王不以浮靡示天下，今两川岁贡绫、锦、罗、绮、透背、花纱之属，皆女工蠹也，其以三之二易为䌷绢供军需。"⑥ 政府把上贡的部分奢侈品改为军需品，这是受环境所迫，不得已而为之的。宣和五年（1123）十二月五日，权发遣万州李载奏："看详万州砚石，监司相承劳民采取，显属骚扰。欲乞立法，应见任官辄下州县差人采取者，并科违制之罪，仍计庸坐赃论。"⑦ 徽宗是一个有名的文人皇帝，文学素养很高，钟爱"万州石砚"，地方官为了讨皇帝的欢心，"无立定

① 〔宋〕李焘：《长编》卷62，中华书局1992年版，第1393页。
② 〔宋〕李焘：《长编》卷70，中华书局1992年版，第1561页。
③ 〔元〕脱脱等：《宋史》卷3《太祖纪》，中华书局1977年版，第40页。
④ 〔宋〕李焘：《长编》卷51，中华书局1992年版，第1116页。
⑤ 〔宋〕李焘：《长编》卷104，中华书局1992年版，第2414页。
⑥ 〔宋〕李焘：《长编》卷113，中华书局1992年版，第2638页。
⑦ 〔清〕徐松辑：《宋会要辑稿》刑法2之88，中华书局1957年版，第6539页。

上供之数”，但政府最后还是取消了石砚的上贡。

巴蜀地区税收较政重的原因很多，如官吏腐败、贪赃枉法、欺上瞒下等等，但这些都是次要原因，最为重要的原因还是政府对巴蜀地区的掠夺政策。在对西夏连绵不断的战争中，巴蜀承担了很大一部分物资供应的任务，人民深受其害。可以肯定的是，只要中央政府不从根本上改变对巴蜀的政策，那么巴蜀上交的税收额就不会减少，人们负担也就不会减轻。

三、榷卖政策

（一）实行榷卖政策的原因

对实行榷卖政策原因的考察，我们以榷茶为例。北宋立国后，对东南地区的茶实行禁榷，对巴蜀的茶实行的是通商政策，“天下茶皆禁，唯川峡、广南听民自买卖，禁其出境”①。景德二年（1005）八月，通判凤翔府王为宝向真宗建议于兴元府置榷茶务，真宗以扰民为由拒绝了王为宝的建议。后来在巴蜀实行榷茶政策有两个主要的原因。第一是为了获得大量的战马。熙宁七年（1074），巴蜀实行的自由通商之法有所改变：“王韶建开湟之策，委以经略。七年，始遣三司干当公事李杞入蜀经画买茶，于秦凤、熙河博马。而韶言西人颇以善马至边，所嗜唯茶，乏茶与市。”② 因为宋在战争中需要大量的马匹，而产马的西部蕃人又“所嗜唯茶”，双方各有所需，最终形成了互惠互利的茶马贸易。“蜀茶之利，以给熙河兰会者天下十之三，熙河兰会之费不止，而蜀茶之害未可息也。”③ 只要蕃人的生活习性不改，北宋在西北部的战争不停，茶马贸易就会持续下去，榷卖茶的政策就不会改变。

第二是为了获取大量的财富。政府不仅需要大量的战马，还需要大量的钱币、货物用于其他的用途，例如提高官员的俸禄、购买皇宫用品等等。榷茶对增加财政收入的效果是立竿见影的：“民卖茶资衣食，与农夫业田无

---

① 〔元〕脱脱等：《宋史》卷 183《食货志》，中华书局 1977 年版，第 4478 页。

② 〔元〕脱脱等：《宋史》卷 181《食货志》，中华书局 1977 年版，第 4498 页。

③ 〔宋〕刘挚：《忠肃集》卷 5《论川蜀茶法疏》，《景印文渊阁四库全书》第 1099 册，台湾商务印书馆 1983 年版，第 506 页。

异，而税额总三十万。”李杞被命经度，“又诏得调举官属，乃即蜀诸州创设官场，岁增息为四十万，而重禁榷之令”①。李杞榷茶为政府谋取了巨大的收益。而李稷代李杞之后，榷茶收益更丰，“自熙宁十年（1077）冬推行茶法，至元丰元年（1078）秋，凡一年，通课利及旧界息税七十六万七千六十余缗”②。仅仅一年时间税入翻倍，皇帝对此很高兴，李稷、李杞二人都得到了奖赏。后来李稷死于永乐城，陆师闵接替李稷，他这样讲到：“稷治茶五年，百费外获净息四百二十八万余缗。”③ 陆师闵代李稷之后，榷茶收入增加得更多，吕陶在文集里这样写道：

> 李杞立法之初只认四十万贯应副熙河，后来蒲宗闵等渐贩布贩盐，添及六十万贯，李稷、陆师闵又增至一百万贯，今则岁献二百万贯。④

从榷茶政策的实施中我们可以看出，榷卖政策的最终目的是为了增加政府的收入。庞大的北宋政府要运转，需要大量的财富作为支撑，而稳定富饶的巴蜀地区就成为政府的财源地。政府这种掠夺政策有助于整个王朝的发展，却深深伤害了巴蜀地区的人民。

（二）榷卖的阶段及政府的调控⑤

1. 第一阶段　建国——熙宁七年，通商为主

这一时期的茶法主要以通商为主，有大臣提出禁榷的建议，但由于时机不成熟，没有得到政府的支持。“景祐元年，御史中丞韩亿言：‘蕃都以马抵

---

① 〔元〕脱脱等：《宋史》卷181《食货志》，中华书局1977年版，第4498页。

② 〔元〕脱脱等：《宋史》卷181《食货志》，中华书局1977年版，第4499页。

③ 〔元〕脱脱等：《宋史》卷181《食货志》，中华书局1977年版，第4499-4500页。

④ 〔宋〕吕陶：《净德集》卷3《奏为缴连先知彭州日三次论奏买川茶不便并条述今来利害事状》，《景印文渊阁四库全书》第1098册，台湾商务印书馆1983年版，第27页。

⑤ 此处对巴蜀榷卖政策的分期是以榷茶来划分的。

永康军中卖，所得至少，徒使羌人知蜀山川道路，非计之得。’乃诏罢之。”①永康军与蕃部市马的效果并不好，政府担心羌人熟知巴蜀的山川地形，为边防安全的需要，还一度罢市。此时的北宋政府，还没有失去后来的西夏之地，尚能解决对马的需求。但随着北宋西北边境情况的变化，中央王朝面临缺马的严重问题，茶马贸易很快就活跃了起来。

2. 第二阶段 熙宁七年至元祐初年，榷法形成

在巴蜀确立榷卖政策的是三司干当公事李杞，但李杞只干了一年就以疾而去。但他制定的政策很快就有了成效，“蜀诸州创设官场，岁增息为四十万，而重禁榷之令”②，但同时也出现了“运茶积滞，岁课不给”的问题。对此，朝中形成了两种不同的观点，反对者主要有元丰年间的知彭州吕陶和侍御史周尹。熙宁十年（1077），知彭州吕陶言：

> 川峡四路所出茶，比东南十不及一，诸路既许通商，两川却为禁地，亏损治体。如解州有盐池，民间煎者乃是私盐，晋州有矾山，民间炼者乃是私矾，今川蜀茶园，皆百姓己物，与解盐、晋矾不同。又市易司笼制百货，岁出息钱不过十之二，然必以一年为率；今茶场司务重立法，尽榷民茶，随买随卖，取息十之三，或今日买十千之茶，明日即作十三千卖之，变转不休，比至岁终，岂止三分？因奏刘佐、李杞、蒲宗闵等苟希进用，必欲出息三分，致茶户被害。始诏息止收十之一，佐坐措置乖方罢，以国子博士李稷代之，而陶亦得罪。稷依李杞例兼三司判官，仍委权不限员举劾。”③

熙宁十年（1077）九月癸亥，以屯田郎中、侍御史周尹提举荆湖北路刑狱，先是周尹上言：

---

① 〔元〕脱脱等：《宋史》卷198《兵志》，中华书局1977年版，第4933页。

② 〔元〕脱脱等：《宋史》卷181《食货志》，中华书局1977年版，第4498页。

③ 〔元〕脱脱等：《宋史》卷181《食货志》，中华书局1977年版，第4498页。

> 成都府路置场榷买诸州茶，尽以入官，最为公私之害。初，李杞倡行敝法，夺民利未甚多，故为患稍浅，及刘佐攘代其任，增息钱至倍，无他方术，惟割剥于下，而人不聊生矣。大抵在蜀则园户所苦，压其斤两，支钱侵其价直；在熙、秦则官价太高，而民间犯法不可禁止，又搬运不逮，靡费步乘，堆积日久，风雨损烂，弃置道左，同于粪壤。兼所至不通客旅，惟资无赖小民结群连党，持仗私贩，亏失征税，茶司认虚额，又侵盗相继，刑罚日滋，致数千里之害，可为深虑。臣顷在京师，传闻其事，既未详尽，安敢轻议。今受命入蜀，所至体问，乃知买茶为害甚巨，有知彭州吕陶、知蜀州吴师孟等论奏可以参验。往者，杞、佐继陈苛法，即信用其言，曾不略加参考，今议者条其顽蠹，悉皆明白，未即采听，何勇于兴利而怯于除害乎？臣愿敕有司速究榷茶之弊，俯徇众论，宽西南之虑。①

此处不避冗长地引用了吕陶和周尹的论述。尽管二人论述的内容不同，但他们的观点却是一致的。吕陶从茶的性质上来论说榷卖的弊端，认为茶和盐、矾等矿产资源存在根本的不同，茶园是民户的私人之物，不应该榷卖。周尹讲到了榷茶政策存在的严重问题，包括“压其斤两”“侵其价直”等，主张废除榷卖政策。政府并没有采纳二人的建议，因为在战争正如火如荼地进行之中时，罢榷茶之法根本不可能。元丰五年（1082），李稷在永乐城离世，陆师闵接下了重任，他建言：

> 文、阶州接连，而茶法不同，阶为禁地，有博马、卖茶场，文独为通商地。乞文、龙二州并禁榷；仍许川路余羡茶货入陕西变卖，于成都府置博卖都茶场。②

---

① 〔宋〕李焘：《长编》卷284，中华书局1992年版，第6962页。

② 〔元〕脱脱等：《宋史》卷181《食货志》，中华书局1977年版，第4500页。

政府采纳了他的建议。这样，与蕃部接壤的文、龙州也实行榷茶政策，榷卖的范围由此扩大。

3. 第三阶段 元祐年间，禁榷通商兼行

到了哲宗年间，反对榷茶的声音再次出现。首先吹响反对号角的是刘挚：

> 蜀茶之利，以给熙河兰会者天下十之三，熙河兰会之费不止，而蜀茶之害未可息也……则蜀之茶虽未可以弛其禁，而所谓十之三者殆必可损矣。伏望圣慈选遣使者，考茶法之敝欺者，会计缘茶公家之所费与实息之数，大减岁市之额；稍增斤直之价，削纳茶无名之钱，以完养园户；裁官吏之员、牙侩之数，以省冗给；罢息赏之滥、分钱之敝，以革欺幸，而以其事与转运司通治之。如此，则蜀民之困苦庶乎可以苏也。①

哲宗元祐元年（1085）闰二月壬寅至是月庚戌，右司谏苏辙言：

> 至于榷茶之法，以贱价大秤，侵损园户；以重辇峻限，虐害递铺；以折博兴贩，搅扰平民。②

刘挚和苏辙态度鲜明，言之凿凿地指出了榷茶的弊端，建言政府实行改革。元祐二年（1087），种谊收复了洮州，执青宜结鬼章槛送京师，阿里骨也上表谢罪。但对西蕃的战争并没有结束，政府对马匹还有巨大的需求，所以要政府彻底改变榷茶政策和茶马贸易政策不现实。但面对大臣的反对意见，政府也在慎重考虑，“在位者亦多主罢榷，朝廷遣廉按实”③。黄廉据实指出了弊病所在：“榷茶如前使者所为，诚有害五”④；同时也分析了不能尽

---

① 〔宋〕李焘：《长编》卷366，中华书局1992年版，第8779-8780页。

② 〔宋〕李焘：《长编》卷369，中华书局1992年版，第8906页。

③ 〔宋〕李焘：《长编》卷381，中华书局1992年版，第9272页。

④ 〔宋〕李焘：《长编》卷381，中华书局1992年版，第9272页。

罢榷茶的原因："若悉以予民，则边计不集，蜀货不通，而园户将有受其弊者"①，并提出了自己的折中处理意见："请熙河、秦凤、泾原如故勿改，以制蕃市，而许东路通商。南茶无侵陕西，以利蜀货。定博马以万八千匹为额。"② 政府应允了黄廉的建议，从此在巴蜀地区通商和榷卖就兼行了。

4. 第四阶段 绍圣年间至北宋末期，禁榷的延续

绍圣年间，政策再度调整。哲宗绍圣四年（1097）四月甲辰，"诏成都府路产茶州、军复行禁榷"③。这一政策的实施，有哲宗皇帝个人的感情因素。他内心深处想恢复父亲的政策，完成父亲的宏愿，但更主要的原因还是当时的现实因素。熙河之战没有结束，对西夏的战争也看不到头。面对同时进行的两场战争，政府的支出在增加，要想在这时候实施惠农的通商政策根本不可能，所以禁榷政策直到北宋末期也没有太大的变化。

北宋重视巴蜀地区，很大程度是由于巴蜀地区能为政府提供物资支持。政府实行的货币政策、赋税政策以及榷卖政策，都是服务于攫取巴蜀地区财富这个目的。而巴蜀地区由于缺乏物资的支持，始终没有形成威胁中央的力量。中央在对巴蜀的关系中始终处于强势地位，这有利于整个王朝的稳定和发展。

第三节　对巴蜀的教化措施

人的行为受制于其思想和所处的现实环境，因此对政府而言，对人民的教化就显得尤为重要。宋政府采取了适当的措施来改变巴蜀地区的风俗习惯，以期将人们的思想纳入既定轨道。

---

① 〔宋〕李焘：《长编》卷 381，中华书局 1992 年版，第 9272 页。

② 〔宋〕李焘：《长编》卷 381，中华书局 1992 年版，第 9272 页。

③ 〔宋〕李焘：《长编》卷 486，中华书局 1992 年版，第 11545 页。

一、移风易俗

(一) 奢侈之风

巴蜀之地又谓天府之国，西川优越的自然条件给人们带来了富足的生活，因此整个社会都有崇尚奢侈和爱消费的风气。“蜀风尚侈，好遨游”①，就是真实写照。天圣初年，仁宗皇帝下诏请成都府的音乐高手许朝天到中央“补教坊”，但监察御史李纮言：“陛下即位，尚未能显岩穴之士，而首召伶官，非所以广德美于天下。”②仁宗碍于舆论，只好作罢。一个地区会出现音乐高手，一定有与他相适应的土壤，这从一个侧面反映出成都府当时尚娱乐的氛围。熙宁三年（1070）十二月，御史薛昌朝讲：“成都府路自监司以下，饮宴过多，无复忌惮。”③神宗派提点刑狱薛繗、李元瑜调查了解情况，最后无果而终。政和六年（1116）五月二十一日，政府下诏：

> 访闻成都府大慈寺门楼斜廊安设鸱尾，沿袭五季专恣之弊，僭侈无度。其帅府、监司七夕率皆登临宴饮，无复忌惮，吏民聚观，不可以训。今后七夕排当登寺门事可罢，如更有以此亏违典礼者，仰帅臣禁止施行。④

政和年间的记载就更加清楚、真切地反映了当时成都“沿袭五季专恣之弊，僭侈无度”的情况。对于普通老百姓来说，他们的生活水平还远谈不上奢侈，但他们也有强烈的消费意识和习惯。成都知府陆诜这样描述巴蜀人民的生活：“川峡四路与内地不同……蜀民轻侈，不为积蓄。”⑤政府对百姓这样的生活方式和习惯并不赞同，很是担忧，但也无法立即改变这一现状。

① 〔宋〕张咏：《乖崖集》附录《故枢密直学士礼部尚书赠左仆射张公神道碑铭》，《景印文渊阁四库全书》第1085册，台湾商务印书馆1983年版，第661页。

② 〔宋〕李焘：《长编》卷102，中华书局1992年版，第2364页。

③ 〔宋〕李焘：《长编》卷218，中华书局1992年版，第5296页。

④ 〔清〕徐松辑：《宋会要辑稿》刑法2之66，中华书局1957年版，第6528页。

⑤ 〔宋〕李焘：《长编》卷214，中华书局1992年版，第5221页。

（二）淫祀之风

正常的祭祀活动有助于社会的和谐稳定，但当祭祀发展为淫祀，其内容、形式和目的都发生了变化，政府便会介入其中，对其进行禁止和打击。

1. 对巫医的打击

荆湖南北路转运使李惟清尝为涪陵尉，“民尚淫祀，疾病不疗治，听命于巫。惟清始至，禽大巫笞之，民以为必及祸。他日，又加棰焉，民知不神。然后教以医药，稍变其风俗”①。

对于以巫治病，政府是严厉禁止的，但政府的政策措施也是有技巧和策略的。官员以事实说话来教育群众，而不是采用单纯的说教。当涪陵尉李惟清“禽大巫笞之”之后，“民以为必及祸”。因为人们崇拜巫，认为他是神，而李惟清竟敢得罪神灵，那肯定是要遭殃的。而李惟清“他日又加棰焉”，神也没有现形，人们才知道没有神。当人们的思想改变之后，再教他们医药，“置医生审方剂督察诊疗，以救尚鬼不药之死”②，风俗才逐渐改变。

2. 对人祭的禁止

> 淳化元年（990）八月二十七日，峡州长杨县民向祚与兄向收共受富人钱十贯，俾之采生。巴峡之俗，杀人为牺牲以祀鬼，以钱募人求之，谓之采牲。祚与其兄谋杀县民李祈女，割截耳、鼻，断支节，以与富人，为乡民所告，抵罪。著作郎罗处约奉使道出峡州，适见其事，抗疏以闻，因下诏剑南东西川、峡路、荆湖、岭南等处管内州县，戒吏谨捕之，犯者论死，募告者以其家财畀之，吏敢匿而不闻者加其罚。③

---

① ［宋］李焘：《长编》卷 24，中华书局 1992 年版，第 567 页。

② ［宋］吕陶：《净德集》卷 23《知渝州王叔重墓志铭》，《景印文渊阁四库全书》第 1098 册，台湾商务印书馆 1983 年版，第 194 页。

③ ［清］徐松辑：《宋会要辑稿》刑法 2 之 4，中华书局 1957 年版，第 6497 页。

这条史料讲到了人祭现象不仅在川峡地区存在，还出现在荆湖、岭南地区，政府对此严厉禁止，“募告者以其家财畀之”，对犯者也给予极大的惩罚，“犯者论死”。人祭现象由此受到了严厉的打击和控制。

3. 对祭祀中僭越行为的禁止

政和八年（1118）七月二十四日，诏：

> 访闻川陕民庶因飨神祇，引拽簇社，多红黄罗为伞扇，僭越无度，理当禁止。可检会近降不许装饰神鬼队仗指挥，内添入民庶社火不得，辄造红黄伞扇及彩绘以为祀神之物，纸绢同。犯者以违制论，所属常切觉察。①

北宋是一个阶级区别很强的时代，政府通过颜色和使用的物品来区别人的阶级，比如有些颜色只能皇帝用，有的颜色只能官员用，老百姓也有属于自己的颜色。政府通过这样的规定，清楚地区分出了人的阶级。而川陕民“多红黄罗为伞扇”违反了政府规定，便遭到了禁止。

关于治理巴蜀淫祀的效果，我们不能太乐观。因为思想的形成不是一朝一夕的事情，这涉及成长环境和历史继承的问题，不可能因为几条规定，人们的思想就完全改变。即使在千年后的今天，迷信思想还不同程度地存在着，所以可以想见当时的治理效果应当是不尽如人意的。

（三）别财异居之风

1. 别财异居的内容

“别财异居”就是父母或祖父母在的情况下，子女分家自立门户。今天“别财异居”是很正常和普遍的现象，但当时是不允许的。“别财异居”包括两个方面：一是子女与父母别财异居。对此，政府明文规定：“荆蜀民祖父

---

① 〔清〕徐松辑：《宋会要辑稿》刑法2之71，中华书局1957年版，第6531页。

母、父母在者，子孙不得别财异居”①。二是儿子离开自己的父母成为别人家的赘婿。淳化元年（990）春正月，“禁川峡民父母在出为赘壻”②，即如果父母还健在，就不能离开家当上门女婿。

2. 禁止的原因

政府在“别财异居”的问题上态度很明确，即要绝对禁止此现象。这样的规定主要出于两个方面的考虑。

一是防止人民逃避徭役。因为在当时的大土地所有制下，一户人丁的多寡决定了应差的丁口数；男丁多的家庭，承担的徭役也要多些。百姓为逃避徭役，就尽量缩小家庭规模，最简便有效的方法就是分家，化整为零。政府为了防止人们逃避差役，就禁止人们“别财异居”了。

二是防止人民逃避责任。“别财异居”会减轻子女对父母的赡养责任，这对以儒治国的宋王朝来说决不允许，因为这和当时的主流价值取向和孝道观严重背道而驰。

> （乾德）六年（968）六月十一日，诏曰：“厚人伦者莫大于孝慈，正家道者无先于敦睦。况犬马尚能有养，而父子岂可异居？有伤化源，实玷名教。近者西川管内及山南诸州相次上言，百姓祖父母、父母在者，子孙别籍异财，仍不同居。诏到日，仰所在长吏明加告诫，不得更习旧风，如违者并准律处分。”③

太祖在诏书中讲清了禁止别财异居的原因是“有伤化源，实玷名教”。淳化元年（990）九月，崇仪副使郭载言：“臣前任使剑南，见川、峡富人多招赘婿，与所生子齿，富人死，即分其财，故贫人多舍亲而出赘，甚伤风化而益争讼，望禁之。”④ 郭载讲到了赘婿与妻子的家人争财产的事情，官司越来

① 〔元〕脱脱等：《宋史》卷2《太祖纪》，中华书局1977年版，第27页。

② 〔元〕脱脱等：《宋史》卷5《太宗纪》，中华书局1977年版，第86页。

③ 〔清〕徐松辑：《宋会要辑稿》刑法2之2，中华书局1957年版，第6496页。

④ 〔宋〕李焘：《长编》卷31，中华书局1992年版，第705页。

越多。况且“贫人多舍亲而出赘，甚伤风化”。儿子出为赘婿后，父母便无依无靠，政府不可能也没有能力来承担养老的责任，所以做出了这样的规定。

2. 政府的措施

上面已经分析了禁止别财异居的原因，因为这不仅和传统道德相违背，而且也触犯了国家的利益。于是，政府采取了两种措施来改变这一现象。

一是表彰孝道，正面教化。对孝敬父母的行为，政府不时给予表扬，积极引导人们崇尚此种价值取向。

> （神宗元丰六年五月）诏赐资州孝子支渐粟、帛。渐，资阳人。熙宁间丧母，累年始克葬，因庐墓侧，日三时号墓，时膝行负土培坟……是时，渐已年七十，每号恸涕泪如雨，日惟食脱粟饭，不盥手、濯足，所衣苴麻至烂碎，鬓发亦皆断乱，见者为之恻楚……州县上其事，以为渐精诚格物，诸祥屡至，变其里俗，乞旌赏之，故有是命。①

孝子支渐的行为和政府倡导的价值取向一致，得到了政府的大力褒奖。支渐的孝行和政府的态度，对周围的人也起到一定的教育和引导作用：“其居邻勾氏子，自娶妻即弃其亲不养，观渐至行，因夫妇感恸，即日迎其亲还舍，朝夕视膳不少懈。”② 元祐七年（1092）二月甲子，成都府路转运司言：“简州进士邓宗古闾里称孝，亲殁，负土累坟，甘露频降，生事死葬，始终一节。乞赐奖谕。”③哲宗不仅从道德层面给予邓宗右肯定，还下诏赐绢二十匹以资奖励。

二是下诏禁止并严厉惩罚不孝的行为。开宝二年（969）八月丁亥，“诏川峡诸州察民有父母在而别籍异财者，论死”④。太祖的规定非常严厉，别籍

---

① 〔宋〕李焘：《长编》卷335，中华书局1992年版，第8073页。
② 〔宋〕李焘：《长编》卷335，中华书局1992年版，第8073页。
③ 〔宋〕李焘：《长编》卷470，中华书局1992年版，第11223页。
④ 〔元〕脱脱等：《宋史》卷2《太祖纪》，中华书局1977年版，第30页。

异财者死罪。到了太宗朝，情况有所改变，太平兴国八年（983）十一月癸丑，“诏川、峡民祖父母、父母在，别籍异财者，前诏并弃市，自今除之，论如律”①。对于赘婿，法律也有明确的规定：“（淳化元年春正月）禁川峡民父母在出为赘壻。”② 这对当时的一些不良行为起到了很好的调节和规范的作用。

（四）邪教之风

1. 邪教盛行的原因

政府判断一个宗教是否合法最基本的原则，就是看这个宗教对社会的安全和稳定是否构成威胁。而巴蜀盛行邪教，其原因有三：

第一个原因是巴蜀人的性格。欧阳修在给苏宗道的墓志铭中这样描述到：“蜀民易摇，喜倡事。”③ 说明巴蜀人很容易受到其他文化的影响，极易被动摇，进而成为社会动荡之源头。

第二个原因是经济文化落后。巴蜀是一个经济文化发展极不平衡的地区，在落后的地方，邪教很容易传播。巴蜀本来就尚淫祀，这种风气是邪教传播的土壤，如果祭祀的人多了，大家聚在一块就可能会威胁到社会的稳定。

第三个原因是政府自身存在的问题。由于政府治理不力，官员贪赃枉法，人们的生活水平降低，不满情绪高涨，一旦有外界力量的影响，就很有可能引起动乱。

2. 政府的措施

面对这样的局面，政府和官员一直把打击邪教放在了重要的位置。

（1）义务“揭牓禁约”

太平兴国六年（981）四月，“禁东、西川诸州白衣巫师”④；天禧三年

---

① 〔宋〕李焘：《长编》卷 24，中华书局 1992 年版，第 556 页。

② 〔元〕脱脱等：《宋史》卷 5《太宗纪》，中华书局 1977 年版，第 86 页。

③ 〔宋〕欧阳修：《文忠集》卷 61《内殿崇班薛君墓志铭》，《景印文渊阁四库全书》第 1102 册，台湾商务印书馆 1983 年版，第 484 页。

④ 〔宋〕李焘：《长编》卷 22，中华书局 1992 年版，第 492 页。

(1019) 冬十月丙申，“禁兴剑利等州、三泉县白衣师邪法”①。太宗时期西川出现了白衣教，政府明令禁止：

> (嘉祐五年十二月) 赵抃为成都转运使，尝言：“所部诸州，每年有游惰不逞之民，以祭赛神为名，敛求钱物。一坊巷至聚三二百人，作将军、曹吏、牙直之号，执枪、刀、旗旛、队仗，及以女人为男子衣，或男子衣妇人衣，导以音乐百戏，三四夜往来不绝。虽已揭牓禁约，然远方风俗相沿，恐难骤止，请具为条制。”诏所犯首领以违制论，仍徙出川界，本路监司半岁一举行。②

仁宗末年，赵抃在蜀，对聚众威胁社会安全的行为先是“揭牓禁约”，但效果不佳，因为“远方风俗相沿，恐难骤止”。于是他请求政府立法进行禁止，得到了政府的允许。

(2) 重赏“自纠摘及他人告者”

邪教的危害巨大，政府除了明令禁止外，还鼓励人们积极反映情况，以便能及时地了解社会动态，采取恰当措施打击邪教组织。政府给予举报者的奖励非常高，景祐二年（1035）十二月，“禁益、梓、夔利路民夜聚晓散，传习妖教，徒中能自纠摘，及他人告者，皆赏钱三万”③。三万钱可谓数目巨大，折合为三十贯，老百姓平常一年的开销也就三五贯钱，这些奖赏可是普通百姓几年的生活开销了。

(3) 严惩“图不轨者”

政府的措施不可能仅仅停留在明令禁止阶段，还采取了相应的打击措施，一旦有邪教出现，政府便投入全力打击。太平兴国六年（981），“绵州妖贼王禧等十人以妖法惑众，图为不轨，斩于市”④。

① 〔宋〕李焘：《长编》卷94，中华书局1992年版，第2169页。

② 〔宋〕李焘：《长编》卷192，中华书局1992年版，第4653页。

③ 〔宋〕李焘：《长编》卷117，中华书局1992年版，第2767页。

④ 〔宋〕李焘：《长编》卷22，中华书局1992年版，第503页。

> （康定元年夏四月丁亥）太常博士梁适为右正言，谏院供职。适初为审刑详议官，梓州妖人白彦欢者，依鬼神以诅杀人，狱具，以不伤谳。适曰："杀人以刃或可拒，而诅不可拒，是甚于刃也。"卒以死论。①

可见政府的惩罚是相当严厉的。但政府为了缓和矛盾，对参与邪教组织的人进行区别对待：

> （天圣八年冬十月癸卯）蜀民岁为社，祠灌口神，有妖人自名李冰神子，置官属吏卒，聚徒百余。琳捕其首斩之，而配其社人于内地。②

在这起事件中，为首者程琳被处以死刑，配从犯于内地。这种对主从犯进行区别的政策，有助于事态的控制和问题的解决。英宗时，赵抃治蜀也遇到了类似的情况：

> （治平元年十二月癸丑）吏部员外郎、天章阁待制、河北都转运使赵抃为龙图阁直学士、知成都府。抃前使蜀时，言蜀人好祆祀，聚众为不法，请以其首处死，余皆黥流。抃至，会有犯者系狱，蜀人大恐。抃谓囚曰："汝辈能复业，吾释汝罪。"皆叩头乞自新，止坐为首者，余释不问，蜀人欢服。③

赵抃入蜀后，对邪教的处理非常灵活，"止坐为首者，余释不问"。这样的处理得到了群众的拥护，起到了很好的效果。

---

① 〔宋〕李焘：《长编》卷127，中华书局1992年版，第3003页。
② 〔宋〕李焘：《长编》卷109，中华书局1992年版，第2546页。
③ 〔宋〕李焘：《长编》卷203，中华书局1992年版，第4927页。

二、发展教育

教育在改变人们的思想和形成行为习惯上，有着特殊的作用。北宋政府要改变巴蜀人民的思想，仅从改变当地落后的风俗习惯着手还远远不够，还必须通过教育提高人民的文明意识。

（一）影响教育的因素

1. 地理和社会环境的制约

巴蜀地区是一个相对封闭的地区，和中原地区的联系也多停留在官方层面，民间的交流非常滞后，而缺乏交流非常不利于教育的发展。同时，巴蜀不稳定的社会环境也阻碍着教育的发展。直到真宗初年的王均乱后，巴蜀大地才相对稳定，而后的岁月中尽管没有大的动乱，但邪教也时有横行，这样的环境对教育的发展极为不利。

2. 防范政策和经济制约

巴蜀教育受制还和中央政府对巴蜀的防范政策有关。政府规定蜀人不得为知州、通判等高级官员，仁宗时期的彭乘是第一个在巴蜀任知州的蜀人。巴蜀学校事业的落后，和外地官员们的思想有一定的联系，但这不是阻滞巴蜀教育发展的最主要因素。最主要的因素是中央政府对巴蜀地区实行的经济掠夺政策。因为教育的发展不仅是一个观念和思想的问题，还是一个现实的经济问题，中央的经济掠夺使得巴蜀地方政府对教育投入减少，由此阻碍了地方教育发展。

（二）发展教育的措施

巴蜀的学校有两种：一种是私立学校，也就是当时的私塾；另一种就是官方办的公学了。政府办的学校经费来源于政府，师资力量也由政府提供，政府还负责提供学生的部分费用。这两种学校同时存在，共同为巴蜀的教育事业做出了贡献。

1. 奖励优秀的教师、官员

政府会对优秀的教育工作者予以奖励：

> （大中）祥符四年（1011）十一月，益州申永康军进士李畋明经术，聚徒教授，士行可称。诏发遣赴阙，授试秘书省校书郎，仍赐装钱三十千，还归乡校讲说。①

嘉祐五年（1060）夏四月庚午，“赐阆州州学教授程让粟帛，以转运司言其高退有行义也”②。私学的李畋、公学的程让都受到了政府的奖励，这是政府对两种教育模式的认可，以激励其他教育工作者更加努力地工作。

2. 加大经费的投入

政府除了奖励教育工作者外，也加大了对公学的投入：

> （神宗元丰六年九月）诏：“岁于蜀州拨州学钱二百千、导江县百千，与成都府赡生员；其见管田增给为十顷。”从知成都请也。③

此时，西夏正在泾原路北集结大军，国家不得不积极地应对，而巴蜀的钱帛多数都用来支持战争，政府还能挪出钱来发展教育，实在难能可贵。在北宋末期，由于吏治的腐败，国家的财政形势越来越恶化，政府便减少了对教育的投入：“宣和以后，王黼专主应奉，掊剥横赋，以羡为功，岭南、川蜀农民陂罚钱，罢学制学事司赡学钱，皆归应奉司。”④

3. 增加举人名额

政府还增加了巴蜀举人的名额，大中祥符七年（1014）秋七月庚子，“诏益州举人自今荐送定名外，别解三人，以其远方，多学者，故优之”⑤，但这一情况到了天圣年间有所变化。天圣二年（1024）春正月，“诏：广南东西、益、梓、利、夔等路，旧制，于额外有合格者，亦听举送。如闻比来冒籍者

---

① 〔清〕徐松辑：《宋会要辑稿》崇儒2之40，中华书局1957年版，第6515页。

② 〔宋〕李焘：《长编》卷191，中华书局1992年版，第4620页。

③ 〔宋〕李焘：《长编》卷339，中华书局1992年版，第8170页。

④ 〔元〕脱脱等：《宋史》卷179《食货志》，中华书局1977年版，第4362页。

⑤ 〔宋〕李焘：《长编》卷83，中华书局1992年版，第1889页。

多，自今毋得额外发解”①。这四路在解送举人的时候出现了管理不当、弄虚作假的情况，所以政府取消了对四路的优待。仅过了两年，“比来冒籍者多”的现象一解决，政府又恢复了原来的优待政策。天圣四年（1026）五月，“诏增西川、广南东西路诸州军进士解额有差”②。天圣七年（1029）六月癸卯，“增川峡四路进士解额，益州四人，梓州二人，余州军下及三人者听解三人”③。北宋政府对巴蜀的优待政策只在仁宗初年被短暂的取消，在大部分时间里，优待政策都在执行。这对巴蜀教育事业的发展起到了一定的促进作用。

政府不但从举人名额上给予优待，还给解送的举人提供经费资助：

> 开宝二年（969）十月六日，诏曰：“朕开设礼闱，敷求俊乂，四方之士，岁贡而来。眷惟遐远之乡，虑迫道途之费，爰稽古典，用示朝恩。自今应西川、山南、荆湖等道所荐送举人，并给往来公券。仍令枢密院定例施行。”④

巴蜀距汴京有四五千里之遥，去参加考试的交通费、住宿费、生活费是一个沉重的负担，一般的士子很难承受。太祖规定举人往来的费用由国家负担，这就解决了士子们的经费问题。天圣三年（1025）八月辛亥，知益州薛田向政府反映：“本州发解举人，自张咏以来，例给馆券至京师。今得三司移文，乃责吏人偿所给官物，恐非朝廷之意。”仁宗皇帝否定三司做法而支持薛田的建议：“汉贡士皆郡国续食，今独不能行之远方耶？其令悉蠲之。”⑤仁宗的决定有力地支持了巴蜀教育事业的发展。

4. 提拔布衣、隐逸

政府对布衣、隐逸之人也给予了一定的关怀。一是授予吏职，让他们为

---

①〔宋〕李焘：《长编》卷102，中华书局1992年版，第2348页。
②〔宋〕李焘：《长编》卷104，中华书局1992年版，第2410页。
③〔宋〕李焘：《长编》卷108，中华书局1992年版，第2515页。
④〔清〕徐松辑：《宋会要辑稿》选举3之2，中华书局1957年版，第6578页。
⑤〔宋〕李焘：《长编》卷103，中华书局1992年版，第2386页。

政府服务。康定元年（1040）八月壬子，“以益州草泽伊缜为试校书郎……丁度、杨偕荐其才，召试学士院而命之”①。嘉祐元年（1056）冬十月辛未，“草泽宋堂为国子四门助教……至是，翰林学士赵槩又上其所著书，特录之”②。伊缜、宋堂在地方官的荐举下被任命为官。但也有布衣真正潜心于学术，对为官不感兴趣。至和元年（1054）冬十二月甲寅，“益州布衣张督为本州助教……田况上其发隐，特录之，督辞不拜”③。对于田况的举荐，张督直接拒绝，而醉心于自己的助教生活。二是授予荣誉称号。嘉祐四年（1059）十一月，“赐果州草泽何群安逸处士，益州草泽张督冲退处士，转运使言其有行义也”④。授予处士的称号对淡泊名利的文化人来说是一种精神上的肯定。政府正是通过这些方法关怀布衣、隐逸，以推动巴蜀文化事业的发展。

（三）渐浓的兴学之风

巴蜀教育文化事业在有宋一代很发达，经过历史积淀，形成了自成体系、独具特色的蜀学，对整个中原地区都产生了广泛的影响。但蜀学在宋初并不发达，“蜀自五代之乱，学者衰少”⑤。张咏镇蜀时对教育非常重视，每当空闲的时候，他就带着酒到学校慰劳师生，“自是蜀人不以千里为远来学者甚众”⑥。宋初，巴蜀参加科举的人非常少，因为他们“安其乡里，皆不愿出仕”⑦。张咏便积极推荐张及、李畋、张逵参加科举考试，“三人者悉登科，于是蜀之学者知劝，文风日振”⑧。到了天圣八年（1030），尚学之风有

---

① 〔宋〕李焘：《长编》卷128，中华书局1992年版，第3036页。

② 〔宋〕李焘：《长编》卷184，中华书局1992年版，第4451页。

③ 〔宋〕李焘：《长编》卷177，中华书局1992年版，第4297-4298页。

④ 〔宋〕李焘：《长编》卷190，中华书局1992年版，第4599页。

⑤ 〔宋〕曾巩：《元丰类稿》卷43《赠职方员外郎苏君墓志铭》，《景印文渊阁四库全书》第1098册，台湾商务印书馆1983年版，第709页。

⑥ 〔宋〕张咏：《乖崖集》卷12《语录》，《景印文渊阁四库全书》第1085册，台湾商务印书馆1983年版，第651页。

⑦ 〔宋〕曾巩：《元丰类稿》卷43《赠职方员外郎苏君墓志铭》，《景印文渊阁四库全书》第1098册，台湾商务印书馆1983年版，第709页。

⑧ 〔宋〕王称：《东都事略》卷45，《景印文渊阁四库全书》第0382册，台湾商务印书馆1983年版，第286页。

了一次大的发展。集贤校理彭乘知普州，“蜀人得乡郡，自乘始。普鲜知学者，乘为兴学，召其子弟为生员，教育之，俗遂变”①。田况为蜀长官也“尝亲春以勤啬教之，民皆感其意焉”②。政和七年（1117）七月四日，“成都府路提举常平司言：本路州县居养院，有孤贫小儿，内有可教导之人。欲令小学听读。逐人衣服襕幞，欲乞于本司常平头子钱内支给置造。仍乞与免入斋公用”③。政府给予居养院的孤儿上学的机会，是非常难能可贵的。正是在这些官员们的努力下，巴蜀兴学之风渐浓。

第四节　对巴蜀的军事控制

北宋王朝建立之初，由于失去了北方燕云十六州的屏护，所以在对契丹的战争中常处于不利地位，而后崛起的西夏也成为王朝的一块心病。中央王朝的对外战争中需要巨大的人力、物力，而巴蜀能为政府提供强大的物资支持，所以其地位极为重要。稳定成了治蜀的首要任务，有了稳定社会才能发展。然而北宋政府并没有在巴蜀驻扎重兵，却维护了巴蜀的长期稳定，这种成功的治蜀经验值得我们深思。

一、驻军的种类

巴蜀驻军主要有三种：禁军、厢军、乡兵。

第一种为禁军，最具有战斗力。巴蜀禁军有两种：一名“忠勇”，一名“宁远”。“大中祥符六年（1013），选西川克宁、威棹兵立。旧指挥五，皇祐及至和中，增置为八。戎三，遂、梓、嘉、雅、江安各一。”④ 每一指挥的军额为五百人⑤，宁远九指挥，忠勇二指挥，共十一指挥五千五百人，与全国几

---

① 〔宋〕李焘：《长编》卷109，中华书局1992年版，第2536页。

② 〔宋〕田况：《儒林公议》，《景印文渊阁四库全书》第1036册，台湾商务印书馆1983年版，第286页。

③ 〔清〕徐松辑：《宋会要辑稿》崇儒2之10，中华书局1957年版，第2192页。

④ 〔元〕脱脱等：《宋史》卷188《兵志》，中华书局1977年版，第4624页。

⑤ 每一指挥的军额在不同时期有变化，此处根据仁宗朝的数据。

十万的禁军相比，实在是少之又少。禁军主要驻扎在成都府路，其次是梓州路地区，可以看出政府把防控重点放在西川和中部地区。

第二种为厢军。巴蜀厢军的名称特别多，“凡一百一十一指挥，二万三千四百人”①，厢军的人数大大超过在蜀的禁军，但他们的战斗力不强，很多时候是起运输和后勤保障的作用。但厢军有升为禁军的情况，元丰二年（1079）春正月，“又诏：‘川峡四路武宁指挥，本教阅厢军，昨升为禁军，其于厢军旧额除之。’”② 厢军升为禁军的情况并不多见。厢军升为禁军不仅仅是一个名称改变的问题，还会涉及军队人员的组成和官员的配备问题，经费也得提高，所以政府不会轻易升厢军为禁军。

第三种为巴蜀的乡兵。乡兵有两种：一是川陕土丁，是政府通过招募建立的军队。熙宁七年（1074），“经制泸州夷事熊本募土丁五千人，入夷界捕戮水路大小四十六村，荡平其地二百四十里，募民垦耕，联其夷属以为保甲”③。川陕土丁的任务是协助官军进行对泸州的战争，他们在战争中起着非常重要的作用。二是夔州路义军土丁、壮丁，“夔州路义军土丁、壮丁，州县籍税户充，或自溪洞归投。分隶边砦，习山川道路，遇蛮入寇，遣使袭讨，官军但据险策应之。其校长之名，随州县补置，所在不一。职级已上，冬赐绵袍，月给食盐、米麦、铁钱；其次紫绫绵袍，月给盐米；其次月给米盐而已，有功者以次迁”④。夔州路的义军是政府按照户籍招收的，政府要供给衣食钱物，人数约有六千人⑤。这是一股不小的军事力量，由于土丁“习山川道路”，战斗极强，他们在抵御蛮人入寇的时候，起到了重要的作用。乡兵的战斗力很强，但受地域的限制极大，没有了地域优势，乡兵战斗力就会大大减弱，他们在人数、装备上都没有办法和正规军相比，只是国家正规军的一种补充而已。

---

① 〔元〕脱脱等：《宋史》卷189《兵志》，中华书局1977年版，第4690页。

② 〔宋〕李焘：《长编》卷57，中华书局1992年版，第296页。

③ 〔元〕脱脱等：《宋史》卷191《兵志》，中华书局1977年版，第4741页。

④ 〔元〕脱脱等：《宋史》卷191《兵志》，中华书局1977年版，第4743-4744页。

⑤ 〔元〕脱脱等：《宋史》卷191《兵志》，中华书局1977年版，第4743-4744页。“施、黔、思三州义军，土丁总一千二百八十一人，壮丁六百六十九人，黔州诸砦有义军，壮丁总千六百二十五人，思州、洪杜、彭水县有义军，总千四百二十二人”，总共四千九百九十七人，加上渝州怀化军，涪州宾化县，人数应该在六千人左右。

二、北宋政府的政策

(一) 巴蜀军力薄弱

巴蜀地区军力薄弱主要有以下五个方面的原因。

1. 训练的缺乏

巴蜀军队不仅数量少，还缺乏训练。景德元年（1004）闰九月，“夔州路转运使薛颜等言川、峡戍兵等素不阅习。内夔、施最近蛮境，请各付戎器，时加练训”①。薛颜讲到了川峡戍守军队缺乏训练的问题，请求加强训练，得到了政府的支持。但训练的效果很有限，“戍川广者旧不训练，嘉祐以后稍习焉”②。军队缺乏训练也是有原因的，因为“蜀人柔弱，易惊扰”，训练军队很可能引起人们的恐慌。庆历五年（1045）密诏：“益、利、梓、夔路钤辖司以弓弩习士卒，候民间观听寝熟，即便以短兵日教三十人，十日一易。③”政府在练兵一事上格外谨慎，下的是密诏，练兵遵循的是循序渐进原则，让人民有一个“观听寝熟”的过程。这一切都是为了防止惊扰，可见巴蜀地区缺乏强兵的社会环境。

2. 吏治的腐败

巴蜀的军队在管理上也存在严重的问题，“知州、右谏议大夫牛冕宽弛无政事……均好饮博，军装悉以给费……蜀人喜游观，两军衣冠鲜弊不等，均所部皆惭愤，出不逊语。戊寅晦，冕以酒肴犒其牙队，而昭寿无所设，军士益忿，故赵延顺等八人谋作乱”④。王均作为军事高官爱赌博，士兵们的军装钱也被他中饱私囊，最终引发了不可收拾的兵变。元丰元年（1078）秋七月，“上批：闻蜀中用兵，多无赖不逞举人干请将官，以求効用，妄希功

---

① 〔宋〕李焘：《长编》卷57，中华书局1992年版，第1261页。

② 〔元〕脱脱等：《宋史》卷195《兵志》，中华书局1977年版，第4853页。

③ 〔元〕脱脱等：《宋史》卷195《兵志》，中华书局1977年版，第4854页。

④ 〔宋〕杨仲良撰，李之亮校点：《皇宋通鉴长编纪事本末》卷25《王均之变》，黑龙江人民出版社2006年版，第397-398页。

赏，令转运司及韩存宝毋得以一人往”①。这里讲到了军队“多无赖”，贿赂将官“以求效用，妄希功赏”，这样的军队不可能有较强的战斗力。

3. 定都的影响②

北宋从太祖定都汴梁之时起，就走上了养兵之路。汴京地势开阔，契丹的军队只要渡过黄河，不用几天就可以兵临开封城下。政府只能养重兵来保障京师，加上政府强干弱枝的政策，全国最精锐的禁军自然就云集于此了，留在地方的部队自然就不多。

此外，北宋一朝边疆形势一直都很紧张。太宗亲征，中箭而归，岐沟关之战，王朝损失惨重；真宗亲征，输币休战，定下了澶渊之盟。北部的形势刚有缓和，又面临连绵不断的与西夏的战争。仁宗年间，北宋与西夏的矛盾激化，北宋在陕西驻扎四十几万重兵，中央把主要精力用在了西北的边防上，根本就不可能在巴蜀驻扎重兵。

4. 环境的不稳

北宋时期，巴蜀的社会不稳定，“蜀民易摇，喜倡事以相惊吓，遂缘为乱”。下面是一组关于巴蜀动乱的记载：

> 淳化四年（993），青城县民王小波聚徒众起而为乱，谓众曰：“吾疾贫富不均，今为汝均之！”贫民多来附者，遂攻劫邛、蜀诸县。③
>
> 至道三年（997）八月，西川都巡检使韩景祐行部至怀安，帐下广武卒刘旰谋作乱，夜率众袭景祐，景祐逾垣获免，旰遂掠怀安，破汉州及永康军、蜀州，所至城邑，望风奔溃。④

---

① 〔宋〕李焘：《长编》卷290，中华书局1992年版，第7097页。

② 马强在《论北宋定都汴梁》一文中对北宋定都汴梁的原因以及影响做了深入的论述。

③ 〔宋〕杨仲良撰，李之亮校点：《皇宋通鉴长编纪事本末》卷3《李顺之变》，黑龙江人民出版社2006年版，第163-164页。

④ 〔宋〕杨仲良撰，李之亮校点：《皇宋通鉴长编纪事本末》卷25《刘旰之变》，黑龙江人民出版社2006年版，第396页。

咸平二年（999）十二月甲子，冕与昭寿大阅于东郊。蜀人喜游观，两军衣冠鲜弊不等，均所部皆惭愤，出不逊语。戊寅晦，冕以酒肴犒其牙队，而昭寿无所设，军士益忿，故赵延顺等八人谋作乱。①

咸平五年（1002）春正月己未，邛州言兵沈兴等二十六人谋叛伏诛。②

明道二年（1003）六月辛酉，以天章阁待制王鬷为枢密直学士，知益州。戍卒有夜焚营杀马胁军校为乱者，鬷潜遣兵环营，下令曰："不乱者敛手出门，无所问。"于是众皆出，令军校指乱卒十余人戮之，及旦，人皆不知也。③

熙宁五年（1072）六月，成都府、利州路走马承受潘孝和言："屯驻雄威兵乐升、王庆告神勇兵杨进等谋夺县尉甲为乱。"④

巴蜀在乾德四年（966）之后，迎来了一段较长的平稳发展期。在这段时间里，太祖致力于统一的全国战争。后来，太宗对失去燕云十六州耿耿于怀，宋与辽在高粱河、岐沟关发生了战争，但都以失败告终。与其他有严峻边疆问题的地区相比，蜀土有"久安"之说。淳化四年（993），巴蜀发生了李顺之乱，政府立即派军入川平息了动乱，但政府也付出了相当惨重的代价。咸平二年（999）的王均军变也给政府留下了刻骨铭心的记忆，它让政府意识到了军队就是一把双刃剑，利害并存，一旦发生军变，驻扎的军队越多，危害也就越大。大大小小的军变动乱让政府意识到了巴蜀脆弱和不稳定的社会环境，所以政府都不在巴蜀驻扎重军。神宗和王安石在熙宁五年（1072）八月甲戌的一段对话很能说明问题：

---

①〔宋〕杨仲良撰，李之亮校点：《皇宋通鉴长编纪事本末》卷25《王均之变》，黑龙江人民出版社2006年版，第397-398页。

②〔宋〕李焘：《长编》卷51，中华书局1992年版，第1112页。

③〔宋〕李焘：《长编》卷112，中华书局1992年版，第2621页。

④〔宋〕李焘：《长编》卷234，中华书局1992年版，第5687页。

上又欲令吴中复知永兴，既而曰：“姑竢中复离成都，东军在蜀，连三次有谋变者。”安石曰：“闻中复颇弛缓。”上曰：“蜀中东军不须多，可减。”安石曰：“向所以置东军，非特弹压蜀人，亦备蛮寇。”上曰：“今蛮皆衰弱无足虑，即东军自可减也。”①

这段对话显示政府置东军的目的有两个：一是“弹压蜀人”，一是“备蛮冠”。神宗皇帝对东军的表现并不完全满意，三次动乱让他心有余悸，所以当蛮部被削弱之后，他马上就决定裁减东军。

5. 有限的员额

从上面对巴蜀军力的分析可以看出，战斗力最强的禁军只有五千人，主要从事防御和运输的厢军也只有两万多人，而作为正规军补充的乡兵也只有一万人左右。一旦巴蜀内部动乱或与蛮人发生战争，地方政府便无力独立解决。巴蜀是一个动乱频发的地方，政府对此地格外关注，从官员的任命到一系列相关政策的制定，都可以看出政府的良苦用心。但社会环境没有改变，社会矛盾没有根本解决，发生动乱就在所难免。淳化四年（993），发生了震惊全国的李顺之乱，“给事中、参知政事赵昌言独请发兵捕斩，无使滋蔓……始命王继恩等分路进讨”②。王继恩和雷有终分别从剑门和夔门入川，他们不负重托，平息了动乱。咸平二年（999），“即以户部使、工部侍郎雷有终为泸州观察使知益州，兼提举川峡两路军马招安巡检捉贼转运公事，御厨使李惠、洛苑使富州团练使带御器械石普、供备库副使李守伦并为川峡两路捉贼招安使，帅步骑八千往讨之”③。雷有终将兵八千，在本地军队的配合下，平息了王均军变。在和蛮部的战争中，巴蜀军队也是力不从心，政府只得调来了经验丰富的陕西军队。

军队缺乏训练，数量有限，加上吏治腐败、社会不稳定，共同导致巴蜀

---

① 〔宋〕李焘：《长编》卷236，中华书局1992年版，第5753页。

② 〔宋〕杨仲良撰，李之亮校点：《皇宋通鉴长编纪事本末》卷10《贬斥邪佞》，黑龙江人民出版社2006年版，第131页。

③ 〔宋〕杨仲良撰，李之亮校点：《皇宋通鉴长编纪事本末》卷25《王均之变》，黑龙江人民出版社2006年版，第398-399页。

军力薄弱。其实这也是中央政府所期望的，因为这样更有利于对巴蜀的控制，从而维护地区的稳定。

（二）蜀外强兵悍将

巴蜀是一个相对封闭的地区，和中原地区进行联系主要有两条路：一条是沿着长江穿过巫峡、夔门到荆湖地区；另一条是向北穿过剑门，到陕西。只要控制住了这两条交通要道，也就控制了整个巴蜀，所以政府在荆湖和陕西驻扎了重军，目的就是遏制巴蜀。

1. 驻军荆门

荆湖南北是宋代重要的战略要地，政府在这里驻扎有重军。

> （熙宁十年春正月）权发遣荆湖南路转运判官唐义问言："北路近年废荆门军为长林县隶江陵府。此军控制巴蜀，备防百越，今以为县，城郭不完，屯兵减少，不足以控制要会。比者奉使访察之臣，惟以兴事塞责，减放役人，桩留役钱为利。闻自废军以来，盐酒课息每岁亏数过于所存役钱，乞复建军。"诏荆湖北路监司相度以闻。既而不行。①

我们可以看出建荆门军的目的是"控巴蜀""防百越"。政府在荆湖的归、峡、荆门军、澧州驻有禁军，因为"荆州蜀门户"②，这样的军力部署能对巴蜀形成很好的遏制之势。一旦有战警，军队沿江而上，穿过巫峡，便可控制全局。当然荆湖地区的战略作用还不仅限于此，向东顺江而下可进军江南两浙，向北通过襄州可以到陕西河东地区，与京东重兵之地遥相呼应。

2. 屯兵秦凤

北宋长年在陕西驻有重军，主要是因为西北边境紧张的形势。特别是在

---

① 〔宋〕李焘：《长编》卷280，中华书局1992年版，第6850页。

② 〔宋〕刘挚：《忠肃集》卷15《题句龙纬职方海棠轩》，《景印文渊阁四库全书》第1099册，台湾商务印书馆1983年版，第626页。

仁宗年间，北宋与西夏的矛盾激化，在陕西驻扎的四十几万大军，自然也会形成对巴蜀的威慑。当巴蜀一旦遇警，陕西的将领和官兵便有义不容辞的责任，熊本、韩存宝等陕西军事高官为巴蜀的稳定作出了重要贡献：

> 侍其旭言："蛮人僻在岩险，未即首罪，尚集徒党拒扞。望发兵三五千与近界巡检并赴淯井监……仍发陕西兵尝经战阵者付之。"①
>
> 至和二年正月，转运使高良夫摄守事。时西南夷有邛部川首领者，妄言蛮贼侬智高在南诏，欲来寇蜀……朝廷闻之，发陕西部骑戍蜀，兵仗络绎相望于道。②
>
> （熙宁九年四月），知成都府蔡延庆言，乞发陕西兵五千援茂州。③

陕西的军队参与了多次的对外战争，神宗元丰五年（1082）正月，高遵裕灵州之战失败，他在总结自己失败的原因时就讲到："昨至庆州，精卒壮马悉为林广选去，本路九将之兵，老弱相半。"④ 尽管他怨林广带走了陕西的精锐部队，有洗脱自己罪责的嫌疑，但可见陕西兵有非常重要的作用。

政府只要控制住入蜀的两条交通命脉，就能在处理巴蜀事务时占据主动权。在淳化四年（993）的李顺之乱和咸平二年（999）的王均军变中，政府的部队就是从这两条要道迅速地进入巴蜀，并很好地控制住了局面，所以政府在荆湖和陕西驻扎重军具有十分重要的意义。

3. 控制巴蜀战略要地

对巴蜀的军事控制，不仅体现于在蜀外驻扎的重军上，也体现在对巴蜀内部战略要地的控制上。巴蜀从东到西依次有夔州的云安军、梁山军，梓州的广安军、怀安军，成都府的永康军，这五个军约在一条横向的直线上，加

---

① 〔宋〕李焘：《长编》卷 72，中华书局 1992 年版，第 1626 页。
② 〔宋〕李焘：《长编》卷 178，中华书局 1992 年版，第 4306 页。
③ 〔宋〕李焘：《长编》卷 274，中华书局 1992 年版，第 6712 页。
④ 〔宋〕李焘：《长编》卷 322，中华书局 1992 年版，第 7762 页。

上南边的南平军，共六个军①。北宋王朝在这些地区设军的目的非常明显，就是为了便于控制巴蜀大地。这些地方战略价值都很高，云安军在夔州治府旁，永康军在成都府旁，怀安军在梓州和成都府之间。梁山军和广安军在巴蜀腹地，南安军在巴蜀的最南部，和蛮夷相接，有助于控制蛮夷。还值得一提的是遂州，哲宗元祐六年（1091）闰八月，“给事中范祖禹状申门下省云：伏详祖宗时置钤辖司于遂州，本以形势控制两川，非专为戎、泸边事，而梓夔路钤辖司、转运使亦得通管，与成都府、利州路钤辖不同”②。为了便于控制南边蛮夷，中央将梓夔路钤辖司迁到了泸州。当形势缓和下来之后，最高军区司令部就不能继续置于巴蜀的最南边了。范祖禹明确讲到“祖宗时置钤辖司于遂州”的目的是“以形势控制两川”，他请求把最高司令部迁回原处，得到了政府的同意。可见遂州的战略地位极高。

对巴蜀的军事控制主要体现在巴蜀地区的军力部署上，政府主要实行弱内强外的战略部署，实行遏制政策。巴蜀是一个重要而又“易摇”之地，政府这样的军事部署符合当时的具体情况，所以起到了良好的效果，故这一政策一直延续到北宋灭亡。

第五节　治蜀之鉴

北宋政府对巴蜀地区的治理是颇有成效的，这主要体现在两个方面：一是有效维护了该地区的稳定，为巴蜀人民提供了一个良好的生存空间；另一个是促进了当地经济的发展，为中央王朝提供了大量的物资支持，进而促进了整个王朝的发展。在此，我们对北宋治蜀的思想以及中央和地方的互动关系，做一个简单的归纳。

---

① 巴蜀“军”的建置在不同时期有不同，此处略不做述。

② 〔宋〕李焘：《长编》卷57，中华书局1992年版，第465页。

一、治理的思想

北宋政府治理巴蜀不管是对政治的权衡、对经济的控制、对军事的制约，还是对文化的关注，都可谓成功。从这几个方面，我们也可以管窥政府的治蜀态度和治理思想。

（一）强势控制军政

北宋一代对巴蜀的态度较为强势。当巴蜀出现动乱的时候，政府的态度非常强硬，从不姑息养奸。这种强势的态度并不能说明政府不重视巴蜀地区，恰恰相反，说明巴蜀以独特的战略地位和丰富的物资获得了政府的格外重视。

从政治上看，巴蜀地方长官都是皇帝的心腹重臣，常委之重柄，他们有效维护了巴蜀的稳定。在军事上，王朝一直秉持“重远”① 的思想，对巴蜀地区的军事控制从来没有松懈过，和平时期进行震慑，动乱时期进行镇压。不管是震慑还是镇压，都起到了维护该地区稳定的作用。

政府的强势态度还体现在对巴蜀地区的经济控制上。从太祖平定巴蜀到北宋政府灭亡，政府从巴蜀地区获取了大量的财富，这不仅出于中央政府的财政需要，也出于维护巴蜀稳定的需要。削弱巴蜀的经济，就是削弱巴蜀的动乱之因，该思维最终成了北宋一朝的惯性思维。巴蜀的地方长官们时时关注巴蜀的经济社会发展情况，不遗余力地搜刮财富，以支持王朝的大局。

（二）辅以教化，化民为俗

对巴蜀，政府仅靠强势的政策措施肯定不能实现最佳的治理效果。化民为俗，辅以教化就是另外一条重要的途径。不管是中央政府还是地方政府，对巴蜀的地区的风俗习惯都是在尊重的基础上加以调整。中央政府尊重巴蜀的文化，在此基础上，政府试图改变落后的风俗习惯和教育水平，对不适宜的风俗加以制止和取缔，增加举人录取名额，鼓励人们参加科举考

① 林文勋在《宋代四川商品经济的研究》一书中，对“重远”思想有较深入的评论。

试，以培养学风。实事求是地讲，政府的教化措施效果虽不是很明显，但也并非毫无作用。

二、中央和地方的权力制衡与互动关系

历代王朝都会谨慎地对待中央和地方的权力制衡问题，因为该问题涉及国家的稳定和社会的发展，意义重大。纵观北宋一代，没有出现皇权旁落的现象和政权颠覆的政治危机，这在历史上实属罕见。这得力于中央对权力强力的控制。历代王朝都明白，中央和地方之间必须要找到一个很好的平衡点，才能保证地方的稳定和社会的发展。在对这个关键点的把握上，北宋政府很有经验。具体讲就是，当巴蜀出现了不稳定因素甚至局面动荡的时候，地方政府的权力会增强，方面大员常会获得“便宜行事”的特权，行政效率会大大提高，这样有利于事态的控制和问题的解决。当然地方政府权力的增强是相对而言的，远没有超出中央权力的控制范围。蜀守很多时候取得了“便宜行事”的特权，但又只是“宣布诏条，告谕父老”，使其“咸悉朝廷之意”①。如此的“便宜行事”，就可见效果了。在和平年代，地方政府的权力会缩小，他们的主要职责是发展经济，为王朝的发展提供物资支持。中央和地方权力的这种互动关系和微妙变化，对维持巴蜀的稳定和发展起到了至关重要的作用。

北宋王朝是中国封建社会幸福指数较高的王朝，其在经济文化上达到了一个很高的水平。但其军事上的成就并没有同经济文化水平同步，恰恰相反，西北边境问题一直是困扰北宋王朝的痼疾。长年的战争耗费了无数的人力、物力，而富饶的巴蜀之地为王朝提供了大量的物资支持，支持了王朝的战争。因此中央非常留心对巴蜀的治理，维护东西川的稳定是政府和官员们的首要任务。北宋采取的遏制战略效果显著，特别是北宋的中后期，巴蜀内部一直都比较稳定，经济、文化也得到了快速发展。北宋对巴蜀的治理取得了令人满意的效果，其政治智慧给后人留下了宝贵的经验。

---

① 〔宋〕魏齐贤、叶棻同辑：《五百家播芳大全文粹》卷5上《苏叔党·成都帅到任谢上表》，《景印文渊阁四库全书》第1352-1353册，台湾商务印书馆1983年版，第186页。

第三章
两宋时期巴蜀乡村居民生活状态研究

第一节　乡村主客户比例

中国古代社会是农业社会，历来以农业立国，两宋统治下的巴蜀也不例外。既然是农业社会，那么农民就是社会财富的直接创造者，农民的生活状况在一定程度上反映了当时整个地区的社会繁荣程度。想要了解某一个地区的农民生活状况，应该先了解这一地区农民的经济地位以及所拥有的生产资料。土地是农民最基础、最重要的生产生活资料。“宋朝是以租佃关系为基础的农业社会”①，所以在研究的过程中，我们首先对宋朝农民的土地占有情况做初步的了解。

众所周知，宋朝自建国初年就明确实行五等户制度。宋太祖建隆二年（961），“申明周显德三年（956）之令，课民种树，定民籍为五等，第一等种杂树百，每等减二十为差，桑枣半之”②。这是我们见到的最早的关于宋代划分五等户的记载。宋仁宗明道二年（1033）十月诏：“天下闰年造五等版薄，自今先录户产、丁推及所更色役榜示之，不实者听民自言。”③ 自此，乡

---

① 王曾瑜：《宋朝阶级结构》，河北教育出版社1996年版，第1页。

② 〔元〕脱脱等：《宋史》卷173《食货志》，中华书局出版1977年版，第2901-2902页。

③ 〔宋〕李焘：《长编》卷113，中华书局1992年版，第2637页。

村五等户制一直行用了两宋三百年。“户等在北宋曾几经变更，在南宋时期乡村五等户中，又有上四等和下五等之分，而下五等户又称五等下户。”① 宋代的五等户划分只限于乡村的主户（即有田产的人），作为国家征收赋税、摊派劳役的法律依据。除此之外，还有许多的无田之人，他们被称为客户或者佃户。宋朝是农业社会，乡村户占了户口的大多数，据漆侠先生估计，“宋代城市人口约为总人口的12%”②。这也说明农村人口在全国占有绝对优势。

兹依据《宋史·地理志》《元丰九域志》《方舆胜览》《舆地纪胜》《中国历代户口、田地、田赋统计》《宋朝阶级结构》《宋代四川经济述论》等文献资料，制作《宋代巴蜀乡村主客户比例表》如下：

表7　宋代巴蜀乡村主客户比例表　　（单位：户）

时间 / 地区	北宋初年（980-989）			元丰时期（1077-1085）		
	主户	客户	主客户比例	主户	客户	主客户比例
成都府	89，438	42，440	7∶3	119，388	49，710	7∶3
眉州	31，665	31，258	1∶1	48，179	27，950	3∶2
蜀州	36，254	10，322	4∶1	65，599	13，328	4∶1
彭州	26，300	7，680	4∶1	57，418	14，999	4∶1
绵州	28，436	9，280	3∶1	106，064	17，085	6∶1
嘉州	5，691	23，207	1∶4	17，720	52，826	1∶3
邛州	——	——	——	63，049	17，081	4∶1
黎州	332	186	11∶7	1，797	915	11∶7
雅州	80，735	6，010	11∶7	13，461	9，526	3∶2
茂州	273	53	5∶1	318	239	11∶9
简州	10，459	6，010	11∶7	32，638	7，576	4∶1
陵井监	12，392	13，115	1∶1	31，909	15，419	2∶1

① 梁庚尧：《南宋的农村经济》，新星出版社2006年版，第24页。

② 漆侠：《宋代经济史》，上海人民出版社1988年版，第933页。

续表

时间 地区	北宋初年（980-989）			元丰时期（1077-1085）		
	主户	客户	主客户比例	主户	客户	主客户比例
梓州	37，654	26，261	3：2	58，707	22，464	7：3
遂州	22，047	16，634	3：2	31，651	19，536	3：2
果州	23，249	6，637	4：1	38，333	14，085	7：3
资州	——	——	——	17，879	21，586	9：11
昌州	1，180	12，700	1：9	5，822	28，641	1：6
戎州	——	——	——	12，833	4，186	3：1
泸州	2，047	2，415	9：11	2，647	32，417	1：9
合州	9，061	17，150	1：2	18，013	18，621	1：1
荣州	890	642	3：2	4，911	11，754	3：7
广安军	6，253	15，463	3：7	10，521	14，751	2：3
富顺监	2，298	3，103	9：11	2，991	8，193	1：3
利州	4，301	5，399	9：11	5，535	16，644	1：3
阆州	21，746	22，234	1：1	36，536	17，701	7：3
巴州	1，093	7，659	1：9	8，605	23，261	1：3
蓬州	6，144	16，056	3：7	15，212	20，596	2：3
夔州	3，857	3，230	11：9	7，497	3，716	7：3
达州	2，660	10，331	1：4	6，476	40，165	1：6
忠州	1，970	16，720	1：9	12，137	23，713	1：2
万州	619	1，285	1：2	6，457	14，098	3：7
开州	2，686	7，859	1：3	8，704	16，296	7：11
涪州	3，501	8，547	3：7	2，570	15，878	1：6
渝州	3，692	16，259	1：4	11，423	29，657	3：7
云安军	4，310	3，490	11：9	4，535	6，543	2：3
梁山军	682	4，672	1：9	3，623	8，654	3：7

续表

时间 地区	北宋初年（980-989）			元丰时期（1077-1085）		
	主户	客户	主客户比例	主户	客户	主客户比例
南平军	——	——	——	617	3，020	1：4
大宁监	——	——	——	1，301	5，829	1：4
剑州	7，536	8，304	1：1	——	——	——

注：“——”为缺失。上表基本上涵盖了巴蜀大部分地区，为了方便计算，“主客户比例”取近似值。

上表反映了北宋时期巴蜀地区的主客户情况，其中成都府路和梓州路拥有田地的主户比例远高于利州路和夔州路。这主要是自然环境和田地利用情况不同造成的，下文将详细阐述。上表中的主户包括我们接下来要讲的上等户和中下等户，而绝大多数客户都是无地农户。上表已能为我们讨论、研究两宋时期巴蜀地区乡村居民的物质生活状况提供不少信息。

第二节　乡村居民的物质生活状况

在中国古代社会，农民是最基本的物质财富创造者，他们勤勤恳恳地在自己的或者租佃的土地上耕作，在用自己的勤劳和智慧养活一家老小的同时，也履行着对国家的超重义务——缴纳赋税和承担劳役。由于农业是国家繁荣昌盛的根基，所以两宋时期的统治阶级对农业非常重视：

> 明道二年（1033）二月十一日，仁宗行籍田礼。就耕位，侍中奉耒进御，上搢圭秉耒三推，礼仪使奏礼成，上曰：“朕既躬耕，不必泥古，愿终亩以劝天下。”礼仪使复奏，上逐耕十有二畦。翌日，作《籍田礼毕诗》赐宰臣已下和进，寻诏吕文靖公编为《籍田记》。①

① 〔宋〕王辟之撰，吕友仁点校：《渑水燕谈录》卷1，中华书局1981年版，第2页。

两宋时期统治阶级对农业重视的原因在于，国家的维持和发展需要这些农民缴纳税赋。虽然大家都是农民，但是这些农民也是有差别的，两宋时期乡村户等一般分为两大类型：主户和客户。即便是主户，他们之间也有很大的差距，“自第一至第二等兼并之家，占田常广……自第三至第四等中下之家，占田常狭”①，“第三等已上人户皆能自足”②。这说明三等以下的主户已不能自足了。乡村下户和乡村客户的实际经济地位是相似的，同处于宋代社会的底层。北宋神宗朝王岩叟有言：“凡第四、第五等之家，田业垄亩之多寡，无甚相远，粗粝不充，布褐不备，均未免冻馁之忧。”③ 北宋神宗朝大臣张方平谓：“中户以下鲜有盖藏，田蚕所收，岁有厚薄。”④ 南宋孝宗朝真德秀也说：“若四等而下，大抵皆贫困之民。”⑤ “细而言之，中国历史上的农民有以下几种类型：首先是富裕农民……其次是自耕农……再次是贫雇农……最后是游民。”⑥ 为了便于研究两宋时期巴蜀地区农民物质生活状况，我们在前辈研究的基础上把农户分成三个等级：第一等级是以乡村第一、二等户为主的上等户，第二等级是以乡村第三、四、五等户为主的中下等户，第三个等级是以客户为主的无地农户。“其中上等户的比重为6%，中下等户的比重为59%，无地农户的比重为35%。”⑦ 这是漆侠先生对宋朝三个等级比例的判断。我们将大致从基本的物质生活和基本的精神生活两个方面来讨论以上三种等级的乡村农民。

另外，宋王朝划分五等版簿的标准主要是看资财的多少，但是各个地区对资产的侧重有所不同，“或以税钱贯百，或以地之顷亩，或以家之积财，或

---

① 〔清〕徐松辑：《宋会要辑稿》食货62之19，中华书局1957年版，第5958页。

② 〔宋〕李焘：《长编》卷397，中华书局1992年版，第9683页。

③ 〔宋〕李焘：《长编》卷362，中华书局1992年版，第8860页。

④ 〔宋〕李焘：《长编》卷259，中华书局1992年版，第6316页。

⑤ 〔宋〕真德秀：《西山真文忠公文集》卷7《乞给降钱会下本路灾伤州郡下户收籴麦种》，《景印文渊阁四库全书》第1174册，台湾商务印书馆1983年版，第104页。

⑥ 赵秀玲：《中国乡里制度》，社会科学文献出版社1998年版，第277-278页。

⑦ 邓广铭、漆侠：《宋史专题课》，北京大学出版社2008年版，第124-128页。

以田之受种”①。宋代的两税法“以土色肥硗，别田之美恶，定赋调之多寡”②，总之“土地是宋代划分为五等户的基础，或是说最根本的一项”③。本节将把农户拥有的土地数量作为重要标准，以此来研究两宋时期巴蜀地区农民的物质生活状况。

一、农民的收入

在古代农业社会中，由于生产力的不发达和生产工具相对落后，从土地上获得生产、生活必需品是最基本的生存方法。因而从田地获得的收入决定着大部分农民的生存状况，“靠山吃山，靠水吃水”是人们的天然本性。具体到两宋时期，巴蜀广袤的乡村地区由于自然资源、地势条件的差异，在农业经营上也出现了差异。一般说来，当时巴蜀粮食生产表现为“以下三种经营方式：‘刀耕火种’式的原始经营，广种薄收式的粗放经营，以及精耕细作式的集约经营”④。因为巴蜀各地自然资源条件各有特点，因此各路在经济发展上出现严重不平衡。成都府路地处川西平原，土地肥沃，还有岷江、沱江等河流穿过，以及都江堰的灌溉之利，所以农业最为发达，物产丰富、交通便利、经济富庶，自古被誉为“天府之土”⑤。潼川府路（梓州路）地处川中、川南，多为丘陵盆地地貌，川中的农、桑等副业发达，盐井遍布，长江、嘉陵江等河流贯穿其间，水陆交通相对也较为便利，是巴蜀地区除成都府路外，自然条件和经济文化基础较好的地区。这两路的大部分地区是“精耕细作式的集约经营”的代表。利州府路地处川北地区，北有大巴山、米仓山等高山，地势险峻，然其间的丘陵地区能够从事农业生产，并且地处川陕交通要道，交通较为方便，所以经济也有较好发展，农业发展基本属于“广种薄收的粗放式经营”。夔州路地处川东，为山地和丘陵地区，土地最为贫瘠，不

① 〔清〕徐松辑：《宋会要辑稿》食货65之50，中华书局1957年版，第6181页。

② 〔清〕徐松辑：《宋会要辑稿》食货4之9，中华书局1957年版，第4850页。

③ 邓广铭、漆侠：《宋史专题课》，北京大学出版社2008年版，第128页。

④ 漆侠：《宋代农业生产的发展及其不平衡性——从农业经营方式、单位面积产量方面考察》，《中州学刊》1983年第1期。

⑤ 〔晋〕陈寿：《三国志》卷33《诸葛亮传》，中华书局1959年版，第912页。

利于农业生产，东有山峡险道，交通不便，是川峡四路中经济文化最为落后的地区。另外利州路、潼川路山区的农业，可以说是典型的“刀耕火种式的原始经营”。

（一）以土地为主的收入

1. 上等户

（1）家业钱

中国农耕文化延续了数千年，“以农为本”的思想根深蒂固。人们有着深厚的土地情结，将土地视为物质生活最稳定和最可靠的保障，认为有了土地才能进退自如。“人生不可无田，有则仕宦出处自如，可以行志。不仕则仰事俯育，粗了伏腊，不致丧失气节。有田方为福，盖福字从田、从衣。”①

上等户占有财产的多少不尽相同。正如吕陶所言：“盖有税钱一贯，或占田一顷，或积财一千贯，或受种一十石为第一等；而税钱至于十贯，占田至于十顷，积财至于万贯，受种至于百石，亦为第一等。”② 具体到巴蜀地区，吕陶同样指出：“臣昨准朝旨往成都府路计会转运司，论以更改差役大意，同共定议，见得本路人户贫富等第高下不均。盖诸县大半以税钱多少立为等第，有自一贯至于十贯已上，或自五贯至于五十贯以上，并为第一等……又缘中等人户绝少。”③ 所以虽同为第一等户，但财富差距也是很大的。

上等户是南宋农村社会的中上层。上户所指范围很广，绍兴三十一年（1169）知忠州张德远说：“都保内家业物力有及一万贯者，歇役或至二十年不差，却差至第三等家业三百贯文。”④ 他们都拥有足够维持生活的田产，并且招有佃户耕作。刁培俊认为：“宋代的乡村富民，按其社会角色不同，大致由以下几类社会群体构成：以官户（形势户）身份居乡者（富且贵者）；以

---

①〔宋〕周辉：《清波杂志》卷 11，《景印文渊阁四库全书》第 1039 册，台湾商务印书馆 1983 年版，第 79 页。

②〔宋〕李焘：《长编》卷 376，中华书局 1992 年版，第 9134 页。

③〔宋〕李焘：《长编》卷 390，中华书局 1992 年版，第 9495 页。

④〔清〕徐松辑：《宋会要辑稿》食货 14 之 38，中华书局 1957 年版，第 5057 页。

士人的身份居乡者；以宗族和家族的形象出现在乡村者；当然还有许多纯粹是乡间土地主、财主（富未必贵者；富有的商人、僧道也有居乡者）。”①

（2）地租收入

宋代地主以出租田地的形式收地租，从一些相关研究来看，宋代地主经济中劳役地租、实物地租和货币地租是并存的。地租是农村上等户最根本、最有保障的财富来源。哲宗时，吕陶说：“天下之自耕而食，为天子之农者十无二三；耕而食于富人，而为之农者盖七八矣。”大量土地掌握在大地主手里，多数下层农民以交租的方式供养着上等户，所以农村中上等户必然富裕。“今农人之弊，盖贫者无田以耕，与其有田而寡少者，皆不足以自养，而抑给于人。是以富强独专其利，而己受其病。”② 苏洵曾对巴蜀乡村上等户和贫雇农的情况有所描述：

> 富民之家，地大业广，阡陌连接，募召浮客，分耕其中，鞭笞驱役，视以奴仆，安坐四顾，指挥于其间。而役属之民，夏为之耨，秋为之获，无有一人违其节度以嬉。而田之所入，己得其半，耕者得其半。有田者一人，而耕者十人，是以田主日累其半以至于富强，耕者日食其半以至于穷饿而无告。③

农村的上等户正是通过地租来榨取下等户或者无产户来增强自身的实力。巴蜀农村上等户占有田产，却逃避国家的地租，他们通过雇佣的方式把赋税直接转嫁到其他弱势的农民身上，这也是农村上等户敛财的一种手段。宋太宗至道二年（996）诏：“制置剑南峡路诸州旁户，先是巴庸［蜀］民以财力相君，每富人家役属至数千户，小民岁输租庸。”④ 关于雇佣人数的记载可能

① 刁培俊：《宋代的富民与乡村治理》，《河北学刊》2005年第2期。

② 〔明〕黄淮、杨奇士等编著：《历代名臣奏议》卷106，台湾学生书局出版1964年版，第1445页。

③ 〔宋〕苏洵著，曾枣庄、金成礼笺注：《嘉祐集笺注》卷5《田制》，上海古籍出版社1993年版，第135页。

④ 〔清〕徐松辑：《宋会要辑稿》刑法2之5-6，中华书局1957年版，第6498页。

有些夸张，但是能够反映当时在巴蜀地区农村上等户通过转移赋税来变相增加自身收入的现象。

除了租种上等户的土地外，少地或者无地的农民也可以租种官田。官田的经营管理，主要也是采取租佃制。官田既限制了农村上等户无限制地兼并土地，也保证了无产户和下等户的基本生存空间。宋政府出租官田时规定："应从来无田税者，方许请射系官荒土及远年落业荒田。"① "官田惟许下五等人户请佃，所以优之也；官户及上三等户不许，所以防其侵细民求生之路也。"② 所谓"无田税者"，就是指无地的客户，只有他们才能租佃荒地，与客户经济地位相近的下等户也能承佃官田，品官形势之家及三等以上的农户不得租佃官田。宋政府的目的是为了扶植和发展小农经济，防止品官形势之家借租佃官田恣意兼并土地，以影响国家的财政收入和危害封建统治。

但是实际情况往往事与愿违。南宋宁宗开僖元年（1205），在地广人稀的夔州路，农村上等户"其占田多者须人耕垦"，故"富豪之家争地客，诱说客户或带领徒众举室搬徙"③。上等户占了官田成为"二地主"，而无产户或下等户只能在"二地主"的土地上耕种。

宋政府限制官员、地主承佃官田的政策并不是始终如一的。宋代由于地主大土地所有制的急剧膨胀，全国的土地多为官员、地主占有，他们是赵宋政权的重要支柱，在国家的经济、政治生活中有举足轻重的地位。对于官府限制自己承佃官田的法令，他们并不是俯首帖耳地顺从，而是从各方面加以阻挠和破坏。宋政府在官田的租佃上，也不能不考虑和照顾他们的利益，所以宋代的租佃政策存在前后不一致的情形。

邓广铭先生、漆侠先生对宋代地租的阐述或许对认识当时的巴蜀乡村地区的情况有一些借鉴意义："宋代产品地租情况，从产品形式看，一类是谷物等产品，一类是布帛。而前者是主要的。谷物是地租的主要形式，但在分配中有种种不同：对分制，'岁田之入，与中分之'，即土地所有者和土地租佃

---

① 〔清〕徐松辑：《宋会要辑稿》食货1之17，中华书局1957年版，第4810页。

② 〔宋〕彭龟年：《止堂集》卷6《乞寝罢卖田指挥疏》，《景印文渊阁四库全书》第1155册，台湾商务印书馆1983年版，第828页。

③ 〔清〕徐松辑：《宋会要辑稿》食货69之68，中华书局1957年版，第6363页。

者均分收获产品。不论是国有土地制还是地主土地所有制，对分制都占主导地位。四六分制，无牛客户在分成中得四成，地主占六成。倒四六制，即佃客六成、主客四成，这种分配仅存在于南宋初年的部分国有地中，在地租形态中所占比重不大。三七分制，佃客三成，地主七成，存在于湖北鄂州、皖南翕州一带。牛租，从北宋即很盛行，牛租约米四石或帛一匹，牛租率高达26.7~33%，到北宋末增至50%，南宋初又超过50%。”① 那么当时巴蜀地区的地租是“对分制”或者“四六分”，佃户无钱买牛导致不得不多交地租。

两宋时期巴蜀乡村的上等户除通过收取地租剥削农民之外，还会使用一些极端的暴力手段剥削农民。北宋石介曾说过，在永康军一带，百姓“畏豪强兼并之家，如被制服奴使，夺其土疆，暴其妻妾，不敢与争，亦不知有理所”②。

上等户占有了大量的土地资源，拥有了充足的粮食，在没有大的灾荒或动乱的情况下，他们都会有大量的粮食剩余。他们会把其中一部分拿到市场上去出售，并操纵粮食的价格，正如吕南公诗中所说：“一钱重丘山，斗粟轻粪土。昔闻丰年乐，今识丰年哭。东家米粒白如银，西家稻束大于鼓。再三入市又负归，殷勤减价无售主。”③

在宋代，大部分商品粮是由乡村上等户中的大土地所有者提供的，自耕农或佃户们也能提供部分商品粮，但是总量很少。自耕农在市场出售粮食时，在价格方面完全没有自主权，而是会受到上等户或者乡村商人的压价剥削。乡村中的上等户或者商人则通过这种手段囤积粮食，垄断市场，操纵价格。农民在丰年或收获季节低价卖出粮食，在灾荒年或春冬青黄不接之际又要从乡村上等户借贷生活用粮或种籽。这种状况注定了农民的物质生活条件不会很好。

① 邓广铭、漆侠：《宋史专题课》，北京大学出版社2008年版，第108-109页。

② 〔宋〕石介著，陈植锷点校：《徂徕石先生文集》卷9《记永康军老人说》，中华书局1984年版，第106页。

③ 〔宋〕吕南公：《灌园集》卷4《山中即事寄上知县宣德》，《景印文渊阁四库全书》第1123册，台湾商务印书馆1983年版，第40页。

（3）土地兼并收入

整个宋代土地的基本状况是“贫富无定势，田宅无定主，有钱则买，无钱则卖”①。在以农业为经济基础的社会中，土地是最主要的生产资源，也是最主要的财富。在土地私有制下，土地买卖不受政府或者受政府限制很少，那么土地兼并就会成为地主阶级敛财的一种最常见的手段。宋朝实行不抑兼并的土地政策，土地私有制迅速发展。上等户热衷于收购土地，“唐宋之际的土地私有化潮流，固然造就了一批少有田宅的小自耕农；但大量事实表明，处在私有化过程中的各类荒闲、系官田土，主要流入了地主阶级手中，壮大了大土地所有制”②。

南宋中后期巴蜀地区米价、田价上涨，导致土地兼并更加猖狂。米价、田价既高，增强了富人投资田产的兴趣；田价上涨，则一般农民购买田产愈感困难，却有利于富人置产。这都足以增加南宋农村土地集中的程度③。宋宁宗时，曾令夔州路“凡典卖田宅听其徙条”，“凡借钱物者，止凭文约交还，不许抑勒以为地客”④。宋政府允许土地买卖，但是禁止上等户对下等户的人身束缚，使中、下等户和无产户在农闲时期能够从事副业。

南宋理宗淳祐六年（1246），殿中侍御史兼侍讲谢方叔言：

> 豪强兼并之患，至今日而极，非限民名田有所不可，是亦救世道之微权也。国朝驻跸钱塘，百有二十余年矣。外之境土日荒，内之生齿日繁，权势之家日盛，兼并之习日滋，百姓日贫，经制日坏，上下煎迫，若有不可为之势……夫百万生灵资生养之具，皆本于谷粟，而谷粟之产，皆出于田。今百姓膏腴皆归贵势之家，租米有及百万石者；小民百亩之田，频年差充保役，官吏诛求百端，不得已，则献其产于巨室，以规免役。小民田日减而保役不休，大官

① 〔宋〕袁采：《袁氏世范》卷下《治家》，《景印文渊阁四库全书》第698册，台湾商务印书馆1983年版，第638页。

② 葛金芳：《关于北宋官田私田化政策的若干问题》，《历史研究》1982年第3期。

③ 梁庚尧：《南宋农村经济》，新星出版社2006年版，第83-85页。

④ 〔清〕徐松辑：《宋会要辑稿》食货69之68，中华书局1957年版，第6363页。

> 田日增而保役不及，以此弱之肉，强之食，兼并浸盛，民无以遂其生。①

南宋后期全国土地兼并严重，农村上等户大量占有田地，并且榨取佃农的财富，巴蜀乡村地区也是这种情况。

赵宋政权虽能容忍土地兼并，但是不会放纵上等户隐瞒土地逃避赋税。宋高宗绍兴二十三年（1152）六月庚午诏："民户典卖田地，毋得以佃户姓名，私为关约，随契分付得业者，亦毋得勒令佃耕。如违，许约诉，比附因有利债负虚立人力顾契敕科罪。"② 这在一定程度上遏制了豪强的兼并势头。

（4）通过放贷等牟取暴利

乡村中还存在上等户放贷米谷而要求折钱归还的情况。宋高宗绍兴二十六年（1150）十二月钟世明称："富室乘农民之急，贷以米谷，使之偿钱，而又重取其利。"③ 名义上是合法借贷，实际上往往是高利贷，若不是高利贷，怎么会有"富民出息钱不得过倍称，违者没入之"④ 的法律条文？

有时候富人也会落井下石，从中、下等户身上榨取财富。乾道三年（1167）八月二十五日条："自近岁歉艰食，富有之家放米，人立约一斗计钱五百，细民但救目前，不惜倍称之息，及至秋收一斗不过百二三十，则率用米四斗方粜得钱五百，以偿去年斗米之债。"⑤ 利欲熏心之下，人们会做出一些为富不仁、不讲道义，乃至巧取豪夺的事情，如：

> 泸州合江县赵市村民毛烈，以不义起富。他人有善田宅，辄百计谋之，必得乃已。昌州人陈祈，与烈善。祈有弟三人，皆少，虑弟壮而析其产也，则悉举田质与烈，累钱数千缗。其母死，但以见田分为四。于是载钱诣毛氏，赎所质。烈受钱，有乾无心，约以他

---

① 〔元〕脱脱等：《宋史》卷173《食货志》，中华书局1977年版，第4179-4180页。

② 〔宋〕李心传：《建炎以来系年要录》卷164，中华书局1985年版，第2687页。

③ 〔宋〕李心传：《建炎以来系年要录》卷161，中华书局1985年版，第2624页。

④ 〔宋〕李焘：《长编》卷23，中华书局1992年版，第522页。

⑤ 〔清〕徐松辑：《宋会要辑稿》食货68之65，中华书局1957年版，第6286页。

日取券，祈曰："得一纸书为证，足矣。"烈曰："君与我待是耶?"祈信之。后数日往，则烈避不出，祈诉于县。县吏受烈贿，曰："官用文书耳，安得交易钱数千缗而无券者？吾且言之令。"令决狱，果如吏旨。祈以诬罔受杖，诉于州、于转运使，皆不得直。乃具牲酒诅于社。梦与神遇，告之曰："此非吾所能辨，盖往祷东狱行宫，当如汝请。"……祈急趋出，迨夜，复入拜谒，置状与几上。又闻有语曰："出去。"遂退。时绍兴四年（1134）四月二十日也。如是三日，烈在门内，黄衣人直入，捽其胸殴之，奔进得脱，至家死。又三日，牙侩一僧死，一奴为左者亦死。最后，祈亦死。少焉复苏，谓家人曰："吾往对毛烈大事，善守我七日至十日，勿敛也。"祈入阴府，追者引烈及僧参对，烈犹以无偿钱券为解。狱吏指其心曰："所凭唯此耳，安用券?"取业镜照之，睹烈夫妇并坐受祈钱状。曰："信矣。"引入大庭下，兵卫甚盛。其上兖冕人，怒叱吏械烈。烈惧，乃首服。①

上等户虽然会通过种种手段聚敛财富，但为了维护社会稳定，富家大姓或者上等户也常会做出一些牺牲。苏辙强调："（富家大姓）然州县赖之以为强，国家恃之以为固，非所当尤，亦非所当去也。能使富民安其富而不横，贫民安其贫而不匮，贫富相恃，以为长久，而天下定矣。"② 农村上等户和中、下等户及无产户都会给彼此留有一定的余地，最后形成贫富相安无事的状态。

2. 中、下等户

在两宋时期中、下等户占农民的大多数。北宋初期张方平道："天下州县人户，大抵贫多富少，逐县五等户版薄，中等以上户不及五分之一，第四、

---

① 〔宋〕洪迈撰，何卓点校：《夷坚志·甲志》卷19《毛烈阴狱》，中华书局1981年版，第168-169页。

② 《栾城集》卷八《诗病五事》，曾枣庄、刘琳主编：《全宋文》卷2085，巴蜀书社1988年版，第57页。

第五等户常及十分之九。”① 宋哲宗时的孙谔说过：“假一县有万户焉，为三分率之，则民占四等、五等者常居其二。”② 说明在乡村里，中、下户占绝对多数。

宋高宗时期遂宁府溪县主、客情况为：“户万七千有畸，而乡村上三等户才九百。”③ 南宋初年巴蜀某些乡村中、下等户和无产户占了当时人口的百分之八十，充分说明两宋时期巴蜀乡村中、下等户占人口的绝大多数。宋代乡村里的中、下等户是宋代社会生产的基本力量，是创造社会财富的基本阶层。因此，讨论宋代巴蜀乡村的中、下等户，对进一步认识宋代巴蜀地区的经济情况有积极的意义。

（1）家业钱、自有田地收入

关于两宋时期巴蜀地区乡村家业钱的占有情况，宋仁宗皇祐二年（1050）丁度描述道：“蜀民岁增，旷土尽辟，下户才有田三五亩，或五七亩而赡一家十数口，一不熟，即转死沟壑，诚可矜恻。”④

关于一个小农之家所能耕种的土地面积，《括异志》卷 14“江南生计”条说：“一夫能耕者，八十亩至一百亩，一亩之收，约米二石。”⑤ 由于两宋时期江南经济和巴蜀经济均处于全国领先地位，所以两宋时期巴蜀的情况也大致是这样。

关于宋朝的“省陌”，欧阳修《归田录》卷 2 记载：“用钱之法，自五代以来以七十七为百，谓之省陌。今市井交易，又克其五，谓之依除。”根据“省陌”的规定，五百文合三百八十五文，一贯文合为七百七十文，每亩“产钱以十文”为率，则五百文折合土地为三十八亩，一贯文折合土地为七十七亩，四等户占地在三十八亩至七十七亩之间，五等户占地的上限为三十八亩。

① 〔宋〕张方平：《乐全集》卷 21《记天下州县新添置弓手事宜》，《景印文渊阁四库全书》第 1104 册，台湾商务印书馆 1983 年版，第 205 页。

② 〔清〕徐松辑：《宋会要辑稿》食货 14 之 8，中华书局 1957 年版，第 5042 页。

③ 〔宋〕李石：《方舟集》卷 11《潼川运使刘公生祠记》，《景印文渊阁四库全书》第 1149 册，台湾商务印书馆 1983 年版，第 656 页。

④ 〔宋〕李焘：《长编》卷 168，中华书局 1992 年版，第 4048 页。

⑤ 〔宋〕张师正撰：《括异志》卷 14，《四部丛刊续编》，商务印书馆 1934 年版。

依据税钱、土地区分第四、五等户，大致是如此。

宋统一全国以后，延续了唐后期和五代十国的农业政策。宋太祖时实行“荒田不加税”政策，“所在长吏谕民，有能广植桑枣、垦辟荒田者，止输旧租”①。宋太宗至道二年（996），陈靖又制定了详细的鼓励逃民复业及浮客请田的赋税优免制度：

> 逃民复业及浮客请佃者，委农官勘验，以给受田，收附版籍，州县未得议其差役；乏粮种、耕牛者，令司农以官钱给借。其田制为三品：以膏沃而无水旱之患者为上品，虽沃壤而有水旱之患、埆瘠而无水旱之虑者为中品，既埆瘠复患水旱者为下品。上田人授百亩，中田百五十亩，下田二百亩，并五年后收其租，亦只计百亩，十收其三。一家有三丁者，请加受田，如丁数，五丁者从三丁之制，七丁者给五丁，十丁给七丁；至二十、三十丁者，以十丁为限。若宽乡里多，即委农官裁度以赋之。其室庐、蔬韭及梨枣、榆柳种艺之地，每户十丁者给百五十亩，七丁者百亩，五丁者七十亩，三丁者五十亩，不及三丁者三十亩。除桑功五年后计其租，余悉蠲其课。②

两宋时期规定农民耕种荒田能够免除三年或者更长时间的赋税。这种政策减少了部分农民的支出，也相当于增加了他们的收入。

关于两宋时期巴蜀乡村中、下等户的土地收入情况，吕陶说：“夫有田二十亩之家，终年所收不过二十石，赋税、伏腊之外，又令供赡一丁，则力亦难给。”③除去国家法定分给乡村中、下等户的土地之外，宋朝法律又明确允许农民可以自由开垦荒田为自己所有。宋太宗至道元年（995）六月又下诏：“近岁以来，天灾相继，民多转徙，田卒污莱，诏诱虽勤，逋逃未复。宜申劝

① 〔元〕脱脱等：《宋史》卷 173《食货志》，中华书局 1977 年版，第 4158 页。

② 〔元〕脱脱等：《宋史》卷 173《食货志》，中华书局 1977 年版，第 4161 页。

③ 〔宋〕吕陶：《净德集》卷 2《奏乞宽保甲等第并灾伤免冬教事状》，《景印文渊阁四库全书》第 1098 册，台湾商务印书馆 1983 年版，第 23 页。

课之旨，更示蠲复之恩。应州县旷土，并许民请佃为永业，仍蠲三岁租，三岁外输二分之一。州县官吏劝民垦田之数悉书于印纸，以俟旌赏。”①

只有土地得到保障，乡村中、下等户的收入才能稳定。宋光宗时下令：“所有第四、第五等民户元佃官田官地，为豪强划买者，并依旧给元佃人为业。”② 当然农民还要有一定的耕种技巧。宋代笔记中的农谚曰：“田怕秋旱，人畏老贫。”又曰：“夏旱修仓，秋旱离乡。岁自处暑至白露不雨，则稻虽秀而不实。吴地下湿不积，一凶则饥矣。”③

两宋时期巴蜀乡村地区中、下等户（主要是第三等户）的全部财产应该在三四百贯左右，或者有几十亩的田地。吕陶谈到巴蜀的农民说：“西南虽号沃壤，然赋敛百出于农。耕夫日夜劬劳，而三时有馁色。百亩之家，占名上籍，而歉岁或不免饥。”④ 由此可见即使拥有百亩之田，在歉年农民仍不免于饥饿，可想而知只有几十亩土地的第三等户的状况了。

（2）租种他人田地的收入

中、下等户是宋代农村中的主要生产者。但是乡村中、下等户占有的生产资料——土地，与其人口比例不相符。第四、五等户依据其经济力量可划分为自耕农、半自耕农和无产户三个阶层。中、下等户拥有的财产极为有限，所以第四等户与第五等户的界限也不是很明显。下等户的经济情况仅比客户略好，他们同属农村社会的下层。下等户虽然拥有田产，但是田地数量很少，往往不足以维持生活，一些下等户“才有寸土，即不预粜，其为可怜更甚于无田之家。盖其名虽有田，实不足以自给。当农事方兴之际，称贷富民，出息数倍，以为耕种之资，及至秋成，不能尽偿，则又转息为本，其为困苦已不胜言。以有艰歉，富民不肯出贷，则其束手无策，坐视田畴之荒

---

① 〔元〕马端临：《文献通考》卷4《田赋考四·历代田赋之制》，中华书局1986年版，第56页。

② 〔清〕徐松辑：《宋会要辑稿》食货63之224-225，中华书局1957年版，第6098-6099页。

③ 〔宋〕陈师道著，李伟国点校：《后山谈丛》卷2，中华书局2007年版，第45页。

④ 〔宋〕吕陶：《净德集》卷14《蜀州新堰记》，《景印文渊阁四库全书》第1098册，台湾商务印书馆1983年版，第109页。

芜，有流移转徙而已”①。因此他们不得不租种地主或官府的土地，充当地主或官府的佃户。按照“十收其三”的规定，巴蜀乡村地区的农民如果租种二十亩土地，每亩平均产一石五，第四、五等的农户也能收入十石左右。

（3）影响中、下等户收入的因素

宋代乡村中、下户的整体生活情况并不好，借贷严重影响了中下等户的生活质量。真德秀说“下等农民之家，赁耕牛，买谷种，一切出于举债”，特别是第五等户“尤更可怜，夏田才种，则指为借贷之本以度冬，秋田甫插，则倚为举债之资以度夏”②。他们的收入可见一斑，必须另外租佃他人土地。

自然原因也是影响农民收入的重要因素。农民的收入除去交纳赋税、地租之外，所剩无几，为了维持基本的生存，他们还要祈求风调雨顺。“成都府路军惟成都府九县今岁大熟，其他虽丰歉不齐，互相乘除亦可仅得中熟。惟是绵州旱甚，田苗不实。臣曾问权绵州李蘩何以为计，李蘩云：‘本州有常平米一万石，钱一万贯，若以钱籴米可以添助赈济。’”③ 另，“臣伏见利（州）路、剑州旱歉又甚于绵州，诸县荒旱自八月至今绝无新米上市……利（州）路、剑州今岁旱歉最甚……” 中、下等户收入不多的原因，既有上文中说到的农村上等户的巧取豪夺，更有赋税和劳役的压力，还有自然灾害的影响。

3. 无产户的收入情况

无产户即客户，指没有田地的农民。石介这样界定无产户：“乡野有不占田之民，借人之牛，受人之土，庸而耕者，谓之客户。”④ 其他的说法也大致相同，乡村无产户一般是“室庐之备，耕稼之资，刍粮之备，百无一

---

① 〔宋〕真德秀：《西山先生真文忠公文集》卷10《申尚书省乞拨和籴米及回籴马谷状》，《景印文渊阁四库全书》第1174册，台湾商务印书馆1983年版，第159页。

② 〔宋〕真德秀：《西山先生真文忠公文集》卷6《奏乞倚阁第四第五等人户夏税》，《景印文渊阁四库全书》第1174册，台湾商务印书馆1983年版，第101页。

③ 〔宋〕汪应辰：《文定集》卷4《御札问蜀中旱歉画一回奏》，《景印文渊阁四库全书》第1138册，台湾商务印书馆1983年版，第613页。

④ 〔宋〕石介著，陈植锷点校：《徂徕石先生文集》卷8《录微者言》，中华书局1984年版，第87页。

有”①，或者“输气力为主户耕凿而已，则其一日不任事，其腹必空”②。乡村无产户主要靠租佃土地来维持自己的生活。

客户在乡村中所占比重也是不容低估的，如：“成都府界，四境之土，相距皆百二三十里之远，昔为十县，县之主户各二三万家，而客户数倍焉。”③无产户也能租种官田，潼川府路资州，“属县有营田，自隋唐以来，人户请佃为业，虽名营田，与民间二税田产一同”④。真宗咸平二年（999）下诏规定只有无田的客户才能请佃，“但是由于宋代的客户大多侨寓没有定居，他们在经济上又极端贫困，耕牛、农具、种粮等都没有”⑤，宋政府担心他们佃后逃亡，租课收入难以保证，因而在某种情况下又限制客户租佃官田。

仁宗皇祐四年（1052）规范了夔州地区的主客关系：“夔州路诸州官庄客户逃移者，并却勒归旧处，他处不得居停。又敕：施、黔州诸县主户、壮丁、寨将子弟旁下客户逃移入外界，委县司画时差人会所属州县追回，令著旧业。”⑥

宋代农民集体劳作比较常见，苏轼在《眉州远景楼记》中描述眉州之俗：

> 岁二月，农事始作。四月初吉，谷稚而草壮，耘者毕出，数十百人为曹，立表，下漏，鸣鼓以致众。择其徙为众所畏信者二人，一人掌鼓，一人掌漏，进退作止，惟二人之听。鼓之而不至，至而不力，皆有罚。量田计功，终事而会之，田多而丁少，则出钱以偿众……谷艾而草衰，则仆鼓决漏，取罚金与偿众之钱，买

---

① 〔宋〕李焘：《长编》卷397，中华书局1992年版，第9682页。

② 〔宋〕吕南公：《灌园集》卷14《与张户曹论处置保甲书》，《景印文渊阁四库全书》第1123册，台湾商务印书馆1983年版，第140页。

③ 〔宋〕吕陶：《净德集》卷4《奉使回奏十事状》，《景印文渊阁四库全书》第1098册，台湾商务印书馆1983年版，第36页。

④ 〔清〕徐松辑：《宋会要辑稿》食货61之33，中华书局1957年版，第5890页。

⑤ 王曾瑜：《宋朝阶级结构》，河北教育出版社1996年版，第14页。

⑥ 〔清〕徐松辑：《宋会要辑稿》食货69之66-67，中华书局1957年版，第6362-6363页。

羊豕酒醴，以祀田祖，作乐饮酒，醉饱而去，岁以为常。其风俗盖如此。①

至于那些租种土地的客户，他们的生活更是艰难。欧阳修曾指出："今大率一户之田及百顷者，养客数十家……及其成也，出种与税而后分之，偿三倍之息，尽其所得或不能足。其场功朝毕而暮乏食，则又举之。故冬春举食则指麦于夏而偿，麦偿尽矣，夏秋则指禾于冬而偿也。似此数十家者，常食三倍之物，而一户常尽取百顷之利。"② 由于客户和无产户处境艰难，开禧元年（1205）六月二十五日夔州路转运判官范荪言：

本路施、黔等州，界分荒远，绵亘山谷，地旷人稀，其占田多者，须人耕垦，富豪之家争地客，诱说客户，或带领徙众举室般徙，乞将皇祐官庄客户逃移之法稍加校定。诸凡为客户者许役其身，而毋得及其家属妇女皆充役作。凡典卖田宅，听其从条离业，不许就租以充客户，虽非就租，亦无得以业人充役使。凡借钱物者，止凭文约交还，不许抑勒以为地客。凡为客户身故，而其妻愿改嫁者，听其自便。凡客户之女，听其自行聘嫁。庶使深山穷谷之民，得安生理，不至为强有力者之所侵欺，实一道生灵之幸。③

他们没有自己的土地，只能租种上等户的田地来维持生活，剩余的粮食也极少，所以常常借债。宋神宗时期"上等户强借钱物，百姓典卖田产物业以供暴令……西川四路乡村，民多大姓，一姓所有客户，动是三五百家。自来衣食贷借仰以为生"④。无产户是当时社会最底层的劳动者，只有靠出卖自

---

① 苏轼：《眉州远景楼记》，曾枣庄、刘琳主编：《全宋文》第90册，巴蜀书社1988年版，第390页。

② 〔宋〕欧阳修：《欧阳修文集》卷60《原弊》，中华书局2001年版，第871页。

③ 〔清〕徐松辑：《宋会要辑稿》食货69之68—69之69，中华书局1957年版，第6363-6364页。

④ 〔清〕徐松辑：《宋会要辑稿》食货4之28，中华书局1957年版，第4860页。

己的体力来维持自己的生活。

4. 巴蜀地区农业发展状况及原因

两宋时期川东、川西、川南的农民收入存在较大差距。成都府路位于成都平原，拥有较好的自然条件，“蜀地险隘，多硗少衍，侧耕危获，田事孔难，惟成都、彭、汉，平原沃壤，桑麻满野”①。史书中有不少关于成都平原富饶的记载：“土地肥美，有山林蔬食之饶”，“土厚水深，山峙而不险，川流而且平”②，“益州以蜀郡、广汉、犍为为三蜀，土地沃美，人士俊乂。天下山水之胜在蜀，蜀之胜曰嘉州”③。有如此优越的自然环境，其农业发展水平自然不言而喻。再者，劳动者的勤奋和耕作技术等的进步，为“天府之国”的形成奠定了坚实的基础。但是这里也存在人多地少的矛盾，人口密度可能和最发达的两浙地区相同。其他三路的自然环境相对要恶劣一些。“其潼川府路多是山田，又无灌溉之利……夔州路最为荒瘠，号刀耕火种之地，虽遇丰岁，民间犹不免食草木根实，又非潼川路之比……”④ “本道（利州路）蓬、阆等处，皆山田绕瘠。”⑤

古代农业发展的历史告诉我们，水利设施是保障农业发展的重要条件。眉州通济堰“溉蜀州之新津，眉州之眉、彭三县田三十四万余亩”⑥。“成都属邑之田，多仰渠堰。”⑦ 潼川府路也有丰富的水资源，“左带涪水，右挟中江，居水陆之冲要。土地肥美，有江水沃野、山林竹木、蔬食果实之饶，有

① 《汉州劝农文》，曾枣庄、刘琳主编：《全宋文》第309册，巴蜀书社1988年版，第285页。

② 〔宋〕王象之撰，李勇先校点：《舆地纪胜》卷145《成都府下·简州·风俗形胜》，四川大学出版社2005年版，第4295-4296页。

③ 〔宋〕王象之撰，李勇先校点：《舆地纪胜》卷146《成都府下·嘉定府·风俗形胜》，四川大学出版社2005年版，第4330页。

④ 〔宋〕汪应辰：《文定集》卷4《御札问蜀中旱歉画一回奏》，《景印文渊阁四库全书》第1138册，台湾商务印书馆1983年版，第615页。

⑤ 〔宋〕真德秀：《西山先生真文忠公文集》卷41《故资政殿学士李公神道碑》，《景印文渊阁四库全书》第1174册，台湾商务印书馆1983年版，第653页。

⑥ 〔宋〕李心传：《建炎以来系年要录》卷154，中华书局1985年版，第2497页。

⑦ 〔宋〕袁说友等编，赵晓兰点校：《成都文类》卷46《双流昭烈庙碑阴记》，中华书局2011年版，第883页。

盐井铜山之富"①，因此这一地区的人民生活水平不会太差。

两宋时期巴蜀地区农民的勤劳智慧，也促进了农业的发展。

> 春耕将作兴……莫不尽力以布种。四月草生，同阡共陌之人，通力合作，耕而去之，置漏以定其期，击鼓以为之节，怠者有罚，趋者有赏。及至盛夏，烈日如火，田水如汤，薅耨之苦尤甚，农之就功尤力，人事勤尽如此，故其熟也常倍。②

优越的气候条件使得农作物生长周期短，诸路根据气候条件实行麦稻两作制，也相当于增加了产量。

畲田在川东地区已经相当普及。宋仁宗天圣八年（1030），利州路转运使陈贯上疏："畲刀是民间日用之器，川峡山险全用此刀开山种田，谓之刀耕火种。"③ 南宋范成大曾对巴蜀地区的畲田做了详细记载："畲田，峡中刀耕火种之地也。春初斫山，众木尽蹶，至当种时，伺有雨候，则前一夕火之，借其灰以粪，明日雨作，乘热土下种，即苗盛倍收，无雨反是。山多硗确，地力薄，则一再斫烧始可蓺。"④

外来人口的增多加速了巴蜀地区的开发。北宋后期巴蜀地区没有受到战争的破坏，所以社会秩序还是相当的稳定。"河东富人多弃产而入川蜀"⑤，由于巴蜀人口太多，南宋时甚至允许巴蜀地区的臣民外出租种田地。南宋高宗绍兴二十六年（1156年）三月，户部言："蜀地狭人夥，而京西、淮南膏腴官田尚多，乞许人承佃，官贷牛、种，八年乃偿。并边免租十年，次边半之，满三年与其业。愿往者给据津发。"⑥

---

① 〔宋〕王象之撰，李勇先校点：《舆地纪胜》卷154《潼川府·风俗形胜》，四川大学出版社2005年版，第4623页。

② 〔宋〕高斯得：《耻堂存稿》卷5《宁国府劝农文》，《景印文渊阁四库全书》第1182册，台湾商务印书馆1983年版，第87–88页。

③ 〔清〕徐松辑：《宋会要辑稿》食货26之26、27，中华书局1957年版，第7239、7240页。

④ 〔宋〕范成大：《范石湖集》卷16《劳畲耕序》，中华书局1962年版，第217页。

⑤ 〔元〕脱脱等：《宋史》卷179《食货志》，中华书局1977年版，第4362页。

⑥ 〔元〕脱脱等：《宋史》卷173《食货志》，中华书局1977年版，第4173页。

两宋时期巴蜀地区农村土地问题的基本症结在于人口过多、耕地不足。在人口稠密的地区，比如成都平原，耕地不足是普遍现象；而在人口稀疏的地区，比如夔州路，则缺乏良好的农业环境，无法吸纳人口稠密地区过剩的人口。

（二）副业收入

1. 上等户

两宋时期的巴蜀地区，除发展农业外，还注重农副业的发展，比如泸州早在唐代就在纺织、造船、酿酒、花卉、果树、养蚕、药材等产业上有所发展。尤其是川西平原，“土地肥美，有江水沃野，山林竹木蔬食果实之饶，橘柚之园。郊野之富，号为近蜀……家有盐泉之井，户有橘柚之园，纸维十色竹有九种”①。还有一些其他手工业产品，如丝绸、铜、铁等。其中，茶叶和井盐为主要的副业产品。

（1）茶

两宋时期巴蜀地区盛产茶叶。北宋人范镇说：“蜀之产茶凡八处：雅州之蒙顶、蜀州之味江、邛州之火井、嘉州之中峰、彭州之堋口、汉州之杨村、绵州之兽目、利州之罗村。然蒙顶为最佳也。”②

吕陶对四川茶园生产介绍较为详细：“茶园人户多者岁出三五万斤，少者只及一二百斤。自来隔年留下客放定钱，或指当茶苗，举取债负，准备粮米，雇召夫工”，“每年春冬雇召人工薅铲，至立夏并小满时节，又雇召人工”，“投场破卖，得钱填还债利，并送纳诸般税赋”③。但是四川地区的茶叶不能销售到外地。北宋神宗熙宁十年（1077），知彭州吕陶言：“川峡四路所

---

① 〔宋〕乐史撰，王文楚等点校：《太平寰宇记》卷72《剑南西道一·益州·风俗》，中华书局2007年版，第1462页。

② 〔宋〕范镇撰，汝沛点校：《东斋记事》卷4，中华书局1980年版，第37页。

③ 〔宋〕吕陶：《净德集》卷1《奏具置场买茶旋行出卖远方不便事状》，《景印文渊阁四库全书》第1098册，台湾商务印书馆1983年版，第6页；〔宋〕吕陶：《净德集》卷1《奏为官场买茶亏损园户致有词喧闹事状》，《景印文渊阁四库全书》第1098册，台湾商务印书馆1983年版，第10-11页。

出茶，比东南十不及一，诸路既许通商，两川却为禁地，亏损治体……今川蜀茶园，皆百姓己物……又市易司笼制百货，岁出息不过十之二，然必以一年为率；今茶场司务重立法，尽榷民茶，随买随卖，取息十之三。”①《宋史》中也记载“川峡路民茶息受十之三，尽卖于官场”②。

上文所说到，产茶多的茶园一年生产三五万斤茶，还要雇佣工人。这些应该是上等户的茶园。贾大全先生研究：“每生产十八斤茶叶，除去租税、雇工等一切开支，能获净利二百文，平均生产一斤茶叶能赚十文钱。”③ 由此看来这样的大茶园，一年能收入三五万贯。

（2）盐

巴蜀地区盛产井盐。“蜀江有咸泉，有能相度泉脉者，卓竹江心，谓之‘卓筒井’，大率近年不啻千百井矣。每筒日产盐数百斤，其少者亦不下百十斤。两蜀盐价不贱，信乎食口之众。”④ 北宋四川井研县一带使用卓筒井采盐的井户，“豪者一家至有一二十井，其次亦不减七八”，“每一家须工匠四五十人至三二十人者”⑤。四川很多地区都有井盐分布：“益州路一监九十八井，岁鬻八万四千五百二十二石；梓州路二监三百八十五井，十四万一千七百八十石；夔州路三监二十井，八万四千八百十石；利州路一百二十九井，一万二千二百石，各以给本路。大为监，小为井，监则官掌，井则土民干鬻，如其数输课，听往旁境贩卖，唯不得出川峡。”⑥ 潼川府路也有盐井：“土地虽迫，山川特美，有盐井、鱼池。”⑦ 由于宋代巴蜀地区盐价不稳定，所以不再估算乡村上户的盐业收入。但根据盐的产量来看，这也是一笔很可观的收入。

① 〔元〕脱脱等：《宋史》卷 184《食货志》，中华书局 1977 年版，第 4498-4499 页。

② 〔元〕脱脱等：《宋史》卷 184《食货志》，中华书局 1977 年版，第 4498 页。

③ 贾大全：《宋代四川经济述论》，四川省社会科学院出版社 1985 年版，第 95 页。

④ 〔宋〕范镇撰，汝沛点校：《东斋记事》卷 4，中华书局 1980 年版，第 37 页。

⑤ 〔宋〕文同：《丹渊集》卷 34《奏为乞差京朝官知井研县事》，《景印文渊阁四库全书》第 1096 册，台湾商务印书馆 1983 年版，第 758 页。

⑥ 〔元〕脱脱等：《宋史》卷 183《食货志》，中华书局 1977 年版，第 4471 页。

⑦ 〔宋〕王象之撰，李勇先校点：《舆地纪胜》卷 153《潼川府路·泸州·风俗形胜》，四川大学出版社 2005 年版，第 4585 页。

(3) 其他

桑蚕业出现了专业化的倾向。在前蜀统治时，“蜀中每春三月为蚕市，至时货易毕集，阛阓填委，蜀人称其繁盛”①。到两宋时期，桑蚕业应该有进一步的发展。

某些传统节日的蠲税，也减轻了农民的经济负担。宋真宗大中祥符元年(1008)诏：“泸州南井灶户遇正、至、寒食各给假三日，所收日额，仍与除放。”② 宋真宗大中祥符三年（1010），“减泸州淯井监课盐三之一”③。遇到灾荒年，政府也会减免税赋，“辛卯，诏梓州路仍岁旱疫，令转运使亲按所部民，蠲其租”④。

2. 中下等户和无产户

两宋时期巴蜀的中、下等户既没有充足的土地，也不可能拥有充裕的钱财，他们只能根据所处的环境来进行相应的副业生产，例如达州盛产“鱼、盐、丝、枲”⑤，涪州盛产“荔枝、扇、松屏”⑥。

(1) 种植业、渔业

巴蜀乡村地区存在着相当数量的小茶农：“蜀之茶园，皆民两税地，不殖五谷，唯宜种茶……民卖茶资衣食，与农夫业田无异。”⑦ 一些农民只能靠卖茶叶的收入维持基本生活。“两宋时期的四川地区广大乡村下户和客户以佣工补贴经济收入，具有相当程度的普遍性。”⑧ 北宋时期四川茶园“雇召人

---

① 佚名：《五国故事》卷上，《景印文渊阁四库全书》第464册，台湾商务印书馆1983年版，第211页。

② 〔元〕脱脱等：《宋史》卷183《食货志》，中华书局1977年版，第4472页。

③ 〔元〕脱脱等：《宋史》卷183《食货志》，中华书局1977年版，第4472页。

④ 〔宋〕李焘：《长编》卷113，中华书局1992年版，第2637页。

⑤ 〔宋〕祝穆撰，祝洙增订，施和金点校：《方舆胜览》卷59《达州》，中华书局2003年版，第1041页。

⑥ 〔宋〕祝穆撰，祝洙增订，施和金点校：《方舆胜览》卷61《涪州》，中华书局2003年版，第1068页。

⑦ 〔元〕脱脱等：《宋史》卷184《食货志》，中华书局1985年版，第4498页。

⑧ 王曾瑜：《宋朝阶级结构》，河北教育出版社1996年版，第80页。

工，每日雇钱六十文，并口食在外。其茶破人四工，只作得茶一袋，计一十八斤"①。

还有养花专业户："牡丹在中州，洛阳为第一……在蜀，天彭为第一。崇宁中，州民宋氏、张氏、蔡氏，宣和中，石子滩杨氏，皆尝买洛中新花以归。自是洛花散于人间，花户始盛，皆以接花为荣……今惟三井李氏、刘村毋氏、城中苏氏、城西李氏花特盛。"②"惟花户则多植花以侔利。双头红初出时，一本花取直至三十千。祥云初出，亦直七八千，今尚两千。"③花价随季节波动，但是最少也能卖两千文钱。

农民偶尔也有一些额外的收入，《鸡肋编》载："白花蛇，以名褰鼻蛇，生南地及蜀郡诸山中，九月十日采捕之……得之者以充贡。"④

巴蜀地区有长江、嘉陵江、沱江等众多河流，渔业应该也是农民的一项重要经济来源，但是很遗憾，仅见到两条相关史料："嘉州渔人黄，甲者，世世以捕鱼为业，家于江上。每日与其妻子棹小舟，往来数里间，网罟所得，仅足以给食。"⑤"兴州长道民以钓鱼为业。家在嘉陵江北，每日必拏小舟过江南，垂纶于石上，至晡而返。"⑥巴蜀地区酿酒业也很发达，"四川酿酒有悠久的历史，巴蜀的五加皮酒，剑南的春酒，云安的巴乡酒，郫县的郫筒酒，青城山的乳酒，嘉州的东岩酒等等，都享有盛名"⑦。由此推断，巴蜀的农民应该也会酿酒。尽管"宋代的酒是专卖物品，官府设置酒务，管理酒的酿造、贩卖和课税收入"⑧，所以下层民众不可能有多少余钱来买酒，不过

① 〔宋〕吕陶：《净德集》卷1《奏为官场买茶亏损园户致有词喧闹事状》，《景印文渊阁四库全书》第1098册，台湾商务印书馆1983年版，第12页。

② 《天彭牡丹谱·花品序第一》，曾枣庄、刘琳主编：《全宋文》卷4945，巴蜀书社1988年版，第151-152页。

③ 《天彭牡丹谱·风俗记第三》，曾枣庄、刘琳主编：《全宋文》卷4945，巴蜀书社1988年版，第155页。

④ 〔宋〕庄绰撰，萧鲁阳点校：《鸡肋编》卷下《本草》，中华书局1983年版，第114页。

⑤ 〔宋〕洪迈撰，何卓点校：《夷坚志·支戊》卷9《嘉州江中镜》，中华书局1981年版，第1124页。

⑥ 〔宋〕洪迈撰，何卓点校：《夷坚志·丙志》卷2《长道渔翁》，中华书局1981年版，第378页。

⑦ 贾大全：《宋代四川经济述论》，四川省社会科学院出版社1985年版，第112页。

⑧ 贾大全：《宋代四川经济述论》，四川省社会科学院出版生1985年版，第112页。

应该有下等户或者无产户从事酒的生产、销售。

农业由于受农作物生长季节的影响，有明显的农忙季节与农闲季节，一年的农忙时间基本上是5到7个月。在农忙季节，农民尽管付出了大量的辛苦劳动，但是农业收入十分微薄，甚至不够一年生活所需。所以农闲季节农民必须从事其他的工作，以贴补家用。

（2）手工业

两宋时期的巴蜀地区就有从事盐业的小农户：

> 蜀去海远，取盐于井。陵州井最古，淯井、富顺盐亦久矣，惟邛州蒲江县井，乃祥符中民王鸾所开，利入至厚。自庆历、皇祐以来，蜀始创“筒井”，用圜刃凿如碗大，深者数十丈，以巨竹去节，牝牡相衔为井，以隔横入淡水，则咸泉自上。又以竹之差小者出入井中为桶，无底而窍其上，悬熟皮数寸，出入水中，气自呼吸而启闭之，一筒致水数斗。凡筒井皆用机械，利之所在，人无不知。①

井盐的生产对人民的生活具有重大的意义。专门从事井盐生产的大宁监等地，“民家子弟，壮则逐鱼盐之利，富有余资辄以奉祀鬼神，他则不暇知耳”②。《夷坚志》中也有小农户开采盐的记载：“资州城外三十里赤土培之侧有洞穴……普州人梁子英煮荣州盐井。”③

除此之外，农民也有其他的手工业收入。例如，四川潼川府铜山县是宋代重要的铜生产基地，据载该地有“匠户近二百家”，“诸村匠户多以耕种为业，间遇农隙，一二十户相纠入窟，或有所赢，或至折阅，系其幸不幸，其

① 〔宋〕苏轼撰，王松龄点校：《东坡志林》卷4《筒井用水鞴法》，中华书局1981年版，第76-77页。

② 〔明〕曹学佺撰：《蜀中广记》卷57，商务印书馆1934年版。

③ 〔宋〕洪迈撰，何卓点校：《夷坚志·甲志》卷18，《赤土洞》，中华书局1981年版，第157页。

间大半往别路州军铜坑盛处趁作工役。非专以铜为主，而取足于此土也”①。农民在农闲时期从事开采铜矿的工作，但是此工作具有相当的危险性。

古代农业社会中，手工业的发展以农业的进步为基础，而农业的分工又表现出不同的形式：一类是经济作物与粮食种植业脱离，形成新的农业种类。比如“宋代四川甘蔗的种植遍布于涪江、沱江流域的遂州、梓州、资州等地”②。另一类是家庭副业与农业脱离，形成独立的手工业，如遂州小溪县程君友，“家数口，垦耕力作，常于乡里佣力，织草履自给”。有一部分农民在农闲时间做帮佣挣钱。宋太祖开宝三年（970）初，“蓬州请以租丝配民织绫，给其工直”③。利用自己的手艺从事手工业，也是农民增加收入的途径。

两宋时期巴蜀地区的丝织品、瓷器等也享有盛名：“遂宁出罗，谓之越罗，亦似会稽尼罗而过之。耀川出青瓷器，谓之越器，似以其类余姚县秘色也。然极粗朴不佳，惟食肆以其耐久，多用之。”④

（3）为人雇佣

两宋时期，乡村下户和客户以充当佣工来增加收入。张守说由于“和买”政策的实施，“乡村人户率二十千当输一匹”，所以家业“二十千之家，必庸贩以自资，然后能糊口”⑤。宋神宗时，成都府路上供机院“雇百姓助工”，“虽支工价，尚有亏损，虽定日限，仍更督促，或无故拘留累日，或每匹又出罚钱”⑥。这种是手工艺人为官府工作，虽然给工钱，但是受到的限制也多，有时候甚至会克扣工钱。农民还可以在一些政府工程中获得收入：“召堰匠九十人，始二月之吉，番休庚功，日四十五人，支庸百七十钱。”⑦

---

① 〔宋〕王之望：《汉滨集》卷8《论铜坑朝札》，《景印文渊阁四库全书》第1139册，台湾商务印书馆1983年版，第762页。

② 贾大全：《宋代四川经济述论》，四川省社会科学院出版社1985年版，第122页。

③ 〔元〕脱脱等：《宋史》卷175《食货志》，中华书局1977年版，第4232页。

④ 〔宋〕陆游撰，李剑雄、刘德权点校：《老学庵笔记》卷2，中华书局1979年版，第23页。

⑤ 〔明〕黄淮、杨奇士等编纂：《历代名臣奏议》卷107，台湾学生书局1964年版，第1461页。

⑥ 〔宋〕吕陶：《净德集》卷4《奉使回奏十事状》，《景印文渊阁四库全书》第1098册，中华书局1985年版，台湾商务印书馆1983年版，第36页。

⑦ 《永康军评事桥免夫役记》，曾枣庄、刘琳主编：《全宋文》卷7094，巴蜀书社1988年版，第263页。

同时社会救助也起到了一定的缓解农民生活压力的作用，如："嘉祐二年（1057），又诏天下置广惠仓，使老幼贫疾者皆有所养。累朝相承，其虑于民也既周，其施于民也益厚……如张咏之治蜀，岁粜米六万石，著之皇祐甲令。"①

无论是粮食生产还是副业收入，大部分都是以土地为基础来实现的。对乡村上等户而言这两种收入都有保障，但是中、下等户以及无产户的经济收入则不那么稳定。中、下等户和无产户以农业生产为主，兼及养殖、开采等副业，再加上宋朝统治者的一些免税措施，所以整体而言两宋时期巴蜀农民的物质生活水平不会太差。

二、农民的负担

（一）赋税、劳役负担及战争负担

1. 赋税

税收是一个国家正常运转的基石。北宋时期的李觏曾指出："民之大命，谷米也。国之所宝，租税也。"② 南宋的郑樵认为："古之有天下者，必有赋税之用。"③

在古代封建社会，农民往往承担着沉重的赋税和劳役。两宋时期实行两税法，当时土地税率大致为"亩税一斗者"④。宋朝征税的标准是户等，户等确立的标准是资产，而资产的主要组成部分是田亩。现将宋代赋税的基本情况做一介绍：

> 宋制岁赋，其类有五：曰公田之赋，凡田之在官，赋民耕而收其租者是也。曰民田之赋，百姓各得专之者是也。曰城郭之赋，宅

---

① 〔元〕脱脱等：《宋史》卷178《食货志》，中华书局1977年版，第4337页。

② 〔宋〕李觏：《李觏集》卷16《富国策第二》，中华书局1981年版，第135页。

③ 〔宋〕郑樵：《通志》卷61《食货一》，浙江古籍出版社2000年版，第736页。

④ 〔宋〕沈括著，胡道静点校：《梦溪笔谈校证》卷9《人事一》，上海古籍出版社1987年版，第375页。

税、地税之类是也。曰丁口之赋，百姓岁输身丁钱米是也。曰杂变之赋，牛革、蚕盐之类，随其所出，变而输之是也。岁赋之物，其类有四：曰谷，曰帛，曰金、铁，曰物产是也……其输有常处，而以有余补不足，则移此输彼，移近输远，谓之“支移”。其入有常物，而一时所须则变而取之，使其直轻重相当，谓之“折变”。其输之迟速，视收成早暮而宽为之期，所以纾民力。诸州岁奏户账，具载其丁口，男夫二十为丁，六十为老。两税折科物，非土地所宜而抑配者，禁之。

岁起纳二税，前期令县各造税籍，具一县户数、夏秋税、苗亩桑功及缘科物为帐一，送州覆校定……造夏税籍以正月一日，秋税籍以四月一日，并限四十五日毕。

夏税……川峡五月一日起纳，七月十五日毕……秋税自九月一日起纳，十二月十五日毕，后又并加一月。或值闰月，其田蚕亦有早晚不同，有司临时奏裁……川蜀尚循旧制，牛驴死，革尽入官。乃诏蠲之，定民租二百石输牛革一，准钱千五百。①

在两宋时期，国家规定农民的劳役也是根据户等来承担的。北宋太宗淳化五年（994），“始令诸县以第一等户为里正，第二等户为户长，勿冒名以给役”②。其中对上等户还有另外的要求：“国初，令民田七顷纳牛皮一张、角一对、筋四两，建隆中，令供纳价钱一贯五百文，税额中牛皮钱是也。”③ 实际情况是上户千方百计地利用某些经济、政治特权，把应承负的封建义务转嫁到中、下户身上。南宋章谊说：“富家巨室阡陌相望，而多无税之田；贫民下户破家竭产，以偿不割之税。田无税则科敛之数寡，税不割则户籍之等高。”④ 吕陶言：“伏睹施行差役之法，不令百姓纳钱，以救困穷之弊，甚大惠也。然而天下郡县所受版籍，随其风俗，各有不同。或以税钱贯百，或以

① 〔元〕脱脱等：《宋史》卷 174《食货志》，中华书局 1977 年版，第 4202-4204 页。

② 〔元〕脱脱等：《宋史》卷 177《食货志》，中华书局 1977 年版，第 4296 页。

③ 〔宋〕王辟之撰，吕友仁点校：《渑水燕谈录》卷 5《管制》，中华书局 1981 年版，第 60 页。

④ 〔明〕黄淮、杨奇士：《历代名臣奏议》卷 258，台湾学生书局 1964 年版，第 3394 页。

地之顷亩，或以家之积财，或以田之受种，立为五等。就其五等而言，颇有不均……今若于第一等中差耆长，则税钱一贯与十贯者，并须二年一替，是贫者常迫急，富者常侥幸矣。”① 由于乡村贫富差距过大，征收赋税只按最低标准来划分，其中第一、二等户拥有大量的财产，但是国家征收的赋税相对于他们拥有的财产而言微不足道，反而是财产少的中、下等户感到压力很大。乡村下户包括四、五等户，属于占有少量生产资料或根本没有生产资料的社会阶层，他们在交税后更加捉襟见肘。

王小波起义被镇压之后，为了解决当时粮食短缺的问题，太宗淳化五年（994）颁布劝诱富民参与救灾的诏令：“募富民出粟，千石济饥民者，爵公士阶陪戎副尉，千石以上迭加之，万石乃至太祝、殿直。”② 在某种意义上而言，这是对富人征收的一种税。

到宋徽宗和南宋高宗以后，情况发生了重大变化。田赋虽然也有增加，但对人民影响最深的是田赋的附加税，诸如和买、和籴、折帛之类成倍地乃至若干倍地增加，而这些附加税超过了正赋的数倍。另一方面，南宋又实行所谓的“差雇兼用”，既实行免役法，让民户缴纳役钱，又实行差役法。绍兴十一年（1141），“自金人犯陕、蜀，（赵）开职馈饷者十年，军用无乏，一时赖之……然茶、盐、榷酤、奇零绢布之征，自是为蜀之常赋，虽屡经蠲减而害不去”③。

税赋是国家以法律为依据进行的财物征收，具有一定的稳定性。宋代赋税以资产的多寡为征收依据，相对来说又兼具了公平性，但是乡村上等户往往凭借经济、政治特权将赋税转嫁到弱势的农民身上。两宋时期由于变法，税收等制度有了一定的变化，这对巴蜀地区的广大农民产生了不小的影响。到南宋后期，宋蒙战争不断，整个巴蜀地区的人民受到严重冲击。

也有人认为宋代税负较轻。马端临在《文献通考》中称：“自祖宗承五代之乱，王师所至，首务去民疾苦，无名苛细之敛，划革几尽，尺缣斗粟，无

① 〔宋〕李焘：《长编》卷376，中华书局1992年版，第9134页。

② 〔宋〕李焘：《长编》卷36，中华书局1992年版，第799页。

③ 〔元〕脱脱等：《宋史》卷174《食货志》，中华书局1977年版，第4225页。

所增益，一遇水旱徭役，则蠲除倚阁，殆无虚岁，倚阁者后或岁凶，亦辄蠲之。而又田制不立，畎亩转易，丁口隐漏，兼并伪冒者未尝考按，故赋入之利，视古为薄。丁谓尝曰‘二十而税一者有之，三十而税二者有之’，盖谓此也。”① 马端临认为宋代税负相对于前代已经减轻了。

2. 劳役负担

宋代前期实行差役法，《宋史》对差役法做了如下概括：“宋因前代之制，以衙前主官物，以里正、户长、乡书手课督赋税，以耆长、弓手、壮丁逐捕盗贼，以承符、人力、手力、散从官给使令；县曹司至押、录，州曹司至孔目官，下至杂职、虞候、拣、掐等人，各以乡户等第定差。”② 漆侠先生认为宋代差役要比这一叙述复杂得多，他认为宋代差役大致可分为四类：“第一类是所谓‘吏’或‘人吏’，第二类是所谓的‘衙前’，第三类是耆户长、弓手、壮丁等役，第四等是名目繁杂的职役，如承符、散从官、人力、手力等，或为州县‘追催公事’，或供州县官员‘奔走驱使’，大都由第四、第五等户承担。”③

即使同为上等户，他们在劳役的承担上也有不同：“都保内家业物力有及一万贯者歇役或至二十年不差，却差至第三等家业三百贯文，人户贫富相远物，力何由均平。”④ 宋仁宗时期巴蜀“押纲衙前，虽有酬奖；户下小客，最受辛勤”⑤，上户得“酬奖”，而下户成为真正的受害者。

上等户在社会中的地位还反映在乡村社会生活的方方面面。富裕农民捐资参与公共设施，如水利、道路、桥梁、祠堂、家庙等的建设和管理，以及以捐赠的方式支持贫苦同乡的行为，在一定程度上也可以理解为是上等户需要承担的社会责任。

在有些地区人口稠密的地区，一些人不用充当差役。成都府路“所有第

---

① 〔元〕马端临：《文献通考》卷4《田赋考》，中华书局1986年版，第57页。

② 〔元〕脱脱等：《宋史》卷177《食货志》，中华书局1977年版，第4295页。

③ 漆侠：《中国经济通史·宋代经济卷》，经济日报出版社1999年版，第509-512页。

④ 〔清〕徐松辑：《宋会要辑稿》食货14之38，中华书局1957年版，第5057页。

⑤ 〔清〕徐松辑：《宋会要辑稿》食货63之168-169，中华书局1957年版，第6070-6071页。

四等往往更不应役，第五等则并不差充”①。另外，免役法令规定“单丁、女户及孤幼户，并免差役”②。

王安石改革之后实行免役法，规定：“凡当役人户，以等第出钱，名免役钱。”③ 北宋神宗元丰二年（1079）十二月十四日诏：“蓬、阆二州免役钱以家业多少定数，以利州路提举司言所部役钱未均，蓬、阆二州上户家业多而税钱少，下户家业少而税钱多，至第一、第二等户输钱少于第四、第五等。”④ 免役法实际上加重了农民的负担。遂宁人张行言：“神宗议纳役钱，盖尝谓之助役钱矣，以为若止于助，则未能尽免，将使后世役亦差，钱亦纳，于是更为免役，其虑深矣。今乃废免役而复差，上违先帝燕翼之谋，下拂元元安业之原，岂曰述事乎？”又言：“差役下户一年所费，有用数年役钱者，有用数十年役钱者。其等渐降，其害愈深，殆非圣人裒多益寡，天道张弛之义。”⑤

关于普通民众经常承担的劳役，吕陶在上书中曾提道：

> 臣奉使远方，察知民间疾苦及官政未安凡一十事，已尝具奏。其一，乞减泸州戍兵，不示贼以形，且省馈运之劳；其二，乞不筑雅州城，以节横费，免于远方生事；其三，乞立催科条约，使转运司与州县同任其责，以戒重敛；其四，乞添和买布价，以宽民力；其五，乞减成都机织院小料绫绮，罢监官，免勾行人助工；其六，乞复成都府犀浦、绵州西昌、陵井监贵平等县，使民户力役均平；其七，乞兴州济众监铸减轻钱，庶使疲民不为炉冶所困；其八，乞详审改正蔡朦所减铁价并所夺人户铁炉；其九，乞开卓筒盐井，以济困穷，赖其课入，可助本路之用；其十，乞罢兴州青阳镇

① 〔宋〕李焘：《长编》卷39，中华书局1992年版，第9495页。

② 〔元〕脱脱等：《宋史》卷178《食货志》，中华书局1977年版，第4335页。

③ 〔元〕脱脱等：《宋史》卷177《食货志》，中华书局1977年版，第4300页。

④ 〔清〕徐松辑：《宋会要辑稿》食货65之22，中华书局1957年版，第6167页。

⑤ 〔宋〕李焘：《长编》卷408，中华书局1992年版，第9931页。

铜锡场监官，以减冗滥。①

从这段话中可看出，巴蜀地区的民众要承担运输粮草、修建城池、到机织院助工等劳役，负担极重。苏辙也说："熙宁雇役之法，三等人户并出役钱。上户以家产高强，出钱无艺，下户昔不充役，亦遣出钱。故此二等人户不免咨怨。至于中等，昔既已自差役，今又出钱不多。雇法之行，最为其便。及元祐罢行雇法，上下二等欣跃可知，惟是中等则反为害。"② 单就对官府的封建义务一端，已使第三等户形成了一个极不稳固的阶层，加上地主阶级的侵吞兼并，他们很快就走向流亡一途。

夫役在宋代其实就是劳役，带有极大的强制性，被强征的民夫仅能得到极少的报酬。宋朝民户基本不用承担兵役，因为宋朝实行募兵制。差役在北宋前期一般由乡村上三等户充当，任州县衙门公吏和乡里基层政权头目。南宋差役最为沉重的是主管催税的保正副和保长。保长"皆选物力高强、人丁众多者为之"③，原因是他们能够承担起催科和赔偿逃户的户税，然而"大保长催科每一都不过四家"，"犹至破产"④。

关于乡村下户所负担的役钱，熙宁四年（1071）邓绾说过，"下户的役钱为一千文至二三百文"。哲宗元祐四年（1089），苏轼也说："而贫下之人，无故出三五百钱，未办之间，吏卒至门，非百钱不能解免，官钱未纳，此费已重。故皆化为游手，聚盗贼。"⑤ 役钱又分夏、秋二料，随二税输纳，全年的役钱又要在此基础上多一倍。根据熙丰年间米一石卖四五百文计算，下户役钱多出一二贯，则等于三四石米。

边地农民还要承担修筑城寨、防御蛮夷的责任。梓州转运司言："泸州江

① 〔宋〕李焘：《长编》卷390，中华书局1992年版，第9496页。

② 〔宋〕苏辙著，曾枣庄、马德富点校：《栾城集》卷43《三论分别邪正札子》，上海古籍出版社1987年版，第963-964页。

③ 〔清〕徐松辑：《宋会要辑稿》食货14之18，中华书局1957年版，第5047页。

④ 〔清〕徐松辑：《宋会要辑稿》食货65之77，中华书局1957年版，第5047页。

⑤ 《论役法差雇利害起请画一状》，曾枣庄、刘琳主编：《全宋文》卷1874，巴蜀书社1988年版，第26页。

安县及安夷寨控扼蛮獠，最为险要，乞修筑城寨。”① 南宋理宗淳祐（1241–1252）年间，“余玠毅夫卒于渝州……局面又生，蜀士军民皆不安之。未几，筑紫金城……败政日甚”②。权知茂州李琪奏：“臣窃见本州四面，并是番部住坐处，别无城池限隔。土人言，每遇番部小有作过，则便至城下抢劫。臣欲修筑州城，安集百姓，以慰远人之心，并乞就本州召刺土兵三百人，以武宁指挥为额。又窃见利州路《一州一县》敕内：‘文州蕃贼入汉界作过，其缘边镇弓箭手、寨户等，如亲自斗敌，斫蕃贼首级者，每一贼首支大铁钱四贯充赏。如获三人首级，支赏外，仍免户下诸般差配及支移、折变。其镇、寨将即候得替日，量功劳轻重，与优等句当，或迁转一资。’臣勘会本州，比之文州更为极边，本州人并惯习战斗，曾经捕贼。”③

北宋徽宗宣和三年（1121），献言者论西蜀折科之弊，其略谓：“西蜀初税钱三百折绢一匹，草十围计钱二十。今本路绢不用本色，匹折草百五十围，围估钱百五十，税钱三百输至二十三千。东蜀如之。乃支移新边，谓之远仓，民破产者众。”宣和七年（1125），献言者又论：“非法折变，既以绢折钱，又以钱折麦。以绢较钱，钱倍于绢；以钱较麦，麦倍于钱。辗转增加，民无所诉。”④ 总之一句话，宋朝政府是变着法儿来攫取普通大众的钱财。

“税户者有常产之人也，客户则无产而侨寓者也。”⑤ 正是因为以有无“常产”为划分依据，所以有常产的主户要承担两税和其他劳役。客户没有产业，因此不用承担两税，但劳役还是免不了的。正如熙宁元年（1068）谢景温所言：“自来请田人户虽有条贯：五年内免诸般科役，而客户尚不免诸色役。”⑥ 按照法律，客户不承担两税，但要承担力役等劳役。

中、下等户占有的土地通常情况下不能满足生存的需要，所以他们常常

---

① 〔宋〕李焘：《长编》卷285，中华书局1992年版，第6980页。

② 〔宋〕周密撰，吴企明点校：《癸辛杂识》别集下《余玠》，中华书局1988年版，第296页。

③ 〔宋〕李焘：《长编》卷266，中华书局1992年版，第6531页。

④ 〔元〕脱脱等：《宋史》卷174《食货志》，中华书局1977年版，第4213页。

⑤ 〔清〕徐松辑：《宋会要辑稿》食货12之19、12之20，中华书局1957年版，第5017页。

⑥ 〔清〕徐松辑：《宋会要辑稿》食货1之27，中华书局1957年版，第4815页。

陷入借贷怪圈："若五等下户……当农事方兴之际，称贷富民，以为耕种之资，及至秋成，不能尽偿，则又转息为本，其为困苦，已不胜言。"①

南宋夫役征调仍很频繁，但一般亦以户等、财力为基本依据。高宗绍兴三十一年（1161），四川总领所调利州路民夫三万余人运粮赴军，"令诸州守贰以民间产力高下品差……民间一夫之费为七八十千，雇夫以行者又倍"②。

南宋高宗绍兴六年（1135），都官员外郎冯康国言："四川地狭民贫，祖宗时，正税重者折科稍轻，正税轻者折科稍重，二者平准，所以无偏重偏轻之患。百有余年，民甚安之。近年，漕、总二司辄更旧法，反复纽折，取数务多，致民弃业逃移。"③

过多的劳役增加了巴蜀民众的负担，虽然有些是必要的，比如修建公共设施、运送军粮，但是更多的是为了满足统治阶级的享受。

3. 战争负担

整个宋朝战争频繁，王小波起义之后，巴蜀地区民不聊生。北宋中后期与西夏的战争，增加了军费开支，巴蜀地区虽然没有受到战争的直接破坏，但是在财力、物力、人力上也是做出了很重大的贡献，最典型的当数南宋时期巴蜀供输鄂州"田四厢钱"一事。宋廷不让东南地区解决田晟的军费，却下令"由四川每岁将经总制钱173万余缗、紬绢47000匹、绵54000余两，运送鄂州，供晟军费"④。

战争时期政府还强征税收，独成都、邛、蜀、彭、永康军等州军产麻，"熙宁间，物已贵，于是每匹增价至四百，及军兴以来，然始以等第配卒，逐改理估钱以赡大军，每匹至为钱三千文"⑤。建炎四年（1130），张浚

① 〔宋〕真德秀：《西山真文忠公文集》卷10《申尚书省乞拨和籴米及回籴马谷状》，《景印文渊阁四库全书》第1174册，台湾商务印书馆1983年版，第159页。

② 〔宋〕李心传：《建炎以来系年要录》卷192，中华书局1985年版，第3221-3222页。

③ 〔元〕脱脱等：《宋史》卷174《食货志》，中华书局1977年版，第4225页。

④ 〔宋〕李心传著，徐规点校：《建炎以来朝野杂记》甲集卷15《田四厢钱》，中华书局2000年版，第329页。

⑤ 〔宋〕李心传著，徐规点校：《建炎以来朝野杂记》甲集卷14《西川布估钱》，中华书局2000年版，第294页。

宣抚川陕，劝谕四川民户按户等输纳绢帛，作为军中赏给之费，明言："俟边事宁息即罢，不为永例。"实际一经征调，即为成例，"自后不复减"①。还有更惨烈的记载，绍兴四年（1134），川、陕宣抚吴玠"调两川夫运米一十五万斛至利州，率四十余千至一斛，饥病相仍，道死者众，蜀人病之……"②

残酷的战争使得巴蜀地区的广大民众在北宋中后期以后的很长时间里处于惊恐状态，即便不是直接去前线打仗，而是去运粮，由于川陕道路险峻，农民在运粮过程中也有大量死伤。陈乐素先生认为："中国的农民是中国历史上可称为最善良的分子，他们不但朴实勤劳，而且耐得人间的至苦。在宋代有若干农民，失去田土，而被逼分散在富农和中农的田土上，终年从事耕耘，要奉献收获的一半或一半以上给田主，有时还有不少其他劳役；在当时被称为客户，与役使他们的主户相对。"③

（二）生活消费支出

1. 上等户的生活支出

巴蜀地区崇尚奢侈之风气源远流长，《华阳国志》记载："秦始皇克定六国，辄徙其豪侠于蜀，资我丰土。家有盐铜之利，户专山川之材，居给人足。以富相尚……卓王孙家僮千数，程、郑各八百人，萧鼓歌吹，击钟肆悬，富侔公室，豪过田文，汉家食货，以为称首，盖亦地沃土丰，奢侈不期而自至也。"④

北宋名臣张咏曾长期在巴蜀做官，其撰写的《悼蜀诗》深刻地反映了巴蜀地区尚奢侈的风俗："蜀国富且庶，风俗矜浮薄。奢僭极珠贝，狂佚务娱乐。虹桥吐飞泉，烟柳闭朱阁。烛影逐星沉，歌声和月落。斗鸡破百万，呼庐纵大噱。游女白玉珰，骄马黄金络。酒肆夜不扃，花市春慚怍。禾稼暮云

---

① 〔宋〕李心传著，徐规点校：《建炎以来朝野杂记》甲集卷14《两川激赏绢》，中华书局2000年版，第293页。

② 〔元〕脱脱等：《宋史》卷175《食货志》，中华书局1977年版，第4260页。

③ 陈乐素：《余靖奏议中所见北宋庆历时的社会》，《求实集》第2集，广东人民出版社1984年版，第159页。

④ （东晋）常璩撰：《华阳国志》卷3《蜀志》，巴蜀书社1984年版，第225页。

连，纨绣淑气错。”① 这些记载里的主人公当然都是富有的上层民众，他们“衣必文采，食必粱肉，因其富厚，交通王侯，力过吏执，以利相倾，千里游敖。冠盖相望，乘坚策肥，履丝拽缟”②。“成都诸名族妇女，出入皆乘犊车。惟城北郭氏车最鲜华，为一城之冠，谓之‘郭家车子’”。③ 成都人士注重礼仪，喜欢通过穿戴显示身份地位。“席帽行范氏，自先氏贫而未仕，则卖白龙丸，一日得官，止不复卖。城北郭氏卖鼓亦然。皆不肯为市井商贾，或举货营利之事。又士人家子弟，无贫富皆着芦心布衣，红勒帛狭如一指大，稍异此则共嘲笑，以为非士流也。”④ 虽然这都是对成都市民的描述，由于奢侈之风容易传染，想必在乡村生活的上等户也会这样攀比。

苏轼从小生活在四川眉山，他的生活习惯也能反映当地上等户的生活情况：“东坡居士自今日以往，不过一爵一肉。有尊客，盛馔则三之，可损不可增。有召我者，预以此先之，主人不从而过是者，乃止。一曰安分以养福，二曰宽胃以养气，三曰省费以养财。”⑤

石介在巴蜀期间曾在一个富室教书，他享受到这样的待遇：“介自八月十日至二十日两到府城，共住九日，五次伏谒旌下，赐食华亭寺。每请见，皆特优礼待。九日费公膳十一（千钱），及来赴官守，而复远借舟檝，盛送饔饩，精米嘉麦，醇酒肥肉，率皆丰余。尽室九口，在舟四夕，日以厌饱，犹不尽三之一。”⑥

两宋时期巴蜀乡村的上等户也不全是贪图享受之辈，对乡村中的弱势群体，他们往往尽其所能，不惜其力。邛州处士郭君，“家素饶财，处士少任侠，倜傥无畛域……即入隐坊，与其徒投五木，争缯彩金贝……遂推去不

---

① 〔宋〕张咏：《悼蜀诗》，〔宋〕袁说友等编，赵晓兰点校：《成都文类》卷2，中华书局2011年版，第309页。

② 〔宋〕李觏：《李觏集》卷18，中华书局1981年版，第173页。

③ 〔宋〕陆游撰，李剑雄、刘德权点校：《老学庵笔记》卷2，中华书局1979年版，第24页。

④ 〔宋〕陆游撰，王松龄点校：《老学庵笔记》卷9，中华书局1979年版，第113页。

⑤ 〔宋〕苏轼撰，刘德权、李剑雄点校：《东坡志林》卷1《记三养》，中华书局1981年版，第12页。

⑥ 〔宋〕石介著，陈植锷点校：《徂徕石先生文集》卷20《谢益州张密学启》，中华书局1984年版，第237页。

顾，籍时亦胜人。不赀，为寒士丐乞尽畀之，不以为己物，故义声铮然”①。另，邛州张子履“家故饶财而好施，岁具布褐百称以给老贫，行之不倦，施而不报”，更甚之，“邛州大饥，君恤穷民，以数万茶场典”②。虽然这些是富人去世之后为其写的墓志铭，不免有些夸张的成分，但是也能在一定程度上反映上等户对弱者的救济。

2. 中、下等户及无产户生活支出

（1）一食二衣

中、下等户的生活比较简单，一般情况下就是吃饱穿暖。首先看宋初巴蜀物价，张咏在四川时，“米斗三十六文，绢匹三百文，公计兵食外，尽令输绢。米之余者，许城中贫民买之，岁凡若干，贫民颇不乐……今米斗三百，绢匹三贯”③。盐价在巴蜀各个地方也不同。北宋哲宗元祐元年（1086），右司谏苏辙言：“四川数州卖邛州蒲江井官盐，斤为钱百二十，近岁咸泉减耗，多杂沙土，而梓、夔路客盐及民间贩小井白盐，价止七八十。”④ 一般说来，“大率户为五口……口日食盐二钱”⑤。由此可计算一家在盐上的支出。为了更直观地了解宋代巴蜀的物价，现将当时基本生活品的价格列表如下：

表 8　宋代四川部分地区基本生活必需品价格表

种类	时间	地区	价格	原始资料出处
米	咸平年间（998-1003）	成都	36 斗/文	《东斋记事》卷 3
	大中祥符元年（1008）	夔州	30 斗/文	《长编》卷 6

① 〔宋〕文同：《丹渊集》卷 38《邛州处士郭君墓志铭》，《景印文渊阁四库全书》第 1096 册，台湾商务印书馆 1983 年版，第 783 页。

② 〔宋〕黄庭坚：《山谷集》卷 23《张子履墓志铭》，《景印文渊阁四库全书》第 1113 册，台湾商务印书馆 1983 年版，第 242 页。

③ 〔宋〕范镇撰，汝沛点校：《东斋记事》卷 4，中华书局 1980 年版，第 34 页。

④ 〔元〕脱脱等：《宋史》卷 183《食货志》，中华书局 1977 年版，第 4474 页。

⑤ 〔清〕徐松辑：《宋会要辑稿》食货 24 之 10，中华书局 1957 年版，第 5199 页。

续表

种类	时间	地区	价格	原始资料出处
	熙宁九年（1076）	成都	130 斗/文	《长编》卷 279
	元祐年间（1086-1094）	成都	70-80 斗/文	《净德集》卷 4
	南宋初年	绵州、彭州	500 斗/文	《鹤山号》卷 78
	绍兴五年（1135）	利州	2000 斗/文	《系年要录》卷 99
	绍兴七年（1137）	四川	3000 斗/文	《系年要录》卷 109
麻布	天圣年间（1023-1031）	四川	300 匹/文	《朝野杂记》甲集卷 14
	熙宁年间（1068-1077）	四川	400 匹/文	《净德集》卷 4
	元丰年间（1078-1085）	四川	450 匹/文	《系年要录》卷 40
	南宋初年	四川	3000 匹/文	——
	庆元初年（1195）	四川	1700-2000 匹/文	《宋会要辑稿》食货 18 之 22
	庆元六年（1200）	四川	600-700 匹/文	
盐	乾德三年（965）	四川	100 斤/文	《宋会要辑稿》食货 23 之 8
	仁宗年间（1041-1048）	四川	220 斤/文	《宋史・食货志》
	庆历六年（1046）	四川	140 斤/文	《长编》卷 158
	熙宁九年（1076）	成都府路	250 斤/文	《宋会要辑稿》食货 24 之 11
		夔州、梓州	70 斤/文	

续表

种类	时间	地区	价格	原始资料出处
	元祐元年（1086）	成都	120 斤/文	《长编》卷 369
	绍兴十六年（1146）	淯井监	220 斤/文	《朝野杂记》甲集卷 14
	绍兴十七年（1147）	大宁监	250 斤/文	——
	庆元元年（1195）	黎州	210 斤/文	《宋会要辑稿》食货 28 之 47
绢	咸平年间（998-1003）	四川	200 匹/文	《朝野杂记》甲集卷 14
	仁宗前期	四川	600-1200 匹/文	《宋史·食货志》
	庆历六年（1046）	梓州	3000 匹/文	《长编》卷 158
	元丰二年（1079）	四川	1300 匹/文	《宋会要辑稿》刑法 3 之 3
	元祐初年（1086）	四川	1400-1500 匹/文	《净德集》卷 4
	南宋初年	四川	5000 匹/文	《宋会要辑稿》食货 38 之 22
	绍兴二十六年（1156）	四川	5000 匹/文	《系年要录》卷 174
	隆兴二年（1164）	四川	5200 匹/文	《宋会要辑稿》食货 38 之 22
	庆元年间（1195-1200）	四川	2000 匹/文	《朝野杂记》甲集卷 14
丝	元丰年间（1078-1085）	四川	65 两/文	《宋会要辑稿》食货 38 之 21
绵	元丰年间（1078-1085）	四川	35 两/文	《宋会要辑稿》食货 38 之 22

注：本表资料来自贾大全：《宋代四川物价》，《四川物价志通讯》1986 年第 2 期；贾大全：《宋代四川经济述论》，四川省社会科学院出版社 1985 年版，第 223-224 页。

两宋时期成年人的口粮标准是“人食日二升”①，官府赈饥的口粮标准为“壮者人日二升，幼者人日一升”，或不分老幼“人日二升”②。也就是一个成年人月食米六斗，五口之家一年消耗米二十石左右。南宋绍兴末年，任渊在双流县“护新开之役”，“盖凡执役之夫，日费米人二升，薪菜之钱二十”③。以上资料均说明一个成年人一天要吃二升多的粮食。

关于日常消耗品，方回说：“佃户携米或一斗……至其肆易香烛、纸马、油、盐、酱、醯、浆、麸、面、椒、姜药饵之属不一，皆以米准之。”④ 由于米价相对比较稳定，因此农民常常用米换取油、盐、酱、醋、花椒等。关于衣，陆游在诗中说：“秋衣初缝惜不得，急典三百新青铜。”⑤ 他的一件秋衣可典铜钱三百文，可见其衣的实际价值应在三百文以上，巴蜀乡村地区中、下等户的农民的衣服价格估计要便宜些。

总体而言，“五口之家来说，全家口粮共 28.8 石；食盐至少要付出粮食 1.2 石，或许更多；农家以麻布为衣，每人冬衣 1 身，夏衣 2 身，全家每年至少需要麻布 3~4 匹。麻布 1 匹 300~400 文，为穿衣至少付出 3~4 石粮食”⑥。

（2）农产品支出

宋代巴蜀农户每到蚕市、药市期间，一般会到市场上购置农具。北宋苏辙描写道：“枯桑舒芽叶渐青，新蚕可浴日晴明，前年器用随手败，今冬衣着及春营。倾囷计口卖余粟，买箔还家待种生。不惟箱篚供妇女，亦有锄镈资男耕。”⑦ 农具基本上要两年更换一次，一般是把新收获的粮食卖掉才能买新

① 〔宋〕沈括：《梦溪笔谈》卷 11，《景印文渊阁四库全书》第 862 册，台湾商务印书馆 1983 年版，第 773 页。

② 〔清〕徐松辑：《宋会要辑稿》食货 57 之 9，中华书局 1957 年版，第 5815 页。

③ 《双流昭烈庙碑阴记》，〔宋〕袁说友等编，赵晓兰点校：《成都文类》卷 46，中华书局 2011 年版，第 883 页。

④ 〔宋〕方回：《续古今考》卷 18《附论班固计井田百亩岁入岁出》，《景印文渊阁四库全书》第 853 册，台湾商务印书馆 1983 年版，第 368 页。

⑤ 〔宋〕陆游著，钱仲联点校：《剑南诗稿校注》卷 47《新买啼鸡》，上海古籍出版社 1985 年版，第 2870 页。

⑥ 邓广铭、漆侠：《宋史专题课》，北京大学出版社 2008 年版，第 135 页。

⑦ 〔宋〕苏辙著，曾枣庄、马德富点校：《栾城集》卷 1《蚕市》，上海古籍出版社 1987 年版，第 22 页。

农具。田况《重阳日州南门药市》诗曰："但喜山民药货售，归助农业增耞芟。"① 农民在药市上购买生产工具耞，以用于脱粒。牛在古代是最重要的劳作工具，能极大地节约人力，而且耕作效率高。但是南宋时期牛价格昂贵，一头牛的价钱在百贯左右，农民根本承担不起这笔费用。正如邓广铭、漆侠先生所说："有牛或其他牲畜，就必须有饲料，饲料除麦麸之外，还有豆类，每头牛全年至少也得3~4石；各种农具每年要修理和补充，北宋时，铁大约是24文至30文1斤，镰刀、锄之类，每柄总得30~40文到100~200文。农具折旧至少要耗去1石以上的粮食。"② 所以每年的农具支出也是一项不小的开支。

（三）影响物价的因素

两宋广大的乡村也在逐步融入市场，因此物价也是影响农民生活质量的重要因素，而物价又受季节、丰歉、人口、战争等因素影响。下面主要根据两宋时期四川乡村的具体情况，总结出影响物价的三种经常性因素：自然原因、政府调控及交通因素。

1. 自然原因

四川地区处于亚热带季风区，常常发生水、旱等自然灾害，甚至连太宗都发出"天厌西蜀，岁荐饥馑"③ 的感叹。

四川制置司言夔州路重庆府等："今青黄米未接，民户乏食，逐将本司已运过米并岳霖籴到米忠、涪等州，本司赈济米通总令所米计五万一千六百余石，并令遂州充赈支用。"④ 绍兴六年（1136）三月二十五日成都潼川府夔州利州路安抚制置大使兼知成都府席益言："去秋西川水潦，东川旱暵，即今粒

① 《成都遨乐诗》，〔宋〕袁说友等编，赵晓兰点校：《成都文类》卷9，中华书局2011年版，第383页。

② 邓广铭、漆侠：《宋史专题课》，北京大学出版社2008年版，第136页。

③ 《悼蜀诗》，〔宋〕袁说友等编，赵晓兰点校：《成都文类》卷2，中华书局2011年版，第31页。

④ 〔清〕徐松辑：《宋会要辑稿》食货68之91，中华书局1957年版，第6299页。

食昂贵，斗米钱两贯，利路近边去处又增一倍。”① 受自然灾害影响，成都粮食短缺，物价飞涨。

宋光宗时，巴蜀一些地区旱灾，“四川制置司言：本司访闻简、资、普、荣州、富顺监，今年旱伤简州尤甚，今将税米与第五等人户尽行放免，上、中等人户减半催理”②。旱灾影响收成，政府便对农户实行减免税赋的政策。

2. 政府调控及交通因素

面对物价的涨跌，政府也会积极采取措施调控。北宋仁宗嘉祐七年（1062）十月，吕公弼“至则考求风俗之敝，及其所便安，乃知蜀人循柔思义，易以诚感，治得其道，皆能乐生……新陈相仍，物逐平价”③。稳定米价、盐价又尤其重要。“文潞公在成都，米价腾贵，因就诸城门相近。院凡十八处，减价粜卖，仍不限其数，张榜通衢。翌日，米价遂减，前此或限胜升斗以粜，或抑方井价直，适足以增其气焰，而终不能平其价。大抵临事当须有术也。”④ “（张）咏访知民间旧苦盐贵，而私廪尚有余积，乃下盐价，听民得以米易盐，民争趋之，未逾月，得米数十万斛。”⑤ 特殊时期政府还会直接赈济灾民，高宗初年，前吏部郎中冯檝“出米以助振（赈）给”，“活饥民甚众”⑥。

在巴蜀地区，只有成都平原水陆交通便利，其他三州大多都是丘陵和山地，道路崎岖，交通不便，这在很大程度上影响了农民的生活。张方平说：“彼穷乡荒野下户细民，冬正节腊，荷薪刍入城市，往来数十里，得五、七十钱，买葱茹盐，老稚以为甘美，平日何尝识一钱。”⑦ 由于距离集市较远，农民只有在过节的时候才能买一些葱、盐等物品。

---

① 〔清〕徐松辑：《宋会要辑稿》食货63之6，中华书局1957年版，第5989页。

② 〔清〕徐松辑：《宋会要辑稿》食货68之92，中华书局1957年版，第6299页。

③ 《重修成都西楼记》，曾枣庄、刘琳主编：《全宋文》第70册，巴蜀书社1988年版，第47页。

④ 〔宋〕江少虞：《宋朝事实类苑》卷23《官政治绩·文潞公》，上海古籍出版社1981年版，第272页。

⑤ 〔宋〕李焘：《长编》卷36，中华书局1992年版，第798页。

⑥ 〔元〕脱脱等：《宋史》卷178《食货志》，中华书局1977年版，第4340-4341页。

⑦ 〔宋〕张方平：《乐全集》卷26《论率钱募役事》，《景印文渊阁四库全书》第1104册，台湾商务印书馆1983年版，第227页。

当然，战争破坏、上等户囤积、商人唯利是图等因素对物价也有影响和制约。总体来说，巴蜀地区的农民无法仅仅依靠耕种让生活得到保障。陆诜言：“川峡四路与内地不同，刀耕火种，民食常不足，至种芋充饥。今本路省税科折已重，蜀民轻侈不为积蓄，万一岁俭不能偿官，适陷民于死地可哀。愿罢四路使者，如其故便。并言差役、水利事皆不当改焉。”①况且两宋时期巴蜀乡村地区主客户关系微妙，“宋代经济在唐代繁荣的基础上持续发展，客户的人身依附关系也相对减轻。但由于社会经济发展不平衡，川峡地区的客户仍处于农奴的地位”②。他们必须依靠农闲时期的副业收入和上等户及政府的帮助，才能勉强维持生活。

正如司马光所说：

> 窃惟四民之中，惟农最苦，农夫寒耕热耘，沾体涂足，戴星而作，戴星而息。蚕妇育蚕治茧、绩麻纺纬，缕缕而积之，寸寸而成之，其勤极矣！而又水旱、霜雹、蝗蜮间为之灾。幸而收成，则公私之债交争互夺。谷未离场，帛未下机，已非已有矣。农夫、蚕妇，所食者糠籺而不足；所衣者绨褐而不完，直以世服田亩，不知舍此之外，有何可生之路耳。故其子弟游市井者，食甘服美，目睹盛丽，则不复肯归南亩矣。至使世俗俳谐，共以农为嗤鄙，诚可哀也。又况聚敛之臣于租税之外，巧取百端，以邀功赏。③

两宋时期巴蜀地区总体发展水平在全国处于领先地位，这有赖于农业的发展，而农业发展的前提是巴蜀广大农民的辛勤耕作。他们通过种地、发展副业、做雇佣工等一系列生产经营活动，维持、改善和提高生活水平，但是赋税、劳役、战争、自然灾害等因素也时刻对他们的生活产生消极影响。

---

① 〔宋〕李焘：《长编》卷214，中华书局1992年版，第5222-5223页。

② 苏金源：《论宋代客户的人身依附关系》，《宋史研究论文集》，上海古籍出版社1982年版，第76页。

③ 〔宋〕李焘：《长编》卷359，中华书局1992年版，第8590页。

第三节　宋代巴蜀农民的精神生活

两宋时期巴蜀地区文化教育事业有所发展，“北宋学术之兴起……实为先秦以后，第二次平民社会学术思想自由活泼之一种新气象也”①。此外，宗教信仰、娱乐活动也是种类繁多，丰富多彩。

一、乡村文化教育

（一）家庭教育

巴蜀地区历史文化悠久，到宋代，更是人才辈出：北宋有田锡（嘉州洪雅）、范镇、范祖禹（成都华阳）、陈希亮（眉州青神）、张唐英（蜀州新津）、杨绘（汉州绵竹）、常安民（邛州临邛）；南宋有刘光祖（简州阳安）、张忠恕（汉州绵竹）、吴昌裔、吴泳（梓州中江）许奕（简州）等。三苏、阆州陈氏兄弟三人、李焘都是其中的佼佼者。

宋代巴蜀地区家庭教育的方式多种多样，有父母亲自教授的，也有自学者。

> 苏轼字子瞻，眉州眉山人……母程氏亲授以书，闻古今成败，辄能语其要。程氏读东汉《范滂传》，慨然太息，轼请曰：“轼若为滂，母许之否乎？”程氏曰：“汝能为滂，吾顾不能为滂母邪？”比冠，博通经史，属文日数千言，好贾谊、陆贽书。既而读《庄子》，叹曰：“吾昔有见，口未能言，今见是书，得吾心矣。”②

苏轼小时候在母亲的教导下深明大义，为日后有所作为打下了坚实的基

① 钱穆：《国史大纲》，商务印书馆 2012 年版，第 17-18 页。

② 〔元〕脱脱等：《宋史》卷 338《苏轼传》，中华书局 1977 年版，第 10801 页。

础。苏载之父则是自学者：

> 眉山苏洵，少不喜学，壮岁犹不知书，年二十七，始发奋读书，举进士，又举茂才，皆不中，曰："此未足为吾学也。"焚其文，闭户读书，五六年，乃大究《六经》、百家书说。嘉祐初，与二子轼、辙至京师，欧阳文忠公献其书于朝，士大夫争持其文，二子进士亦皆在高等，于是，父子名动京师，而苏氏文章擅天下，目其文曰三苏，盖洵为老苏、轼为大苏、辙为小苏也。①

（二）学校教育

宋初巴蜀的学校教育经历了一个衰败的阶段，"国初天下未有学也，庆历三年（1043）以后，虽用范文正公之议，诏州县立学，然学未遍而诏旋寝矣"②，到后来才慢慢地发展起来。苏轼说："蜀中在宋初数十年间，人们救死扶伤不暇，学校衰息，少人业儒。仁宗天圣以后，情形大变，释耒耜而执笔砚者，十室而九。"③ 苏辙说："吴、蜀等处，家习书算……至于（河北、河东、陕西）三路等处，民间不谙书算。"④

在两宋时期的巴蜀乡村，蒙童"自八岁入小学，教之以洒扫应对之节，礼乐射御书数之文。逮十有五而入大学，则进乎明德新民以至于至善，本乎致知格物以极于治国平天下。"⑤。农村中一般设置有季节性的村塾、冬学。农村孩子们平常帮父母干农活，到了每年的十月份农闲时，本身没有多少知识文化的家长就会把孩子们送到乡村的"冬学"，由专门的先生来对其进行教育。陆游的《观村童戏溪上》诗说："三冬暂就儒生学，千耦还从父老

---

① 〔宋〕王辟之撰，吕友仁点校：《渑水燕谈录》卷4《忠孝》，中华书局1981年版，第41-42页。

② 《普州贡院记》，曾枣庄、刘琳主编：《全宋文》第310册，巴蜀书社1988年版，第357页。

③ 〔宋〕苏轼著，傅成、穆俦点校：《苏轼全集》卷49《谢范舍人书》，上海古籍出版社2000年版，第1657页。

④ 〔宋〕苏辙著，曾枣庄、马德富点校：《栾城集》卷45《论衙前及诸役人不便札子》，上海古籍出版社1987年版，第991页。

⑤ 《小学之书后序》，曾枣庄、刘琳主编：《全宋文》第310册，巴蜀书社1988年版，第3页。

耕。识字粗堪供赋役，不须辛苦慕公卿。”① 一般农民都是在农闲的时候将自己的孩子送入学堂，以使其粗通文墨。宋朝官府摊派赋役，有大字张挂的榜贴、由字（通知单）、税钞之类，农民私人也有土地契约、地租契约、借贷契约之类，因此农村子弟有识字的必要。

除了私塾，宋代还有官学，“时未有州县之学，先有乡党之学。盖州县之学，有司奉诏旨所建也。故或作或缀，不免具文；乡党之学，贤士大夫留意斯文者所建也。故前规后随，皆务兴起，后来所至，书院尤多，而其田土之赐，教养之规，往往过于州县学”②。官学的学生还能享受补贴。元丰三年（1080）诏：“外舍生每月发津贴八百五十文，内舍生和上舍生每月发津贴一千零九十文”，“外舍生食，人月为钱八百五十增至一千一百”③。崇宁三年（1104），“外舍生增至一千二百四十文，内舍、上舍生增至一千三百文”④。

学校数量在一定的程度上能够反映当地的教育水平，据蓝勇《西南历史文化地理》中对宋代巴蜀地区书院的统计，“其中成都府路兴办书院 15 所，潼川府路 13 所，夔州路 11 所，利州路 3 所”⑤。巴蜀各路的学校数量实际也间接地反映了当地的经济发展水平。

（三）宋代巴蜀乡村文化教育发展原因

宋代新的文化传播手段的普遍应用，特别是雕版印刷业的发展，使信息的承载和传递发生了历史性变革。社会上广开向学之路，取仕不问家世，文化消费已不再被少数世家大族所垄断，逐渐向各阶层普及，由此带动了文化消费的兴起。当时从通都大邑到穷乡僻壤，“人人尊孔孟，家家诵诗书”。

宋朝巴蜀富民积极参与乡村公益事业，在本地修建书院，或者资助进京考试的士子。如荣州荣德县（今四川荣县）杨处世善治生，后筑室聚书办起

---

① 〔宋〕陆游著，钱仲联点校：《剑南诗稿校注》卷 1《观村童戏溪上》，上海古籍出版社 1985 年版，第 103 页。

② 〔元〕马端临：《文献通考》卷 46《学校考七・郡国乡党之学》，中华书局 1986 年版，第 429 页。

③ 〔清〕徐松辑：《宋会要辑稿》职官 28 之 10，中华书局 1957 年版，第 2976 页。

④ 〔清〕徐松辑：《宋会要辑稿》职官 28 之 15，中华书局 1957 年版，第 2976 页。

⑤ 蓝勇：《西南历史文化地理》，西南师范大学出版社 1997 年版，第 89–95 页。

了一个私家书院，“引内外良子弟数十人，召耆儒之有名业者教之”。其子杨约于皇祐五年（1053）高中进士①。

巴蜀地区由于四周为崇山峻岭，交通不便，举子赴京参加考试往往要辗转数月。为解决这一问题，成都房君在宁宗嘉定五年（1212）“出其钱若干贯，得田若干亩于其乡，名之曰‘尚贤庄’，又为之库庾若干间，而大建堂于其中，亦以‘尚贤’明之。岁约收若干石，积三年之收，以待士之贡于天子。贡一人则并给之，一人以上则均给之”②。

宋代巴蜀官吏对当地的教育也起到一定的扶持作用：

> 孙文懿公，眉州鱼蛇人，少时家贫，欲典田赴试京师，自经县判状，尉李昭言戏之曰：“似君人物求试京师者有几人?”文懿以第三登第，后判审官院。李昭言者赴调，见公恐甚，意公不忘前日之言也。公特差昭言知眉州。又公尝聚徒荣州，贫甚，得束脩之物持归，为一村镇镇将悉税之。至公任监左藏库，镇将者部川绢纲至，见公愧惧。公慰谢之，以黄金一两赠其归。其盛德如此。③

二、宗教信仰

在中国古代社会中，释教、道教与儒学共同影响着大众生活的各个方面。此外，民间信仰也巴蜀乡村宗教信仰的重要内容，包括民间流行的各种神、鬼、图腾、灵物、前兆、占卜、祭祀等信仰形式。

（一）佛道信仰

两汉之际传入中国的佛教，到唐代已经完全中国化了。范文澜先生在论

① 〔宋〕文同：《丹渊集》卷38《荣州杨处世墓志铭》，《景印文渊阁四库全书》第1096册，台湾商务印书馆1983年版，第784页。

② 〔宋〕度正：《性善堂稿》卷10《尚贤堂记》，《景印文渊阁四库全书》第1170册，台湾商务印书馆1983年版，第233页。

③ 〔宋〕邵伯温撰，刘德权、李剑雄点校：《邵氏闻见录》卷8，中华书局1983年版，第78页。

及佛教的中国化时曾说："唐朝佛教的中国化，第一步是佛教的玄学化，第二步是佛教的儒家化。经过改造的佛教成为了适合中国士大夫口味的佛教。"① 因此，唐宋之际佛教在下层民众中的影响进一步扩大。宋朝前期上层统治者对佛教也是深信不疑，"峨眉山僧茂贞者，以术得幸，尝言于上曰：'赵昌言鼻折山根，此反相也，不宜委以蜀事。'" 结果太宗信以为真，对宰相说："昨遣昌言入蜀，朕徐思之，有所未便……宜令驻凤翔。"② 佛教信仰不仅是信众信仰世界的一个重要组成部分，同时，也成了他们日常生活不可分割的有机体。

宋代每年四月八日举行浴佛斋会，民间男女老幼前去观瞻礼敬、"以祈恩福"者极多，人们还争求浴佛水，用以饮漱③。佛教在民间的普及使得佛教的若干神明进入民众的信仰领域，阎罗王、五道将军、五通神、观音菩萨就是其中很有代表性的几位。阎罗王为古印度神话中管理阴间的王，佛教沿用其说，进入中国后，变成了中国民众信奉的阴间主宰。到宋代，民众对阎罗王的崇信更为普遍。洪迈《夷坚丁志》"阎罗城"条即是对当时民众阎罗王信仰情况的详细描绘。文献记载宋代人死后做阎罗王的有"范仲淹"④ "寇准"⑤，可见这种地狱说已经深入民众心中，成为他们从精神上报复邪恶势力的武器。

观音菩萨是民众中流传最广也最为人喜爱的一个佛。其实，这位原本为男身的菩萨，早在南北朝就有了一项重要的功能，那就是送子。也就是从那时起，其性别开始发生改变，到宋代以后观音化成典型的中国女性形象。

据《宋高僧传》载，某些唐宋僧人具有神通，比如祈雨："会岁旱，公洁斋以祷，曰：三日而雨，且大治祠宇以报"⑥，"张邓公士逊为梓州射洪县令，会岁旱，祷于白崖山陆使君祠，遂雨"⑦。据记载，僧人还具有预言、影

① 范文澜：《中国通史》，人民出版社1978年版，第209页。

② 〔宋〕李焘：《长编》卷36，中华书局1992年版，第796页。

③ 〔宋〕周密：《武林旧事》卷2《浴佛》，西湖书社1981年版，第41页。

④ 上海古籍出版社编：《宋元笔记小说大观》，上海古籍出版社2000年版，第2896页。

⑤ 〔清〕沈涛撰：《铜熨斗斋随笔》，中华书局1991年版，第58页。

⑥ 《成都府江渎庙碑》，曾枣庄、刘琳主编：《全宋文》第223册，巴蜀书社1988年版，第172页。

⑦ 〔宋〕范镇撰，汝沛点校：《东斋记事》卷4，中华书局1980年版，第33页。

响天相、使猛兽驯服、使蝗虫离境等能力①。

人们信仰佛教也希望长寿或者得到养生的方法：

> 成都无名高僧者，诵《法华经》有功，虽王均、李顺两乱于蜀，亦不敢害。一旦，忽一山仆至寺，言先生来晨请诵经，在药市奉候，至则已在，引入溪领数重，烟风中，有一跨溪山阁，所居也。仆传其语曰："先生请师诵经，老病起晚，诵至宝塔品，原见报，欲一听至此品。"报之，果出，野服藜杖，两眉垂肩，但嘿揖，焚香侧听，听罢遂入，不复出。将斋，以藤盘竹箸，秫饭一盂，杞菊数瓯，不调盐酪，若美甘露。食讫，仆持衬镪敬施之，曰："先生寄语上人，远到山舍，不及攀送，遣仆送出路口。"因中途问仆曰："先生何姓？"曰："姓孙。"曰："何名？"仆于僧掌中书"思邈"二字，僧因大骇，欲再往，仆据失之。凡山中寻三日，竟迷旧路，归视衬资，皆良金也。中五六金，一半尚铁。由兹一膳，身轻无疾，天禧中，已一百五十岁，长游都市，后隐不见。②

宋代民间的佛教信仰活动，比较突出地表现在对神的膜拜上。人们纷纷以烧香拜佛、供奉果品、布施斋僧、修建佛寺、塑像造塔、刻印佛经、许愿还愿、放生吃素、念经拜佛、广作法事、传经朝岳、结社集会等方式来表达对佛教或菩萨的景仰和崇拜。契嵩将佛教"五戒"比附儒学"五常"，他说："夫不杀，仁也；不盗，义也；不邪淫，礼也；不饮食，智也；不妄言，信也。"③

我们对民众佛教信仰的探讨并不表明他们的信仰世界里只有佛教。事实上，民众的信仰情感是很不专一的，他们"于圣贤仙佛各种偶像，不分彼

---

① 〔宋〕赞宁撰，范祥雍点校：《宋高僧传》，中华书局1987年版，第293页。

② 〔宋〕江少虞：《宋朝事实类苑》卷43《仙释僧道·无名高僧》，上海古籍出版社1981年版，第563-564页。

③ 石俊等编：《中国佛教思想资料选编》第1册，中华书局1981年版，第282页。

此，一例崇拜”①。各路神明只要能为其所用，概不拒绝。所以，他们的信仰情感必然是多样的，佛教信仰只是其中一端。“宋代民间信仰是宋代文化的组成部分，宋代民间信仰中渗入糅合了许多外来的佛教因素。民间信仰是一种与大众历史生活密切相关的‘俗文化’现象，它具有较强的稳定性和延续力，因此其变化是较缓慢而滞后的。”②

道教是中国土生土长的宗教，从产生到宋朝建立有几百年历史，在汲取儒家、释家的精华的基础上不断完善。北宋真宗、徽宗都极其信仰道教。宋真宗时期大力提倡道教，“天下始遍有道像矣”③。民间对道教信仰也出于功利心：“李知几少时，祈梦于梓潼神。是岁，梦至成都天宁观，有道士指织女支机石曰：‘以是为名字，则及第矣！’李遂改名石，字知几。是举过省。”④道教也能预言吉凶：“西山十二真君各有诗，多训戒语，后人取为籖，以占吉凶，极验。射洪陆使君庙以杜子美诗为签，亦验。”⑤ 民众信仰道教还怀有对长寿的向往：“陆道士惟忠字子厚，眉山人，好丹药，通术数，能诗，萧然有出尘之姿，久客江南，无知之者。”⑥

两宋时期巴蜀地区人民羡慕道士生活，估计是因为道士生活安逸清闲，常年云游四海，游览名山大川，不用考虑赋税、劳役。太平兴国四年(979)，“绵州罗江县罗公山真人罗公远旧庐，有人乘车往来山中，石上有新辙迹，深三尺余，尽五色。知州种士衡缘辙迹至洞口，闻鸡犬声”⑦，显示出一种世外桃源的生活情境。

宣扬孝道已成为当时民间佛事活动的一个重要内容，如南宋四川大足宝顶山摩崖造像中有一组《父母恩重经变相》群雕，其内容就是描写父母养育子女的辛劳以及对儿女的恩德，其场景有求子、怀胎、临产、哺育、洗涤、

---

① 梁漱溟：《中国文化要义》，上海人民出版社2000年版，第69页。

② 范荧：《宋代民间信仰的佛教因素》，《上海师范大学学报》1995年第1期。

③ 〔宋〕李焘：《长编》卷72，中华书局1992年版，第1637页。

④ 〔宋〕陆游撰，李剑雄、刘德权点校：《老学庵笔记》卷2，中华书局1979年版，第18页。

⑤ 〔宋〕陆游撰，李剑雄、刘德权点校：《老学庵笔记》卷2，中华书局1979年版，第18页。

⑥ 〔宋〕苏轼撰，王松龄点校：《东坡志林》卷2《陆道士能诗》，中华书局1981年版，第37页。

⑦ 〔宋〕江少虞：《宋朝事实类苑》卷43《仙释僧道·罗真人第》，上海古籍出版社1981年版，第564页。

远行思念、关怀教诲等。第一龛《投佛祈求嗣息像》下还刻有慈觉大师的颂文："父母为香火，求生孝顺儿，提放年老日，起坐要扶持。"可见，宗教信仰与孝道已经完全结合起来了。

无论是佛教还是道教，在两宋时期都是为上层统治者服务的，无论达官贵人还是普通民众，他们信仰目的无非是"保平安""求富贵""能长生"，除去这种简单、现实的需求之外，他们还希望能够在思想上有所超脱，以求解脱现实中的种种烦恼和苦难。

（二）民间信仰

宋代巴蜀民众十分崇尚巫术。《宋史》中记载李惟清在开宝年间任涪陵县尉时，"蜀民尚淫祀，病不疗治，听于巫觋。惟清擒大巫笞之，民以为及祸。他日又加箠焉，民知不神。然后教以医药，稍变风俗"①。当时的民众信巫不信医："广安军俗信巫，疾病不加医药。"②"康定中，大疫，寿安县太君王氏家婢疫染相枕藉，他婢畏不敢近，且欲召巫以治之。"③在县城里居住的人况且信巫不信医，偏远农村地区的情况可想而知。

巴蜀地区人民对梦境也很在意，苏轼就曾记载过自己的梦境：

> 明日兄之生日，昨夜梦与弟同自眉入京，行利州峡，路见二僧，其一僧须发皆深青，与同行。问其向去灾福，答云："向去甚好，无灾。"问其去京师所需，"要好朱砂五六钱"。又手擎以小卵塔，云："中有舍利。"兄接得，卵塔自开，其中舍利灿然如花，兄与弟请吞之。僧逐分为三分，僧先吞，兄弟继吞之，各一两，细大不等，皆明莹而白，亦有飞迸空中者。僧言："本欲起塔，却吃了！"弟云："吾三人肩上各置一小塔便了。"兄言："吾等三人，便是三所无缝塔。"僧笑，逐觉。觉后胸中噎噎然，微似含物。④

---

① 〔元〕脱脱等：《宋史》卷267《李惟清传》，中华书局1977年版，第9216页。

② 〔宋〕范镇撰，汝沛点校：《东斋记事》卷4，中华书局1980年版，第36页。

③ 〔宋〕范镇撰，汝沛点校：《东斋记事》卷4，中华书局1980年版，第36页。

④ 〔宋〕苏轼撰、王松龄点校：《东坡志林》卷1《记子由梦塔》，中华书局1981年版，第16页。

费孝通先生曾总结人们对鬼神的信奉："我们对鬼神也很实际，供奉他们为的是风调雨顺，为的是免灾逃祸。我们的祭祀有点像请客、疏通、贿赂。我们的祈祷是许愿、哀求。鬼神在我们是权利，不是理想；是财源，不是公道。"① 因此两宋时期巴蜀地区家家供奉的"土地爷""水神""灶君""祖宗牌位"等，都是与生活相关的神灵。

（三）对具体人物的信仰

宋代巴蜀地区崇祀最盛的行业神莫过于读书人尊崇的文昌帝君，即"梓潼神"②。人民也信奉与水利设施密切相关的灌口二郎神，太宗淳化四年（993）王小波、李顺等还借灌口二郎神的名义率众起义。仁宗天圣六年（1028），又有益州"妖人"自称李冰神子，图谋不轨，被知州程琳捕斩：

> 程琳知益州，治大体，略细务，严肃简重，蜀民畏而爱之。蜀州有不逞者，聚恶少百余人，作灌口二郎神像，私立官号，作士卒衣装，铙鼓萧吹，日椎牛为会。民有骏马者，遂遣人取之，曰："神欲此马。"民拒之，其马遂死。又率良民从其群，有不原往者，寻得疾病，盖亦有妖术尔。有白其事，琳皆捕而戮之，曰："李顺由此而起，今锄其根本，且使蜀中数十年无恙。"③

当时还有"草鞋大王"的传说：

> 绍兴癸丑，予客淮南，时右司陈子长，蜀人也，以庾节摄楚州。往访之。从容言及蜀道上有百年古木，枝叶繁茂，阴可庇一亩，故东西行者多憩其下，或易屝屦，则以其旧抛挂于枝上以为戏，久而积千百双，亦有卜心事者，往往皆应，人固神之。忽一士人应举过

① 费孝通：《芳草天涯·眼睛望着上帝》，苏州大学出版社2005年，117页。

② 〔清〕徐松辑：《宋会要辑稿》礼20之55-56，中华书局1957年版，第792页。

③ 〔宋〕江少虞：《宋朝事实类苑》卷23《官政治绩·程文简》，上海古籍出版社1981年版，第273页。

之，旁无人焉，取佩刀削树皮书曰："草鞋大王，某年月日降。"莫有知者。洎回途，则已立四柱小庙堂矣。士笑而不言。三年再至，则祠宇壮丽，亦有十数家于其侧。惊而问焉，则备言其灵感。士乃留宿而扣神曰："神之号盖某戏书，胡然而至此盛耶？抑神何人也？"是夕，梦神紫绶而请见，告之曰："予此近老铺兵也，平生不敢欺心。拣汰之后，每见负重而不能前者，因为送五里以息其肩，无他长也。不谓上帝录是劳绩，顾未有所处，得先辈书此号，遂受敕，俾血食。"士曰："若何为而能灵感？"神曰："是非予所能也，每有祷雨旸或休咎，即为奏帝。帝以其诚，随扣得请尔。"士曰："然则某之前程可问乎？"神曰："诺。"再夕，梦神告曰："必俟某年而后登第，当至何官。"已而皆验。然则神亦何常之有？人苟有一善，上帝无不录之，积恶亦然，可不知所择哉。①

宋代统治者很注重利用宗教来巩固他们的统治地位。宋太祖建隆三年（965）灭后蜀，当时巴蜀形势并不稳定，曾多次发生武装反抗事件。赵宋政权除加强对巴蜀的控制外，还利用民众信仰佛教的心理，刻印佛经以笼络人心："开宝四年（971）遣内侍张从信等去益州（成都）监刻大藏经13万版，凡5048卷。这是我国历史上第一部雕印的佛经总集，称为《开宝藏》或《蜀藏》。在宋政权的提倡下，此后由寺院募捐大批刻印佛经，积累了刻印经验，培养了大批刻印工匠，使四川的雕刻印刷业，在唐朝的基础上，发展成为刻书中心之一。"②

三、娱乐活动

（一）丰富多彩的娱乐活动

巴蜀地区独特的气候条件和地形因素造就了很多著名的自然风景区，使

① 〔宋〕刘昌诗撰，张荣铮、秦呈瑞点校：《芦浦笔记》卷4《草鞋大王事》，中华书局1986年版，第4页。

② 姚瀛艇主编：《宋代文化史》，河南大学出版社1992年版，第67页。

得巴蜀地区的民众养成了好游玩的性格。如：

> 四方咸传蜀人好游娱无时，予始亦信然之。逮忝命守益，梲辕逾月，即及春游。每与民共乐，则作一诗以纪其事。自岁元徂景至，止得古律、长调、短韵共二十一章。其间上元灯夕、清明、重九、七夕、岁至之类，又皆天下之所共，岂曰无时哉？传之者过矣！蜀之士君子欲予诗闻于四方，使知其俗，故复序以见怀。①

生活富裕也是巴蜀人爱好游玩的一个原因，“人食稻鱼，俗不愁苦，而轻易淫泆。然地沃人骄，奢侈颇异，人情物态，别是一方”②。巴蜀地区的民众游玩项目极多：

> 成都自上元至四月十八日，游赏几无虚辰，使宅后圃名西园，春时纵人行乐。初开园日，酒坊两户各求优人之善者，较艺于府会。以骰子置于合子中撼之，视数多者得先，谓之“撼雷”。自旦至暮，唯杂戏一色。坐于阅武场，环庭皆府官宅看棚。棚外始作高凳，庶民男左女右，立于其上如山。每诨一笑，须筵中哄堂，众庶皆噱者，始以青红小旗各插于垫上为记。至晚，较旗多者为胜。若上下不同笑者，不以为数也。浣花自城去僧寺凡十八里……两岸皆民家，绞洛水阁……以大舰载公库酒，应游人之家，计口给酒，人支一升……夹道作棚，为五七层，人立其上以观，但见其首，谓之“人头山”，亦分男左女右。至重九药市，于谯门外之玉局化五门，设肆意货百药，犀麝之类，皆堆积。③

---

① 《成都遨乐诗》，〔宋〕袁说友等编，赵晓兰点校：《成都文类》卷9，中华书局2011年版，第177页。

② 〔宋〕乐史撰，王文楚等点校：《太平寰宇记》卷72《剑南西道一·益州·风俗》，中华书局2007年版，第1461页。

③ 〔宋〕庄绰撰，萧鲁阳点校：《鸡肋编》卷上，中华书局1983年版，第20-21页。

宋时，广大中下层人民还发展了属于自己的文学艺术，这就是“说话”。“说话”技艺是一种民间口头创作，“说话”在唐代已经很流行，到宋代特别是南宋更加盛行，听众主要是普通民众。“说话”中最主要的是“小说”和“讲史”，“小说”所说的主要是现实生活，是以普通大众或普通民众所熟悉的人物为主角的短篇故事。其中流行最广的是北宋的“杨家将”和南宋的“岳家军”。“讲史”所说的则是历史故事，是以历史上的帝王将相、英雄好汉之类为主角的长篇故事。这两种“说话”受到广大乡村群众的欢迎，正反映出农民要求以自己的眼光认识现实生活和认识历史文化的愿望，同时也为他们的生活增添了不少的色彩。两宋巴蜀乡村地区的文体娱乐丰富多彩，充分反映了宋代文化的繁荣。

第四章
唐宋巴蜀地区的士人群体及其管理

第一节 唐宋时期蜀士群体的生存环境

士者，读书人之谓也，“学而优则仕”乃古代读书之人的现世理想。读书、仕宦成为了古人生命历程中的常态。然而历代选贤举能的门径各有不同：汉世求士，首先观其言察其行，考其道德修养，然后举荐于朝堂；魏晋时，注重门第，世家大族占据要领；隋炀帝之时，始置进士科，分科取士逐步扩大；李唐则进一步完善科举制度，将念书与入仕紧密联系起来，普通人亦能通过此径改变命运。

随着唐宋科举制度的完善，巴蜀的读书之人渐多，蜀士的影响力也日益扩大。据统计，《宋史》出现蜀士一词达 26 次之多①。其中著名者如李氏性传、心传、道传，陈氏尧叟、尧佐、尧咨，虞氏允文、刚简、易简、汲，范氏镇、百禄、祖禹，苏氏舜钦、易简、舜元，苏氏洵、轼、辙，皆蜀人也。此所言的蜀士大体是指生活在巴蜀地区的士人群体，其多以科举中第，并且多为擅长文学、政事通显的读书之人。

---

① 张翠方：《近年来的宋代蜀士群体研究》，《四川教育学院学报》2011 年第 10 期。

一、巴蜀的自然环境与社会特性

唐宋时期巴蜀地区特殊的地理环境和社会文化，孕育出了独具地方特色的蜀士群体。因此要考察蜀士群体，就必须对其生存的自然环境与社会背景进行讨论。

（一）地理环境概况

“地理环境是自然环境中的一环，是指直接影响一定社会人们生活的具体的地理空间、位置、地形、地貌、土壤、气候等条件的总和。地理条件具有普遍的意义。虽然不同地区的地理条件存在着相当大的差异，并通过这些特殊的生态环境，影响各个地区社会生产的发展方向和社会生活的特殊风貌。”① 地理环境对人类社会的发展有着十分重要的影响，虽然它并非是决定历史发展的唯一因素，但却是值得我们探究的一个极其重要的要素。尤其是在对区域社会的考察中，理应首先去思考地理环境的影响。所以研究唐宋巴蜀地区的历史文化，不得不关注其地理环境。

首先，从地形地貌上来看。巴蜀位于中国的西南，区域内地形地貌复杂，盆地、平原、山地、丘陵等多种地形单元并存，北靠秦岭、大巴山，西邻青藏高原，南望云贵高原，东连荆楚丘陵。四川盆地内部以华蓥山和龙泉山为界，形成了东部的平行岭谷，中部的丘陵和川西平原三个部分。山地、丘陵众多，地表崎岖不平，使得巴蜀地区显得封闭、阻塞，在古代给人留下了“其地四塞，山川重阻”② 的印象。唐代大诗人李白的《蜀道难》就生动地描绘出巴蜀交通闭塞、通达不便的画面。巴蜀相对封闭的地形地貌，虽为巴蜀民众提供了相对稳定的地域环境，但其对外的拓展不够积极，文化、商贸等亦受其影响。

其次，从气候特征上来说。温度与雨量是气候条件中的重要因素，温度的高低、雨量的多寡，与一地经济、文化的发展有着很大的关系。就与人类

---

① 吴增基等：《现代社会学》，上海人民出版社 2014 年版，第 54 页。

② 〔唐〕魏徵：《隋书》卷 29《地理志》，中华书局 1997 年版，第 830 页。

生活密切相关的农作物而言，如大麦、小麦必须满足一定的温度、水分才能茁壮生长。若温度太低，雨量太少，则五谷不能生长，人民的生存将会十分困难。巴蜀地区属于温暖湿润的亚热带季风气候区，雨量较多，俗语中的“巴山夜雨”“蜀犬吠日”概括了当地的气候特征。区域内气候温暖，“土植宜柘，茧丝织文纤丽者穷于天下，地狭而腴，民勤耕作，无寸土之旷，岁三四收”①，使得成都平原成为全国重要的商品粮基地，出现了“千人耕种万人食”② 的局面。

再次，从水文条件上来看。巴蜀地区河流较多，除了长江之外，还有较多雅砻江、岷江、大渡河、沱江、嘉陵江等。充足的水源为巴蜀的农田灌溉提供了便利的条件，史料载：“蜀江之利，置堰溉田，旱则引灌，涝则疏导，故无水旱。”③ 同时，巴蜀的水产品也较为丰富，如合州石镜人赵燕奴，“以捕鱼、宰豚为业”④。可见区域内的水产资源足以满足民众日常需要并以此为业。

巴蜀是西南地区最早被纳入中央王朝的区域，最先习染了中原华夏文明，加上物产丰富，山川风景秀美，自古被称为“天府之国”，因此蜀人多愿留居巴蜀，对外交往的动力略显不足，所以巴蜀士人的身上或多或少留下了受地理环境影响的痕迹。

（二）社会特性

文同曾如此评价巴蜀：“今海内之蕃域号为至重者，举莫若吾之全蜀，壤土衍沃，民俗丰夥。”⑤ 唐宋时期巴蜀地区的经济、文化较为繁荣，在全国占有举足轻重的地位。地方社会亦呈现出一些迥异于其他地区的特性。

---

① 〔元〕脱脱等：《宋史》卷 89《地理志》，中华书局 1975 年版，第 2230 页。

② 〔宋〕苏轼著，邓立勋编校：《苏东坡全集》卷 1《和子由蚕市》，黄山书社 1997 年版，第 21 页。

③ 〔元〕脱脱等：《宋史》卷 89《地理志》，中华书局 1977 年版，第 2230 页。

④ 〔宋〕李昉等：《太平广记》卷 86，中华书局 1961 年版，第 565 页。

⑤ 〔宋〕文同：《新刻石室先生丹渊集》卷 26《送赵大资再任成都府诗序》，四川大学古籍所编：《宋集珍本丛刊》，线装书局 2004 年版，第 246 页。

1. 战略位置凸显

巴蜀是西南诸省区中最早被纳入中央王朝版图的，与中原文化的交流较为频繁。唐代巴蜀地区在李唐王朝中扮演着三种不同角色："一是盛唐大后方，二是控御西南的前沿，三是交通东南西北的枢纽。"① 因此对于中央政权而言，巴蜀有着重要的战略意义。正如梁中效在《唐代四川的区位优势》一文中所言："四川是唐都长安的外府，是唐朝控制西南、西北的枢要。"② 至赵宋，巴蜀依然举足轻重，"川、峡四路……南至荆峡，北控剑栈，西南接蛮夷"③，"虽控制一隅，而形胜实关天下"④。巴蜀逐步演化成西南地区的政治重心，在某种程度上左右着西南边陲的局势。此种政治优势日益显著，使得中央王朝对巴蜀实行了较多的特殊政策⑤。

2. 经济富庶，区域经济不平衡

在不断的开发下，巴蜀区域经济得到了长足发展，较早就成了富庶的经济区。战国秦汉时期，成都平原就有"天府之国"的美誉。到了唐代，巴蜀的富庶已是闻名遐迩。如陈子昂曾言："蜀为西南一都会，国家之宝库，天下珍货聚出其中。又人富粟多，顺江而下，可以兼济中国。"⑥ 物产丰饶的巴蜀为李唐王朝提供了充足的物质保障，唐初就出现了官员就食巴蜀的现象。如史载："比年寇盗，郡县饥荒，百姓流亡，十不存一。贸易妻子，奔波道路……今岷嶓款服，蜀汉沃饶，闾里富于猗陶……外内户口见在京者，宜依本土置令以下，下官部领，就食剑南诸郡。"⑦ 武德二年（619）"闰二月，太府少卿李袭誉运剑南之米以实京师"⑧，从剑南运米以满足京师长安的粮食需

① 蓝勇：《唐代长江上游地域空间的三大地位》，《盛唐地域结构与运作空间》，上海辞书出版社2003年版。

② 梁中效：《唐代四川的区位优势》，《成都大学学报（社会科学版）》2000年第1期。

③ 〔元〕脱脱等：《宋史》卷89《地理志》，中华书局1977年版，第2230页。

④ 〔宋〕郭允蹈：《蜀鉴序》，商务印书馆1937年版，第1页。

⑤ 余蔚：《两宋政治地理格局比较研究》，《中国社会科学》2006年第6期。

⑥ 〔后晋〕刘昫：《旧唐书》卷190《陈子昂传》，中华书局1975年版，第5022-5023页。

⑦ 《定户口令》，〔清〕董诰等：《全唐文》卷1，中华书局1983年版，第18页。

⑧ 〔后晋〕刘昫：《旧唐书》卷1《高祖纪》，中华书局1975年版，第4-5页。

求。广德年间，剑南西川节度使高适亦载："比日关中米贵，而衣冠士庶颇亦出城，山南、剑南道路相望，村坊市肆，与蜀人杂居，其升合斗储，皆求于蜀人矣。"① 京师对巴蜀粮食的依赖，足以说明巴蜀之于中央的重要性。到了宋代，宋太祖赵匡胤实行"先易后难，先南后北"的战略，首先攻占巴蜀地区，无非是将其"作为财政之府库"②，以巴蜀地区丰硕的资源作为其统一进程中的物质保障。可以说，"历代封建王朝无一不把成都地区作为统一中原和割据四川的经济基础"③。

另外，巴蜀的经济亦呈现出亚区间的不平衡性。苏辙说："东巴蜀险而民贫，不如西蜀之厚。"④ 益州路（成都府地区）地处成都平原，是巴蜀最为发达之地。吕陶载："成都府、永康军、彭、汉、邛、蜀、眉州皆平川之地。"⑤ 除成都平原之外，梓州路是自然条件和经济情况相对较好的地区。其他地区则是多山地区，耕种困难，经济相对落后。"山高人尽耕"⑥，描写的是利州路的状况。剑州路"地杂磢衍，民艰于食"⑦。夔州路是川峡四路中经济最为落后的，"土狭民贫，面皆菜色，衣不蔽体"⑧。从人口密度上，我们也可以看出巴蜀经济发展的不平衡性。陆游称夔州路："虽号大府而荒绝瘴疠，户口寡少，曾不敌中州一下郡。"⑨ "两宋时期，川峡四路中，除利州路、夔州路

---

① 〔后晋〕刘昫：《旧唐书》卷148《权德舆传》，中华书局1975年版，第4002页。〔后晋〕刘昫：《旧唐书》卷111《高适传》，中华书局1975年版，第3330页。

② 伍联群：《北宋初期用人倾向与巴蜀士人的命运沉浮》，潘殊闲、沈如泉主编：《叩音毕弹集·祝尚书教授古稀纪念》，巴蜀书社2013年版，第312页。

③ 贾大泉：《宋代四川经济述论》，四川省社会科学院出版社1985年版，第7页。

④ 〔宋〕苏辙著，曾枣庄、马德富点校：《栾城集》卷27《何正臣知梓州》，上海古籍出版社1987年版，第568页。

⑤ 〔宋〕吕陶：《净德集》卷4《奉使回奏十事状》，中华书局1985年版，第46页。

⑥ 〔宋〕祝穆撰，祝洙增订，施和金点校：《方舆胜览》卷67《隆庆府》，中华书局2003年版，第1168页。

⑦ 〔宋〕苏辙著，曾枣庄、马德富点校：《栾城集》卷27《西掖告词·夜康弼知剑州》，上海古籍出版社1987年版，第576页。

⑧ 〔宋〕王十朋：《方舆汇编职方典》卷618《夔州府部·夔州论马纲状》，《古今图书集成》，中华书局1986年版，第13299页。

⑨ 〔宋〕陆游：《渭南集》卷14《云安集序》，中国书店1986年版，第77页。

是全国人口密度最少的地区，成都府路和潼川府路都是宋朝人口密度最高的地区。”①

3. 大量移民涌入，社会流动性增强

巴蜀地区相对稳定的社会环境吸引了大批流民。“天宝末，安禄山反，天子去蜀”②，唐玄宗幸蜀，跟随到来的官员将领就有 1300 人之多③，随之迁徙入蜀的百姓、士人更是不可胜数，形成了北方移民入蜀的新高潮，使得巴蜀集聚了一大批人才。中和元年（881）三月，唐僖宗车驾播越巴蜀，“群臣追从车驾者稍集成都，北南司朝者近二百人”④。僖宗避居巴蜀，再次让唐朝官吏、军队及平民百姓大批入蜀⑤。

五代时期亦有大量移民入蜀，如《新五代史》载：“蜀恃险而富，当唐之末，士人多欲依建以避乱。”⑥ 前、后蜀相对稳定的社会环境和前、后蜀主重视士人，吸引了大量士人家族迁居。《资治通鉴》载：“蜀主虽目不知书，如与书生谈论，粗晓其理。是时唐衣冠之族多避乱在蜀，蜀主礼而用之，使修举故事，故其典章文物有唐之遗风。”⑦ 王建即位后便下《郊天改元赦文》，称：“国之教化，庠序为先；民之威仪，礼乐为本。”⑧ 后蜀时，蜀主也十分注重搜访人才。唐末五代，大量移民的到来给巴蜀地区的发展带来了巨大的活力，为农业的发展带来了大量的劳动力以及中原地区先进的生产技术。同时，随着人口数量的增加，社会的流动性亦得到增强。外来移民的涌入使得巴蜀地区的文化水平大为提高，加上巴蜀的统治者对教育、人才的重视，巴蜀地区的教育水平得到大幅度提升。

---

① 贾大泉：《宋代四川经济述论》，四川省社会科学院出版社 1985 年版，第 2 页。

② 《送宣歙李衙推八郎使东都序》，〔清〕董诰等：《全唐文》卷 529，中华书局 1983 年版，第 5370 页。

③ 谭红：《巴蜀移民史》，巴蜀书社 2006 年版，第 135 页。

④ 〔宋〕司马光等撰，〔元〕胡三省注：《资治通鉴》卷 254，中华书局 1956 年版，第 8241 页。

⑤ 谭红：《巴蜀移民史》，巴蜀书社 2006 年版，第 138 页。

⑥ 〔宋〕欧阳修：《新五代史》卷 63《王建传》，中华书局 1974 年版，第 687 页。

⑦ 〔宋〕司马光等撰，〔元〕胡三省注：《资治通鉴》卷 266，中华书局 1956 年版，第 8685 页。

⑧ 〔宋〕勾延庆：《锦里耆旧传》卷 5，中华书局 1985 年版，第 8 页。

4. 动乱割据与相对稳定交织

封闭的地理单元使得巴蜀形成了动乱割据与相对稳定互相交织的政治格局。文人墨客对唐宋巴蜀的记述，多言“蜀中多乱”。《旧唐书》多次提到“西蜀大乱”，“未几，蜀中乱”，“蜀中乱，山贼拥绝县道，代宗忧之”①。《宋史》中也多言“蜀远而数乱”②，“蜀再乱”③，“蜀患”④。宋人吕陶曾称巴蜀“七年三乱”⑤。治蜀名臣张咏也感叹：“从来巴蜀称难制。”⑥ 宋神宗年间，朝廷“犹虑蜀人骇扰”⑦。但是巴蜀却多次在中原战乱纷纷的情况中保持着稳定。随着宋初李顺、王小波、王均之乱的平息，宋真宗以后巴蜀地区再未发生过大的、有影响的动乱。这与儒家礼教文化的浸染不无关系。这种动乱与相对稳定的交织，使得巴蜀的历史进程波澜起伏。

二、唐宋蜀士群体生存的政治生态

唐宋时期，由于巴蜀地区具有特殊的地理环境和社会特性，故巴蜀的士人生活在相对独特的政治生态之中。北宋初期，由于国家对巴蜀实行特殊性政策，巴蜀士人的政治参与度较低，但随着赵宋政权的日趋稳定，蜀人对政府的抵触情绪也开始消解。从科举上看，蜀人热情渐涨，举第之人逐渐增多。到宋真宗初年，蜀士“皆不愿出仕”的局面大大改观。但是宋廷特殊性政策的延续，亦使得巴蜀士人在融入赵宋王朝的历程中需面对迥异的政治生态，如“政府对巴蜀地区在用人制度上的特殊政策，对巴蜀地区高层政区的特殊划分，科举制度上的差异性”⑧ 等。本节基于前人研究成果，从“冲击与回应”的视角，对蜀士群体生存的政治生态做进一步的考察。

---

① 〔后晋〕刘昫：《旧唐书》卷 117《崔宁传》，中华书局 1975 年版，第 3398 页。
② 〔元〕脱脱等：《宋史》卷 288《赵稹传》，中华书局 1977 年版，第 9681 页。
③ 〔元〕脱脱等：《宋史》卷 298《萧度传》，中华书局 1977 年版，第 9911 页。
④ 〔元〕脱脱等：《宋史》卷 347《席旦传》，中华书局 1977 年版，第 11016 页。
⑤ 〔宋〕吕陶：《净德集》卷 14《成都新建备武堂记》，中华书局 1985 年版，第 144 页。
⑥ 〔宋〕张咏：《张乖崖集》，中华书局 2000 年版，第 24 页。
⑦ 〔元〕脱脱等：《宋史》卷 186《食货志》，中华书局 1977 年版，第 4550 页。
⑧ 余蔚、任海平：《北宋川峡四路的政治特殊性分析》，《历史地理论丛》2000 年第 17 辑。

（一）“他者”的冲击：朝官、文人对蜀士的地域偏见

《宋史》曾对四川人有这样的品评：“性轻扬，喜虚称”①，“蜀士嗜利”②。《渑水燕谈录》亦言蜀人“民性懦弱”③。这种刻板的形象或与当时的政治环境息息相关。北宋立国于北方，宋太祖实行“先南后北”的战略，历十余年，陆续统一了南方诸地。以中原正统和胜利者自居的北方官员，在心理上难免有优越感，因此除在政治上对南方人有所防范外，亦存在较多的地域偏见。宋初巴蜀不时出现割据与骚乱，故时人对巴蜀并没有过多的好感，甚至不由自主地出现排斥感。随着巴蜀政局的长期稳定，时人对巴蜀的观感才有所改善，但这种先入为主的地域偏见却没有随时间的消逝而改变。

这种地域偏见使得蜀士群体生存的政治生态变得不太乐观，来自“他者”的冲击无时无刻不影响着蜀士群体的发展。政府对巴蜀地区实行特殊政策，始终保持着戒心，尤其表现对巴蜀地区的官吏任免之上。对地方官的选择、任命极为小心谨慎，一般不允许本地人担任主要官职。这一点，我们可以从神宗熙宁年间的有关诏令中发现。熙宁八年（1075 年）诏：“川峡四路知州、通判、四路人差授，不得以本路人为代。”④ 这一政策继承了唐代地方官员的户籍回避制度，同时也夹杂着对蜀人的不信任。

地方长官的选拔关系到地方社会的经济发展与长治久安。地方官若对一地的风俗习惯比较熟悉，制定政策时多会因地制宜。而最熟悉一地风俗之人，又莫过于本地区或者附近地区之人，即所谓“仕宦之优，莫如乡国。知其吏民之态，习其风俗之宜。所至而安，于治为易”⑤。因此宋朝政府任用地方官时，有些地区并没有实行避籍制度，有时甚至会专门选用本地人出任地方长官。但是，赵宋一朝对巴蜀地区存在戒心，规定蜀人不得出任巴蜀的主

---

① 〔元〕脱脱等：《宋史》卷 89《地理志》，中华书局 1977 年版，第 2230 页。

② 〔元〕脱脱等：《宋史》卷 156《选举志》，中华书局 1977 年版，第 3638 页。

③ 〔宋〕王辟之：《渑水燕谈录》卷 8，中华书局 1981 年版，第 105 页。

④ 〔宋〕李焘：《长编》卷 264，中华书局 1990 年版，第 6481 页。

⑤ 〔宋〕苏辙著，曾枣庄、马德富校点：《栾城集》卷 28《郑亶通判睦州》，上海古籍出版社 1987 年版，第 587 页。

要长官。熙宁十年（1077）二月下诏言：“自成都府、梓、利、夔州路知州、通判，不得差川峡人。”① 三月又下诏：“自今川峡四路转运、提点刑狱、提举常平官，不得兼差川峡人。”② 神宗朝将这种回避制度的适用范围逐步从州扩大到道（路）一级③，波及的行政层级更广。宋徽宗大观三年（1109），朝廷又重申：“四川郡守并选内地人任之。”④ 可见天水一朝始终对蜀人存在芥蒂和疑虑，正如《方舆胜览》所言：“民无常性，惟上所待。人皆曰蜀人多变，于是待之以盗贼之意，而绳之以盗贼之法。重足屏息之民，而以碪斧令，于是民始忍以其父母妻子之所倚赖之身，而弃之于盗贼，故每每大乱。”⑤ 这种对巴蜀的地域偏见，使得巴蜀一直笼罩在特殊化的牢笼之中。

任官巴蜀之人一般会经过朝廷的严格选拔，也会受到严格监管。宋太祖曾令：“文武官任川峡职事者，不得以族行，元从及仆使以自随者，具姓名报枢密院给券。”⑥ 根据叶梦得的记载，太祖下此诏令的原因在于“蜀士轻剽易为乱，中朝士大夫尤以险远不测为惮”⑦。实则不然，朝廷担心这些官员割据为乱才限制携带族人家眷。可见，朝廷对巴蜀的特殊政策关系到官吏任免的各个层面。同时，对巴蜀人才的选拔，也深受这种地域偏见的影响。如“蜀中举人，前此有赴廷试不及者，皆赐同进士出身。恐其间有俊秀能取高第之人，例皆置之下列”⑧。这种偏见使蜀人在科举之中得不到公平的对待。

随着巴蜀地区的稳定和长期繁荣，朝廷对巴蜀的政策开始转变，逐渐允许巴蜀之人在当地担任一些低级官员。如《宋史》载：“蜀人官蜀，不得通判

---

① 〔宋〕李焘：《长编》卷280，中华书局1990年版，第6869页。

② 〔宋〕李焘：《长编》卷281，中华书局1990年版，第6882页。

③ 地方长官的回避制度在汉代已有，但幕僚及低级地方官员的回避制度则形成于隋。〔唐〕杜佑著，王文锦等点校：《通典》卷33《职官15》：“汉县有丞、尉及诸曹掾，多以本郡人为之，三辅则兼用他郡。及隋氏革选，尽用他郡人。”（中华书局1988年版）

④ 〔元〕脱脱等：《宋史》卷20《徽宗纪》，中华书局1977年版，第382页。

⑤ 〔宋〕祝穆撰，祝洙增订，施和金点校：《方舆胜览》卷51《成都府路·成都府》，中华书局2003年版，第915页。

⑥ 〔宋〕李焘：《长编》卷6，中华书局1992年版，第149页。

⑦ 〔宋〕叶梦得：《石林燕语》卷7，中华书局1984年版，第100页。

⑧ 〔宋〕李心传：《建炎以来系年要录》卷176，中华书局1956年版，第2906页。

州事。"[①] 这实际上默许了蜀士群体出任低级官吏。但基于地域偏见的限制却依然存在着，如"士之出两川仕朝廷者，虽老犹不听归"[②]。出蜀为官之人卸任之后，不一定能够告老还乡。后来王乙上书朝廷，乃"许两川之士复归，又得离其旁近官"[③]。这种特殊政策正如余蔚所指出的："恰恰是这样的政策，反而将巴蜀蜀士困在了巴蜀，使得蜀士与外界的隔阂更加的明显。"[④] 这也逐步导致了"蜀士仕于朝者，皆为沮抑"[⑤] 的现象。

这种偏见在朝官与文人中愈演愈烈，导致巴蜀士人生存的政治生态并不是十分乐观，这种隔阂亦使得巴蜀的一些士人不愿做官。而在另一方面，一些士人试图对这些偏见做出回应，想要打破这种地域偏见。这在一定程度上使巴蜀士人的乡党意识得到了强化，他们都尽力地投入到巴蜀文化的振兴与传播之中。

（二）"我者"的回应：蜀士群体的自我维护

前面我们讲到政府对蜀人做官不仅有各种各样的限制，而且还对他们进行压制。与之相应的是，蜀人也不乐意出仕为官。"初，蜀士知向学，而不乐仕宦"[⑥]，"不乐仕进，士大夫多称之"[⑦]，"然怀土罕趋仕进"[⑧] 不绝于书，从这些史料当中我们可以清楚地感知到蜀士对做官没什么兴趣，态度很冷淡。正如曾巩记当时眉州的情形一样，"蜀自五代之乱，学者衰少，又安其乡里，皆不愿出仕"[⑨]。又如："苏氏自唐始家于眉，阅五季皆不出仕。盖非独

---

① 〔元〕脱脱等：《宋史》卷298《陈希亮传》，中华书局1977年版，第9918页。

② 〔宋〕王令：《王令集》卷20《叔祖左领军卫将军致仕王公（乙）行状》，上海古籍出版社1980年版，第353页。

③ 〔宋〕王令：《王令集》卷20《叔祖左领军卫将军致仕王公（乙）行状》，上海古籍出版社1980年版，第353页。

④ 余蔚、任海平：《北宋川峡四路的政治特殊性分析》，《历史地理论丛》2000年第17辑。

⑤ 〔元〕脱脱等：《宋史》卷382《孙道夫传》，中华书局1977年版，第11766页。

⑥ 〔元〕脱脱等：《宋史》卷293《张咏传》，中华书局1977年版，第9801页。

⑦ 〔清〕陆心源：《宋史翼》卷26《李畋》，中华书局1991年版，第272页。

⑧ 〔元〕脱脱等：《宋史》卷89《地理志》，中华书局1977年版，第2230页。

⑨ 〔宋〕曾巩：《曾巩集》卷43《赠职方员外郎苏君（序）墓志铭》，中华书局1984年版，第587页。

苏氏也，凡眉之士大夫修身于家，为政于乡，皆莫肯仕者。”① 不仅是眉州地区，其他地区也存在着类似的现象。

以成都平原为中心的巴蜀，文化是比较发达的。在隋唐之际，巴蜀受中原战乱的影响很小。五代时期的前、后蜀对文化、人才又相当的重视：“蜀主虽目不知书，好与书生谈论，粗晓其理。是时唐衣冠之族多避乱在蜀，蜀主礼而用之，使修举故事，故其典章文物有唐之遗风。”② 所以，在这个时期，巴蜀的文化是不断地向前发展的。在上一节中关于这个问题已有论述，不再赘述。因此，这个时期巴蜀进士人数少，并不是因为巴蜀的学术文化落后造成的。在太宗时期，“全国参加礼部考试者达到 17300 人，到真宗朝咸平元年时，人数达到 20000 人参加全国的科举考试”③，在这种形势下，巴蜀地区却仅三人参加科举考试，“敦勉就举，而三人者悉登科”④。这三人并非自己主动参与，而是在知州的劝说下才参加考试。可见，巴蜀的文化是比较发达的，但士人对参加科举考试进入仕途不感兴趣。

虽说我们不能肯定所有的蜀人都存在抵触情绪，但是这种“不乐仕进”的风气影响不小。张方平载：“故礼闱可以岁启，选第不逾十人……臣尝见川、广之贡士各才百人。”⑤ 唐朝时，巴蜀中举之人已达到两千，但在张氏漫长的政治生涯中，“从最初从政到庆历间（1041-1048）至元祐六年（1091）去世，礼部贡举人数都在 2000 人以上，而巴蜀地区的数额只占全国总数的 5%以下”⑥，这也是蜀人漠视仕途，自我保护的一种反映。

---

① 〔宋〕苏辙著，曾枣庄、马德富点校：《栾城集》卷 25《伯父墓表》，上海古籍出版社 1987 年版，第 518 页。

② 〔宋〕司马光等撰，〔元〕胡三省注：《资治通鉴》卷 266，中华书局 1956 年版，第 8685 页。

③ 余蔚、任海平：《北宋川峡四路的政治特殊性分析》，《历史地理论丛》2000 年第 17 辑。

④ 〔元〕脱脱等：《宋史》卷 293《张咏传》，中华书局 1977 年版，第 9801 页。

⑤ 〔宋〕张方平：《乐全集》卷 8《川岭举人便宜》，《景印文渊阁四库全书》第 1104 册，台湾商务印书馆 1983 年版，第 73-74 页。

⑥ 余蔚、任海平：《北宋川峡四路的政治特殊性分析》，《历史地理论丛》2000 年第 17 辑。

第二节　唐宋时期巴蜀进士群体的时空分布

巴蜀地区虽远离中原王朝的政治中心，但开发较早，呈现出较为繁荣的局面。秦朝吞并巴蜀后，其与中央王朝的联系更加紧密，在华夏文明圈中的地位亦更为突出。汉晋时的巴蜀，虽时有战乱，但经济、文化保持着向上发展的趋势。唐宋时期的巴蜀，达到历史时期最为繁盛的程度，巴蜀的各项事业欣欣向荣①。在此时期，巴蜀的兴学之风日益兴盛，士人群体逐步扩大，并成为社会中最为重要的力量。但是，由于区域内经济、文化发展的不均衡及地区历史条件的差异，巴蜀士人群体在空间分布上呈现出明显的地域特征。本节主要以进士为中心，将其作为蜀士群体的一个缩影，拟通过对这一群体时空分布特征的考察，以性增强对蜀士的了解，从而进一步探索唐宋巴蜀社会。

一、时空维度下的唐代巴蜀士人群体：以进士为中心

（一）唐代巴蜀士人的空间分布

唐代的巴蜀地区物资丰富，社会相对安定，正如陈子昂所描绘："伏以国家富有巴蜀，是天府之藏，自陇右及河西诸州，军国所资，邮驿所给，商旅莫不皆取于蜀。又京都府库，岁月珍贡，尚在其外，此诚蜀国之珍府。"② 而这图景中所描绘的巴蜀，主要是富庶繁荣的成都平原，其他地区则呈现出另外一番景象。如元稹称"黄泉便是通州郡"③，当时的渝州、黔州、巴州、忠州、开州等地是谪贬流徙之地，十分荒凉贫瘠。这两种不同的景象，深深地影响着巴蜀士人的发展情况，也使得巴蜀士人在空间分布上呈现出一定的地

---

① 关于唐宋的一些情况，具体可参加第一节对唐宋巴蜀社会特性的描述。

② 〔唐〕陈子昂：《陈子昂集》卷8《上蜀川军事》，中华书局1960年版，第175页。

③ 〔唐〕元稹：《元氏长庆集》卷20《酬乐天雨后见忆》，上海古籍出版社1994年版，第107页。

域特征。我们无法对巴蜀的读书人进行一一统计，而以进士及第之人来反映唐代的蜀士情况不失为较好的切入点，故下文通过搜罗历史文献和相关资料，整理出《唐代巴蜀进士情况表》，以初步展示唐代巴蜀士人的空间分布情况。

表 9　唐代巴蜀进士情况表①

地区	姓名	籍贯	资料来源	士人数量	占比
成都府地区	雍陶	成都	《唐才子传》卷 7	23	27.38%
	符载	成都	《唐诗纪事》卷 51		
	柳震	双流	《四川通志》卷 122《选举志一》		
	苑咸	成都	《四川通志》卷 122《选举志一》		
	岑偷	成都	《四川通志》卷 122《选举志一》		
	李希	成都	《四川通志》卷 122《选举志一》		
	李余	成都	《四川通志》卷 122《选举志一》		
	刘猛	成都	《四川通志》卷 122《选举志一》		
	裴廷裕	成都	《四川通志》卷 122《选举志一》		
	张曙	成都	《四川通志》卷 122《选举志一》		
	宋颢	成都	《四川通志》卷 122《选举志一》		
	邓衮	新都	《四川通志》卷 122《选举志一》		
	陈会	成都	《四川通志》卷 122《选举志一》		
	张卓	成都	《四川通志》卷 122《选举志一》		
	张彭	成都	《四川通志》卷 122《选举志一》		
	勾景廷	成都	《四川通志》卷 122《选举志一》		
	卞震	成都	《四川通志》卷 122《选举志一》		
	鹿虞房	成都	《四川通志》卷 122《选举志一》		
	勾中正	华阳	《四川通志》卷 122《选举志一》		
	费黄裳	广都	《四川通志》卷 122《选举志一》		

① 限于史料，本表只能较为粗略地反映唐代巴蜀进士情况，但这并不会影响我们对巴蜀士人总体特征的分析。

续表

地区	姓名	籍贯	资料来源	士人数量	占比
	杨蕴中	成都	《四川通志》卷122《选举志一》		
	勾希古	华阳	《四川通志》卷122《选举志一》		
	勾若古	华阳	《四川通志》卷122《选举志一》		
梓州地区	陈子昂	梓州射洪	《新唐书》卷107	15	17.86%
	严震	梓州盐亭	《新唐书》卷158		
	章全益	梓州涪城	《新唐书》卷195		
	严砺	梓州盐亭	《旧唐书》卷117		
	严公弼	梓州	《唐诗纪事》卷32		
	严公贶	梓州	《唐诗纪事》卷32		
	严侁	梓州盐亭	《四川通志》卷122《选举志一》		
	王文烂	梓州盐亭	《四川通志》卷122《选举志一》		
	袁廓	梓潼	《四川通志》卷122《选举志一》		
	杨鼎夫	梓潼	《四川通志》卷122《选举志一》		
	吴行真	梓州元武	《四川通志》卷122《选举志一》		
	吴行轸	梓州元武	《四川通志》卷122《选举志一》		
	苏协	梓州铜山	《四川通志》卷122《选举志一》		
	柳棠	东川	《四川通志》卷122《选举志一》		
	陈伯玉	梓州射洪	《唐代进士录》		
阆州地区	李叔明	阆州新郑	《新唐书》卷147	13	15.48%
	尹枢	阆州	《四川通志》卷122《选举志一》		
	尹极	阆州	《四川通志》卷122《选举志一》		
	张环	阆州	《四川通志》卷122《选举志一》		
	裴琛	阆州	《四川通志》卷122《选举志一》		
	裴远	阆州	《四川通志》卷122《选举志一》		
	陈质修	阆州	《四川通志》卷122《选举志一》		
	陈廷相	阆州	《四川通志》卷122《选举志一》		
	李潼	阆州	《四川通志》卷122《选举志一》		

续表

地区	姓名	籍贯	资料来源	士人数量	占比
	任畴	新井	《四川通志》卷122《选举志一》		
	王俊	苍溪	《四川通志》卷122《选举志一》		
	鲜于仲通	阆州	《唐代进士录》		
	任畹	新井	《唐代进士录》		
眉州地区	苏涣	眉州	《唐才子传》卷3	6	7.14%
	陈咏	眉州青神	《唐诗纪事》卷71		
	仲子陵	峨眉	《四川通志》卷122《选举志一》		
	元友谅	汉嘉	《四川通志》卷122《选举志一》		
	程贺	眉州	《四川通志》卷122《选举志一》		
	陈咏	眉州青神	《四川通志》卷122《选举志一》		
绵州地区	田璋	绵州	《四川通志》卷122《选举志一》	6	7.14%
	王助	绵州	《四川通志》卷122《选举志一》		
	于环	绵州	《四川通志》卷122《选举志一》		
	李渥	绵州	《四川通志》卷122《选举志一》		
	刘暌	绵州	《四川通志》卷122《选举志一》		
	陈该	绵州	《唐代进士录》		
果州地区	马容	西充	《四川通志》卷122《选举志一》	2	2.38%
	何燗	西充	《四川通志》卷122《选举志一》		
资州地区	范崇凯	内江	《四川通志》卷122《选举志一》	2	2.38%
	范元凯	内江	《四川通志》卷122《选举志一》		
彭州地区	文澹	天彭	《四川通志》卷122《选举志一》	2	2.38%
	范禹偁	九陇	《四川通志》卷122《选举志一》		
邛州地区	罗衮	邛州	《四川通志》卷122《选举志一》	2	2.38%
	梁震	邛州	《四川通志》卷122《选举志一》		
遂州地区	张九宗	遂宁	《四川通志》卷122《选举志一》	1	1.19%
简州地区	王归璞	简州	《四川通志》卷122《选举志一》	1	1.19%
巴州地区	封瞬卿	巴州	《四川通志》卷122《选举志一》	1	1.19%

续表

地区	姓名	籍贯	资料来源	士人数量	占比
夔州地区	李远	夔州云安	《唐才子传》卷 7	1	1.19%
开州地区	崔冲	开州	《四川通志》卷 122《选举志一》	1	1.19%
陵州地区	孙光宪	陵州贵平	《四川通志》卷 122《选举志一》	1	1.19%
其他地区①	严绶	蜀人	《旧唐书》卷 146	7	8.33%
	朱湾	西蜀人	《唐才子传》卷 2		
	姚鹄	蜀人	《唐才子传》卷 7		
	于季子	蜀人	《四川通志》卷 122《选举志一》		
	杨兴义	蜀人	《四川通志》卷 122《选举志一》		
	孙蓥	蜀人	《唐代进士录》		
	梁震	蜀人	《唐代进士录》		

《唐代巴蜀进士情况表》主要根据《旧唐书》《新唐书》《唐诗纪事》《唐才子传》《唐代进士录》、嘉庆《四川通志》等史料中有关蜀士的零星记载整理而成。上表中有 7 位进士无明确的籍贯，包括记载为“蜀”的 6 位，记载为“西蜀”的 1 人。纵观李唐王朝，巴蜀地区 15 个州府约有 77 位进士，平均每州约为 5 人。如以 5 人作为平均数，我们可以把唐代巴蜀州府大致分为四类：第一，进士数量极少的地区（1–5 人）：巴州、夔州、开州、遂州、简州、陵州、简州、邛州、彭州、资州。第二，进士数量较少的地区（6–10 人）：眉州、绵州。第三，进士数量较多的地区（11–15 人）：梓州、阆州。第四，进士数量最多的地区（16 人以上）：成都府。虽然史料中保存的唐代巴蜀进士数量并不是特别多，但是我们可以大致看出当时的士人在地域空间分布上呈现出明显不均衡的特点。笔者将在下一小节对这一时空特征进行详细分析。

（二）唐代巴蜀进士空间分布特征

基于《唐代巴蜀进士情况表》，我们绘制出了《唐代巴蜀进士分布图》。

① 文献中不能具体确定出生地的，以其所在地——蜀、西蜀概系之。

以进士为中心，我们可以看出唐代巴蜀士人的分布主要呈现出以下特征：

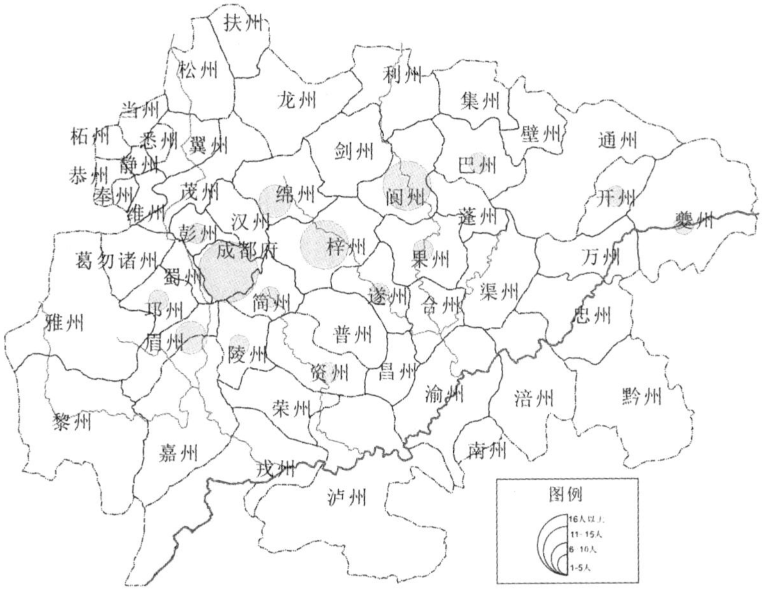

图 1　唐代巴蜀进士分布图

第一，从地形单元上进行考察，成都平原的进士数量占有明显优势，川西高原、川东平行谷地等地区则逊色不少。据表统计，进士数量排名前 5 位的分别是成都府、梓州、阆州、眉州、绵州。这些地区主要位于成都平原及涪江流域、嘉陵江流域。成都平原共 23 人，占了所有可考籍贯的进士及第人数的 27. 38%。吕陶称："成都素号多士，比比向学，亲逢熙明，率以治经求举。"① 涪江中下游流域的梓州（15 人）和绵州（6 人），共 21 人，占 25%。嘉陵江中游流域的果州（2 人）和阆州（13 人），共15 人，占 17. 86%。成都平原以南的眉州地区有 6 人，占总人数的 7. 14%。

第二，从整体布局上而言，呈现从中心到边缘递减的态势。作为巴蜀中心的成都地区进士数量最多，以此为中心向四周逐渐减少，如川南、川西仅有零星数人。如以状元来看，唐代巴蜀地区出现了 7 个状元，即张曙、李余（均是成都人）、尹枢、尹极（均是阆州人）、于环（绵州人）、范崇凯（内江

① 〔宋〕吕陶：《净德集》卷 13《鹿鸣燕诗序》，中华书局 1985 年版，第 131 页。

人)、李远（云阳人)①。这些状元主要集中在巴蜀的中心地区，边缘地区几乎没有。

第三，就局部而言，具体到某一府州，进士分布的差异更加明显，有些府县进士不断涌现，有些地区则始终没有进士。成都府、梓州、阆州、眉州、果州、绵州是唐代巴蜀地区产生进士最多的地区，其数量远远超过平均水平。成都府有23位进士，梓州有15位进士，阆州有13位进士，眉州有6位进士，绵州有6位进士。可见这些府县的文化、教育发展程度明显高于其他地区，显示出地区政治中心的集聚作用。而万州、泸州、嘉州、涪州等州县却始终没有进士。

第四，唐代巴蜀进士分布的格局与经济发展的格局呈现出较多的一致性。蓝勇指出："在唐代，随着中国政治、经济重心的东移南迁，巴蜀地区内部也以成都平原为中心向东南地区发展，川南和川东地区的经济发展加快。但是总的来看，成都平原、嘉陵江、涪江流域还是经济发达的地区。"② 所以，成都平原、嘉陵江、涪江流域的进士分布比较集中，而经济欠发达地区进士分布较为零散。可见教育、文化的发展往往和经济相联系，经济越发达，教育发展程度越高。

二、宋代巴蜀进士的时空考察：蜀士群体的一个缩影

与李唐王朝相比，宋代的科举取士制度出现了一些革新。唐代，科举制度确立时间不长，各种典章制度尚待完善，科举考试并不是读书之人入仕的唯一途径，正如时人所说"苟富贵可图，何须一第尔"③。清人王鸣盛在总结唐人仕宦时曾说："唐人入仕之途甚多。"④

到了宋代，随着科举制度的不断完善与发展，科举考试选拔人才的作用

---

① 也有持不同观点者，如《巴蜀状元考》称范崇凯、张曙、李余、于环、李远并非状元。见蔡东洲、李勇先：《巴蜀状元考》，《社会科学研究》1994年第4期。

② 蓝勇：《西南历史文化地理》，西南师范大学出版社1997年版，第85页。

③〔唐〕王定保：《唐摭言》卷4《节操》，中华书局1959年版，第46页。

④〔清〕王鸣盛撰，黄曙辉点校：《十七史商榷》卷81《取士大要有三》，上海书店出版社2005年版，第703页。

越来越突出，科举逐渐成为人们入仕为官的主要途径。宋代参加科举的人越来越多，巴蜀地区的士人数量亦在此背景下不断增加。此时蜀士群体的时空分布又呈现出了另一些特征。

（一）宋代巴蜀进士的空间分布概况

宋代，巴蜀地区的士人数量大幅增加。苏轼曾说：“昔者以诗赋取士，今陛下以经术用人，名虽不同，然皆以文词进耳。考其所科，多吴、楚、闽、蜀之人。”① 宋代巴蜀地区参加科举考试的人数增长明显，已与江苏、福建等地相差无几。郡国之学颇盛的成都，吸引了众多巴蜀学子。史载：“蜀士之年少者，多聚成都，若精择师儒，稍立月书、季考之令，又量取诸路漕司之余额以予之，俾有所欣慕而成就其才，庶乎其有益也。”② 可见当时士风大振，社会的文化氛围得到整体提高。宋代的眉州地区士人颇多，出现了所谓的“眉州现象”。

有诸多因素促使宋代巴蜀地区士人数量的增长。对这些因素的考察，笔者将在下面的章节中详细论述。为了考察宋代巴蜀士人的空间分布情况，笔者将选取代表性群体——进士作为研究的切入点，在前人研究的基础之上，整理与爬梳相关史料，以图、表的形式呈现宋代巴蜀进士分布的空间特征。

表 10　宋代巴蜀进士数量统计表③

州别	士人数量	占比	州别	士人数量	占比
眉州	904	21.34%	恭州	20	0.47%
成都府	661	15.60%	南平军	20	0.47%
遂州	493	11.64%	蓬州	18	0.42%

① 〔宋〕苏轼：《东坡全集》卷 52《徐州上皇帝书》，《景印文渊阁四库全书》第 1107 册，台湾商务印书馆 1983 年版，第 724 页。

② 〔宋〕李心传撰，徐规校：《建炎以来朝野杂记》甲集卷 13《蜀学》，中华书局 2000 年版，第 280 页。

③ 资料来源于蓝勇《西南历史文化地理》（西南师范大学出版社 1997 年版，第 92-93 页）。

续表

州别	士人数量	占比	州别	士人数量	占比
普州	281	6.63%	叙州	17	0.40%
果州	215	5.07%	简州	12	0.28%
隆州	209	4.93%	巴州	10	0.23%
资州	191	4.51%	雅州	8	0.19%
荣州	121	2.86%	云安军	8	0.19%
合州	104	2.45%	长宁军	6	0.14%
怀安军	100	2.36%	永康军	6	0.14%
阆州	96	2.27%	涪州	6	0.14%
梓州	80	1.89%	黔州	5	0.12%
嘉州	76	1.79%	夔州	4	0.09%
渠州	69	1.63%	梁山军	4	0.09%
绵州	66	1.56%	龙州	4	0.09%
广安军	66	1.56%	利州	4	0.09%
昌州	60	1.42%	大宁监	3	0.07%
富顺监	59	1.39%	忠州	3	0.07%
剑州	55	1.30%	威州	2	0.04%
泸州	40	0.94%	彭州	1	0.02%
邛州	37	0.87%	茂州	1	0.02%
汉洲	33	0.78%	万州	0	0
通州	33	0.78%	黎州	0	0
蜀州	26	0.61%	开州	0	0

根据上表，宋代巴蜀地区 45 个州级行政区共产生了 4237 位进士，平均每州的进士数量为 94 人。如以平均数 94 作为参数，我们可以把产生进士的州府大致分为四个类型：第一，进士数量少的州（1-80 人）：邛州、汉洲、通州、彭州、叙州、简州、巴州、蜀州、剑州、泸州等。第二，进士数量中

等的州（90－121 人）：阆州、怀安军、合州。第三，进士数量较多的州（191－281 人）：隆州、资州、荣州、合州。第四，进士数量多的州（281 人以上）：眉州、成都府、遂州、普州。我们可以大致看出宋代巴蜀进士数量较之唐代已出现大幅度的增加，虽然在地域空间分布上仍呈现出不均衡的特点，但差距已呈现出逐渐缩小的趋势。

（二）宋代巴蜀进士的空间分布特征

基于《宋代巴蜀进士数量统计表》，我们绘制出了宋代巴蜀地区进士分布图。以进士群体为中心，我们可以看出宋代巴蜀地区士人分布主要呈现出以下特征。

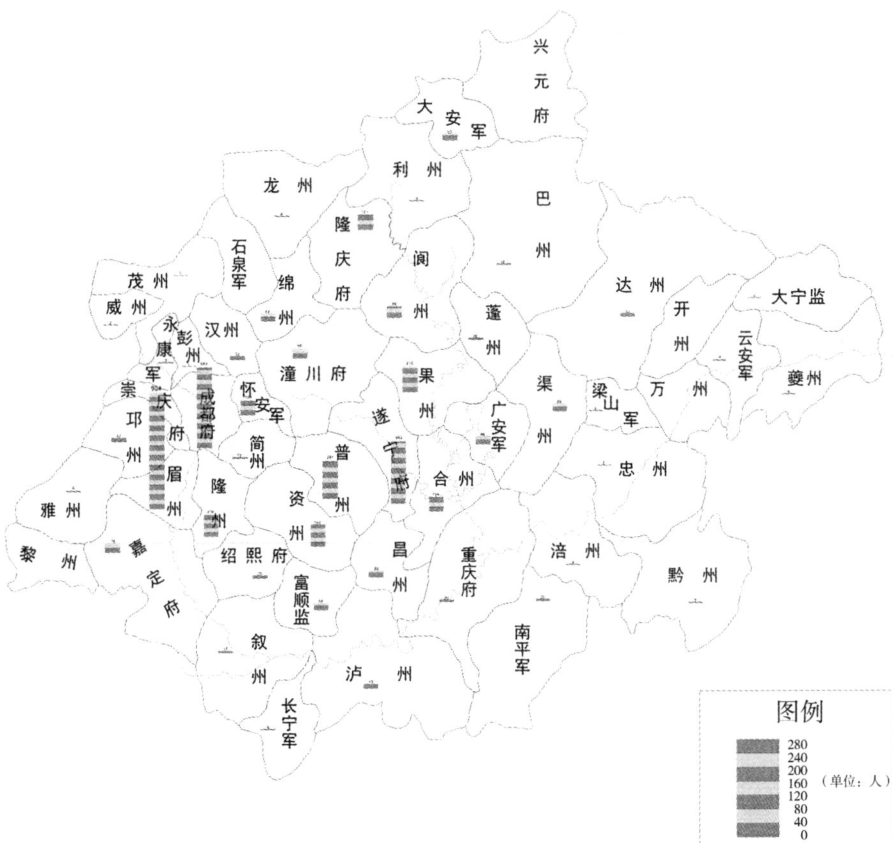

图 2　宋代巴蜀进士分布图

第一，从具体的区域上看，宋代巴蜀进士数量排名靠前的有眉州、成都府、遂州、普州、果州、隆州、资州、荣州、合州地区、怀安军、阆州、梓州、嘉州、渠州、绵州、广安军、昌州、富顺监、剑州、泸州等地区。这些地区主要分布在成都平原、岷江中下游、沱江中上游、嘉陵江和涪江中游地区。与唐代相比，传统优势地区成都平原、涪江中游地区等仍然保持着优势。同时，一些地区也发生了明显的转变，如岷江中下游、沱江中上游地区等，日渐出现大量的进士。可见，宋代巴蜀地区的教育水平有了一定程度的提升，进士的分布空间呈现扩大趋势。

第二，从具体的数量而言，宋代巴蜀地区进士数量排名前十的州级政区的进士数量远远超过平均水平，尤其眉州地区是平均数的十倍。此外，成都府、遂州、普州、果州、隆州、资州、荣州、合州地区的进士数量也不少。正如田况在《进士题名记》所言："益州自太平兴国以来，登进士第者接踵而出。天圣、景祐中，其数益倍。至庆历六年（1046），一榜得十八人，皇祐元年（1049）得二十四人，他州来学而登第者，复在数外，其盛也如此。"① 巴蜀的士人数量在宋代增长迅速，可知巴蜀教育事业的发达。另外，巴蜀文化发展的区域差距也日渐缩小。

第三，宋代巴蜀地区进士数量虽然仍与地区的经济发展水平存在较大的相关性，但是一些地区的经济发展水平并不是很高，教育却发展得有声有色。比如隆州、普州、荣州、富顺监地区：史载隆州地区"地瘠而力耕，家贫而好学，此风俗知古也"②，普州地区"地最瘠，其人服田，士最贫，而向学者最众"③，荣州地区"夏人少而蛮獠多"④，但"自祥符迄今登进士第者，举不乏人"⑤，富顺监一带"土瘠事刀耕，家无终岁蓄"⑥。然而，这些地区的教

① 〔明〕杨慎编，刘琳、王小波点校：《全蜀艺文志》卷 36，线装书局 2003 年版，第 995 页。

② 〔宋〕王象之：《舆地纪胜》卷 150《隆州》，中华书局 1992 年版，第 4472 页。

③ 〔宋〕王象之：《舆地纪胜》卷 158《普州》，中华书局 1992 年版，第 4285 页。

④ 〔宋〕王象之：《舆地纪胜》卷 160《荣州》，中华书局 1992 年版，第 4232 页。

⑤ 〔宋〕王象之：《舆地纪胜》卷 160《荣州》，中华书局 1992 年版，第 4232 页。

⑥ 〔宋〕王象之：《舆地纪胜》卷 167《富顺监》，中华书局 1992 年版，第 4505 页。

育发展进步较快。这可能是出于以下原因：一是宋代巴蜀地区的文风大兴，科举之风盛行，地方的教育事业得到了较好的发展。二是这些地区虽然农业经济不发达，但是相对唐代而言，已经取得了较大的进步，许多人也有更多的时间和精力投入到文化教育之中。三是经济的欠发达使得这些地区的民众向上流动的机会较少，而科举考试却给了他们向上流动的机会。所以，这些经济欠发达地区文化教育事业的崛起也是宋代巴蜀地区的一大特色。

第四，宋代巴蜀地区进士分布出现了一些特殊现象，某一地区进士数量呈现井喷之势，如出现了所谓的“眉州现象”。通过对唐宋巴蜀地区进士人数进行比较，我们可以清晰地看到巴蜀地区进士分布格局发生了巨大改变，进士数量陡然上升，达到4237位之多。有宋一代，眉州的进士人数超过成都府的进士人数，眉州成为宋代巴蜀地区进士最为集中的区域。正如时人所言：“蜀为西南巨屏，由汉以来，号为多士，莫胜于眉、益二邦，而嘉次之。”①《方舆胜览》亦载：“后世蜀学比齐鲁……政和御笔：‘西蜀惟眉州学者最多。’”② 眉州现象的出现表明宋代巴蜀地区进士的分布已呈现出多中心的发展趋势，逐渐形成全面开花的局面。

三、蜀士群体空间分布之特殊表现——“眉州现象”

上文我们以进士群体为中心，对唐宋蜀士的空间分布特征进行了初步考察。我们很明显地看到蜀士群体的空间分布呈现出一定的不平衡性。这种不平衡性与各地的自然条件、历史条件等因素有关。宋代川峡四路的经济发展也存在着严重的不平衡性。宋代巴蜀经济、文化最发达的区域当属成都平原地区，成都地区开发较早，土壤肥沃、灌溉便利。而夔州地区经济落后，“曾不敌中州一下郡”③，与成都府相差甚远。经济的不平衡很大程度上导致巴蜀士人分布的不均衡性。但是宋代巴蜀亦存在着一些比较特殊的现象，像眉州

---

① 〔宋〕王象之撰：《舆地纪胜》卷146《成都府路》，中华书局1992年版，第3926页。

② 〔宋〕祝穆撰，祝洙增订，施和金点校：《方舆胜览》卷53《成都府路・眉州》，中华书局2003年版，第946页。

③ 〔宋〕陆游：《渭南集》卷14《云安集序》，中国书店1986年版，第77页。

地区的进士数量居然超过成都府路，就是一种奇特的文化现象。

正如祝尚书所言："成都是通都大邑，文化积累丰厚，又是巴蜀的政治经济文化中心，人才荟萃，文化繁荣，士人数量多应在情理之中。然而眉州没有成都的区位优势，却成为宋代三个刻画中心之一，文化、文学也都特别发达，除'三苏'外，还出现众多闻名于世的人物，连成都都难以望其项背，这是很奇特的，可称为'眉州现象'。"① 从区位上看，毗邻成都的地区很多，如崇庆府、绵州、汉州、嘉定府、简州等，但这些地区在宋代都未像眉州那样出现如此之多的人才。出现这种现象的原因可能众多，我们在前人研究的基础上提出一些不成熟的看法。

（一）安定的社会环境

安定的社会环境为"眉州现象"的出现提供了重要的社会基础。眉州一地在两宋时期能够产生如此多的进士，首先得益于眉州有着其他地方所没有的优势。唐宋时期的巴蜀地区虽时有战乱，但从总体上而言，巴蜀社会环境是比较安定的。这是许多文人避居巴蜀的原因，邵雍认为"世行乱，蜀安，可避居"②。蔡絛《铁围山丛谈》也记载宣和末，谢中美授资州，"一旦之任，执手言别曰：'愿公自爱，天下将乱矣。独蜀中良，后甚足终我之残龄焉。'"③ 蜀人谢石也曾说："自是天下其乱矣，独蜀犹尚在，二十年外则不知也。是时语公，期蜀中相见。"④《宋史》中亦载："天下将有变，而蜀为最安处。"⑤ 巴蜀安定的社会环境为教育事业的发展提供了良好的环境。

（二）入仕观念的改变

入仕观念的改变是宋代巴蜀地区士人增多的一个重要原因。巴蜀一直有

---

① 祝尚书：《宋代巴蜀文学通论》，巴蜀书社2005年版，第527页。

② 〔元〕脱脱等：《宋史》卷433《邵伯温传》，中华书局1977年版，第12853页。

③ 〔宋〕蔡絛：《铁围山丛谈》卷2，中华书局1983年版，第40页。

④ 〔宋〕蔡絛：《铁围山丛谈》卷3，中华书局1983年版，第42-43页。

⑤ 〔元〕脱脱等：《宋史》卷299《石扬休传》，中华书局1977年版，第9929页。

不乐仕宦的传统，眉州地区也不例外。曾巩曾记：“蜀自五代之乱，学者衰少，又安其乡里，皆不愿出仕。君（苏序）独教其子涣受学，所以成就之者甚备。”① 田锡《咸平集》也言：“因唐末乱离，僖宗幸蜀……锡高祖开、曾祖[直昜]、祖诚，皆高尚不仕。”② 苏辙亦言：“凡眉之士大夫修身于家，为政于乡，皆莫肯仕者。”③ 这些史料充分说明了唐至宋初巴蜀士人对于仕宦之路并不是特别感兴趣。

宋初之后，蜀人一改之前那种不乐仕进的观念，积极读书、考取功名之人逐渐增多。如成都知府张咏“察郡人张及、李畋、张逵者，皆有学行，为乡里所称，遂敦勉就举，而三人悉登科，士由是知劝”④。正所谓“一乡之人欣而慕之，学者自是相继辈出”⑤。眉州地区亦悄然发生变化，如孙文懿公为“眉州鱼蛇人”，“少时家贫，欲典田赴试京师，自经县判状，尉李昭言戏之：‘似君人物求试京师者有几？’”⑥ 即使是穷人也愿以读书为业，参加科举考试以求步入仕途。可见眉州地区民众的入仕观念发生了重要的转变，当地不少有识之士开始发奋读书，积极地参加科举考试。

（三）地方士人的倡导与对知识的重视

宋代巴蜀地区学风大振与地方士人的倡导以及对知识的重视有着密切的关系。史载：“惟吴、蜀二方多收文士……宋复南迁，得有吴、蜀，掌故文献，蜀人保存之力为多。”⑦ 可见，由于蜀人对知识的重视，巴蜀在战乱之中

① 〔宋〕曾巩：《曾巩集》卷43《赠职方员外郎苏君（序）墓志铭》，中华书局1984年版，第587页。

② 〔宋〕田锡：《咸平集》卷30《先君赠工部郎中墓碣》，巴蜀书社2008年版，第367-368页。

③ 〔宋〕苏辙著，曾枣庄、马德富点校：《栾城集》卷25《伯父墓表》，上海古籍出版社1987年版，第518页。

④ 〔元〕脱脱等：《宋史》卷293《张咏传》，中华书局1977年版，第9801页。

⑤ 〔宋〕苏辙著，曾枣庄、马德富点校：《栾城集》卷25《伯父墓表》，上海古籍出版社1987年版，第518页。

⑥ 〔宋〕邵伯温撰，刘德权、李剑雄点校：《邵氏闻见录》卷8，中华书局1983年版，第78页。

⑦ 刘咸炘：《推十书增补全本·史学述林》卷5《重修宋史述意》，上海科学技术出版社2009年版，第573页。

保留了大量文献资料。另外，孙鸿猷《宋代蜀文辑存序》在“述吾蜀宋代才盛之由”时说：“吾蜀山川奇秀甲于天下，自汉世文翁之教，巴蜀学于京师者，至比齐鲁，而俗好文雅，相渐成风……唐玄、僖二宗先后幸蜀，文物益盛。末叶沦丧，名家故老多致侨居。”① 巴蜀文脉传承有序，亦保留了巴蜀文化的种子。

同时，唐宋巴蜀地区的地方豪族势力和移民家族并未像其他地区那样遭到打击，而是有所发展。这些社会力量逐渐演化成地方精英，他们对文化教育事业的倡导也是宋代蜀士增多的一个重要原因。如北宋参知政事孙抃的六世祖长孺于唐末家于眉山，“构重楼以贮书，日延四方豪彦讲学其间，于时蜀人号为‘书楼孙家’”②。眉山的石昌龄，“构层台以储书，以经术教子弟……号‘书台石家’”③。曾巩曾记：“蜀自五代之乱，学者衰少，又安其乡里，皆不愿出仕。君（苏序）独教其子涣受学，所以成就之者甚备。”④ 这些地方精英尊重知识，教化乡里，这对眉州地区学风的勃兴有着重要的推动作用。在此背景下，眉州的士人呈井喷之势。

（四）巴蜀取士政策的转变

巴蜀地区取士政策的转变也是巴蜀士人大兴的不可忽视的原因。宋代对巴蜀采取特殊性政策，所以巴蜀的科举考试亦特殊化，朝廷允许在成都举办“类省试”。《宋史》载：“改礼部类试蜀士第一等人，并赐进士出身，自是无有不赴御试者。惟遇不亲策，则类省试第一人恩数如旧，第二、第三人皆附第一甲，九名以上附第二甲焉。”⑤ “四川等处进士，路远归乡试不及者，特

① 傅增湘：《宋代蜀文辑存》，北京图书馆出版社2005年版，第19页。

② 〔宋〕苏颂：《苏魏公文集》卷63《朝请大夫太子少傅致仕赠太子太保孙公行状》，中华书局1988年版，第962页。

③ 〔宋〕吕陶：《净德集》卷22《中大夫致仕石公（洵直）墓志铭》，中华书局1985年版，第245页。

④ 〔宋〕曾巩：《曾巩集》卷43《赠职方员外郎苏君（序）墓志铭》，中华书局1984年版，第587页。

⑤ 〔元〕脱脱等：《宋史》卷156《选举志》，中华书局1977年版，第3631页。

就运司附试一次，仍别行考校，取旨立额”，即“类省试”。“类省试”每次所取约占南宋全国的三分之一①。“类省试”实际上给蜀士参加科举考试提供了较多的方便。正如李焘《贡院记》言：“国家习用文治，士愈辐辏，每三岁取士诏下，合成都九邑士来应有司之试者，数逾五千，日增而未止……建炎初，始有诏即成都类试一路十五州进士之当试于礼部者。绍兴二年(1132)，宣抚司承制，并三路四十三州，当试日皆即成都试焉……自始至今，历四十八年矣。”② 这一政策亦使巴蜀的读书入仕之风盛行。

(五) 移民涌入与文化的交流、融合

移民的大量涌入及文化交流与融合也推动了巴蜀士人群体的扩大。在中原王朝战乱时，巴蜀因独特的地理环境与社会环境，成为人们重要的避居地。唐僖宗时“群臣追从车驾者稍集成都，南北司朝者近二百人，诸道及四夷贡献不绝，蜀中府库充实，与京师无异，赏赐不乏，士卒欣悦”③。宋代相对安定的巴蜀也吸引了大批移民，如宋初“关陇之民多徙蜀者”④；靖康之乱时，“河东富人多弃产而入川蜀”⑤。北方移民大量涌入巴蜀，其中不乏衣冠贵族、知识分子等，随着他们的到来，中原地区先进的文化随之传入巴蜀。

据前人研究，“眉州地区是唐末五代接纳北方移民最多的地区”⑥，这些北方人士大量进入眉州地区，给眉州地方社会注入了新鲜血液。移民的涌入对巴蜀地区进士人数的增多无疑具有重要作用，“眉州现象”在一定程度上可以说是移民文化融合的结果。

---

① 祝尚书：《论南宋四川的“类省试”》，《四川师范大学学报（社会科学版）》2003 年第 5 期。

② 《贡院记》，〔宋〕袁说友等编，赵晓兰点校：《成都文类》卷 47，中华书局 2011 年版，第 888 页。

③ 〔宋〕司马光等撰，〔元〕胡三省注：《资治通鉴》卷 254，中华书局 1956 年版，第 8248 页。

④ 〔宋〕苏颂著，王同策校：《苏魏公集》卷 58《朝散大夫赠户部侍郎赵公墓志铭》，中华书局 1988 年版，第 884 页。

⑤ 〔元〕脱脱等：《宋史》卷 179《食货志》，中华书局 1977 年版，第 4362 页。

⑥ 刘琳：《唐宋之际北人迁蜀与四川文化的发展》，载《宋代文化研究》第二集，四川大学出版社 1992 年版，第 20 页。

第三节　宋代蜀士家族的空间特征考察

自给自足的自然经济在传统时期的中国占有重要地位，传统文化受此影响亦具有了浓厚的地域性和家族性。因而，对地域与家族的研究也成为我们考察传统文化中的重要一环。宋代蜀士家族在巴蜀的文化延续中发挥着重要作用，正如蒙文通在整理四川地方志时曾说："中国之世族盛于晋唐，而蜀独盛于两宋。"① 综观学界对古代士人家族的研究，关于魏晋门阀士族的探讨已较为充分，但对宋代士大夫家族的认识还有待进一步深入，尤其是对蜀士家族还缺乏系统深入的研究。因此对蜀士家族的研究应是本研究的题中之义，否则就不能整体地、准确地、深入地认识巴蜀地区的文化特色。本节拟通过探析蜀士家族的空间分布特征、地域差异及其原因，以期把握宋代蜀士家族的特点，从而为相关区域研究提供一些借鉴。

一、宋代蜀士家族的概况

古代中国是一个宗法社会，宗族和家族是社会结构的重要组成部分。宋代巴蜀地区父子、兄弟闻名者甚多，并出现了"蜀士家族"。所谓"蜀士家族"是以科举出身，以文学、政事显通的仕宦家族所构成的具有地域性的家族形态。宋代巴蜀地区的蜀士家族，有两个主要来源：一是世代生活在巴蜀地区的土著家族，二是唐五代时期移往四川的衣冠大姓。限于史料等因素，本文对宋代蜀士家族的分析主要集中于对巴蜀地区的社会发展有过一定影响的家族，具体如下表。

① 蒙文通：《华西大学图书馆四川方志目录序》，巴蜀书社 1998 年版，第 108 页。

表 11　宋代蜀士家族概况表

地区	家族（来源）	姓名	职官	史源	途径
眉州地区	眉州苏氏（移民家族）	苏澹	不仕	《栾城集》	进士
		苏涣	利州提刑	《曾巩集》卷 43《赠职方员外郎苏君墓志铭》	进士
		苏洵	秘书省教书郎，霸州文安县主簿	《欧阳文忠公文集》卷 34《故霸州文安县主簿苏君墓志铭并序》	荐举
		苏辙	翰林学士，尚书右丞，门下侍郎	《宋史》卷 339《苏辙传》	进士，入制科
		苏轼	礼部尚书兼端明殿，翰林学士	《栾城集》后集卷 22《亡兄子瞻端明墓志铭》	进士，入制科
		苏迟	权刑部侍郎，权工部侍郎，充徽猷待制	《敬乡录》卷 7	
		苏适	承务郎，太常寺太祝，通判广信军	苏迟《宋议郎眉山苏仲南墓志铭》	以效恩授承务郎，任郊社局令
		苏逊	监淮西酒，通判泸州潼川府	《斜川集校注》卷 5《送叔宽弟通判泸南》	
		苏迈	雄州防御推官，知河间县事	《栾城集》后集卷 22《亡兄子瞻端明墓志铭》	
		苏迨	驾部员外郎	《东都事略》卷 93 上《苏轼传》附	以明堂恩授承务郎；解两浙路，赴春帏
		苏过	右承务郎，中山府通判	《永乐大典》卷 2401 引晁说之《宋故通直郎眉山苏叔党墓志铭》	以诗赋解两浙路，赴试春帏，任右承务郎

续表

地区	家族（来源）	姓名	职官	史源	途径
		苏简	通判饶州，知严州、处州，帅广东，洪州，直徽猷阁，中散大夫，龙图阁直学士	《敬乡录》卷7	以祖恩补假承务郎
		苏策	知钱塘县诸军审计司军器监丞，兼权吏部郎。出为闽曹，守台州	《敬乡录》卷7	以外祖梁子美恩授将仕郎
		苏籀	大府寺丞，将作监丞，绍兴府参议，衢州通判	《双溪集》卷13	以祖荫官陕州仪曹掾
		苏范	承务郎	苏迟《宋议郎眉山苏仲南墓志铭》	
		苏篑	将仕郎	《南涧甲乙稿》卷21《朝散郎秘阁修撰江南西路转运副使苏公墓志铭》	
		苏符	权礼部尚书兼侍读	苏公《先公行状》	以遗恩授假将仕郎
		苏籍	右承事郎，太常寺主簿，右朝散郎，荆湖南路提点刑狱公事，鼎州太守，博士	《建炎以来系年要录》卷137、144、168	
		苏谔	朝议大夫，江东提刑，秘阁修撰，大理卿	《敬乡录》卷7	以祖迟恩，初任浙东帅属
		苏诵	补将仕郎，终知濠州	《敬乡录》卷7	以父恩补将仕郎
		苏诩	朝奉大夫权知筠州军州事	《栾城集跋》，《双溪集跋》	
		苏山	少卿，潼川府漕，大府丞	《攻媿集》卷2《送苏寿甫少卿赴潼川漕》	
		苏峤	江东从事，湖北宪漕司属官，右谏议大夫兼侍讲，浙东提举常平，尚书吏部员外郎	《南涧甲乙稿》卷21《朝散郎秘阁修撰江南路转运副使苏公墓志铭》	

续表

地区	家族（来源）	姓名	职官	史源	途径
		苏岘	朝散郎，秘阁修撰，江南西路转运副使	《南涧甲乙稿》卷21《朝散郎秘阁修撰江南路转运副使苏公墓志铭》	
		苏林	知衢州，福建通判，朝散大夫，吏部郎中，江东提刑	《敬乡录》卷7	以祖恩初任绍兴嵊县主簿
		苏郁	金溪知县	《王忠文集》卷22《苏君小传》	
		苏森	定海尉，象山县令，知道州，朝奉郎任高安郡守，权知筠州军州事	《栾城集跋》	
		苏植	宣教郎，知新繁县事，知广安军	《建炎以来系年要录》卷144	
		苏朴	钱塘县令	《咸淳临安志》卷51	
		苏枘	迪功郎，严州桐庐县尉，通判袁州	《南涧甲乙稿》卷21《朝散郎秘阁修撰江南路转运副使苏公墓志铭》	
		苏石	迪功郎，监行在省仓下界，奉议郎，溧阳令	《南涧甲乙稿》卷21《朝散郎秘阁修撰江南路转运副使苏公墓志铭》	
		苏极	将仕郎	《南涧甲乙稿》卷21《朝散郎秘阁修撰江南路转运副使苏公墓志铭》	
		苏移			进士
		苏杞			进士
		苏熙	朝奉大夫，显谟阁待制，知贵州	《王忠文集》卷22《苏君小传》	
		苏照	温州通判	《王忠文集》卷22《苏君小传》	

续表

地区	家族（来源）	姓名	职官	史源	途径
		苏圭	通直郎，两淮转运司干办公事	《王忠文集》卷22《苏君小传》	
		苏在	嘉禾县令	《王忠文集》卷22《苏君小传》	
		苏镇	从政郎，淮安县主簿	《王忠文集》卷22《苏君小传》	
		苏友龙	萧山令，朝列大夫，浙行省左右司都事	《王忠文集》卷22《苏君小传》	
		苏祖充	将仕佐郎，浦城县主簿	《宋学士文集》卷20《故朝列大夫浙江行省左右司都事苏公墓志铭》	
		苏师道	广东宣慰使司	《宋学士文集》卷20《故朝列大夫浙江行省左右司都事苏公墓志铭》	
		苏伯衡	国子正擢翰林国史院编修官，朝列大夫，浙江行省左右司都事	《宋学士文集》卷20《故朝列大夫浙江行省左右司都事苏公墓志铭》	
		苏崇德	将仕郎，行枢密院管勾	《宋学士文集》卷20《故朝列大夫浙江行省左右司都事苏公墓志铭》	
	眉州家氏（移民家族）	家勤国		《宋史》卷390	
		家安国	宣教郎，奉议郎，充讲义司检讨文字，提举江南西路茶事	《净德集》卷23《朝请郎新知嘉州家府墓志铭》	进士
		家定国	朝请郎知嘉州	《净德集》卷23《朝请郎新知嘉州家府墓志铭》	进士
		家愿	乐至令，监华州西岳庙，知双流县，知阆州	《宋史》卷390	进士
		家彬	尚书吏部郎中，奉议郎、太学博士	《净德集》卷23《朝请郎新知嘉州家府君墓志铭》	进士

续表

地区	家族（来源）	姓名	职官	史源	途径
		家大酉		《宋代四川家族与学术论集》	进士
		家炎	知富顺监	《鹤山集》卷 84《知富顺监致仕家侯炎墓志铭》	
		家子鉴	蒲江县令	《鹤山集》卷 61《跋朱吕学规》	
		家坤翁	迪功郎监普州商税，户部郎中知抚州	《鹤山集》卷 81《安人史氏墓志铭》	
		家铉翁	赐进士出身，拜端明殿学士，签书枢密院事	《宋史》卷 421	以荫补官
		家抑	嘉定府教授	《勉斋集》卷 19《家恭伯重斋记》	
		家演		《北溪大全集》卷 10《宋家本仲序》	
	眉山任氏（土著家族）	任孜	光禄寺丞	《宋史》卷 345	进士
		任伋	河南新息令，通判黄州，知泸州	《宋史》卷 345	
		任伯雨	施州清江主簿，谏议大夫	《宋史》卷 345	进士
		任象先		《宋史》卷 345	登世科
		任申先	中书舍人	《宋史》卷 345	
		任尽言	婺州教授，京西南路转运判官	《宋元学案》卷 99《苏氏蜀学略》	
		任希夷	礼部尚书兼给事中，签书枢密院事，兼参知政事，知福州	《宋史》卷 395	进士

续表

地区	家族（来源）	姓名	职官	史源	途径
	眉山王氏（土著家族）	王当	龙游县尉	《宋史》卷432	以贤良方正荐
		王赏	礼部侍郎兼权直学士院，知利州，秘阁修撰，提举江州太平兴国宫	《全宋词》	进士
		王称	吏部郎中，知龙州知州，直秘阁	《眉山县志》	
		王立言		《鹤林集》卷34《王立言墓志铭》	
	青神杨氏（移民家族）	杨大权	司农寺丞，温江尉	《宋史》卷400	进士
		杨汝明	工部尚书，军器少监，权考公郎官	《宋代蜀文辑存》	进士
		杨虞仲	知巴州，除直秘阁，知夔州，利路提刑摄兴州，官至中大夫充秘阁修撰	《宋会要辑稿》职官61之29，《攻媿集》卷39《除直秘阁知夔州制》，《宋史》卷398，《宋元学案补遗》卷72	进士
		杨泰之	泸州尉，知重庆府	《宋史》卷434	
		杨栋	参知政事	《宋史》卷421	进士
		杨汲	大理寺丞典郡	《通江续集》卷34《河洛言敬序》	
		杨文仲	太常丞	《宋史》卷425	进士
	丹棱李氏（移民家族）	李中	仙井监	《宋史》卷388	进士
		李焘	知荣州，除兵部员外郎、礼部侍郎	《宋史》卷388	进士
		李垕	秘书省著作郎	《宋代蜀文辑存》	进士
		李焘	曾任朝散郎	《敷文阁学士李文简公焘神道碑》	
		李塾	承议郎	《宋史》卷388	

续表

地区	家族（来源）	姓名	职官	史源	途径
		李壁	历任参知政事，资政殿学士	《宋史》卷398	进士
		李埴	资政殿学士，知眉州	《宋元学案》卷71，《宋史翼》卷25	进士
	眉州史氏（移民家族）	史炤	宣义郎	《宋元学案补遗》卷99《苏氏蜀学略补遗》	
		史尧弼		《莲峰集》序	进士
		史尧俊	永康军教授	《莲峰集》序	类省试第一
		史公亮	不仕	《鹤山集》卷52《史少弼云庄集序》	进士
		史渐	不仕	《宋元学案补遗》卷72《二江诸儒学案补遗》	进士
	丹棱史氏（移民家族）	史绳祖	朝议大夫，四川京湖宣抚副使，直宝章阁，主管成都府玉局观	《史绳祖墓志录文》，载《考古》1987年第11期	
		史尧辅	青城县主簿，历大足县尉，合州推官	《鹤山集》卷71《宣教郎致仕史君尧辅墓志铭》	进士
		史守道	迪功郎	《鹤山集》卷82《故迪功郎致仕史君孟传墓志铭》	进士
成都府地区	双流邓氏（土著家族）	邓绾	龙图阁直学士知邓州	《宋史》卷329	进士
		邓洵武	观文殿学士，知枢密院，吏部侍郎	《宋史》卷329附《邓洵武传》	进士
		邓雍	侍郎及提举官，郡守	（成都）《氏族谱》	
		邓椿	通判	《全宋文》第225册《邓椿小传》	
	华阳范氏（移民家族）	范镃	陇城令	《宋史》卷337	进士
		范锴	卫尉寺丞	（成都）《氏族谱》	
		范镇	翰林学士，右谏议大夫，户部侍郎兼侍读	《宋史》卷337	进士

续表

地区	家族（来源）	姓名	职官	史源	途径
		范百常	知茂州事	（成都）《氏族谱》，《宋史》卷337	
		范百禄	提点江南刑狱，加直贤院，宰执	《宋史》卷337	进士
		范百祉		《华阳县志》卷27	
		范百朋	知邛州	（成都）《氏族谱》	
		范百揆	宣德郎，监中岳庙	《范景仁墓志铭》	进士
		范百嘉	承务郎，秘书省正字	《范景仁墓志铭》	进士
		范百岁	太康主簿	《范景仁墓志铭》	
		范百虑	承务郎	《范景仁墓志铭》	
		范祖禹	秘书省正字，迁给事中	《宋史》卷337	进士
		范祖德	右宣德郎	《范百禄墓志铭》	
		范祖修	右承务郎，勾当嵩山崇福宫	《范百禄墓志铭》	
		范祖述	知台州，朝议大夫	《范百禄墓志铭》	
		范祖义	雄州军事推官	《范百禄墓志铭》	进士
		范祖和	右承务郎	《范百禄墓志铭》	
		范祖直	襄州司户参军	《范景仁墓志铭》	
		范祖朴	长社主簿	《范景仁墓志铭》	
		范祖野		《范太史集》卷39《范百嘉墓志铭》	
		范祖平		《范景仁墓志铭》	
		范祖封	右承务郎	《范景仁墓志铭》	
		范祖更	右承务郎	《范景仁墓志铭》	
		范祖淳		嘉庆《华阳县志》卷27	进士
		范祖恩	承务郎	《范百禄墓志铭》	

续表

地区	家族（来源）	姓名	职官	史源	途径
		范廖	广南东路钤辖	《建炎以来系年要录》卷32	
		范冲	虞部员外郎，俄出为两淮转运副使	《宋史》卷337	进士
		范温	明堂班朔郎	《铁围山丛谈》卷3	进士
		范游		嘉庆《华阳县志》	进士
		范漼	右奉议郎，知芦山县	《方舟集》卷15《范叔源墓志铭》	
		范埍	都大主管川峡茶马司监牧公事	《建炎以来系年要录》卷4、138	
		范仲芑	右谏议大夫，给事中	《建炎以来系年要录》卷144	
		范仲黼	通直郎，为国子博士，兼许国公府教授	《宋史》卷435	进士
		范仲艺	中书舍人，龙图阁直学士	《止斋集》卷3、6、8	进士
		范仲较		嘉庆《华阳县志》	进士
		范仲伦		嘉庆《华阳县志》	进士
		范仲圭	知普州，利州转运判官	《宋史全文》卷37	进士
		范仲殳	右迪功郎，成都府学教授	《建炎以来系年要录》卷106	进士
		范仲熊	承议郎，直秘阁	《建炎以来系年要录》卷21	
		范仲徽		嘉庆《华阳县志》	进士
		范仲南		嘉庆《华阳县志》	进士
		范仲恺		嘉庆《华阳县志》	进士
		范仲芸		《宋元学案补遗》卷19	进士
		范仲壬	知江陵府，利州路钤辖	《庆元党案》	
		范仲武	知嘉州，成都府转运判官	《鹤山集》卷88《知黎州高崇行状》	

续表

地区	家族（来源）	姓名	职官	史源	途径
		范子修		嘉庆《华阳县志》	进士
		范子奕		嘉庆《华阳县志》	进士
		范子庚	知资州	嘉庆《华阳县志》	进士
		范子长	知潼川府，知泸州	《鹤山集》卷53《范正献公文集序》	进士
		范子该		嘉庆《华阳县志》	进士
		范荪	宗正寺丞，知邛州	《鹤山集》卷76《虞刚简墓志铭》	
		范暮	国子监丞	《华阳人物志》	
	成都宇文氏（移民家族）	宇文之邵	文州曲水令	《宋史》卷456	进士
		宇文虚中	起居舍人，国史院编修，迁中书舍人	《宋史》卷371	进士
		宇文粹中	签书枢密院，知青州，江南东路安抚使，知建康府，尚书右丞	《宋代蜀文辑存》	进士
		宇文时中	龙图阁学士知潼川	《莲峰集》卷10《宇文龙图时中哀词并引》	进士
		宇文师申	知合州	《嵩山集》卷53《宇文蜀州墓志铭》	
		宇文师说		《攻媿集》卷109《宇文公墓志铭》	
		宇文师献	承务郎，德阳丞，知绵竹	《南轩集》卷41《宇文使君墓表》	以伯父虚中荫补承务郎
		宇文绍节	累迁宝谟阁待制、知庐州	《鹤山集》卷91《哭宇文枢密绍节文》	进士
		宇文绍奕	左奉议郎通判剑州	《崔舍人西垣类稿》卷1《宇文绍奕官制》	
		宇文峒	繁兴知府事	《性善堂稿》卷10《中江县重修学记》	

续表

<table>
<tr><th>地区</th><th>家族（来源）</th><th>姓名</th><th>职官</th><th>史源</th><th>途径</th></tr>
<tr><td rowspan="9"></td><td></td><td>宇文价</td><td></td><td>《攻媿集》卷 36《新知襄阳府宇文价改知遂宁府》</td><td>进士</td></tr>
<tr><td rowspan="8">双流宋氏（移民家族）</td><td>宋右贤</td><td>朝议大夫</td><td>《成都通史》卷 4《五代（前后蜀）两宋时期》</td><td>进士</td></tr>
<tr><td>宋右仁</td><td></td><td>《成都通史》卷 4《五代（前后蜀）两宋时期》</td><td>进士</td></tr>
<tr><td>宋构</td><td>陕西路转运使，朝散大夫</td><td>《成都通史》卷 4《五代（前后蜀）两宋时期》</td><td>进士</td></tr>
<tr><td>宋良儒</td><td>陕西路转运副使</td><td>《成都通史》卷 4《五代（前后蜀）两宋时期》</td><td>进士</td></tr>
<tr><td>宋京</td><td>彭州司法参军</td><td>《成都通史》卷 4《五代（前后蜀）两宋时期》,《成都考古研究》</td><td>荫辟入官，进士</td></tr>
<tr><td>宋衍</td><td></td><td>《成都通史》卷 4《五代（前后蜀）两宋时期》</td><td>进士</td></tr>
<tr><td>宋若水</td><td>授左迪功郎，仁寿县主簿</td><td>《朱熹集》卷 93《运判宋公墓志铭》</td><td>进士</td></tr>
<tr><td rowspan="6">隆州地区</td><td rowspan="4">井研李氏（土著家族）</td><td>李舜臣</td><td>宗正簿</td><td>《牟氏陵阳集》卷 14《赠甥李松坡天瑞序》</td><td>进士</td></tr>
<tr><td>李心传</td><td>史馆校勘</td><td>《宋史》卷 438</td><td>赐进士出身</td></tr>
<tr><td>李道传</td><td>利州司户参军，蓬州教授</td><td>《宋史》卷 436</td><td>进士</td></tr>
<tr><td>李性传</td><td>参知政事，知枢密院事，观文殿学士，起居舍人</td><td>《宋元学案》卷 30《刘李诸儒学案》</td><td>进士</td></tr>
<tr><td rowspan="2">井研牟氏（土著家族）</td><td>牟桂</td><td></td><td></td><td>进士</td></tr>
<tr><td>牟子才</td><td>嘉定府洪雅县尉，监成都府榷茶司卖引所，辟四川提举茶马司，总领四川财赋所干办公事</td><td>《宋史》卷 411</td><td>进士</td></tr>
</table>

续表

地区	家族（来源）	姓名	职官	史源	途径
		牟巘	大理少卿	《黄文献集》卷6《隆山牟先生文集序》	进士
		牟应龙		《黄文献集》卷6《隆山牟先生文集序》	进士
	仁寿虞氏（移民家族）	虞祺	左中大夫仕至太常博士，潼川府路转运判官	《宋史》卷383	进士
		虞允文	太常博士，彭州通判，权知黎州、渠州，中书舍人兼直学院，潼川路转运判官，知枢密院事，参知政事	《宋史》卷383	进士
		虞易简	枣阳军使，知大宁监	《虞公（集）行状》	
		虞刚简	知简州，绵州通判，永康知军，四川制置司参议官，利州路提点刑狱	《虞刚简墓志铭》	以郊恩任官
		虞方简	江安、夹江知县，长宁知军，普州、蓬州、邛州知州	《虞公（集）行状》	
		虞烁	青神知县，茂州知州	《虞公（集）行状》	
		虞夷简	郫县丞，永康军别驾，荣州知州	《梦窗词集校笺》序	
		虞公亮	不仕	《虞刚简墓志铭》	以父荫为奉议郎直秘阁
		虞公著	知开州、渠州，中奉大夫	《虞公著碑志拓本》	
		虞杭孙	知长宁军，大理寺丞，中奉大夫	《宋史》卷383	
		虞普	权知石泉军，兵部尚书，直宝文阁	《虞公著碑志拓本》，《虞雍公（集）神道碑》	

续表

地区	家族（来源）	姓名	职官	史源	途径
		虞曾	什邡县丞	《虞公著碑志拓本》	
		虞泰	眉山县丞	《虞公著碑志拓本》	
		虞时	邵阳县主簿	《虞公著碑志拓本》	
		虞会	登仕郎	《虞公著碑志拓本》	
		虞香	通侍郎	《虞公著碑志拓本》	
		虞从龙		《宋代四川家族与学术论集》	
		虞嘉	知永州、连州	《元史》卷 181	
		虞旒	淳安令，累官至朝请大夫，户部郎中知岳州	《侨吴集》卷 12《蜀虞处士墓碣铭》	
		虞汲	黄冈尉	《圭斋集》卷 9《虞集神道碑》	进士
		虞集	翰林待制，奎章阁侍书学士	《元史》卷 181	进士
邛州地区	蒲江魏、高氏（土著家族）	魏了翁	签书剑南西川节度判官厅公事，知嘉定府，兼吏部尚书，同签书枢密院事	《宋史》卷 437	进士
		魏文翁	朝议大夫知叙州	《鹤山集》卷 81《朝议大夫知叙州魏公墓志铭》	进士
		高大中		《鹤山集》卷 70《处士高君大中墓志铭》	
		高道充		《鹤山集》卷 70《处士高君大中墓志铭》	两预宾荐
		高载	宣教郎知灵泉县	《鹤山集》卷 70《处士高君墓志铭》	进士
		高稼	知沔州	《宋史》卷 449	进士
		高崇	知黎州	《宋史》卷 437	进士

续表

地区	家族（来源）	姓名	职官	史源	途径
		高定子	端明殿学士，签书枢密院事兼权参知政事	《宋史》卷409	进士
		高斯得	参知政事	《耻堂存稿》卷5《宋捷如心堂铭》	进士
		魏近思	军器监主簿	《全宋文》卷7306	
		魏克愚	知温州、徽州，两浙转运副使，知临安府	《宋元学案补遗》卷80《鹤山学案补遗》	
汉州地区	绵竹张氏（移民家族）	张纮	将作匠簿，调泾州良原县主薄	《武都居士墓志铭》，载《四川历代碑刻》	
		张咸	签书剑南西川节度使判官厅公事	《全蜀艺文志》卷47《奉议郎张君说墓志铭》	进士
		张浚	尚书右仆射，同中书门下平章事，兼知枢密院事，都督诸路军马	《宋史》卷361	进士
		张杓	两浙转运判官，知临安府	《宋史》卷361	以父恩授承奉郎
		张忠恕	户部右曹郎，将作监	《宋史》卷409	以祖父恩任官
		张唐	奉议郎	《鹤山集》卷79《张晞颜墓志铭》	
简州地区	阳安刘氏（移民家族）	刘昊	国子监四门助教	《舆地纪胜》卷145	
		刘讽	都官员外郎	《舆地纪胜》卷145	进士
		刘孝孙	都官员外郎，侍御史，西京左藏库副使	《续资治通鉴长编》卷231	
		刘泾	太学博士	《画继》卷3	进士
		刘光祖	显谟阁直学士	《西山文集》卷43《刘阁学墓志铭》	进士

续表

地区	家族（来源）	姓名	职官	史源	途径
普州地区	安岳冯氏（移民家族）	冯某		《丹渊集》卷39《秘书丞冯君墓志铭》	进士
		冯山	秘书丞，通判梓州	《宋史》卷371	进士
		冯澥	资政殿学士	《宋史》卷371	进士
		冯梦龟	授达州司户	《桐江集》卷2《跋马抱瓮诗》	
阆州地区	阆州陈氏（移民家族）	陈省华	阆州西水县尉	《洪范羽翼》卷34	
		陈尧叟	光录寺丞，直史馆	《资治通鉴长编》卷30	进士
		陈尧佐	翰林学士，参知政事，同中书门下平章事	《欧阳文忠公集》卷30《陈公神道碑》	进士
		陈尧咨	将作监丞，通判济州	《宋史》卷284	进士
		陈师古	知曹州	《元宪集》卷25《屯田郎中知曹州陈师古可都郎中制》	以父恩授官
		陈述古	京西转运使，陕西都转运	《西台集》卷13《陈水部（知雄）墓志铭》	以父恩得官
		陈求古	国学博士	《续资治通鉴长编》卷165	
		陈充	知德州	《建炎以来系年要录》卷7	以父任得官
绵州地区	盐泉苏氏（移民家族）	苏检	洋州刺史，中书舍人，宰相	《新唐书·宰相世系表》	进士
		苏振	桐山令	《先公（耆）墓志铭》	
		苏寓	剑州司马	《舆地纪胜》卷54	
		苏协	任彭州、合州、陵州判官	《父祖家传》	进士
		苏易简	翰林学士，中书舍人，给事中、参知政事	《宋史》卷266	进士
		苏寿	水部郎中，知泗州、越州、歙州	《新安志》卷10	

续表

地区	家族（来源）	姓名	职官	史源	途径
		苏宿	大理评事	《江宁府溧阳令苏府君墓志铭并序》	
		苏曳	溧阳县令，华阳尉，阆中主簿	《苏学士集》卷 14	
		苏耆	陕西转运使	《宋史翼》卷 2	进士
		苏舜元	两浙等路提点刑狱，京西转运使，三司度之判官	《苏才翁墓志铭》	进士
		苏舜宾	光禄寺主簿，知会稽县，太康县	《刘夫人墓志铭》	进士
		苏舜钦	光禄寺主簿，大理评事，监进奏院	《湖州长史苏君墓志铭》	进士
		苏涓	朝散大夫，知潞州	《刘夫人墓志铭》	
		苏澥	朝请郎，京西提点刑狱，秘阁校理，江东提举	《刘夫人墓志铭》	
		苏注	朝请郎，司勋郎中	《刘夫人墓志铭》	
		苏洞	右赞善大夫，将作监	《刘夫人墓志铭》	
		苏洪		《刘夫人墓志铭》	进士
		苏洎		《刘夫人墓志铭》	进士
合州地区	巴川阳氏（土著家族）	阳景春	宣义郎	《字溪集》卷 12《有宋朝散大夫字溪先生阳公行状》	以宁宗御极恩官
		阳枋	摄广安学官，大宁理曹，朝散大夫	《字溪集》卷 12《有宋朝散大夫字溪先生阳公行状》	进士
		阳南午	中奉大夫	《字溪集》卷 12《有宋朝散大夫字溪先生阳公行状》	进士

上表对宋代主要的蜀士家族进行了整理，使我们对蜀士家族的基本情况有了一定的了解，虽然还不全面，但是我们可以清楚地观察到：第一，这些

家族主要有两个来源，一是本地土著，二是外来移民。本地土著主要有眉山王氏、眉山任氏、双流邓氏、井研李氏、井研牟氏、蒲江魏（高）氏、巴川阳氏等，占蜀士家族总量的 34.78%。其余则是外来移民，占总量的 65.22%。以此可见移民家族在宋代巴蜀占据着主导地位，对巴蜀文化影响甚大。第二，这些家族的兴盛主要有两个高峰期：一是北宋中期，以眉山苏氏和华阳范氏为代表；二是南宋时期，以绵竹张氏、丹棱李氏、井研李氏、蒲江魏（高）氏、仁寿虞氏、井研牟氏和巴川阳氏最为突出。这些家族各具特色，他们对宋代巴蜀的文化产生了重要的影响。

二、宋代蜀士家族的空间分布考察

宋代蜀士家族在空间上亦呈现出迥异于其他地区的特征，在此基于宋代蜀士家族概况表，以图、表的形式更为直观地展现出这一时空特征，以加深对蜀士家族的了解。

（一）宋代蜀士家族的空间分布特征

根据《宋代蜀士家族数量统计表》，宋代巴蜀地区的 10 个州府主要有 23 个蜀士家族，平均每州的家族数量为 2.3 个。如以 2.3 个作为参数，我们可以把蜀士家族所在州府大致分为三类：第一，蜀士家族数量较少的地区（1-2 个）：汉州、简州、普州、合州、阆州、绵州、邛州。第二，蜀士家族数量中等的地区（3-4 个）：隆州、成都府。第三，蜀士家族数量多的州（5 个以上）：眉州。我们可以大致看出虽然史料中保存的宋代巴蜀士人家族资料详略不一，但他们在地域空间分布上却呈现出明显的不均衡性。

表 12　宋代蜀士家族数量统计表

州别	家族数量	占比	州别	家族数量	占比
眉州	8	34.78%	简州	1	4.35%
成都府	4	17.39%	普州	1	4.35%
隆州	3	13.04%	合州	1	4.35%

续表

州别	家族数量	占比	州别	家族数量	占比
邛州	2	8.70%	阆州	1	4.35%
汉州	1	4.35%	绵州	1	4.35%

笔者基于表与《宋代蜀士家族分布图》，总结出宋代蜀士家族所具有的三大特点。

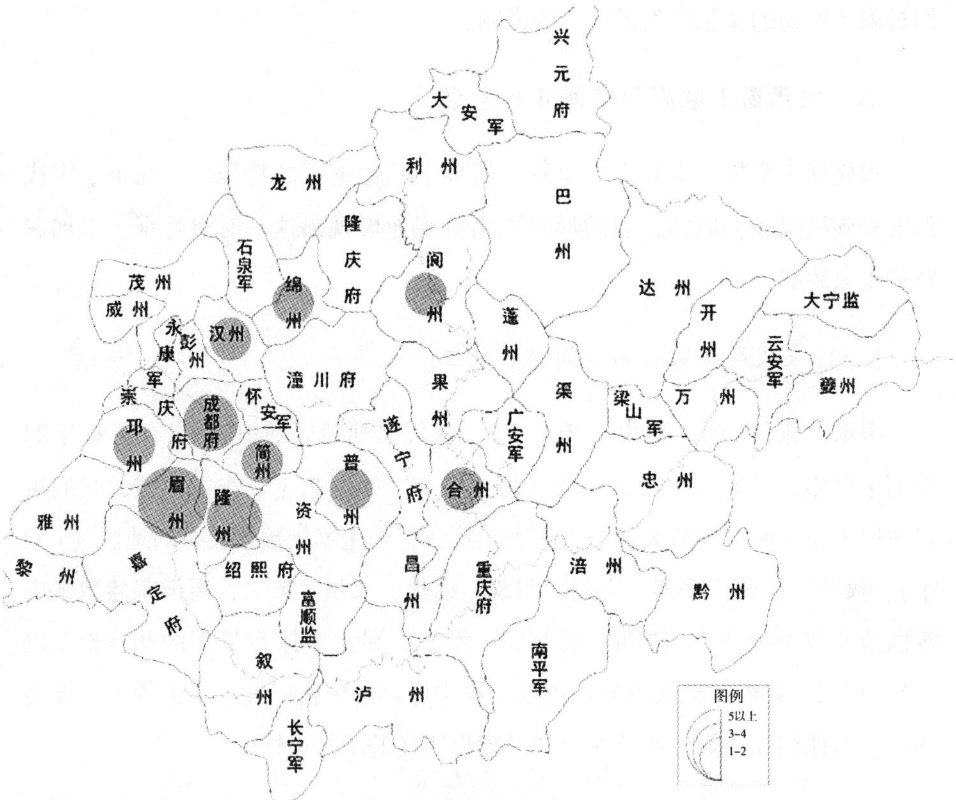

图3　宋代蜀士家族分布图

第一，就区域而言，这些家族的地域分布很不平衡。除了普州冯氏和合州阳氏之外，其他家族主要集中在以成都平原为中心的川西地区，其他地区则鲜有大族出现。眉州、成都府、隆州地区是产生名门望族最多的区域，其数量远远超过平均水平。眉州的蜀士家族数量最多，其主要受到诸多因素的影响①。

四川地区长期存在着一批土著大族，加之唐末五代又有不少“衣冠大族”流寓在蜀，他们没有遭受过五代兵荒马乱的直接冲击，所以时至宋代便形成了“川峡四路多大姓”的特殊局面。在巴蜀地区相对安定的社会环境中，这些大族“贵经术、习诵读、知古今”②，他们普遍重视文化教育事业与文化的传承，所以宋代的巴蜀长期有相当数量的蜀士家族。

第二，蜀士家族的兴盛深受科举制度及地方文脉传承的影响。这些家族成员多半是靠科举、恩荫、荐举等入仕，科举是蜀士家族保持其地位的主要手段，如眉州地区进士人数之多、蜀士家族之多，历来为学者所称颂，正所谓“眉为士大夫郡，取士于乡、于太学、于诸道者，视他州为多”③。地方良好的文风以及对教育的重视使得蜀士家族得以长期延续。

第三，宋代的蜀士家族有学术型和政治型之分。这些家族中，有致力于诗书传家者，亦有热衷于仕宦之途者。如仁寿虞氏是知名的学术型家族，盐泉苏氏则是政治型家族。通过分析笔者发现，学术型士大夫家族往往长盛不衰，而政治型士大夫家族却往往会因某一政治事件或仕宦不显而衰微。如盐泉苏氏家族因“奏邸之狱”而渐衰，所以政治型家族“个人的盛衰影响家族，个人兴则家族盛，个人衰则家族败”④。元丰以后，盐泉苏氏家族便没有族人活跃于政治舞台之上。巴蜀地区的学术型家族则表现出更多的延续性。正如元人感叹道：“诗书之泽，百世不堕。”⑤ 如宋代的虞氏家族在进入元代之后，仍然出现了名震东南的虞集等。这些具有特色的蜀士家族对当时的巴

---

① 可以参见前文对蜀士群体的空间分布之特殊表现——“眉州现象”的探析。

② 〔元〕虞集：《道园学古录》卷 7《乐善堂记》，《景印文渊阁四库全书》第 1207 册，台湾商务印书馆 1983 年版，第 120 页。

③ 〔宋〕魏了翁：《鹤山集》卷 48《眉州创贡院记》，《景印文渊阁四库全书》第 1172 册，上海古籍出版社 2003 年版，第 545 页。

④ 柳立言：《宋代明州士人家族的形态》，《“中央”研究院历史语言研究所集刊》第 81 本第 2 分，第 306 页。

⑤ 〔元〕郑元祐：《侨吴集》卷 12《蜀虞处士（炫）墓碣铭》，《景印文渊阁四库全书》第 1216 册，台湾商务印书馆 1983 年版，第 611 页。

蜀地区作出了重要贡献，深深影响了巴蜀的文化传承与社会发展。

（二）宋代蜀士家族间的联系与交往

宋代蜀士家族间往往在学术与政治上具有紧密的联系。政治上，他们互相提携，共进退，可谓“一荣俱荣，一损俱损”。如成都人吕陶所言：“臣与苏轼皆蜀人，而不避乡曲之嫌。”① 江西人董敦逸亦称：“苏轼、苏辙、范百禄辈，各有奏举及主张差除之人，惟苏轼为多。或是亲知及其乡人，有在要近，有在馆职，有为教官，有作监司，有知州、军，不可以数考。”② 身居要职的苏轼不遗余力地提携乡人，可见当时的蜀士家族间相互帮扶。另如范百禄援引吕陶为起居舍人，所以有人称“百禄之亲戚朋游，皆在权要”③。这些蜀士家族在政治上的联系，使得家族中的众多成员活跃在宋代的政治舞台之上。

婚姻关系也是蜀士家族交往联系的重要纽带。正如黄重宽言：“婚姻关系亦是凝聚学术流派的一股重要力量。”④ 柳立言亦言：“经济是基础，科举是关键，联姻很重要，关系不可少。”⑤ 在巴蜀这个特殊的地理区域内，蜀士家族的婚姻圈与交游圈、学术圈、教育圈、政治圈在很大程度上互相重叠。如仁寿虞兢是虞刚简的儿子、蒲江魏了翁的女婿，仁寿虞汲娶青神杨文仲之女，井研牟氏和李氏世代“姻好蝉联”，蒲江高载的妻子是同郡的安仁计氏，高崇的妻子是同邑的樊氏、续妻是新津扈氏。到宋末元初，巴蜀士人的婚姻关系出现了新的婚姻圈，如眉山史氏的史光先后娶关氏、陈氏，她们均非蜀籍闺秀。

同时，这些家族间学术往来频繁，共同推动了巴蜀文化的向前发展。张栻曾教授华阳四范（范仲黼、范子长、范子该、范荪），丹棱李焘二子李壁、

---

① 〔宋〕李焘：《长编》卷393，中华书局1992年版，第9569页。

② 〔宋〕李焘：《长编》卷482，中华书局1992年版，第11477页。

③ 〔宋〕李焘：《长编》卷482，中华书局1992年版，第11467页。

④ 柳立言：《科举、人际网络与家族兴衰：以宋代明州为例》，《中国社会历史评论》第11卷，天津古籍出版社2010年版，第21页。

⑤ 柳立言：《科举、人际网络与家族兴衰：以宋代明州为例》，《中国社会历史评论》第11卷，天津古籍出版社2010年版，第21页。

李埴和成都宇文邵节也曾投入其门下。华阳范氏、丹棱李氏和成都宇文氏，蒲江魏高氏的魏了翁、高载、高崇等人便成为“南轩瓣香”的理学名门。仁寿虞刚简曾与范仲黼、范子长、范子该、李心传、李道传、魏了翁等人切磋义理之学。虞刚简还与魏了翁、范仲黼、李心传等人讲学于成都东门之外。另外，井研牟桂为李道传门人，他又命其子牟、子才学于魏了翁、虞刚简。高斯得既从学于伯父魏了翁，又以李心传为师，得其经史之学。可见家族间的学术交往增强了蜀士家族间交往的活力，也传承并发扬了巴蜀文化。

三、宋代蜀士家族与巴蜀文化的重塑

宋代蜀士家族对巴蜀的文化发展有着重要的影响，在一定程度上重新塑造了巴蜀的文化，使其呈现出新的特征与气象。

（一）蜀士家族与巴蜀乡土观念的强化

宋代的蜀士家族对巴蜀乡土观念的强化发挥着重要作用。由于地理等因素影响，“惟蜀人道远，其间文学行义有可用者，不由论荐，无由得知”①。宋代朝廷对巴蜀的士大夫多持歧视之态，前文已有论述。面对他者的“挑战”，蜀人乡土观念不断增强，蜀士家族在其中更是用力颇多，主要表现在以下几个方面。

（1）联姻乡亲。宋代巴蜀士人家族多维持着稳定的婚姻圈。如虞允文的妻王氏为华阳人、虞刚简的妻赵氏为资州人、虞炦的妻魏氏为邛州蒲江人。同时，这些家族联姻比较“贵重氏族”②，重视门当户对。流寓外地的蜀籍士人在婚姻关系上同样“重氏族”③，而且对同籍之人有天然的亲切感。如移居外地的蜀人陈定叟“有妹，适蜀士乐士，登甲戌第矣”④。赵茂元与“同郡的

---

① 〔宋〕李心传：《建炎以来系年要录》卷176，中华书局1956年版，第2915页。

② 〔宋〕苏轼：《苏东坡全集》卷32《眉山远景楼记》，中国书店1996年版，第390页。

③ 〔元〕虞集：《道园学古录》卷10《题晋阳罗氏族谱图》，《景印文渊阁四库全书》第1207册，台湾商务印书馆1983年版，第162页。

④ 李修生主编：《全元文（十）》卷332《曲江士友宋陈定叟诗序》，江苏古籍出版社1999年版，第67页。

杨氏、史氏、程氏、家氏门户相望，互为婚姻”①，即所谓的“郁郁乎故乡近古之意”②；即使在外地，仍然保持着巴蜀的婚姻习俗。地理环境虽阻碍了家族间的联系，但他们仍愿意与同乡之人联姻，以增强自身的地区认同。

（2）服务桑梓。巴蜀的士人有着深深的乡土观念，哪怕身居异地，仍格外关注巴蜀的情况。如简州的刘孝孙在神宗熙宁五年（1072）奏上《论方面之寄勿遽更易》，认为知成都府的赵抃为“朝廷旧臣，天下之所属望”，且“有清德，所至诚服，如其父母”，“藩垣之外得斯人而任之，则可以坐分宵旰之忧矣”，因而极力主张朝廷“久其时岁，勿遽更易”③。熙宁六年（1073），其又“言西川年谷不登，诸州米价腾踊”，促使朝廷下诏司农寺“体访西川艰食州县，如有灾伤，发常平仓减价赈济”④。刘孝孙服务桑梓的拳拳之心，显示出蜀士群体浓浓的乡土情结。

（3）结交同乡。虞刚简与成都范仲黼、范荪、范长、范子该、邓谏从、薛绂、程遇安、宋德之合称“二江九先生”。所谓“二江九先生”便是一个四川同乡学者集团。虞允文对赵雄（后来官至宰相）、张栻、李焘、李垕、晁公武等四川籍的人士都曾加以提携。王得臣在记录蜀人时曰：“一路虽不同，相逢则曰‘乡人’，情好倍密。”⑤ 这表现出巴蜀之人对乡情的重视。

在宋高宗末年的“采石之战”中，宋方获得胜利，主帅隆州仁寿虞允文将其门下将士的资料编辑成册，以夸耀其功：“允文，蜀人也，首自蜀中传写之，士皆和之，于是蜀人家家有传本。”⑥ 这其中虽有夸大之嫌，但有着强烈乡土意识的四川人，无不以虞允文为荣。宋末元初，巴蜀地区由于战乱，大量的蜀籍士人向外迁徙。这些身居外地的蜀人依旧重视乡情，对同籍之人怀

---

① 〔元〕虞集：《道园学古录》卷 6《送赵茂元归乡序》，《景印文渊阁四库全书》第 1207 册，台湾商务印书馆 1983 年版，第 108 页。

② 〔元〕虞集：《道园学古录》卷 6《送赵茂元归乡序》，《景印文渊阁四库全书》第 1207 册，台湾商务印书馆 1983 年版，第 108 页。

③ 〔宋〕赵汝愚：《宋名臣奏议》卷 73，《景印文渊阁四库全书》第 431 册，台湾商务印书馆 1983 年版，第 879 页。

④ 〔宋〕李焘：《长编》卷 242，中华书局 1992 年版，第 5902 页。

⑤ 〔宋〕王得臣：《麈史》卷下《风俗》，上海古籍出版社 1986 年版，第 76 页。

⑥ 〔宋〕徐梦莘：《三朝北盟会编》卷 238，上海古籍出版社 1987 年版，第 1711 页。

有深深的情谊。如潼川人姚希得在外地时，来投靠他的人特别多，所谓“蜀之亲族姻旧相依者数十家，希得廪之终身，昏丧悉损己力，晚年计口授田，各有差”①。姚希得不但没有嫌弃之意，还仗义疏财，尽自己最大努力资助他们。

（二）蜀士家族与巴蜀的娱乐风尚

唐宋时期是巴蜀区域发展历程中的一个重要阶段。随着经济的不断发展和外来文化的影响，川峡四路特别是以成都平原为核心的巴蜀地区娱乐之风日渐盛行。“巴蜀士人继承了汉晋南北朝以来的喜宴聚风尚，并在其基础上发展成奢华备极的风俗。”② 其中，蜀士家族的娱乐之风尤为突出。

巴蜀自古以来便有奢侈、游乐之风。如《隋书·地理志》称：“（蜀人）多溺于逸乐，少从宦之士，或至耆年白首，不离乡邑。”③《宋史》亦载：“其所获多为遨游之费，踏青、药市之集尤盛焉，动至连月。好音乐，少愁苦，尚奢靡，性轻扬，喜虚称。庠塾聚学者众，然怀土罕趋仕进。”④ 可见巴蜀之人不仅喜好游乐，且较为奢侈。士人举子也对游乐活动乐此不疲，如王安石的女婿成都人杨褎，“好古博物，家虽贫，尤好书画奇玩充实中橐。家妓数人，布裙粝食而歌舞绝妙。故欧阳公赠之诗云：‘三脚木床坐调曲。’盖言褎之贫也”⑤。杨褎虽相对贫困，但依然不减游乐之风。

蜀士往往注重将饮食与娱乐性的游玩结合起来。《隋书·地理志》曾载：“士多自闲，聚会宴饮。”⑥ 蜀士多爱饮酒宴会，如“陈充，字若虚，益州成都人。家素豪盛，少以声酒自娱，不乐从宦”⑦。巴蜀喜爱乐游的风尚是建立在一定的物质基础之上的，因为有了一定的经济基础，他们才有足够的精力来从事这些娱乐活动。蜀士家族的经济状况较普通民众优越不少，他们大多

---

① 〔元〕脱脱等：《宋史》卷421《姚希得传》，中华书局1977年版，第12590-12591页。
② 蓝勇：《西南历史文化地理》，西南师范大学出版社1997年版，第268页。
③ 〔唐〕魏徵：《隋书》卷29《地理志》，中华书局1997年版，第830页。
④ 〔元〕脱脱等：《宋史》卷89《地理志》，中华书局1977年版，第2230页。
⑤ 〔宋〕王辟之：《渑水燕谈录》卷8《事志》，中华书局1981年版，第101页。
⑥ 〔唐〕魏徵：《隋书》卷29《地理志》，中华书局1973年版，第830页。
⑦ 〔元〕脱脱等：《宋史》卷441《陈充传》，中华书局1977年版，第13039-13040页。

有一官半职或其他稳定的收入来源，所以他们能“尚嬉游，家多宴乐”①。

（三）蜀士家族与巴蜀的社会流动性

随着科举制度的不断完善，其影响逐渐遍及社会生活的各个方面。一般而言，考取科举功名是文人士子学习的重要目的。宋代巴蜀地区进士及第人数逐渐增多，蜀士家族在其中所起的作用是无法忽视的。蜀士家族成员多是地方乡贤，多以教授子弟为业，培育了一代又一代的地方人才，为巴蜀地区的学术文化繁荣作出了重要贡献。他们对地方文教事业的关注亦有效促进了社会各阶层的流动，增强了社会的活力。

蜀士家族成员多是饱读诗书、学富五车之人，其中有很多著名学者，他们曾以教书为业。如《茅亭客话》中载任玠：“学识广博，人皆师仰之。”②另如黄裳“字文叔，少颖异，能属文，第进士，调阆州新井尉，因家丧而未赴任，乃教授乡邑子弟，语以经义，又为之讲解”③。黄裳一边钻研学问，提高自身知识水平，一边又收授学徒，充当教书先生。青神杨虞仲的儿子杨泰之也跟随黄裳学习，史载：“世有家学，少授学于黄裳。”④

蜀士家族的多数成员热衷地方教育事业，或设置书院教授生徒，或为官一方提倡教育。如魏了翁在其父亲去世之后回到家乡，创办蒲江鹤山书院，开门教授生徒，高斯得曾经在此求学。随着魏了翁的学术传播得越来越广，不少文人学子纷纷登门请教或从游求学，“若游似、吴泳、牟子才，皆蜀名士，造门受业”⑤。魏了翁罢官之后，便集中时间、精力从事教育。宝庆二年（1226）魏了翁在靖州城北之纯福坡筑鹤山书院，作为读书治学、教授生徒的场所，这是他

① 〔明〕杨慎编，刘琳、王小波点校：《全蜀艺文志》卷45《至道圣德颂》，线装书局2003年版，第1369页。

② 〔宋〕黄休复著：《茅亭客话》卷10《任先生》，《景印文渊阁四库全书》第1042册，台湾商务印书馆1983年版，第963页。

③ 〔清〕黄宗羲著：《宋元学案》卷72《二江诸儒学案》，第4册，商务印书馆1933年版，第12页。

④ 〔清〕黄宗羲著：《宋元学案》卷72《二江诸儒学案》，第4册，商务印书馆1933年版，第20页。

⑤ 〔元〕脱脱等：《宋史》卷437《魏了翁传》，中华书局1977年版，第12966页。

创办的第二所鹤山书院①。故《宋史》载：“（魏了翁）开门授徒，士争负笈从之，由是蜀人尽知义理之学。”② 蜀士家族兴地方文教，培养人才，亦促使寒门学子获得了良好的教育机会，增强了社会的流动性。

（四）蜀士家族外迁与巴蜀文教式微

赵宋王朝统治巴蜀的三百多年间，巴蜀人口的流动性较强，曾出现三次比较重要的移民活动：第一次是赵宋平定后蜀之后，将其王室成员迁往中原地区。第二次是靖康之变后，宋室南渡，北方居民大举迁蜀。第三次是南宋末年，蒙古进军四川，巴蜀地区生灵涂炭，人口大量外迁，如史载“敌自丙申以来，惟知嗜杀以逞威……父母妻子，骈首就戳。膏血原野，可谓惨矣”③。大量士人为了躲避战乱，纷纷出蜀，“昔之通都大邑，今为瓦砾之场，昔之沃壤奥区，今为膏血之野。青烟弥路，白骨成丘，哀恫贯心，疮痏满目”。各州县人口急剧减少，“西州之人，十丧七八”，“峡之郡县仅存四五”④。“端平三年（1236），蜀破，衣冠大姓顺流下东南，至江陵十不存一二，皆舟触岩崿，瞬息以死。”战乱导致巴蜀地区的人口大量减少，不断外迁。

宋人吴昌裔《论救蜀四事疏》中言：“自虏骑深入，根本尽竭，又非前日比矣……有人此有土，有土此有财，未有无人而有财用者也。”⑤ 人口是恢复和发展经济的关键，而宋末人口大减使巴蜀经济一落千丈，到元代也没恢复过来。在移民浪潮之中，蜀籍士人的迁居也冲击着巴蜀的文教事业。战乱时巴蜀士大夫为求得一线生机，大多避难东南，如蜀中著名学者魏了翁、吴泳、黄泽、李心传、李性传、牟子才、虞汲、虞集等。

蜀士家族的重要成员大量外迁，特别是著名学者的外迁，使得四川的文化教育事业失去了发展的动力和根基。之后，巴蜀地区再没有出现过如眉州苏氏

---

① 〔元〕脱脱等：《宋史》卷437《魏了翁传》，中华书局1977年版，第12968页。

② 〔元〕脱脱等：《宋史》卷437《魏了翁传》，中华书局1977年版，第12966页。

③ 傅增湘：《宋代蜀文辑存》卷87《论救蜀急著六事疏》，北京图书馆出版社2005年版，第121页。

④ 傅增湘：《宋代蜀文辑存》卷84《论救蜀四事疏》，北京图书馆出版社2005年版，第645页。

⑤ 傅增湘：《宋代蜀文辑存》卷84《论救蜀四事疏》，北京图书馆出版社2005年版，第645页。

这样的大家族，也未出现过像李焘、李心传这样的大史学家，使得不少文人感叹“蜀学微绝”①。但是大批巴蜀士人家族迁居东南却催生了另一番文化现象，蜀学随着他们的外迁在异地得到了一定的发展。正如刘咸炘所说：“元兵略蜀，蜀士南迁于浙，浙人得此遂成文献之府库，江南文风大盛，蜀反如鄙人矣。”②

第四节　地理学视域下区域人群研究的若干思考

蜀士是一个区域性的人群概念，对蜀士的研究属于历史社会地理的研究范畴。人群一词最早出现于《庄子·天道》：“帝王之德配天地。此乘天地，驰万物，而用人群之道也。”意思是说，对各个地区不同的人群，需要采取不同的政策，因地制宜。前面我们讲到宋政府对巴蜀实行特殊政策，就是如此。英国学者约翰斯顿说：“社会地理学的科学发展很少同广阔的政治背景相分离，这是今人吉尔伯特和斯蒂尔提出的。”③ 而巴蜀的政治特殊性又是与其特殊的地理环境背景和社会背景紧密联系在一起的。这点在前面已有论述。

地理环境的不同是造成人群差异的基本条件。中国历史上出现过许多具有丰富文化内涵的地域人群集团，绍兴师爷、京城丐帮、运河漕帮、钱塘九姓渔户、上海租界青帮、秦淮河畔粉黛佳丽、扬州“瘦马”、甘肃麦克、关东响马、云贵马帮、三峡纤夫、重庆“棒棒”等，都可以列入这个范围。虽然这些人群产生的地理背景不同，但就每个区域的人群来说，他们的文化内涵则具有一致性，行为方式也具有共同性。

而今历史社会地理还处在不断探索的阶段，因此通过对某一区域的人群进行系统梳理和研究，有利于我们借鉴个案的研究成果，不断完善历史社会

---

① 〔元〕虞集：《道园学古录》卷6《送赵茂元归乡序》，《景印文渊四库全书》第1207册，台湾商务印书馆1983年版，第109页。

② 刘咸炘：《推十书·史学述林》卷5《重修〈宋史〉述意》，上海科学技术出版社2009年版，第573页。

③ ［英］R.J. 约翰斯顿著，柴彦威等译：《人文地理学词典》，商务印书馆2005年版，第653页。

地理的相关理论研究。

一、开展区域人群研究的历史地理学意义

开展区域人群研究具有非常重要的意义。社会都是由形形色色的人（人群）组成的，人（人群）是构成整个社会的一部分。从宏观层面上来说，我们应该研究各个区域人群所组成的社会。谭其骧先生说："以中国疆域之辽阔，想要一动手就写好一部完整、全面的中国历史地理，大概是不可能的。只有先从区域历史地理入手，一个地区一个地区地先做好具体而细致的研究，才有可能再综合概括成为一部有系统有理论的中国历史地理学。"① 区域地理被看作是"万千地理现象的容纳器"②，而生活在这片区域内的人群则正是充满容器的装载物。一个特定的人群有他们特有的文化，他们在长期活动的地区内，一定会创造出一种适应环境的地表特征③。进行历史社会地理的研究也是一样的，我们不可能一开始就写出一部系统性、理论性很强的历史社会地理学著作，而只能通过个案研究去深化充实，然后不断完善。因此对蜀士人群的分析，可为历史社会地理学的理论建构提供支撑。从现实层面上来讲，也有助于我们更全面地认识人类社会与自然环境的关系。

但是以往的学者大多数注重对中国人进行整体性的宏观研究，而对各地人群做系统性、区域性的文化透视则殊为少见。对区域人群的研究，学界目前所见仅有由邹逸麟主编的"区域人群文化丛书"等少量成果④，对明清时期绍兴师爷、山西票商、徽州朝奉等进行了考察。王振忠则对徽商、凤阳乞丐、宁绍信客，安介生对山西票商，李嘉球对宁波商人，韦明铧对两淮盐商、扬州"瘦马"等人群进行了探索，他们对不同人群的分布、形成、发展等各

---

① 孙进己、冯永谦：《东北历史地理序言》，黑龙江人民出版社 1989 年版。

② 谢觉民主编：《史地文集》，浙江大学出版社 2007 年版，第 8 页。

③ 谢觉民主编：《史地文集》，浙江大学出版社 2007 年版，第 10 页。

④ 该丛书由福建人民出版社出版。王振忠：《绍兴师爷》，1994 年；王磊：《徽州朝奉》，1994 年；安介生：《山西票商》，1994 年；刘小萌：《八旗子弟》，1996 年；胡敏：《苏州状元》，1996 年；剑奴：《秦淮粉黛》，1996 年；马学强：《钻天洞庭》，1998 年；韦明铧：《扬州瘦马》，1998 年；李嘉球：《苏州梨园》，1998 年；林树建：《宁波商人》，1998 年；李嘉球：《香山匠人》，1999 年；韦明铧：《两淮盐商》，1999 年；韦明铧：《维扬优伶》，1999 年；赖青寿：《九姓渔户》，1999 年。

方面做出了分析。对各地人群的比较研究，有利于开拓学术视野，转换研究视角，重新认识传统的学术问题。历史社会地理研究虽然在历史地理学中仍是薄弱环节，但是这并不代表学者们没有注意到这方面的内容，近年来已经不断有学者进行尝试性研究①。

人类的生产和生活受到自然地理环境和社会环境的影响，关于这方面的记载不胜枚举。子贡曰："见其礼而知其政，闻其乐而知其德。""古来设轩輶之德，以觇列国之风，则礼俗足以代表其民族之文野也，久矣。"② 中国人很早就注意到了地域民风的差异。《汉书·地理志》不仅明确提出了"域分"的概念，而且指出："凡民函五常之性，而其刚柔缓急，音声不同，系水土之风气，故谓之风；好恶取舍，动静亡常，随君上之情欲。"③ 把文化的动因归结于两个要素，即水土的构成（自然环境）和王侯的引导（社会环境）。《礼记·王制》中记载的"命太师陈诗以观民风"，就是通过个体体察各地的民情。《诗经·国风》分为十五个部分，基本上是按照地区来编排的，生动地展现出各个文化区的风土人情，一听诗的名称和内容，则大概可以推断出是哪个地区的歌谣。白眉初在《中国人文地理》中指出："风俗由于人为，然亦必因其气候、地势之不同，生活程度之不齐，民族性质之开闭，与夫文物之盛衰，而差等生焉。"④

正是由于环境和文化的不同，我国才有众多的社会特征互异的人群，明清时期的绍兴师爷、徽州商帮、山西票商等都是有代表性的人群。人口稠密的地方，人们就更容易集聚起来，更便于研究、讨论适应新环境的方法。如前文所述赵宋王朝在对巴蜀地区实行地域歧视等政策时，巴蜀士人便联合起来共同对付这种政策。南宋川峡四路户数大约在 661.1 万，这个数字在全国来说都是比较靠前的。人口的规模在某种程度上来说是巴蜀士人群体产生的

---

① 有关历史社会地理的探讨，主要有王振忠：《社会史研究与历史社会地理》，《复旦学报》1991 年第 1 期；吴宏岐、王洪瑞：《历史社会地理学的若干理论问题》，《陕西师范大学学报》2004 年第 3 期；王振忠：《历史社会地理研究刍议》，《中国历史地理论丛》2005 年第 4 辑。

② 〔战国〕孟子著，万丽华、蓝旭译著：《孟子》卷 3《公孙丑上》，中华书局 2007 年版，第 59 页。

③ 〔汉〕班固：《汉书》卷 28《地理志》，中华书局 1962 年版，第 1640 页。

④ 白眉初：《中国人文地理》，建设图书馆 1928 年版（民国十七年），第 27 页。

基础。

表 13　南宋各路人口分布表

路名	户数（单位：个）	口数（单位：个）	占总人口数的百分比
两浙路	222，0321	402，9989	14.2%
江南东路	104，6272	240，2038	8.5%
江南西路	226，7983	495，8291	17.5%
淮南东路	12，7369	44，4261	1.6%
淮南西路	21，8250	77，9612	2.8%
广南东路	44，5960	77，5620	2.7%
广南西路	52，8220	132，1270	4.7%
荆湖南路	125，1202	288，1506	10.2%
荆湖北路	36，9820	90，8934	3.2%
福建路	159，9214	323，0578	11.4%
京西路	6252	1，7221	0.06%
成都府路	113，9790	317，1300	11.2%
利州路	40，1174	101，6111	3.6%
潼川府路	84，1129	214，3728	7.6%
夔州路	2，7999	27，9989	0.99%
合计	1267，0810	2832，0085	

本表参考《中国历代人口统计资料研究》①。

地理环境在一定程度上决定一地的经济发展。经济富裕了，政府和个人才会有余钱去支持教育的发展。历史上关于巴蜀富庶的记载不绝于书："土地

① 杨子慧主编：《中国历代人口统计资料研究》，改革出版社 1995 年版，第 741 页。

沃美"①，"土地肥美"②，"蜀人称郫、繁曰膏腴，绵、洛为浸沃"③。陈子昂曰："蜀为西南一都会，国之宝府，地大且要。"④

但巴蜀地区地理环境的孤立状态，也不利于文化的发展。巴蜀地区四周全是大山，因此巴蜀的孤立也是相当明显的。比如夔州路不仅在巴蜀最落后，在全国范围内也是最落后的。这里的自然环境恶劣、经济落后，大部分地区尚处在蒙昧野蛮的巫文化状态。如万州"风俗朴野，尚孤信巫"，笼罩在迷信气氛中；大宁监"最为褊陋……轩冕者寡"，知识分子很少。有的地方甚至还处在原始状态，连文字都没有。夔州路的地理位置算不上最偏远，但文化竟如此落后，这主要是恶劣的自然环境造成的。隔离和孤立的状态本身就容易发展出与其他地区不同的文化。法国历史学家很强调历史背后的地理，"没有地理基础，人民——历史的创造者，似乎只能行进在大气中"⑤。只有对各地人群做历史性的比较研究，祛除狭隘的地方主义甚至消极的民族情感，才能有广阔的胸襟面对其他不同区域的人群。

二、开展区域人群地理研究的路径

20世纪80年代以来，在谭其骧等人的呼吁下，历史人文地理研究呈现出欣欣向荣之势，历史社会地理学也在此背景下勃兴。历史社会地理学是历史地理学的一个分支，但历史社会地理学并非历史人文地理中一般的部门地理分支，而是其中一个特殊的综合性分支⑥。因此区域人群研究也不是单独的研究，而是一门跨学科的综合性研究，与地理学、历史学、社会史、人类学都有联系。在区域人群研究的理论与方法上，王振忠、吴宏岐等人用力颇

---

① 〔宋〕祝穆撰，祝洙增订，施和金点校：《方舆胜览》卷54《成都府路·汉州》，中华书局2003年版，第966页。

② 〔宋〕祝穆撰，祝洙增订，施和金点校：《方舆胜览》卷59《夔州路·达州》，中华书局2003年版，第1040页。

③ 〔宋〕祝穆撰，祝洙增订，施和金点校：《方舆胜览》卷54《成都府路·汉州》，中华书局2003年版，第966页。

④ 〔宋〕祝穆撰，祝洙增订，施和金点校：《方舆胜览》卷51《成都府路·成都府》，中华书局2003年版，第907页。

⑤ 李孝聪：《传统文化与地域空间》，《读书》1999年第5期。

⑥ 吴宏岐、王洪瑞：《历史社会地理学的若干理论问题》，《陕西师范大学学报》2004年第3期。

深，他们高屋建瓴地对历史社会地理学做出了初步的理论设计。

王振忠的《历史社会地理刍议》对历史社会地理的研究内涵作了初步的勾勒，他认为："历史社会地理是研究历史时期各地人群的形成、分布及其变迁，研究地理因素对社会文化现象的影响，具体研究内容应包括历史时期社区及社会现象的地理研究，后者包括人群研究、风俗研究和社会变迁等。"① 蜀士也是一种区域性人群，但是从社会史的角度来看，他们属于士人阶层，在社会阶级结构中位于上层。他们掌握了较多的知识文化，对塑造巴蜀文化有很大的作用，因此在研究区域人群时，我们应当注意到这群带有区域文化特色的人。

此外，历史社会地理学注重对区域人群的时空分布特征进行分析和比较，把人群、家族与地域文化联系起来，把握家族的地域性。将区域内人群、家族的生活当作一种社会现象进行研究，也是社会地理学研究的题中之义。有宋一代，蜀士对保持巴蜀社会的长期稳定，对巴蜀文化、风俗都产生了重大影响，而这些都可从巴蜀特殊的乡土环境中去探求。对区域人群的研究，需要我们从各个不同的侧面进行具体而入微的探讨。

对区域人群的研究有其难度，因为在传统的文献中，对区域的记载相当散乱，正史的相关记载大多仅仅寥寥几笔。对区域人群的记载大都散见于地方志、文人笔记、小说以及墓志铭。因此开展历史社会地理学的研究，需要我们从文献上进行扩展，地方志、民间文献、碑刻、地方档案这些资料都应当充分利用起来。

从时间范围上来说，历史社会地理学的研究不应局限于历史时期，近现代有特色的人群，也可以进入我们的研究范畴。从空间范围上来说，对于区域人群的研究不一定非得按照传统政区的划分，我们可以突破"山川形便"的原则，按照文化分区来划定。当然，这还得具体问题具体分析。

对区域人群的研究是历史社会地理学最基本的研究，所以历史社会地理学研究也应以区域人群为切入点，了解区域人群形成的自然环境、历史背景，并从多角度对区域人群进行剖析。探讨和升华历史社会地理学理论，是我们研究区域人群的又一项重要任务。

---

① 王振忠：《历史社会地理研究刍议》，《中国历史地理论丛》2005年第4期。

第五章
唐宋时期的成都及其社会空间

第一节　喧然名都会：唐宋时期成都的整体印记

7-13 世纪，成都历经唐、五代、两宋三个时期。王朝的治乱兴衰、朝代更迭，并没有扰乱成都的发展节奏。成都在这六百年的风雨之中独树一帜，继续保持着稳定的发展态势。文人、史家对此态势的书写总体呈现出趋同的意象，"繁盛"似乎成为他们共同的阐释主题。"喧然名都会，吹箫间笙簧"① 就是杜甫寓居成都时对这一态势的描绘，此番景象一直延续到蒙元入侵的前夜，以此来概观唐宋成都的整体风貌亦十分恰当。本章基于宏观感知是深入解剖城市内部点滴的前提的理念，首先从总体趋势切入，宏观考察唐宋在成都城市发展史中的地位与此阶段城市的变化，其次从微观角度考察成都的城市社会。

一、西南都会：唐宋时期成都的地位

唐宋是成都城市发展史上的重要阶段，此一时期的成都延续着汉代以来"西南都会"的地位。随着时代的发展，"西南都会"也被赋予了不同的意涵，承载着不同的时代痕迹。这些痕迹深深地渗透在成都城市的诸多层面

---

① 〔唐〕杜甫著，仇兆鳌注：《杜诗详注》卷 9《成都府》，中华书局 1979 年版，第 725 页。

中，所以对其进行考察时立足于历史过程及具体的时代表征十分必要。

（一）传统时期成都发展的历史过程①

城市作为一个较为稳定的“机体”，其发展脉络的延续受到诸多因素影响，各因素在不同时段的差异性表现，共同构造了波澜起伏的城市发展史，传统时期成都的发展历程亦是如此。成都是我国城市发展史上唯一一座历2000多年城名未改、城址未变的城市②，其城市的发展态势总体呈上升趋势，但局部阶段仍有较大幅度的起伏。笔者在前人研究成果的基础上③，将成都置于整个历史过程之中，绘制出传统时期成都发展趋势图：

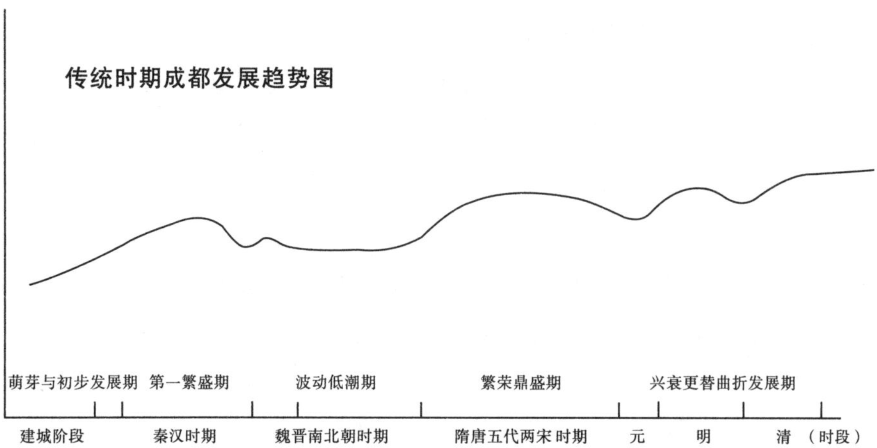

图3　传统时期成都发展趋势图

上图为我们大致呈现出传统时期成都发展的整体历程，每个历史时段受不同因素的影响而呈现出不同的阶段性特征，这些特征构成了丰富多彩的成都发展史。下面将围绕此趋势图，就不同历史阶段成都的发展历程做出较为

① 这里所论述的传统时期是指从成都城的起源到清末这一较长时段。

② 苏州城城址虽然历2000年未变，但其城名却屡次更改，如称为平江、吴州等。广州城址未变说存在争议，见吴宏岐《广州城址二千年不变说商榷》，《学术研究》2006年第5期。

③ 主要有张学君、张莉红：《成都城市史》，成都出版社1993年版；何一民编：《成都学概论》，巴蜀书社2010年版；贾大泉、陈世松主编：《四川通史》（多卷本），四川人民出版社2010年版；成都通史编纂委员会主编：《成都通史》（多卷本），四川人民出版社2011年版。

宏观的阐释。

首先，关于成都城的建成时间，学界尚存在较多的争议①，争议的焦点主要在于成都城市形成的标志问题。成都最初的筑城过程并不是一蹴而就的，必然经历了从原始聚落到早期城市的逐步演化。近年来，成都附近发现的宝墩遗址②、金沙遗址③就是很好的例证。所以我们在趋势图的绘制中并未在具体的时间点上纠缠，而是将建城作为一个过程来看待，把第一部分视为建城阶段，给将来继续追溯留下足够的空间。

其次，成都的发展阶段，大致可以分为萌芽与初步发展期、第一繁盛期、波动低潮期、繁荣鼎盛期、兴衰更替曲折发展期等，分别对应原始聚落到先秦时期、秦汉时期、魏晋南北朝时期、隋唐五代两宋时期、元明清时期。

从原始聚落到先秦时期为成都城发展历程中的萌芽与初步发展期，地理环境在此阶段发挥了重要作用。河网密集、土壤肥沃、物产丰饶的成都平原为早期城市文明的发展提供了良好的基础。古蜀国时期，成都平原已是富庶之地，"其山林泽渔，园囿瓜果，百谷蕃庑，四节代熟"④。后来，蜀国统治者日益昏庸，国势衰微。秦惠文王九年（前329），张仪、司马错入蜀，蜀国被纳入秦国的统一轨道之中。两年后，设置蜀郡，以张若为蜀守，成都平原开始成为秦朝"编户齐民"之地。秦惠文王二十七年（前311）：

> 仪与若城成都，周回十二里，高七丈；郫城，周回七里，高六丈；临邛城，周回六里，高五丈。造作下仓，上皆有屋，而置观楼

---

① 关于成都建成的时间问题实际就是成都城起源问题，存在2300年、2500年、3000年等说法，具体的细节至今未达成共识。可参见朱学儒：《成都建城问题研究综述》，成都市科学研究会编：《成都城市研究》，四川大学出版社1989年版，第546-562页；谭继和：《成都城市文化史概述——纪念成都建城二千三百年》，《成都大学学报》1989年第3期；谢元鲁：《定成都建城为二千五百年的根据和建议》，《成都志通讯》1988年第3期等；毛曦：《考古发现与古史新知——成都建都历年及古都地位论析》，《四川师范大学学报》2017年第2期。

② 可参见成都文物考古工作队等：《四川新津县宝墩遗址调查与试掘》，《考古》1997年第1期；中日联合考古队：《四川新津县宝墩遗址1996年发掘简报》，《考古》1998年第1期等。

③ 可参见朱章义等：《成都金沙遗址的发现、发掘与意义》，《四川文物》2002年第2期。

④ 〔晋〕常璩著，任乃强校注：《华阳国志校补图注》卷3《蜀志》，上海古籍出版社1987年版，第113页。

> 射兰。成都县本治赤里街，若徙置少城。内城营广府舍，置盐铁市官并长、丞，修整里阓，市张列肆，与咸阳同制。①

“成都县本治赤里街”表明在张若之前，成都已初具规模，其后成都城日益发展成各项功能齐全的城市实体。

秦汉时期是成都发展历程中的第一个繁盛期。随着农业和水利灌溉技术的进步，成都平原“沃野千里，号为陆海。旱则引水浸润，雨则杜塞水门，故记曰：‘水旱从人，不知饥馑。’‘时无荒年，天下谓之天府’也”②。在此背景下，成都开始从一个地方性城市逐渐发展成为全国性工商业城市③。此时，成都的繁盛正如左思《蜀都赋》中的描述：

> 亚以少城，接乎其西，市鄽所会，万商之渊。列队百重，罗肆巨千。贿货山积，纤丽星繁，都人士女，袨服靓庄。贾贸墆鬻，舛错纵横。异物诡谲，奇于八方。④

成都与四方互通有无，商贸往来频繁，成为汉代著名都会。魏晋南北朝时期，由于战乱等因素影响，全国的城市发展整体呈现出波动起伏的态势，成都也不例外。蜀汉时期，成都作为都城虽有一定发展，但在此后的二百年间，巴蜀局势动荡，城市遭到较大程度的破坏。

隋唐五代两宋时期，成都逐渐恢复并达到极盛。正如李白诗中的“九天

---

① 〔晋〕常璩著，任乃强校注：《华阳国志校补图注》卷3《蜀志》，上海古籍出版社1987年版，第128页。

② 〔晋〕常璩著，任乃强校注：《华阳国志校补图注》卷3《蜀志》，上海古籍出版社1987年版，第133页。

③ 何一民编：《成都学概论》，巴蜀书社2010年版，第91页。

④ 〔晋〕左思：《蜀都赋》，韩格平等校注：《全魏晋赋校注》，吉林文史出版社2008年版，第339页。

开出一成都，万户千门入画图”①，宋祁笔下的成都“此时全盛超西汉”② 所展示的，此阶段的成都经济文化呈现出持续繁荣。而“元明清时期的成都经济经历了三落三起，呈曲线型发展，在全国的经济地位呈下降趋势”③。宋末蒙元入侵前夜，成都作为主战场遭到毁灭性破坏。在元一朝，成都经济虽有复苏，但长期呈现出萎靡之势。元末农民起义频繁，成都城在战火中凋敝不堪。明朝成都有所发展，但较唐宋时期已不可同日而语。明末清初，在奢崇明叛乱、张献忠之乱、三藩之乱中，成都城屡遭毁坏，几成废墟。总体上看，元明清时期的成都，虽历经风雨劫难，却多次以顽强的姿态在废墟上新生，迎接着新的发展契机。

在唐宋长达600年的岁月中，成都社会较为稳定，经济持续繁荣，在某种意义上可以说是成都发展历程中“最好的时代”。

（二）唐宋成都城市地位的多维审视

唐宋是成都发展的关键时期，此时的成都在全国占据着举足轻重的地位。“扬一益二”与“繁侈天下”是文人墨客对成都的普遍描述，他们的描绘将一幅繁盛的成都图展示在我们面前。

1. 文人墨客编织下的成都图景

如果把唐宋时期的成都比喻成画卷，随着时间的推进和画卷的舒展，呈现在我们面前的是一幅渐入佳境的成都繁盛图。这一图景的形成，离不开众多文人墨客的倾情书写。唐、五代、两宋时期，巴蜀文人与旅蜀文人留下了众多与成都有关的文章、诗篇。初唐时期，陈子昂在论述巴蜀政治形势时，曾留下这样一番言论：

---

① 〔唐〕李白：《上皇西巡南京十首》，〔明〕杨慎编，刘琳、王晓波点校：《全蜀艺文志》卷5，线装书局2003年版，第104页。

② 〔宋〕宋祁：《成都》，〔宋〕袁说友等编，赵晓兰点校：《成都文类》卷2，中华书局2011年版，第35页。

③ 何一民编：《成都学概论》，巴蜀书社2010年版，第97页。

伏以国家富有巴蜀，是天府之藏，自陇右及河西诸州，军国所资，邮驿所给，商旅莫不皆取于蜀。又京都府库，岁月珍贡，尚在其外，此诚蜀国之珍府。①

成都平原作为国之珍府，在国计民生中发挥着重要作用。成都平原的中心城市——成都，实乃“西南一大都会，国之宝府，又人富粟多，浮江而下，可济中国”②。“可济中国”一语透露出成都之于李唐王朝的重要性，成都可以以一地之力支持全国，若无雄厚的经济实力恐难有此地位。

盛唐时期，诗人李白的“九天开出一成都，万户千门入画图”与杜甫笔下的“喧然名都会，吹箫间笙簧”，为我们呈现出一幅气势磅礴、歌舞升平的都市画面。中唐以后，“（扬州）与成都号为天下繁侈，故称扬、益”③，“扬一益二”的美誉逐渐散播开来。文人卢求却对“扬一益二”有着另一番见解：

大凡今之推名镇为天下第一者，曰扬、益。以扬为首，盖声势也。人物繁盛，悉皆土著，江山之秀，罗锦之丽，管弦歌舞之多，伎巧百工之富，其人勇且让，其地腴以善，熟较其要妙，扬不足以侔其半。况赤府畿县与秦洛并，故非上将贤相、殊勋重德、望实为人所归伏者，则不得居此。况控带蛮落，阨戎限羌，非文武宽猛、包罗法度之君子，则不能得中庸。以是圣庭慎择，尤难其任。使号有三，曰节度、观察、安抚。④

卢求的《成都记序》认为扬州为“一”是声势所为，应该是“益一扬二”。这恐是卢求为《成都记》写序的溢美之词，但不论为第一还是第二，均

① 〔唐〕陈子昂：《陈子昂集》卷8《上蜀川军事》，中华书局1960年版，第175页。

② 〔宋〕宋祁、欧阳修等：《新唐书》卷107《陈子昂传》，中华书局1975年版，第4074页。

③ 〔清〕缪荃孙辑：《元和郡县志阙卷遗文》卷2，〔唐〕李吉甫撰，贺次君点校：《元和郡县志》，中华书局1983年版，第1071页。

④ 〔唐〕卢求：《成都记序》，〔明〕杨慎编，刘琳、王晓波点校：《全蜀艺文志》卷30，线装书局2003年版，第784页。

反映出了成都的繁盛。

前、后蜀时期，成都作为两个割据政权的都城，较少遭到战争的破坏，继续维持着一方的繁盛。此时的场景正如张商英所载：

> 是时，蜀中久安，赋役俱省，斗米三钱……村落闾巷之间，弦管歌声合筵社会，昼夜相接。府库之积，无一丝一粒入于中原，所以财币充实。①

两宋时期的成都经济得到较快发展，政治地位亦较为突出，关于巴蜀的各项事宜，政府均会多加考虑。如《石林燕语》中所言：

> 西南一隅，朝廷重忧之矣。天子于是命我公来帅，以全蜀安危付之。蜀世有货泉储蓄为用，自昔王室不纲，则权臣因而据有。是知蜀之可疑，而不知蜀之顺逆系中国盛衰也。②

此言认为巴蜀关乎王朝盛衰，乃国家之命脉，具有重要的战略地位。巴蜀重心成都，“自庆历以来，天下乂安，成都雄富，既甲诸帅府，复得与家具行，无复曩时之患矣”③，城市呈现出了“锦城十里外，物景居然异”④的画面。成都经济发展达到了新的高度，这也进一步巩固了巴蜀的战略地位。

总体上而言，唐宋时期的成都虽略经战乱风波，但绝大多数时间都处于太平时期，所以不论是正史、地方史志，还是文人诗词，对成都的描述多半是表现其繁荣：街道上行人摩肩接踵，市场上百货川委，处处均是繁盛与欣

---

① 〔宋〕张商英：《蜀梼杌》卷下，傅璇琮等编：《五代史书汇编》，杭州出版社2004年版，第6095页。

② 〔宋〕张俞：《送张安道赴成都序》，〔宋〕袁说友等编，赵晓兰点校：《成都文类》卷22，中华书局2011年版，第459页。

③ 〔宋〕叶梦得著，〔宋〕宇文绍奕考异，侯忠义点校：《石林燕语》卷7，中华书局1984年版，第100页。

④ 〔宋〕葛琳：《和浣花亭》，〔宋〕袁说友等编，赵晓兰点校：《成都文类》卷7，中华书局2011年版，第124页。

欣向荣的态势。

2. 行政等第尺度下的成都

(1) 州县等第与成都政治地位的特殊性

政区分等出于王朝行政管理的需要，也在某种程度上把国家纳入等第分明的政治格局之中。政区划等以户口多少为主要标准，但与其政治地位、政务繁简以及区域经济水平也有着一定关联。“政区分等的意义自然在于了解国情，但还有一项重要的作用是以此来决定该政区长官的级别，政府组织的规模，僚属的配备以及行政经费的分配。”① 如史料所载：

> 开宝三年（970），诏诸县千户以上置令、簿、尉；四百户以上置令、尉，令知主簿事；四百户以下置簿、尉，以主簿兼知县事。②

政区划等为地方行政管理、官僚配置提供了相应的参考，利于地方行政效率的提高与长治久安。另外，我们从州县等第中亦能窥探某一地域的行政地位。

唐代将全国的县大致分为赤、畿、望、紧、上、中、下七等，安史之乱后又增加了次赤、次畿。京都所治为赤，京之旁邑为畿县，其余则以“户口多少、资地美恶”③ 等标准划分。另外，尚有一些特例存在，如成都因李唐皇室车驾播越至此，于“至德二载曰南京，为府，上元元年罢京”④。皇室的避乱驻跸使成都升为成都府，成都、华阳二县也升为次赤，其他属县为次畿。五代时期，成都作为前蜀、后蜀的都城，其属县的等第虽无明确记载，但理应较高。宋代县级政区的等第主要沿袭唐制又有所增添，形成赤、次赤、畿、次畿、望、紧、上、中、中下、下十等，成都、华阳仍为次赤。具体见下表：

---

① 周振鹤：《中国历史政治地理十六讲》，中华书局2013年版，第226页。

② 〔元〕脱脱等：《宋史》卷167《职官志》，中华书局1977年版，第3977页。

③ 〔唐〕杜佑著，王文锦等点校：《通典》卷33《职官十五》，中华书局1988年版，第920页。

④ 〔宋〕宋祁、欧阳修等：《新唐书》卷42《地理志》，中华书局1975年版，第1079页。

表 14　唐宋地理志所载成都府县政区等第简表

	《新唐书·地理志》	《元丰九域志》	《舆地广记》	《宋史·地理志》
成都府	赤	次府	次府	次府
成都	次赤	次赤	次赤	次赤
华阳	次赤	次赤	次赤	次赤
新都	次畿	次畿	次畿	次畿
郫县	次畿	次畿	次畿	次畿
双流	次畿	次畿	次畿	次畿
温江	次畿	次畿	次畿	次畿
新繁	次畿	次畿	次畿	次畿
广都	次畿	次畿	次畿	次畿
灵泉	次畿	次畿	次畿	次畿

注：1.《新唐书》记载成都府为“赤”，“赤”可能是其属县的等第，而“府”本身乃是区别于州的一种特殊等第。2. 按《宋史·地理志》，天圣四年（1026）灵池县改为灵泉。3. 犀浦，垂拱二年（686）析成都置，熙宁五年（1072）省犀浦为镇入郫县，故表中未载，其县等为次畿。

通过上表，我们可以观察到以下特征：一、唐宋时期成都府及其属县的等第比较稳定，成都升府后始终是“次府”，成都、华阳两县的等第始终是“次赤”。二、成都府及其属县的等第较高，多为“次赤”“次畿”，可见成都政治地位的特殊与重要。三、成都、华阳在成都府中处于核心地位，其他属县是其政治、经济的腹地。

唐宋时期成都、华阳两县的政区等第显示出成都的特殊性与其在政治地理格局中的重要性。这种政治的特殊性对成都社会发展有着重要影响，如“次赤”等第为成都的官僚配备、行政管理提供了较好的条件。于是，成都成为“宰相回翔之地”①，“硕德名臣，方可寄任”② 之所。同时，这种政治重要性也在某种程度上为唐宋成都的繁荣提供了政治上的保障。

① 〔宋〕司马光等撰，〔元〕胡三省注：《资治通鉴》卷 237，中华书局 1956 年版，第 7641 页。

② 〔宋〕王谠著，周勋初校证：《唐语林校证》卷 1《政事上》，中华书局 1987 年版，第 64 页。

（2）城市行政等级体系与区域“重心”

城市作为各级政区的治所，不同等级的城市有差别地实施着对区域的层级管理，一种严密的城市行政等级体系存在于我国古代社会。“秦统一中国后，政治制度虽发生了较大的变化，但城市仍继承了先秦城市的特性，成为中央、郡、县各级政权机构所在地，从而逐渐形成首都—郡治—县治的行政等级城市体系，宋以后此一体系更趋完善，发展成首都—省会—府（州）—县的行政等级城市体系，城市之间保持着密切的行政隶属关系。”① 城市的行政等级体系在一定程度上是城市发展状况的反映，是我们了解城市发展的一个侧面。一般而言，城市发展状况同城市的行政等级成正相关，故行政等级可以大致反映出城市的发展情况。

“隋、唐、五代、两宋时期，成都先后是益州、蜀郡、成都府、成都县、华阳县的治所，也曾是剑南节度使、西川节度使、西川路和成都府路的驻节地，其间还成为前后蜀的都城。”② 成都作为各级行政区的治所，逐步演化成西南地区的政治重心，并在某种程度上左右着西南边陲的局势。政治优势的日益显著，也为成都的发展提供了重要保障。作为区域核心的成都，既是区域商品的汇聚之地，也承接着地区间的贸易往来。

（3）成都经济繁盛的具体表征③

成都经济的繁盛主要表现在农业、手工业、商业等领域，对这些领域的宏观考察，有利于我们更直接地认识成都的繁盛。

农业是城市发展的基础，良好的农业环境为城市发展提供了充足的物资保障。成都平原古称“陆海”，乃天府之国，“蜀江之利，置堰溉田，旱则引灌，涝则疏导，故无水旱”，“地狭而腴，民勤耕作，无寸土之旷，岁三四收”④。肥沃的土壤、良好的灌溉条件和耕作技术的改进使成都平原成为唐宋时期全国重要的商品粮基地。唐代曾出现关中士人谋食成都的现象，“比日关

① 何一民：《中国古代城市史》，武汉大学出版社2012年版，第23页。

② 张学君、张莉红：《成都城市史》，成都出版社1993年版，第36页。

③ 第二、三章对商业、手工业等内容亦有涉及。

④ 〔元〕脱脱等：《宋史》卷89《地理志》，中华书局1977年版，第2230页。

中米贵，而衣冠士庶，颇亦出城，山南剑南，道路相望，村坊市肆，与蜀人杂居，其升合斗储，皆求于蜀人”①。宋代成都平原土地垦殖率进一步提高，出现了“千人耕种万人食”② 的局面。

唐宋时期成都手工业呈现出繁荣之势，尤其表现在丝织、刻书、造纸等行业。丝织方面，“蜀居中国之西南……土地之毛善利丝枲，为之缯布以给上国……日输月积，以衣被于天下”③。唐宋时期成都织锦成为皇室御用贡品，地方上也专门设置了从事蜀锦生产的锦院，织锦技艺得到进一步发展，丝织品的种类更是繁多。同时，成都也是全国著名的产纸区，如百花潭一带居住着较多“以纸为业”④ 的手工业者。成都所产薛涛笺更是深受文人墨客喜爱，名噪一时。宋代成都的造纸技艺得到改进，以“布缕为纸，今蜀笺犹多用之”⑤。唐宋成都亦出现了众多的刻书名家，雕刻了大量的文化典籍，“蜀本”以高质量享誉全国。另外，成都的制瓷业在生产规模、制造工艺等方面亦超越前代⑥。

唐宋时期成都商业活跃，贸易往来频繁。自成都“顺流而下，委输之利，通西蜀之宝货，转南土之泉谷，建帆高挂，则动越万艘；连樯直进，则倏逾千里。为富国之资，助经邦之略”⑦。长江上游以成都为中心形成了重要的贸易区，各路商品汇聚，互通有无，促进了成都城市商业活动的发展。同时，成都出现了一些专门性、季节性的市场，如十二月市，夜市、草市也日

---

① 〔唐〕高适：《请罢东川节度使疏》，〔清〕董诰等：《全唐文》卷 357，上海古籍出版社 1990 年版，第 1604-1605 页。

② 〔宋〕苏轼著，邓立勋编校：《苏东坡全集》卷 1《和子由蚕市》，黄山书社 1997 年版，第 21 页。

③ 〔宋〕吕大防：《锦官楼记》，〔宋〕袁说友等编，赵晓兰点校：《成都文类》卷 25，中华书局 2011 年版，第 528 页。

④ 〔元〕费著撰，谢元鲁点校：《笺纸谱》，《巴蜀丛书》第 1 辑，巴蜀书社 1988 年版，第 160 页。

⑤ 〔宋〕陈槱：《负暄野录》卷下《论纸品》，中华书局 1985 年版，第 11 页。

⑥ 关于唐宋成都手工业发展情况可参见粟品孝等：《成都通史 · 五代（前后蜀）两宋时期》，四川人民出版社 2011 年版。

⑦ 〔宋〕苏德祥：《新修江渎庙记》，〔明〕杨慎编，刘琳、王晓波校：《全蜀艺文志》卷 37，线装书局 2003 年版，第 1042 页。

益勃兴。市场中“齐民聚百货，贸易贵及时。乘此耕桑前，以助农绩资……游人衔识赏，善价求珍奇”①。百货川委的商业使成都更加欣欣向荣，成都成为了名副其实的“喧然名都会”，所以时人称成都“时方承平，繁盛与京师同”②。

二、有形变化：成都的城市形态与街道“革新”

对一座城市长时段的宏观考察，首先应该注意的是城市实体的有形变化。城市最引人注目的有形变化并不是楼阁的增建、庙宇的修缮，而是那些平时具有较强稳定性的要素，如城墙及街道等的变化。城市形态与街道的变化往往会重塑城市空间，使城市面貌发生改变。在张若筑秦成都城之后③，成都城池时有修缮，特别是在唐宋时期，成都更是进行了一系列城市建设。这使城市的形态、街道等发生了许多“有形”的变化，城市风貌亦随之有所改变。

（一）成都城市形态演化：以城池变迁为中心

秦成都城奠定了成都城市发展的基础，历代城市建设均受其影响。秦成都城分为大城、少城，少城“与大城俱筑，惟西、南、北三壁，东即大城之西墉”④。少城东依大城西壁而筑，故有“亚以少城，接乎其西”⑤之说。相传，秦城“依龟筑之”⑥，有“龟城”之说，实际乃是因地势而筑，史载：“初仪筑城，虽因神龟，然亦顺江山之形。以城势稍偏，故作楼以定南北。”此时，成都城的形态：

---

①〔宋〕田况：《五日州南门蚕市》，〔宋〕袁说友等编，赵晓兰点校：《成都文类》卷9，中华书局2011年版，第178页。

②〔宋〕周密著，吴企明点校：《癸辛杂识》续集上，中华书局1988年版，第141页。

③ 刘琳先生认为秦成都城为张若筑，见刘琳：《成都城池变迁史考述》，《四川大学学报（哲学社会科学版）》1978年第2期。

④〔宋〕乐史著，王文楚等校：《太平寰宇记》卷72《剑南西道一》，中华书局2007年版，第1467页。

⑤〔晋〕左思：《蜀都赋》，韩格平等校注：《全魏晋赋校注》，吉林文史出版社2008年版，第339页。

⑥〔晋〕干宝著，邹憬译注：《搜神记》，上海三联出版社2012年版，第232页。

> 方位不正，非方非圆，又因西有少城，故东西狭而南北长，大体为不规则之长方形。所谓曲缩如龟，大约首尾由西南斜向东北，乃顺地势形态之自然趋势。①

汉代及蜀汉，成都大城、少城俱未扩展；晋代“桓温平蜀，夷少城”②，少城乃毁。隋代，杨秀为蜀王时展筑新城，“附张仪旧城增筑南西二隅，通广十里”③，使隋城形成包大城之势。“（秦）大城因是蜀王府所在，大城亦被称为‘子城’，唐宋都沿用了这个称呼。”④ 隋代成都城的外形大体类似倾斜的长方形。中唐以后，杨秀展拓之新城逐渐损坏，以至南诏入侵，百姓只能退保子城。后来，成都城的城池得到过多次修缮，既有大兴土木的筑城运动如高骈筑罗城、孟知祥筑羊马城，也有例行的小修小补，如宋代成都知府的多次培修。这些修筑活动深刻影响了成都的城市发展，城市形态也发生了一定变化。

1. 唐代成都城市形态考察：以高骈筑罗城为中心

随着人口增长、经济发展和政治地位的提升，中唐以后成都的城市显得狭窄、拥塞不堪，已无法承载当时的人口，严重影响到社会秩序与西南边陲的安全。咸通十一年（870），南诏入侵成都：

> 西川之民闻蛮寇将至，争走入成都。时成都但有子城，亦无壕。人所占地，各不过一席许，雨则戴箕盎以自庇；又乏水，取摩诃池泥汁，澄而饮之。⑤

---

① 四川省文史研究馆：《成都城坊古迹考》（修订版），成都时代出版社2006年版，第19页。

② 〔宋〕祝穆撰，祝洙增订，施和金点校：《方舆胜览》卷51《成都府路·成都府》，中华书局2003年版，第914页。

③ 〔宋〕张咏著，张其凡整理：《张乖崖集》，中华书局2000年版，第78页。

④ 刘琳：《成都城池变迁史考述》，《四川大学学报（哲学社会科学版）》1978年第2期。

⑤ 〔宋〕司马光等撰，〔元〕胡三省注：《资治通鉴》卷251，中华书局1956年版，第8152页。

突发的政治危机使成都城市存在的弊端暴露无遗，城池的重新修缮与拓展迫在眉睫。乾符二年（875）夏六月，高骈向朝廷上《请筑罗城表》，其言：

> 山河虽崄，城垒未宁。秦张仪收蜀之时，已曾板筑；隋杨秀守藩之日，亦更增修。坚牢虽壮于一隅，周匝不过于八里。自咸通十年以后，两遭蛮寇攻围。数万户人填咽共处，池泉皆竭，热气相蒸，其苦可哀，斯弊可恤。①

唐僖宗便依高骈所奏，允许修筑罗城。“高骈以成都土恶，城岁坏，易以砖甓，凡负城丘陵，悉平之，以便农桑。”② 罗城的修筑花费了不少工夫：

> 每日一十万夫，分筑四十三里，皆施广厦，又砌长砖。城角曲收，逸迭攻而势胜；瓮门直截，容拒守之兵多。利及后人，智高前古……役徒九百六十万工，计钱一百五十万贯。③

罗城外砌以砖石，增设瓮城、曲角，城市的防御体系得到有效加强。高骈筑罗城使成都的城市空间得到了拓展，大大缓解了发展压力，城市环境也得到有效改善。罗城修筑后的成都城大体呈现出这样的情况：

> 南北东西凡二十五里，拥门却敌之制复八里。其高下盖二丈有六尺，其下广又如是。其上则袤丈焉，陴四尺。斯所谓大为之

① 〔唐〕高骈：《请筑罗城表》，〔宋〕袁说友等编，赵晓兰点校：《成都文类》卷18，中华书局2011年版，第380页。

② 〔宋〕赵抃：《成都古今集记》，〔明〕曹学佺著，刘知渐点校：《蜀中名胜记》卷3《川西道·成都府三》，重庆出版社1984年版，第36页。

③ 《唐僖宗赐高骈筑罗城诏》，〔宋〕袁说友等编，赵晓兰点校：《成都文类》卷16，中华书局2011年版，第348页。

> 防，俾人有泰山之安矣。而甃碧涂塈，既丽且坚，则制磁饰颣，又奚以异？其上建楼橹廊庑，凡五千六百八间。①

“自唐乾符中高骈筑罗城，遂作縻枣堰，转内江水从城北流，又屈而南与外江水合，故今子城之南不复成江。”② 高骈的筑城活动使得郫江改道，改变了以前城南“两江并流”之势。罗城的西垣“基本上是位于（今）西较场西侧，沿同仁路、西城角边街一线西侧、西郊河以东至北较场西侧，且随地势迫退，稍有弧度”③。另外，罗城南垣笮桥门亦被发掘，城垣大致“顺南河以北，外南人民路、羊皮坝街、城边街、三元正街一线北侧”，随河流形势向东南曲折延伸④。罗城“东面由北门沿清远江（郫江、府河）南折至于东部，大体为直线”⑤。罗城的形状逐渐开始变为不规则的方形，“其方向亦由于水道走向的原因，不是正南北向，而是偏约 30 度。通过勘探和发掘，发现其北垣长约 2900 米，南垣长约 2300 米，东垣长约 3300 米，西垣长约 3500 米”⑥，见下图。

---

① 〔唐〕王徽：《创筑罗城记》，〔宋〕袁说友等编，赵晓兰点校：《成都文类》卷 24，中华书局 2011 年版，第 496 页。

② 〔宋〕欧阳忞著，李勇先、王小红点校：《舆地广记》卷 29《成都府路上》，四川大学出版社 2003 年版，第 835 页。

③ 雷玉华：《唐宋明清时期的成都城垣考》，《四川文物》1998 年第 1 期；另参见成都市文物考古研究所：《成都市中同仁路城墙遗址发掘简报》，《成都考古发现（2002）》，科学出版社 2004 年版；成都市文物考古研究所：《成都市中同仁路城墙遗址第二次发掘简报》，《成都考古发现（2003）》，科学出版社 2005 年版；成都文物考古研究所：《成都市下同仁路城墙遗址发掘简报（2012）》，科学出版社 2014 年版。

④ 雷玉华：《唐宋明清时期的成都城垣考》，《四川文物》1998 年第 1 期；成都市博物馆考古队：《成都罗城 1、2 号门址发掘简报》，《南方考古》第 3 辑，四川科学技术出版社 1990 年版。

⑤ 四川省文史研究馆：《成都城坊古迹考》（修订版），成都时代出版社 2006 年版，第 47 页。

⑥ 谢涛：《成都唐宋时期城市考古》，《中国古都研究》第 19 辑，四川大学出版社 2004 年版，第 159 页。

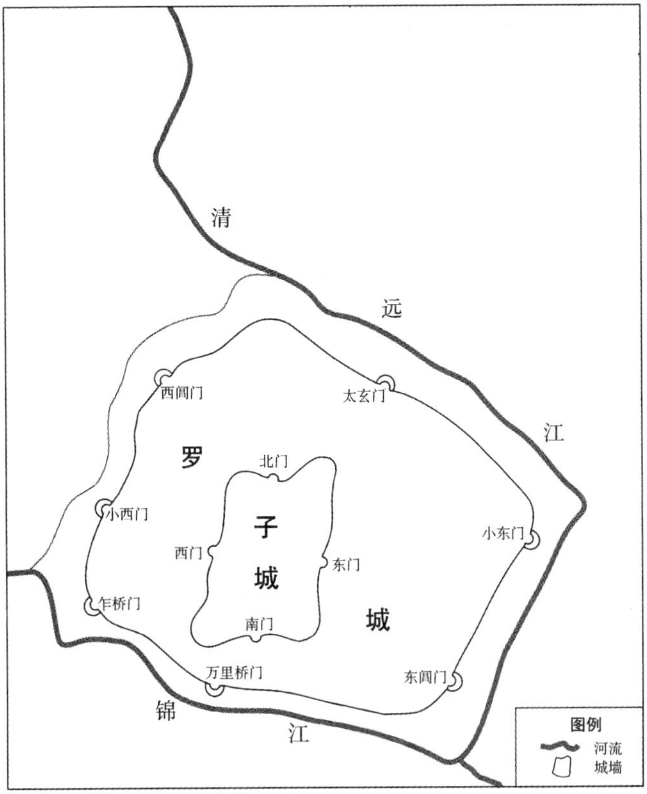

图 4　唐季扩筑罗城图①

2. 五代时期成都城市形态考察：以宫城、羊马城为中心

前蜀时期，鉴于时局动荡，不便于大兴土木，宫城等建筑基本上是对唐成都城的改造与再利用。王建以子城为皇城，节度使衙署为皇宫，并扩建城垣，原在子城的成都府署，逐渐“移在子城外”②。同时，为突出成都作为都

① 《唐季扩筑罗城图》根据四川文史研究馆编《成都城坊古迹考》改绘。孙华《唐末五代成都城》一文认为，明清成都城垣下面叠压的是唐宋时期的城垣，对其复原宜采用近代测量方法准确测绘的成都城市图为底图。鉴于近代城市图上表达的要素较多，本文关注的重点只是其外部的城郭形态，所以以《成都城坊古迹考》中的地图改绘。《读史方舆纪要》载罗城开 10 门，今可考者仅 7 处，故图只绘制了 7 个城门。

② 〔宋〕张商英：《蜀梼杌》卷上，傅璇琮等编：《五代史书汇编》，杭州出版社 2004 年版，第 6073 页。

城的权威，城内场所改名者不可胜数，如“大衙门为宣德门……蜀王殿为承乾殿……摩诃池为龙跃池”①。前蜀永平五年（915），皇宫失火，“乃于旧宫之北营造新宫、建夹城，规模超过节署牙城而为子城中新兴之宏伟宫城”②。后蜀时期的宫城基本沿袭了前蜀的形制和规模。

后唐时期，成都为防范外敌的侵入，“营羊马之城”。于是，在后唐天成二年（927），孟知祥利用“况属年丰，复当农隙”之时，在罗城之外主持修筑了羊马城，“自天成二年（927）丁亥岁十二月一日起工版筑，至三年正月八日毕手”③。李昊《创筑羊马城记》记载了羊马城的周长、高度、施工费用等情况：

> 其新城周围凡四十二里，竦一丈七尺，基阔二丈二尺，其上阔一丈七尺。别筑陴四尺，凿壕一重。其深浅阔狭，随其地势。自卸版日，构覆城白露舍四千九百五十七间，内门楼九所，计五十四间。至三月二十五日，停运斧斤。其版筑采造军民，共役三百九十八万工。其执事糇粮及役罢赏赉，斗支秤给，缗贯囊装，其数凡费一百二十万。④

---

① 〔宋〕张商英：《蜀梼杌》卷上，傅璇琮等编：《五代史书汇编》，杭州出版社2004年版，第6073页。

② 四川省文史研究馆：《成都城坊古迹考》（修订版），成都时代出版社2006年版，第53页。

③ （后唐）李昊：《创筑羊马城记》，〔宋〕袁说友等编，赵晓兰点校：《成都文类》卷24，中华书局2011年版，第503页。

④ （后唐）李昊：《创筑羊马城记》，〔宋〕袁说友等编，赵晓兰点校：《成都文类》卷24，中华书局2011年版，第503-504页。

目前，对于羊马城的形制、规模等要素，学界存在较大的争议①。“成说”“马说”“张说”“孙说”争议的关键在于羊马城与罗城的位置关系（可见图后蜀羊马城图）。“成说”“马说”主要引用《宋史·雷德骧传》作为推断依据，但存在解释含糊与过度延伸之嫌。而“张说”采用规划网格法，把罗城范围向外推进两个网格（约3里），得到羊马城范围大致为四十二里的结果。这虽具有一定的科学性，但各边是否都向外均匀推进尚值得商榷。“孙说”中关于羊马城四垣距城墙不远的推论，笔者亦赞同，但其无法回应四十二里之说。因此，笔者也做出了一些不成熟的推断与补充性论证：

（1）成都羊马城并非如常制呈低矮之状，实际乃是一座略简陋的外郭城。关于羊马城形制，《通典》言：“城外四面壕内，去城十步，更立小隔城，厚六尺，高五尺，仍立女墙。”②《武经总要》载：“羊马城，高可一丈以下，八尺以上。”③《通鉴》胡三省注亦言：“城外别筑短垣，高才及肩，谓之羊马城。”④ 以上史料所称羊马城均为低矮之城，而《创筑羊马城记》乃记：“竦一丈七尺，基阔二丈二尺，其上阔一丈七尺。别筑陴四尺，凿壕一重，其深浅阔狭，随其地势。自卸版日，构覆城白露舍四千九百五十七间，内门楼九所，计五十四间。”成都羊马城完全逾越了常制，与一般的外郭城已无差异。孟知祥上表言所筑之“羊马城”实为迷惑后唐，以减少中央政府对其的猜疑。

---

① 目前，关于羊马城主要存在四种说法：1. 羊马城只存在西垣与北垣，且北垣在清远江外，距罗城有一段距离，参见四川省文史研究馆：《成都城坊古迹考》（修订版），第56-59页，笔者行文中简称“成说”。2. 羊马城只筑有北垣且位于清远江与罗城之间，其周长42里乃是罗城33里加上北垣9里，参见马剑：《成都羊马城考》，《文史杂志》2009年第6期、《羊马城考—兼考成都羊马城》，《中国历史地理论丛》2011年第1期，简称“马说”。3. 羊马城符合“王城之制”，四面皆有城垣，城垣在“二江”以外，包围罗城，并利用建筑学的规划网格大致推断了羊马城位置，参见张蓉：《先秦至五代成都古城形态变迁研究》，中国建筑工业出版社2010年版，第295-301页，简称“张说”。4. 羊马城四垣在罗城外、环城河内不远的位置，紧紧包围着罗城，参见孙华：《唐末五代的成都城》，《宿白先生八秩华诞纪念文集》上，第277-280页，简称“孙说”。

② 〔唐〕杜佑著，王文锦等点校：《通典》卷152《兵五·守拒法》，中华书局1988年版，第3894页。

③ 〔宋〕曾公亮等：《武经总要》前集，《景印文渊阁四库全书》第726册，台湾商务印书馆1983年版，第396页。

④ 〔宋〕司马光等撰，〔元〕胡三省注：《资治通鉴》卷221，中华书局1956年版，第7086页。

逾制之“羊马城”亦可佐证孟知祥已“阴有王蜀之志”①。

（2）羊马城四面围绕着罗城，北垣、东垣在清远江内，南垣亦在外江之内，且距离罗城较近，符合常制的“十步”之说。笔者同意“孙说”“马说”，认为北垣位于清远江之内②。“成说”“马说”中言东、南两面无筑城活动，乃依据雷有终在攻城中曾命令其部下“高继勋、张煦、孙正辞攻城东，上官正、李继昌、王阮攻城西，杨怀忠与巡检马贵攻城南”，“又分所部寨于合水尾、浣花等处，树机石设笓篱以拒之”，“令东西南寨鼓噪攻城”，（王均败退成都时）“领余众出万里桥门，突围而遁”③等材料，推断出未见羊马城踪迹，故羊马城无东垣、南垣或西垣。此论略显武断。

攻城东、城南、城西只是战略上的分工，并不能据此认为三面无羊马城防御。关于驻扎合水尾（今安顺桥侧）、浣花，“成说”认为两处均接近罗城脚下，雷有终军攻城亦在罗城边缘④，若羊马城南垣、东垣距罗城较近，在清远江、外江之内，合水尾、浣花也应在羊马城城外。关于王均败退万里桥门，“突围而循”不能证明无南垣，此处的万里桥门不止指罗城之门，应涵盖瓮城、羊马城门，将“万里桥门”解释为某区域更为合理。史料中不言羊马城城门的名称，而羊马城城门一般“偏开一门与瓮城门相背，若瓮城门在左，即羊马城门在右也”⑤。成都罗城筑有瓮城，羊马城城门与其相对而开。罗城、瓮城、羊马城三城门临近，不必冠以不同的名称再加以区别，瓮城之门少有命名应是此理。同理，成都羊马城城门亦无名。故“万里桥门”涵盖万里门及附近区域的解释也在情理之中。所以，“成说”“马说”认为东垣、南垣不存在的推断是有争议的。

关于羊马城东垣、南垣是否如其北垣一样，存在一定的筑城空间的问题，我们可以参照清代成都城。根据考古资料，清城与唐罗城遗址存在一定

---

① 〔宋〕欧阳修：《新五代史》卷64《后蜀世家》，中华书局1974年版，第798页。

② 马剑：《羊马城考—兼考成都羊马城》，《中国历史地理论丛》2011年第1期。

③ 〔宋〕李焘：《长编》卷47，中华书局1992年版，第1014页。

④ 四川省文史研究馆：《成都城坊古迹考》（修订版），成都时代出版社2006年版，第58页。

⑤ 〔宋〕曾公亮等：《武经总要》前集，《景印文渊阁四库全书》第726册，台湾商务印书馆1983年版，第396页。

程度的叠压，城址范围大致相同①。城墙与护城河距离大致在100-200米之间，存在筑墙的空间。“张说”认为两处城垣在两江以外，且离罗城三里左右。其依据规划网格模数，将城垣均衡推进两个网格来迎合“四十二里”之说，缺乏史料支撑。若羊马城南垣定在罗城外三四里处，王均“领余众出万里桥门，突围而遁”就得不到合理的解释了。另外，“张说”认为合水尾的位置在两江交汇点的东南河道上，更为形象地揭示了“尾”的意义，东垣应在此河道上②。王均在成都突围后“走度合水尾”撤退，未见羊马城痕迹，所以，“张说”的推断与史料不能相互印证，亦存在争议。

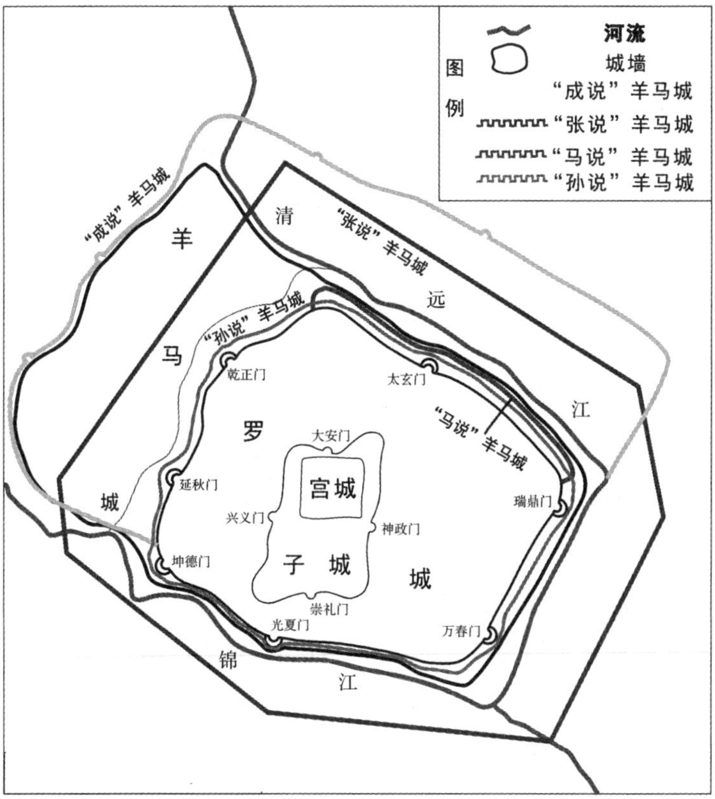

图5　后蜀羊马城图

① 雷玉华：《唐宋明清时期的成都城垣考》，《四川文物》1998年第1期；谢涛：《成都唐宋时期城市考古》，《中国古都研究》第十九辑，四川大学出版社2004年版。

② 张蓉：《先秦至五代成都古城形态变迁研究》，中国建筑工业出版社2010年版，第301页。

上文所言羊马城逾制，只是就其高度、规模而言，其在选址上仍符合一般规律。羊马城“墙脚去大城脚止于二丈，不令大远者，虑大城上抛掷砖石难过墙外，反害墙内人；又不令大近者，虑其太窄难以回转长枪”①。唐制多为“去城十步”② 左右，成都羊马城北垣、东垣、南垣皆在江内，符合这一建造规律，这样利于军事上的防御。同时，这也印证了李昊《创筑羊马城记》中言羊马城“亘罗城而云矗，引锦水以环流”③ 的记载。

（3）羊马城的西垣可能展筑稍远，已包罗城西大片苑圃。“成说”据陆游等记载，认为罗城西门外为前后蜀的苑囿，羊马城延伸至此可以有效保护官僚的园林、台院；另外，雷有终部曾寨于浣花，羊马城边缘可能到达浣花处。这两点有一定道理。就《创筑羊马城记》所载“南诏西羌，曾闻入寇。将沮豺狼之意，须营羊马之城”而言，建城的初衷是为了防御西南少数民族。925年，王宗汭曾领一万二千人，“自文、扶而南；其地皆不毛，羌人抄之，且战且行，士卒冻馁，比至茂州，余众二千而已”④。此事距筑城仅两年，可见西羌对成都仍存在一定威胁，筑羊马城理应考虑其因素。西垣一般是首先被攻击的地方，加之罗城西垣壕沟较狭窄，为增强防御，羊马城延伸至浣花以北一带，不仅可以增加一道防线，还可以再挖一重壕沟。李昊记中言“凿壕一重，其深浅阔狭，随其地势”，应是言此。况且，成都羊马城逾越常制，“基阔二丈二尺，其上阔一丈七尺”，其城上已可以容纳一些士兵，具备一定的单独防御的功能。另外，西垣若扩筑到罗城外三四里的浣花处并以此向北延伸，其周长亦与“四十二里”之说基本吻合⑤。

关于羊马城的初步推断，尚需要史料与考古发现去验证。基于以上的推测，可知五代时期成都城为长方形，并呈现出多重城的格局。

---

① 〔宋〕陈规著，林正才注：《守城录》卷1《靖康朝野佥言后序》，解放出版社1990年版，第53页。

② 〔唐〕杜佑著，王文锦等点校：《通典》卷152《兵五》，中华书局1988年版，第3894页。

③ 〔唐〕李昊：《创筑羊马城记》，〔宋〕袁说友等编，赵晓兰点校：《成都文类》卷24，中华书局2011年版，第503页。

④ 〔宋〕司马光等撰，胡三省注：《资治通鉴》卷260，中华书局1956年版，第8941页。

⑤ 笔者认为罗城的四垣长为二十五里，瓮城长为八里，合三十三里，加上扩筑罗城外三四里，两侧大约八里左右，总计与“四十二里”之说基本吻合。(《方舆胜览》记浣花溪在城西五里)

3. 宋代成都城池的培修与城市形态

宋代成都的城池修缮，主要表现在对子城与罗城的培修上。宋初，“守益州者以嫌，多不治城堞”，而益州知府程戡“独完城浚池自固，不以为嫌也”①。此次城池修缮活动得到皇帝嘉奖：“卿往尝属任……缮完壁垒，经度沟池，谋不逾时，士皆罄力，讫能集事，人匪告劳……申念勤庸，弗忘嘉宠，故兹奖谕，想宜知悉。”② 其后的多任知府也积极地参与到成都城池的培修之中。

建炎元年（1127），成都知府卢法原奉命对罗城进行修护：“周二十五里三百六步，高二丈二尺，广二丈八尺，用工四十六万有奇。”③ 绍兴年间，成都旧城多毁圮，李璆为四川安抚制置使，“至成都，首命筑城，城毕大水，民赖以安”④。绍兴二十九年（1159），王刚中对罗城进行了较为全面修筑。王刚中念“然民方勤于才力，不堪徭赋”，于是以地方兵卒充当主力，“搜壮城卒之役于它者，三百卒为党，备糗粮，具畚锸”，并实行严格的分工和奖惩制度，“以授兵司分董其役，课功惰，明赏罚。人不告劳，欢呼就事。居人咸喜，羊豕醪醴，犒劳踵至”，历时 18 个月之久，耗费 16 万公币，“而九邑之民一毫无与”。王刚中“以官自有壮城卒，而卒自有衣粮，故可不劳不费而集事”⑤，使用兵卒，节省民力，为以后城池修缮提供了良好范例。乾道年间，范成大对成都城亦有修缮，而“羊马城至宋代已由颓圮失修至于废没”⑥。宋代多次的培修均以罗城为主，并未改变成都的大体形制，其外部形态仍为不规则的方形。

---

① 〔元〕脱脱等：《宋史》卷 292《程戡传》，中华书局 1977 年版，第 9756 页。

② 《赐程戡修城池奖谕诏》，〔宋〕袁说友等编，赵晓兰点校：《成都文类》卷 17，中华书局 2011 年版，第 362 页。

③ 〔宋〕李心传：《建炎以来系年要录》卷 13，中华书局 1988 年版，第 292 页。

④ 〔明〕曹学佺：《蜀中广记》卷 47《宦游记第一》，《景印文渊阁四库全书》第 591 册，商务印书馆影印 1934 年版，第 683 页。

⑤ 〔宋〕冯时行：《罗城记》，〔宋〕袁说友等编，赵晓兰点校：《成都文类》卷 24，中华书局 2011 年版，第 505-506 页。

⑥ 四川省文史研究馆：《成都城坊古迹考》（修订版），成都时代出版社 2006 年版，第 60 页。

（二）成都城的街道“革新”与城市新貌

近来，“中世纪城市革命”说受到学界反思，唐宋城市中的诸多问题也被重新审视①。成一农认为：“‘中世纪城市革命’的研究内容只涉及中国古代城市中极少的部分。在今后的研究中，应该对城市的各个要素进行细致的研究，最后才能对‘中世纪城市革命’做出正确的判断。”② 要素分析法亦成为古代城市研究的有益探索。街道作为城市的构成要素之一，也是事件发生的主要场所，其能够深刻反映城市变化的蛛丝马迹。实际上，唐宋城市的街道系统的确发生了一定变化，其理应成为我们反思“中世纪城市革命”说的良好切入点。

1. “侵街”与成都城中之坊

成都作为西南都会，亦存在着坊市制度，这点毋庸置疑，许多史料均可以证明此点。当今研究者中，王文才先生、孙华先生对成都诸坊的复原用力最深③。

宋代《成都古今集记》主要记载了成都“都城邑郭……门闾巷市，道里亭馆，方面形势”④，其中“门闾巷市”反映的乃是坊市的情况。关于坊的具体数目，南朝《益州记》曾载：“成都之坊，百有二十。”⑤ 唐宋里坊是否如

---

① 宁欣、陈涛：《“中世纪城市革命”论说的提出和意义—基于“唐宋变革论”的考察》，《史学理论研究》2010年第1期；成一农：《“中世纪城市革命”的再思考》《清华大学学报（哲学社会科学）》2007年第2期。

② 成一农：《“中世纪城市革命”的再思考》，《清华大学学报（哲学社会科学）》2007年第2期。

③ 王文才：《成都城坊考》，巴蜀书社1986年版。其考证出的唐宋坊主要有：锦官坊、忠义坊、文翁坊、小蛮坊、花林坊、果园坊、金华坊、金容坊、书台坊、悲田坊、玉垒坊、龙池坊、石镜坊、金马坊、碧鸡坊、富春坊、大相坊、万秀坊、金城坊、修德坊、延寿坊等。孙华大致确定了文翁、锦浦、金容、石镜、碧鸡、金马、金城、富春诸坊的位置。（孙华：《唐末五代的成都城》，《宿白先生八秩华诞纪念文集》上，第281-283页。）

④ 〔宋〕范百禄：《成都古今集记序》，〔宋〕袁说友等编，赵晓兰点校：《成都文类》卷23，中华书局2011年版，第480页。

⑤ 王文才《成都城坊考》认为此是宋时内外城及附郭诸坊之数，且“百有十二”恐是编校之误。

此数，暂无史料记载。但唐宋成都诸坊在文集、笔记等史料中时有出现，如“石笋街中却归去，果园坊里为求来”① 中的果园坊；“成都富春坊，群倡所聚”②，“成都灯亦盛。遂引帝至成都，市酒于富春坊”③ 中的富春坊；“放陈太师归花林坊本宅，田令孜归碧鸡坊宅”④ 中的花林、碧鸡坊等。然而成都的坊是否像长安城“千百家似围棋局，十二街如种菜畦”⑤ 规划得井井有条，处在棋布栉比、街衢绳直之中，我们很难考证。但是，成都的坊在日益高涨的“侵街”活动中却发生了一些变化。

“侵街”是坊市制度松动的重要表现，坊在“侵街”行为中逐渐丧失了其主要功能。中唐以后，随着人口增多、城市商贸的繁盛，日益增多的“侵街”行为打破了里坊的宁静。唐代宗大历年间，政府下令：“诸坊市街曲，有侵街打墙、接檐造舍等，先处分一切不许，并令毁拆。”⑥ 官方对“侵街打墙”行为的明令禁止，可见坊的功能受到了破坏。唐德宗贞元四年（788），政府再次下诏：“京城内庄宅使界诸街坊墙，有破坏，宜令取两税钱和雇工匠修筑。”⑦ 住宅本以坊墙为界限，而此时对坊墙的破坏却屡禁不止。到了宋代，这种现象更是司空见惯，“侵街”行为逐渐得到承认。宋徽宗崇宁年间，朝廷开始征收“侵街房廊钱”⑧，“侵街钱”亦成为政府的日常税收。成都平原“侵街钱”收入颇多，史载：

> 天下州县遂打量街道，分擘沟渠，虽是已出租税之地，但系侵占丈尺，并令别纳租钱。若不承认，则彻屋翦檐，然后获免。西川

① 〔唐〕杜甫著，仇兆鳌注：《杜诗详注》，中华书局 1979 年版，第 734 页。

② 〔宋〕周辉著，刘永翔校：《清波杂志》卷 8，中华书局 1997 年版，第 339 页。

③ 〔元〕费著撰，谢元鲁点校：《岁华纪丽谱等九种校释》，《巴蜀丛书》第 1 辑，巴蜀书社 1988 年版，第 113 页。

④ 〔宋〕句延庆：《锦里耆旧传》卷 5，傅璇琮等编：《五代史书汇编》，杭州出版社 2004 年版，第 6027 页。

⑤ 〔唐〕白居易：《登观音台望城》，〔清〕彭定求等编：《全唐诗》，中华书局 1960 年版，第 5041 页。

⑥ 〔五代〕王溥：《唐会要》卷 86《街巷》，中华书局 1955 年版，第 1576 页。

⑦ 〔五代〕王溥：《唐会要》卷 86《街巷》，中华书局 1955 年版，第 1576 页。

⑧ 〔宋〕马端临：《文献通考》卷 19《征榷考六》，中华书局 2011 年版，第 545 页。

> 州郡，有一处岁入八百贯以来，推之四海，掊敛甚多。①

以此可推知，在西川政治中心成都，“侵街”行为应该不会少，成都城中之坊也会因之发生改变。百姓侵街打墙，对街开门比比皆是，使得坊的隔离功能日渐丧失。坊可能更多的是以一种区域空间的形式存在着，城中的街道也逐步转化为“街市”，街道的经济功能日趋增强。

2. “砌街”与成都城市街道风貌

街道作为城市的骨架，是城市中最为活跃的空间，光怪陆离之事与世间百态无不以此为发生场所。因街道系统与人们的日常生活密切相关，街道的修缮亦成为城市建设中极重要之事。成都的街道路面经历了一场革新，呈现出了不同以往的面貌。

南宋以前，成都城的街道以土路为主，这种路面对人们的生活产生了一些困扰，如史料记载：

> 太、少二城，坤维大都会，市区栉比，衢隧棋布，而地苦沮洳。夏秋霖潦，人行泥淖中，如履胶漆。既晴，则蹄道辙迹，隐然纵横，颇为往来之患。②

无论晴天还是雨天，街道路况均不尽如人意，人们的出行颇为不便。绍兴十三年（1143），成都知府张焘效仿江浙甓道，开始以砖石铺路，鉴于是试行，铺路“仅二千余丈”。范成大节制四川时，这项便民工程进一步扩大。范公身体力行，“鸠工命徒，分职授任。程督有方，尺寸有度。费出于官，而不以及民。日廪以食，而人竞力作，未几告成”。这一时期，城市街道呈现出较多新面貌：

① 〔宋〕李焘：《长编》卷378，中华书局1992年版，第9158页。

② 〔宋〕范謩：《砌街记》，〔宋〕袁说友等编，赵晓兰点校：《成都文类》卷46，中华书局2011年版，第885页。

以丈计者三千三百有六十，用甓二百余万，为钱二千万赢。率一街之首尾立两石以识广狭，凡十有四街，然后所至侧布如江浙间。雨不乘橇，骑不旋泞。徐行疾驱，俱从坦夷。父老相与喟曰："周道如砥"，其尚见于斯乎！①

近来的考古发掘亦验证了南宋时期成都城存在着砌街的情况②。砌街、路口立石等使成都城的街道发生了革命性的变化，出现了"江南街衢皆甃以砖，与北方不侔"③的景象。街道由过去的尘土飞扬、泥泞不堪变得干净自然，这为人们的日常交往提供了极大的便利，如范成大诗"石笋新街好行乐，与民同处且逢场"④所述，新街成为"与民同乐"的新空间。

3. 广植"行道树"与城市环境的改善

街道两旁的行道树是城市中亮丽的风景线，树木的广泛种植对城市环境的改善起着良好的促进作用。唐代长安，政府并不鼓励在街道上私自植树的行为。唐代宗广德元年（763）曾诏令："城内诸街衢，勿令诸使及百姓辄有种植。"⑤后周时期的开封城已对此类行为做出一定让步，"其京城内街道阔五十步者，许两边人户各于五步内取便种树掘井，修盖凉棚。其三十步以下至二十五步者，各与三步，其次有差"⑥。可见私人在街道植树的行为逐渐得到官方许可，城市环境及风貌也随之发生变化。

随着国家政策导向的改变，唐宋成都城街道两旁的行道树种类不断增

---

① 〔宋〕范謩：《砌街记》，〔宋〕袁说友等编，赵晓兰点校：《成都文类》卷46，中华书局2011年版，第885页。

② 成都东大街遗址发掘道路1条，道路东侧还残留着用3块砖顺向竖砌的街道包边，宽约0.11米，见成都文物考古研究所：《成都下东大街遗址考古发掘报告》，《成都考古发现（2007）》，科学出版社2009年版。在内姜街遗址中，从L1、L2的叠压情况和时代关系看，在唐代至宋元时期，此区域的街道可能是从土质路面向砌街面发展的，见成都市文物考古研究所：《成都市内姜街遗址发掘报告》，《成都考古发现（2004）》，科学出版社2006年版，第309页等。

③ 〔宋〕周辉著，刘永翔校：《清波杂志》卷2，中华书局1997年版，第53页。

④ 〔宋〕范成大：《范石湖集》卷17《丙申元日安福寺礼塔》，中华书局1962年版，第232页。

⑤ 〔五代〕王溥：《唐会要》卷86《街巷》，中华书局1955年版，第1575页。

⑥ 〔五代〕王溥：《五代会要》卷26《街巷》，上海古籍出版社1978年版，第414页。

多，以柳树为主。杜甫诗曾言："时出碧鸡坊，西郊向草堂。市桥官柳细，江路野梅香。"① 从"官柳"一词中可知官方对柳树种植的认可与推广。宋代成都行道树的种类日益多元化，槐树、柳树、杨树、桤树、松树等广有种植。如陆游曾记"沟水浸新月，街槐对生碧烟"②，槐树因其品种优良、适应性强在全国多地广泛种植。但柳树仍是官方主要倡导种植之树，如苏轼曾说"拾遗被酒行歌处，野梅官柳西郊路"③。桤树"亦得所宜。民家莳之，不三年柴可倍，常人多薪之，疾种亟取，里人以为利"④。桤树因成材较快，可作薪柴，成都亦多有种植。王安石也曾云："濯锦江边木有桤，小园封殖伫华滋。"⑤ 多种树木在成都城广泛种植，形成了多样的植被景观。夏日的成都城绿树成荫，景色别致，城市环境得到有效改善，也显得更加宜居。

第二节　物以类聚：特色商品与成都的商业空间

成都乃"蜀之都会，厥土沃腴，厥民阜繁，百姓浩丽，见谓天府。缣缕之赋，数路取赡。势严望伟，卓越他郡"⑥。这一繁盛局面的出现，离不开成都商品经济的发展。巴蜀自古物产丰饶，而成都则是这些商品的贸易、交流中心，尤其茶、盐、药、锦等巴蜀名优特色商品多汇集于此。商品的"物以类聚"促使了专业性市场的出现，成都城的商业空间也随之发生相应的变化。本节将从商品集聚与成都商业发展切入，着重考察特色商品与市场空间拓展

---

① 〔唐〕杜甫著，仇兆鳌注：《杜诗详注》卷9《西郊》，中华书局1979年版，第780页。

② 〔宋〕陆游著，钱仲联点校：《剑南诗稿校注》卷8《七月八日马上作》，上海古籍出版社1985年版，第658页。

③ 〔宋〕苏轼：《送戴蒙赴成都玉局观将老焉》，〔明〕杨慎编，刘琳、王晓波校：《全蜀艺文志》卷14，线装书局2003年版，第342页。

④ 〔宋〕宋祁：《益部方物略记》，中华书局1985年版，第2页。

⑤ 〔宋〕王安石著，宁波等点校：《王安石全集》卷28《偿薛肇明秀才桤木》，吉林人民出版社1996年版，第285页。

⑥ 〔宋〕范百禄：《成都古今集记序》，傅增湘：《宋代蜀文辑存》卷22，北京图书馆出版社2005年版，第539页。

的关系，并通过药品与成都药市的个案分析，来深化对此方面的认识，以更好理解唐宋之际成都商业空间发展的新趋向。

一、百货川委：诸类商品集聚与成都“特色”

成都平原上最耀眼的明珠成都，是全国重要的商业中心之一。频繁的商贸往来、诸类商品的集散逐渐使成都形成了“百货川委”的景象，正如李良臣《东园记》所载：

> 成都，西南大都会，素号繁丽。万井云错，百货川委。高车大马，决骤乎通达；层楼复阁，荡摩乎半空。绮縠昼容，弦索夜声。倡优歌舞，娥媌靡曼，裙联袂属。奇物异产，瑰琦错落，列肆而班市。黄尘涨天，东西冥冥。穷朝极夕，颠迷醉昏。此成都所有也。①

繁华的成都城中商品琳琅满目，四面八方的商客云集于此，大宗商品、奇物异产在城内均能寻到，民众则沉浸在盛世中。巴蜀的名优特色商品在成都商品经济的发展中扮演着很重要的角色，是成都的“特色”。成都之所以成为此类商品的集散地，除了政治、经济及历史因素等，从较长时段考量，也与其地理环境不无关系。

（一）地理环境的“双重影响”与成都的商品集聚

成都位于四川盆地西部、成都平原的腹心地带，气候湿润、水系发达、河网密布、土壤肥沃，较早便有“天府之国”的美称。其所在的四川盆地，边缘被山地围绕，“北有米仓山、大巴山，东有巫山，南有大娄山、大凉山，西有龙门山及大相岭，海拔平均在1500-2000米左右”②。其西部则为高寒的川西高原。四川盆地平原、山地、盆地、丘陵等地形交织，使得成都的

---

① 〔宋〕李良臣：《东园记》，〔宋〕袁说友等编，赵晓兰点校：《成都文类》卷28，中华书局2011年版，第557页。

② 西南师范学院地理系编：《四川地理》（内部发行），西南师范学院编辑部发行1982年，第56页。

地理环境具有较多特殊性。

这种特殊性主要表现在地理环境的双重影响方面。成都平原优越的气温、水热、灌溉等条件，使土地的生产潜能能得到较好的开发。成都平原“无寸土之旷，岁三四收”①，是当时重要的鱼米之乡。作为巴蜀地区最大的城市，成都汇集着巴蜀的各类商品，贸易交往频繁。然而周围山地的阻隔，却限制了成都“走出去”的步伐。成都虽北有栈道千里，南有长江水道，但四周均是山地使成都的交通通达度降低，阻碍了贸易之路。从总体和长时段考察，可以说地理环境既赋予了成都成为区域性经济贸易中心的条件，但又在一定程度上使它丧失了成为全国重要的政治、经济、文化中心的可能②。

由于地理环境的双重影响，成都在区域经济发展中的中心地位毋庸置疑③。在成都，商品的集聚进一步巩固了这一经济格局。集聚于成都的商品主要来自巴蜀，巴蜀农业、手工业的发展为其提供了重要的物质基础④。伴随着“农以田，商以货，二者蜀民所以生”⑤ 这一社会现象的出现，经济作物开始在巴蜀广泛种植，大量的农产品进入到市场。同时，巴蜀织锦、制瓷、井盐等传统优势手工业在此时期亦得到迅速发展。这些为成都的贸易发展提供了大量的产品，四方商客亦因此而聚集。

唐宋时期的成都市场商品琳琅满目、百货川委，其中的酒、茶、刻本、蜀锦、药物等巴蜀名优特色商品将在下节重点介绍。在成都的贸易往来中，茶叶、蚕桑、药、甘蔗等经济作物种类众多、数量庞大。手工业产品中的盐、酒、锦、陶瓷、纸、刻本等占有重要的市场份额。如井盐的贩卖“益

---

①〔元〕脱脱等：《宋史》卷 89《地理志》，中华书局 1977 年版，第 2230 页。

② 谢元鲁《宋代成都经济特点试探》一文分析了成都经济发展速度较东南地区缓慢的原因，认为成都平原农业区相对狭小、成都远离全国其他重要的经济中心、盆地周围山地阻隔、中央政权与川西各少数民族的敌对与半隔绝状况等影响了成都经济发展，使其只能成为区域经济中心。（《中国社会经济史研究》1983 年第 3 期）

③ 关于成都居于四川地区经济中心的论述较多，如何汝泉：《唐代成都的经济地位试探》，《社会科学研究》1982 年第 6 期；贾大泉：《宋代四川城市经济的发展》，《四川师范大学学报》1986 年第 2 期；张邦炜、贾大泉：《宋代四川经济发展的不平衡性》，《西南师范大学学报》1989 年第 2 期等。

④ 关于唐宋时期巴蜀农业、手工业的发展情况，可参见前文。

⑤〔宋〕李心传：《建炎以来系年要录》卷 128，中华书局 1988 年版，第 2080 页。

部盐井最多”[①]，“大为监，小为井，监则官掌，井则土民干鬻，如其数输课，听往旁境贩卖，唯不得出川峡”[②]。而成都府诸州县“户口蕃息，所产盐食常不足，梓、夔等路产盐多，而人食有余，自来不禁贩易，官私两利”[③]。成都城成为盐的交易之所。同时，川西少数民族地区的药材、马匹等亦在成都市场上广泛流通。另外，国内外其他地区的物品也汇聚在成都市场上，如香料，从两广地区输入的较多，经常有“富商自蜀贩锦至钦，自钦易香至蜀，岁一往返，每博易动数千缗”[④]。安徽的纸张亦有输入，“徽纸、池纸、竹纸在蜀，巴蜀爱其轻细，客贩至成都，每番视川笺价几三倍”[⑤]。从总体上看，成都的商品仍然以巴蜀的本土产品为主，大量的农产品转化成商品，特色手工业产品也出现在市场中。

（二）成都城中集聚的特色商品

在成都“百货川委”的市场中，酒、茶、丝织品、药物、刻本等巴蜀名优特色产品是交易的主要商品，是成都的“特色”与“商业名片”。同时，大量商品的云集也促成了一些专业性市场出现，吸引了各地商人前来贸易。

成都民众的饮酒之风较为悠久，汉代便有卓文君当垆卖酒的佳话。至唐宋，成都更是全国著名的产酒区，各类美酒在成都市场上均有销售。唐代成都的“生春酒”曾作为朝廷贡品；德宗大历年间为减奢侈风气，罢剑南岁贡春酒十斛。许多入蜀的文人雅士对成都美酒亦是赞不绝口，如岑参言慕“成

---

① 〔唐〕李吉甫著，贺次君校：《元和郡县志》卷34《剑南道》，中华书局1983年版，第862页。

② 〔元〕脱脱等：《宋史》卷183《食货志》，中华书局1977年版，第4471页。

③ 〔宋〕李焘：《长编》卷279，中华书局1995年版，第6826页。

④ 〔宋〕周去非著，杨武泉校：《岭外代答》卷5《钦州博易场》，中华书局1999年版，第196页。

⑤ 〔元〕费著撰，谢元鲁点校：《笺纸谱》，《巴蜀丛书》第1辑，巴蜀书社1988年版，第178页。

都春酒香，且用俸钱沽”①，李商隐言“美酒成都堪送老”②。成都逐渐出现了“蜀之士子，莫不沽酒，慕相如涤器之风”③ 的社会现象。宋代，酒课乃是四川赋税的主要来源④，饮酒之风更是盛行。每年的浣花游江“以大艦载公库酒，应游人之家，计口给酒，人支一升”。重阳药市时“又于五门之下设大尊，容数十斛，置杯杓，凡名道人者，皆恣饮”⑤。

巴蜀的地理环境给茶叶生长提供了有利的条件，“蜀产茶郡居多”⑥，许多地区均种植有茶叶，产量较大且品质优良。于是，茶叶成为巴蜀商贸中的大宗商品，茶税也成为巴蜀地区重要的财政收入。成都府路也是当时重要的茶叶产区，所产以名茶居多，正如范镇所载：

> 蜀之产茶凡八处，雅州之蒙顶、蜀州之味江、邛州之火井，嘉州之中峰、彭州之堋口、汉州之杨村、绵州之兽目、利州之罗村。⑦

以上所述的产茶地，有七处在成都府路的管辖范围之内。另外，成都府的产茶量在巴蜀产茶总量中亦占有较大的比例，如李心传《建炎以来朝野杂记》中记载：

> 成都府、利州路二十三处茶场，岁产茶二千一百二万斤：一千六百十七万，系成都府路九州军凡二十场；四百八十万，系利州路

① 〔唐〕岑参：《酬成少尹骆谷行见呈》，〔清〕彭定求等编：《全唐诗》卷198，中华书局1960年版，第2036页。

② 〔唐〕李商隐：《杜工部蜀中离席》，〔清〕彭定求等编：《全唐诗》卷539，中华书局1960年版，第6211页。

③ 〔五代〕孙光宪著，贾二强点校：《北梦琐言》卷3，中华书局1992年版，第62页。

④ 贾大泉的《宋代四川经济述论》对四川酒课做了较为详细的考察。

⑤ 〔宋〕庄绰著，萧鲁阳点校：《鸡肋编》卷上，中华书局1983年版，第21页。

⑥ 〔宋〕范百禄：《宋故尚书司封员外郎充秘阁校理新知湖州文公墓志铭》，〔宋〕文同：《新刻石室先生丹渊集》，四川大学古籍所编：《宋集珍本丛刊》，线装书局2004年版，第104页。

⑦ 〔宋〕范镇著，汝沛点校：《东斋记事》卷4，中华书局1980年版，第37页。

二州三场。①

成都平原俨然成为全国重要的茶叶生产基地，而成都“据川陆之会，茶商为多”②，自然成了茶叶交易与中转中心。四方茶商汇聚于此，将茶叶运销至陕西及西南少数民族地区，促进了成都的经济发展，正如时人言：“况旧谓西川富疆，只因北路商旅，托其茶利，赡彼军储。”③

同时，成都平原有着悠久的养蚕缫丝的历史，对此，不少前辈学者已做过探索。唐宋时期的成都延续了“人多工巧，绫锦雕镂之妙，殆侔于上国”④的传统，“蚕桑副业复盛的阶段，其规模远远超过汉晋”⑤。我们以《宋会要辑稿·食货志》所载布匹“凡岁总收之数”为例：

成都府五十五万四千七百三十九匹，梓州路为一万一千七百八七匹，利州路为五百八五十匹，夔州路为二千四百七十八匹。⑥

可知成都织布业规模之大，应贡献了不少的财源。唐宋时期成都的丝织品精美且种类繁多⑦，在全国各地颇受欢迎。成都的蜀锦更是雄冠天下，“织文锦绣，穷功极巧。其写物也如欲生，其渥采也如可掇”⑧。蜀锦多为“上供”之品，宫廷及达官贵人多有消费，在朝廷对番邦及少数民族的赏赐贸易中也比较多见。繁盛的丝织业使成都成为重要的丝、布贸易中心，产品运销各地，“负于陆则经青泥、大散羊肠九折之坂，航于川则冒瞿唐、滟滪沉舟不

---

① 〔宋〕李心传著，徐规点校：《建炎以来朝野杂记》卷14，中华书局2000年版，第306页。

② 〔宋〕李焘：《长编》卷334，中华书局1992年版，第8044页。

③ 〔唐〕崔致远：《桂苑笔耕集》卷2《请巡幸江淮表》，中华书局1985年版，第16页。

④ 〔唐〕魏徵等：《隋书》卷29《地理志》，中华书局1973年版，第830页。

⑤ 郭声波：《历史时期四川蚕桑事业的兴衰》，《中国农史》2002年第3期。

⑥ 〔清〕徐松辑，刘琳等校：《宋会要辑稿》食货64，上海古籍出版社2014年版，第7736页。

⑦ 卢华语《唐代成都丝织业管窥》认为唐代成都丝织品中值得重视的有瑞锦、新样锦、蜀罗、单丝罗、蜀缬等。(《中国社会经济史研究》2009年第4期)

⑧ 〔宋〕吕大防：《锦官楼记》，〔宋〕袁说友等编，赵晓兰点校：《成都文类》卷26，中华书局2011年版，第528页。

测之渊。日输月积，以衣被于天下”①。

唐宋时期巴蜀造纸业与印刷业发达，产品畅销全国。唐代的“薛涛笺”颇为文人雅士所推崇，宋代宫廷藏书中的经史子集“皆以益州麻纸写”②。宋代四川造纸业与他处迥异，仍沿用蔡侯之法，多用布麻造纸。如《笺纸谱》记：

> 今天下皆以木屑为纸而蜀中乃尽用蔡伦法。笺纸有玉版，有贡余，有经屑，有表光。玉版、贡余杂以旧布、破履、乱麻为之，惟经屑、表光非乱麻不用。③

唐宋成都的造纸户较多，如百花潭一带居住有“以纸为业”④ 的手工业者。陆游居蜀期间亦见：“陵边四五家，茆竹居接栋。手皲纸上箔，醅熟酒鸣瓮。”⑤ 造纸业的发达在一定程度上也促进了印刷业的发展。唐代巴蜀就有刊刻佛经、历书、书籍的情况，如“剑南西川及淮南道皆以版印历日鬻于市，每岁司天台未奏颁下新历，其印历已满天下”⑥。到了宋代，巴蜀的印刷业得到进一步的发展：

> 今天下印书，以杭州为上，蜀本次之，福建最下。京师比岁印板，殆不减杭州，但纸不佳。蜀与福建多以柔木刻之，取其易成而

① 〔宋〕吕大防：《锦官楼记》，〔宋〕袁说友等编，赵晓兰点校：《成都文类》卷 26，中华书局 2011 年版，第 528 页。

② 〔唐〕李林甫等著，陈仲夫点校：《唐六典》卷 9，中华书局 1992 年版，第 280 页。

③ 〔元〕费著撰，谢元鲁点校：《笺纸谱》，《巴蜀丛书》第 1 辑，巴蜀书社 1988 年版，第 156 页。

④ 〔元〕费著撰，谢元鲁点校：《笺纸谱》，《巴蜀丛书》第 1 辑，巴蜀书社 1988 年版，第 160 页。

⑤ 〔宋〕陆游著，钱仲联点校：《剑南诗稿校注》卷 9《谒汉昭烈惠陵及诸葛公祠宇》，上海古籍出版社 1985 年版，第 708 页。

⑥ 〔唐〕冯宿：《禁版印时宪书奏》，〔清〕董诰等：《全唐文》卷 624，中华书局 1983 年版，第 2791 页。

速售，故不能工。①

可见巴蜀的印刷业在全国占据着重要地位。与印刷业的发展同步，书籍市场也日渐兴旺起来，成都的书坊、书肆中不乏书商、购书者的身影。成都人彭乘乃刻书大家，“聚书万余卷，皆手自刊校，蜀中所传书，多出于乘”②。城北的郭友直藏书“上千余卷，皆秘阁所缺者”③。蜀刻本的精美及书市的兴盛，吸引着全国求书、购书者纷纷汇聚于成都。

二、阛阓填委：特色商品与成都市场

“阛阓填委”一词出自“蜀中每春三月为蚕市，至时货易毕集，阛阓填委，蜀人称其繁盛”④，其描绘了蚕市货物堆积的盛况。随着商品经济发展与特色商品集聚，成都始终保持着繁荣局面，成都的商业空间亦随之发生变化。作为城市主要的商业空间，市场的新置或迁移，以及定期、非定期、专业性、季节性等类型市场的多元化发展，也推动了成都商业空间的不断拓展。

（一）成都的市场概观

由于受到坊市制度的影响，唐代成都的市场主要以定期市场为主。定期市场主要有南市、西市、北市及新南市、新北市，各类市场形成的时间略有差异。

同时，唐代成都亦存在着一些具有专业性趋势的市场。如花市，萧遘曾言“月晓已开花市合，江平偏见竹簰多”⑤，韦庄亦言“锦江风散霏霏雨，花市香飘漠漠尘”⑥。可见晚唐时成都花市已经存在，关于其是否有固定时间和

① 〔宋〕叶梦得著，侯忠义点校：《石林燕语》卷8，中华书局1984年版，第116页。

② 〔元〕脱脱：《宋史》卷298《彭乘传》，中华书局1977年版，第9900页。

③ 〔元〕费著撰，谢元鲁点校：《氏族谱》，《巴蜀丛书》第1辑，巴蜀书社1988年版，第270页。

④ 〔宋〕佚名：《五国故事》卷上，中华书局1991年版，第7页。

⑤ 〔唐〕萧遘：《成都》，〔清〕彭定求等编：《全唐诗》卷600，中华书局1960年版，第6991页。

⑥ 〔唐〕韦庄：《奉和左司郎中春物暗度感而成章》，〔清〕彭定求等编：《全唐诗》卷700，中华书局1960年版，第8128页。

固定地点，则不得而知。酒市在韦庄的《伤灼灼》中有载，其自注言："灼灼，蜀之丽人也。近闻贫且老，殂落于成都酒市中。"① 严耕望先生认为："所谓酒市，或仅指酒肆而言，未必为划定之一区也。"② 我们认为酒乃成都的特色商品，成都有可能存在酒市，或者存在某区域酒家分布较多的情况，如"万里桥边多酒家"③。万里桥附近似乎就有被称为酒市的可能。成都亦有蚕市、药市，下文会做具体分析。而证明七宝市、扇市④存在的证据略显不足，其或是宋代才逐渐发展起来的。

前、后蜀及宋代的成都依然存在南市、西市、北市等定期市场。随着坊市制度的松动，市场变得更为自由活跃，商业空间也不仅仅局限在"市"中，街道、寺观等场所亦逐渐开始有贸易的痕迹。宋代成都具有专业性、季节性的"十二月市"也成为重要的交易市场，蚕桑、药、花木等特色产品在其中集中销售，招揽着大批的商贩汇聚，民众亦在"十二月市"中按时按需选购商品。

另外，宋代成都的夜市逐渐成熟，田况描述乞巧节前成都的夜市情况："万里银横贯紫虚，桥边螭辔待星姝。年年巧若从人乞，未省灵恩遍得无？"⑤ 成都的游娱活动中也出现了夜宴、观夜市的活动。夜市使成都民众的活动时间得到延长，民众也有了更多的出行选择。唐宋时期成都城附近亦兴起了草市，鉴于不在本文的考察范围，故不做探讨。

（二）"成都三市"与"十二月市"

上文对成都市场作了初步考察，而一些定期市场及"十二月市"仍需进一步的探讨。

---

① 〔唐〕韦庄：《伤灼灼》，〔清〕彭定求等编：《全唐诗》卷700，中华书局1960年版，第8126页。

② 严耕望：《唐五代时期之成都》，《严耕望史学论文集》，上海古籍出版社2009年版，第744页。

③ 〔唐〕张籍：《张籍诗集》卷6《成都曲》，中华书局1959年版，第80页。

④ 严耕望先生根据成都久有七宝故事，认为七宝市犹此之类；另据李德裕《画桐花凤扇赋》，言成都的扇市亦有始于唐代之可能。

⑤ 〔宋〕田况：《七月六日晚登大慈寺阁观夜市》，〔宋〕袁说友等编，赵晓兰点校：《成都文类》卷9，中华书局2011年版，第182页。

1.《通鉴》胡三省注“成都三市”考辨

唐僖宗乾符六年（879）夏四月，西川节度使崔安潜到任后，对当地猖狂的盗匪并没有采取积极逮捕措施。民众对此感到十分不解，对其时有责备之声。安潜曰：“盗非所由通容则不能为。今穷覈则应坐者众，搜捕则徒为烦扰。”鉴于此，崔安潜采取了其他措施：

> 甲子，出库钱千五百缗，分置三市，置牓其上曰：“有能告捕一盗，赏钱五百缗。盗不能独为，必有侣，侣者告捕，释其罪，赏同平人。”①

一时，为领赏相互揭发者甚多，“诸盗与其侣互相疑，无地容足，夜不及旦，散逃出境，境内遂无一人之盗”。胡三省注其中“三市”则言：

> 成都城中鬻花果、蚕器于一所，号蚕市；鬻香、药于一所，号药市；鬻器用者号七宝市。②

胡三省此注释引起了研究者的关注，但“误读者”颇多，误读者多将其作为唐代存在药市、七宝市的依据。而严耕望先生认为胡注殊误③，我们亦赞同此观点。但严先生又言：“三市者，东市、西市、南市，且或加大为称。”我们认为此与史实有一些出入，“成都三市”应为北市、西市、南市。

关于“三市”，严先生以类比长安、洛阳的方法论证“蚕市、药市、七宝市”不应为“三市”。在此基础上，笔者亦做一些补充。首先，成都药市、七宝市的兴起时间不符合成为“三市”条件。史载四川最早的药市在梓州，出现于大中十三年（859）王昌遇升仙得道以后④，而成都则没有相关记载。严

---

① 〔宋〕司马光等撰，〔元〕胡三省注：《资治通鉴》卷253，中华书局1956年版，第8213页。

② 〔宋〕司马光等撰，〔元〕胡三省注：《资治通鉴》卷253，中华书局1956年版，第8213页。

③ 详见严耕望：《唐五代时期之成都》，《严耕望史学论文集》，上海古籍出版社2009年版，第744页。

④ 〔宋〕陈元靓编：《岁时广记》卷36《置药市》引《四川记》，中华书局1985年版，第399页。

先生推测成都药市可能是唐末旧俗之衍续①。五代以后，关于成都药市的记载才多了起来，如“吕余庆知成都……一日，药市始集，街吏驰报有军校被酒持刃，夺贾人物，余庆立命擒捕，斩之以徇，军中畏伏，民乃宁居”②。七宝市在唐代无考，在宋代史料中也不多见。

其次，蚕市、药市、七宝市这些季节性市场的出现时间，亦与西川节度使崔安潜于夏四月置榜的时间存在冲突。若唐宋都存在这些市场，他们必然有很大的延续性，举行的时间上不会有较大出入，所以以宋代这些市场举行的时间来论证具有一定合理性。生活在宋初的黄休复言：“蜀有蚕市，每年正月至三月，州城及属县循环一十五处。”③ 可见蚕市主要集中在每年的一月至三月，也与夏四月不符。另外，宋代成都药市举行的时间为农历二月八日、三月九日和九月九日④，与夏四月不符。赵抃所记七宝市在七月⑤，而《蜀中广记》则言“冬月鬻器用者号七宝市，俱在大慈寺前”⑥。两者记载的时间均与夏四月不符。

再次，胡三省“成都三市”注的史料来源可能是宋人祝穆《方舆胜览》中对成都市场的解释：

> 成都古蚕丛之国，其民重蚕事。故一岁之中，二月望日，鬻花木、蚕器于某所者，号蚕市；五月鬻香药于观街者，号药市；鬻器用者，号七宝市。⑦

---

① 严耕望：《唐五代时期之成都》，《严耕望史学论文集》，上海古籍出版社2009年版，第751页。

② 〔宋〕李焘：《长编》卷6，中华书局1992年版，第148页。

③ 〔宋〕黄休复著，李梦生点校：《茅亭客话》卷9，上海古籍出版社2012年版，第141页。

④ 〔元〕费著撰，谢元鲁点校：《岁华纪丽谱等九种校释》，《巴蜀丛书》第1辑，巴蜀书社1988年版，第129–150页。

⑤ 〔明〕杨慎：《升庵集》卷70“成都十二月市”引《成都记》，上海古籍出版社1993年版，第690页。

⑥ 〔明〕曹学佺著，刘知渐点校：《蜀中名胜记》卷2引《方舆胜览》，重庆出版社1984年版，第26页。

⑦ 〔宋〕祝穆撰，祝洙增订，施和金点校：《方舆胜览》卷51，中华书局2003年版，第906页。

关于“成都三市”，我们与严先生观点的不同之处在于，我们认为“三市”应包括北市而不是东市。唐代较早便有南市、西市的记载，如杜甫言成都“南市津头有船卖”①，《酉阳杂俎》载“成都乞儿严七师……居西市悲田坊”②。另外，也有许多史料可以印证南市、西市的存在。关于东市，严先生的论证则依据《太平广记》卷85击竹子条引《野人闲话》“击竹子，不言姓名……一旦，自诣东市卖生药黄氏子家”③，及黄休复《茅亭客话》史见魂条“史见魂者，蜀人也，名惟传，年七十余，孑然居数间屋于东市”④。这些记载较晚，可能反映的是宋初的情况，若用来反映唐僖宗乾符六年（879）的情形则略为勉强。另外，也有关于成都大东市的记载，如《茅亭客话》载：

> 伪蜀大东市有养病院，凡乞丐贫病者，皆得居之。中有携畚锸日循街坊沟渠内淘泥沙，时获碎铜铁及诸物，以给口食，人呼为淘沙子焉。时东市国清寺街有民宇文氏宅，门有大桐树，淘沙子休息树阴下。⑤

此只能证明后蜀时期成都存在大东市，且可能与东市并存。关于大东市何时设置，仍有待考察。而关于北市的记载，最直接的证据则是后蜀杜光庭《道教灵验记》所载：“成都景云观，旧在新北市内。节度使崔公安潜置新市，迁于大西门之北。”⑥ 崔安潜创置了新北市，可见在其任前已经存在北市。关于新北市设置的具体时间及新北市、北市是否并存，暂无史料可察，或两者皆能称为“北市”，所以西川节度使崔安潜置榜的“三市”应该为唐代成都的北市、西市、南市。

---

① 〔唐〕杜甫著，仇兆鳌注：《杜诗详注》卷10，中华书局1979年版，第810页。

② 〔唐〕段成式撰，方南生点校：《酉阳杂俎》续集卷3，中华书局1981年版，第225页。

③ 〔宋〕李昉等：《太平广记》卷85，中华书局1961年版，第550页。

④ 〔宋〕黄休复著，李梦生点校：《茅亭客话》卷4，上海古籍出版社2012年版，第118页。

⑤ 〔宋〕黄休复著，李梦生点校：《茅亭客话》卷3，上海古籍出版社2012年版，第110页。

⑥ （后蜀）杜光庭：《道教灵验记》卷《成都景云观三将军堂柱础验》，张君房编：《云笈七签》第5册，中华书局2003年版，第2687页。

2. 成都的“十二月市”

“十二月市”是成都商业发展的重要表现。特色产品的“阛阓填委”，使成都逐渐发展出一些专业性、季节性的“十二月市”。“十二月市”充分弥补了定期市场的不足，民众因时所需的商品均能在“十二月市”中寻到。关于“十二月市”的记载见于成都知府赵抃的《成都古今记》：

> 正月灯市，二月花市，三月蚕市，四月锦市，五月扇市，六月香市，七月七宝市，八月桂市，九月药市，十月酒市，十一月梅市，十二月桃符市。①

关于“十二月市”，前人已做出了较为详细的梳理②，在此不再赘述。在此需要强调的是“十二月市”所呈现出的特点。这些特点带有鲜明的成都痕迹，可以说是成都商业发展的结果。它主要具有以下一些特点：一、“十二月市”的形成、发展与成都的特色商品有着密切关系。蚕、药、酒、花木等均是成都的名优特色商品，与民众的生活息息相关。二、“十二月市”作为季节性的市场贸易地点比较分散，主要以街市为主，如韦庄言：“锦里，蚕市，满街珠翠。”③ 大慈寺前的街道川流不息，多有此类市场分布。三、“十二月市”的规模及繁荣程度略有差异，史料中对成都药市、蚕市的记载颇多，而其他季节性集市在宋代的史料中则不多见。四、“十二月市”不只具有经济功能，还具有较强的娱乐功能，游街、观市也是成都人民游娱的重要内容。如正月的灯市，“春宵宝灯燃，锦里烟香浮。连城悉奔骛，千里穷边陬。衯袆合

---

① 〔明〕杨慎：《升庵集》卷 70“成都十二月市”引《成都记》，上海古籍出版社 1993 年版，第 690 页。

② 具体可参见王小红：《宋代成都“十二月市”考》，《宋代文化研究》第十九辑，四川文艺出版社 2011 年版；粟品孝等：《成都通史·五代（前后蜀）两宋时期》，四川人民出版社 2011 年版，第 149-163 页等。

③ 〔唐〕韦庄：《怨王孙》，〔清〕彭定求等编：《全唐诗》卷 892，中华书局 1960 年版，第 10148 页。

绣袂，轣辘驰香辀。人声震雷远，火树华星稠”①。“十二月市”将商贸与娱乐相结合，亦促进了市场的发展。

（三）药、药商与成都药市

巴蜀历来是我国重要的药材产区，其所产的道地药材时至今日依然闻名全国。此外，巴蜀具有悠久的药材资源开发史，故备受历代文人、医家关注。唐代诗人张籍曾言：“凭医看蜀药，寄信觅吴鞋。”② 宋初陶谷在《清异录》中品评全国各地风土民情时认为：

> 天下有九福，京师钱福、眼福、病福、屏帷福，吴越口福，洛阳花福，蜀川药福，秦陇鞍马福，燕赵衣裳福。③

“蜀川药福”在某种程度上已成为“他者”对巴蜀的地域认知。唐宋时期的成都作为区域经济中心，汇聚着大量巴蜀名优特色药材，并在此基础上形成了专业性的药材交易市场——成都药市。关于唐宋成都药市，前人已有一些研究成果④。这些研究使我们对药市交易地点、交易时间及药市中的娱乐活动等有了初步了解，但尚有一些问题如成都药市兴起、药市中的社会现象等仍值得深入探索。

1. 成都药市兴起的背景

（1）药市兴起的文化背景

谈起巴蜀药市的发展，似乎离不开梓州王昌遇得道升仙这一传说，此故事成为研究巴蜀药市起源的“原点”。宋人高承《事物纪原》中这样记载：

---

① 〔宋〕田況：《上元灯夕》，〔宋〕袁说友等编，赵晓兰点校：《成都文类》卷 9，中华书局 2011 年版，第 178 页。

② 〔唐〕张籍：《张籍诗集》卷 2《和左司元郎中秋居》，中华书局 1959 年版，第 36 页。

③ 〔宋〕陶谷著，孔一点校：《清异录》卷上《人事门》，上海古籍出版社 2012 年版，第 18 页。

④ 王小红：《宋代成都“十二月市”考》，《宋代文化研究》第十九辑，四川文艺出版社 2011 年版；刘术：《宋代成都药市考》，《农业考古》2015 年第 6 期。

唐王昌遇，梓州人，得道号易玄子，大中十三年（859）九月九日上升。自是以来，天下货药辈皆于九月初集梓州城。八日夜于州院易玄龙冲池，货其所赍之药，川俗因谓之药市，迟明而散。逮宋朝天圣中，燕龙图肃知郡事，又展为三日，至十一日而罢。是则药市之起，自唐王昌遇始也。有碑叙其本末甚详。①

据此，梓州药市是巴蜀药市的开端，可其中却有着浓厚的神话色彩。我们若将其置于巴蜀的地域文化之中，则较容易理解其中的神话色彩。巴蜀是道教的发源地之一，民众深受道教思想的影响，民间信仰中道教元素很多。在此文化中，广为流传着一些与药有关的神话传说，如孙思邈向玄宗乞雄黄之说：

玄宗幸蜀，梦思邈乞武都雄黄，乃命中使赍雄黄十斤，送于峨嵋顶上。中使上山未半，见一人幅巾被褐，须发皓白，二童青衣丸髻，夹持立屏风侧，以手指大盘石曰："可致药于此。上有表，录上皇帝。"中使视石上，朱书百余字，遂录之，随写随灭。写毕，石上复无字矣。须臾，白气漫起，因忽不见。②

此类传说在巴蜀尚多，我们很明显地发现其中有药的存在。另外，巴蜀道士、方士行医、货药也较为常见，一些与药有关的神道人物逐渐融入民间信仰，如药王信仰、王昌遇信仰等③。梓州托王昌遇升仙之说而兴药市，正发挥了这一神道人物在民众信仰中的力量，以促进药市发展。成都药市的兴起也深受此文化的影响，后来关于成都药市的记载往往有"吸药气"④、遇神仙

---

① 〔宋〕高承：《事物纪原》卷8《药市》，中华书局1989年版，第438页。

② 〔唐〕段成式撰，方南生点校：《酉阳杂俎》前集卷2，中华书局1981年版，第19页。

③ 可参见吴怡洁：《唐宋之际巴蜀医疗社会史研究》，硕士学位论文，复旦大学2006年；钱超尘等编：《孙思邈研究集成》，中医古籍出版社2006年版。

④ 〔宋〕陈元靓编：《岁时广记》卷36《吸药气》引《四川记》，中华书局1985年版，第399页。

等光怪陆离之事①。如果将其置于这一文化背景中，就显得不足为奇了。

（2）成都药市兴起的历史渊源与现实基础

成都药市的兴起时间目前尚无定论，研究者多偏向于药市之名起于晚唐②，略晚于梓州药市。五代以后，关于成都药市的记载才逐渐多了起来。而兴起时间的早晚，并没有影响到成都药市的繁荣。在宋代，成都药市毋庸置疑是巴蜀最为繁盛的药材市场。

成都药市的兴起与巴蜀的药文化、民间信仰及早已出现的货药之风不无关系。巴蜀地区有着悠久的中医药文化，历来是医药名家辈出之地，汉代就有涪翁、郭玉等医家，唐代则有孙思邈入川等，境内的医学事迹颇多③。同时，巴蜀有着较早的药材资源开发史，《华阳国志》曾载其地“其药物之异者，有巴戟天、椒”④，亦有“丹、黄、空青、桑、漆、麻纻之饶”⑤。在唐代巴蜀的贡品中，药材便有50余种（见下表），丰富的药材资源为成都药市的兴起提供了重要条件。另外，成都城中早已存在货药现象，如“唐则天末年，益州有一老父，携一药壶于城中卖药，得钱即转济贫乏”⑥；天宝年间，成都亦有“药肆”⑦。可见成都城中已有人以经营药材为业。成都作为区域经济中心，汇聚着大量的巴蜀名优特色药材，必然会出现药材市场的雏形或一些定时的交易盛会。

---

① ［日］冈崎由美：《四川药市与唐宋文学》，复旦大学中国古代文学研究中心编：《中国文学研究》第11辑，中国文联出版社2008年版，第76页。

② 严耕望：《唐五代时期之成都》，《严耕望史学论文集》，上海古籍出版社2009年版，第751页。

③ 赵立勋编：《四川中医药史话》，电子科技大学出版社1993年版，第32、47页。

④ 〔晋〕常璩著，任乃强校：《华阳国志校补图注》卷1《巴志》，上海古籍出版社1987年版，第5页。

⑤ 〔晋〕常璩著，任乃强校：《华阳国志校补图注》卷3《蜀志》，上海古籍出版社1987年版，第113页。

⑥ 〔宋〕李昉等：《太平广记》卷23，中华书局1961年版，第154页。

⑦ 〔宋〕李昉等：《太平广记》卷31，中华书局1961年版，第198页。

表 15　唐代巴蜀药材贡品简表

药材贡品名称	梅煎、蔗糖、红蓝、木兰皮、砂糖、紫葛、麝香、苿苜实、橘皮、空青、曾青、葛、药实、药子、续髓、荔枝煎、牡丹皮、木药子、蒟酱、白蜜、石蜜、天门冬、巴戟天、重台、丹沙、石菖蒲、落雁木、芎䓖、犀角、光明丹砂、枫香、白药实、花椒、牛黄、侧子、天雄、附子、乌头、升麻、大黄、买子木、买子实、苦药、羌活、羚羊角、葛粉、厚朴、生马牙硝、松蜡、朴硝、当归

注：本表主要根据《新唐书》《元和郡县志》及严奇岩《从唐代贡品药材看四川地道药材》。

2. 成都药市中的社会百态

五代至宋，巴蜀地区的药市得到迅速发展，几乎每州县均有药市存在。大中祥符三年（1010）三月辛巳，郎中蔡汶言："川、峡每春州县聚游人货药，谓之药市。"① 此时成都药市更是繁盛，举行的时间不只限于春季，每年农历二月八日、三月九日、九月九日都会定期进行药材交易。药市中商贸往来频繁，各地药材、药商汇聚。田况《重阳日州南门药市》对这一盛况有所记载：

> 岷峨旁礴天西南，灵滋秀气中潜含。草木瓌富百药具，山民采捋知辛甘。成都府门重阳市，远近凑集争赍檐。市人谲狯亦射利，颇觉良恶相追参。旁观有叟意气古，肌面皯黣毛鬖髿。卖药数种人罕识，单衣结缕和阴岚。成都处士足传记，劝诫之外多奇谈。盛言每岁重阳市，屡有仙迹交尘凡。俗流闻此动非觊，不识妙理徒规贪。惟期幸遇化金术，未肯投足栖云岩。予于神仙无所求，一离常道非所躭。但喜山民药货售，归助农业增耡芟。②

田况记述了药市中的各类社会现象，如药农货药、药商逐利、药市遇仙、道人鬻药、民众宴游、方士求化金之术等等。这些构成了成都药市的百态，亦反映了药材集聚背后的各类面相。

① 〔宋〕李焘：《长编》卷 73，中华书局 1992 年版，第 1658 页。

② 〔宋〕田况：《重阳日州南门药市》，〔宋〕袁说友等编，赵晓兰点校：《成都文类》卷 9，中华书局 2011 年版，第 182-183 页。

（1）药农货药。成都药市中交易的药材以巴蜀道地药材为主，巴蜀的药农及山间采药之人多活跃其中。巴蜀的地理环境适合多种药材生长，民众广泛种植药材，如时人写道："三蜀膏腴地，偏于药物宜。小畦千种聚，春雨一番滋。"① 同时，城市周围及一些园林也有药材种植，如"谭居士名仁显，成都人也，以医为事。居郡城东南隅，所居庭庑篱落间，遍植草药"②，滕处士"所居州东北隅，竹树交阴，景象幽寂，有园圃池亭，遍莳花果，凡壅培种植，皆有方法，及以药苗为蔬，药粉为馔"③。另外，民众亦有去山间采药的习惯，"华阳邑村民段九者，常入山野中，采枸杞根茎货之，有年矣"④。药农及山间采药之人生活艰辛，他们常常货药于市以维持生计。田况发出了"喜但山民药货售，归助农业增耡芟"的感慨，可见药市繁荣的背后也有着药农的艰辛。

（2）药商逐利。成都药市聚集着来自全国各地的药商，他们在药市中互通有无、追逐利益。药商主要依靠药材转销获利，药市中自然也有大量等待转销的药材。宋人度正在重阳玉局观药市中便看到市场中堆积着各类药材：

> 席地堆雄附，连盘伫参术。云乳色晶荧，沉檀气菉苾。溪毛极草莽，水族包虫蛭。贵者如丹砂，贱者如干漆。苦者如胆矾，甘者如石蜜。陈者如脯醢，新者如枣栗。来为中国用，往往四夷出。海贾冒风涛，蛮商经崒嵂。⑤

除巴蜀道地药物外，成都药市也不乏其他地方的药材，这些多来源于药商的转销。"往往四夷出"及"海贾"则进一步佐证了药商的互通有无。两

---

①〔宋〕司马光著，李之亮笺注：《司马温公编年笺注》卷9《药圃》，巴蜀书社2008年版，第97页。

②〔宋〕黄休复著，李梦生点校：《茅亭客话》卷10，上海古籍出版社2012年版，第149页。

③〔宋〕黄休复著，李梦生点校：《茅亭客话》卷8，上海古籍出版社2012年版，第135页。

④〔宋〕黄休复著，李梦生点校：《茅亭客话》卷9，上海古籍出版社2012年版，第142页。

⑤〔宋〕度正：《性善堂稿》卷1《步自玉局会饮于判院涂丈廨舍正得日字》，《景印文渊阁四库全书》第1170册，台湾商务印书馆1983年版，第158-159页。

广地区“富商自蜀贩锦至钦，自钦易香至蜀，岁一往返，每博易务动数千缗”①。“广州人潘成，贩香药如成都。”② 药市中也有人出售聚香鼎：“毗陵士大夫有仕成都者，九日药市，见一铜鼎，已破缺，旁一人赞取之。既得，叩何所用，曰：‘归以数炉炷香环此鼎，香皆聚于中。’试之果然，乃名聚香鼎。”③ 虽然药商的商业行为主要是为了获利，但他们也活跃了市场氛围，促进了成都商品经济发展。

（3）药市遇仙。药市中始终有着各种光怪陆离的神怪故事，药市遇仙的故事更是被民众津津乐道。宋人庞元英曾言：“蜀人重药市，盖常有神仙之遇焉。”④ 重阳节“士人尽入市中，相传以为吸药气愈疾，令人康宁。是日雨，云有仙人在其中”⑤。宋人释文莹《湘山野录》亦记载了一件神异之事：

> 成都无名高僧者，诵《法华经》有功，虽王均、李顺两乱于蜀，亦不敢害。一旦，忽一山童至寺，言：“先生来晨请师诵经，在药市奉候。”……因中途问仆曰：“先生何姓？”曰：“姓孙。”曰：“何名？”仆于僧掌中书思邈二字。僧因大骇，欲再往，仆遽失之，凡山中寻三日，竟迷旧路。归视衬资，乃金钱一百，皆良金也，中五六金，一半尚铁。由兹一膳，身轻无疾。天禧中，已一百五十岁，长游都市，后隐不见。⑥

类似的灵异之事尚多，我们将其置于巴蜀药市兴起的文化背景之中，则很容易理解这类故事。巴蜀深受道教文化熏陶，神仙信仰比较发达，民间也盛行一些与疾病疫灾有关的信仰。药与民众的生命健康息息相关，民众对药

① 〔宋〕周去非著，杨武泉点校：《岭外代答》卷5《钦州博易场》，中华书局1999年版，第196页。

② 〔宋〕洪迈撰，何卓点校：《夷坚志补》卷20《潘成击鸟》，中华书局1981年版，第1734页。

③ 〔宋〕周辉著，刘永翔点校：《清波杂志》卷10，中华书局1997年版，第520页。

④ 〔宋〕庞元英：《文昌杂录》卷2，中华书局1985年版，第16页。

⑤ 〔宋〕陈元靓编：《岁时广记》卷36《吸药气》引《四川记》，中华书局1985年版，第399页。

⑥ 〔宋〕文莹：《湘山野录》卷下，中华书局1984年版，第52-53页。

市寄托了太多的祈望康宁的愿望，若他们的愿望无法实现，则会从神仙那里寻求慰藉。另外，道士在成都的药市中扮演着重要的角色，其身份也会增加药市的神秘性。

（4）道人鬻药。道士与成都药市关系密切，药市中无处不活跃着他们的身影。每年“成都九月九日为药市。诘旦，尽一川所出药草异物与道人毕集。帅守置酒行市以乐之，别设酒以犒道人”①。《鸡肋编》中亦有类似的记载：

> 于谯门外至玉局化五门，设肆以货百药，犀麝之类皆堆积。府尹、监司皆武行以阅。又于五门以下设大尊，容数十斛，置杯杓，凡名道人者皆恣饮，如是者五日。②

每逢药市道人毕集，知府特设酒犒劳道士，可见他们在药市中的地位之重。南宋陆游言：“成都药市以玉局化为最盛。”③ 玉局观乃成都城中著名道观，其药市最盛与道士不无关系。道人鬻药现象在成都药市中颇为常见，如黄万祐“修道于黔南无人之境，累世常在，每三二十年一出成都卖药”④。黎海阳“服炼雄黄，衣道士衣，寻师访道，二十余年不食，唯饮酒，衣服肌肤，常有雄黄香气。淳化中，在益州锦江桥下货丹，筋骨轻健”⑤。道人鬻药多以丹药为主，这与道家的炼丹行为有很大关系。

另外，成都也有关于道士鬻药的神异故事。据记载，曾有一书生背驼到不能抬头，一日因药市罢，一道人向其索要买酒钱，其无钱，则引道士至家饮。酒半，“道人因出药三十粒云：‘来日五更，面东，以新汲水下，觉微燥，不足怪。’书生如所教，既服药，燥不可胜，辗转于榻上，亦甚悔之。然每一伸缩渐觉舒便。比明，身已直矣”⑥。此记述虽颇为神异，但亦表明药市

---

① 〔宋〕陈元靓编：《岁时广记》卷36《吸药气》引《四川记》，中华书局1985年版，第399页。

② 〔宋〕庄绰著，萧鲁阳点校：《鸡肋编》卷上，中华书局1983年版，第21页。

③ 〔宋〕陆游撰，李剑雄、刘德权点校：《老学庵笔记》，中华书局1979年版，第80页。

④ 〔宋〕李昉等：《太平广记》卷86，中华书局1961年版，第558页。

⑤ 〔宋〕黄休复著，李梦生点校：《茅亭客话》卷5，上海古籍出版社2012年版，第121页。

⑥ 〔宋〕庞元英：《文昌杂录》卷2，中华书局1985年版，第16页。

中存在道人鬻药的现象。道人鬻药实乃道医文化的一种表现，也从侧面印证了“医道同源”“十道九医”的说法。

（5）民众宴游。《宋史·地理志》中记载巴蜀“踏青、药市之集尤盛焉，动至连月”①。成都药市是民众开展游娱活动的场所，如宋祁《九日药市作》言：“阳九协嘉辰，斯人始多暇。五药会广廛，游肩闹相驾。”② 每逢重阳药市，民众便结伴在药市购物、游览、宴饮③。陆游也曾醉游药市，留下“徜徉药市经旬醉，问讯巢仙数夕留”④ 的感慨。游药市是民众游娱活动中的重要内容，民众享乐其中，时人言：“蜀民日为药市游，家说追欢不说愁。”

另外，药市中还存在方士求化金之术、出售“媚药”⑤、买卖符药等现象，其间不时夹杂些“异人奇诡之事”⑥，这些共同构成了成都药市的百态，反映了成都社会的各类面向与独特的文化烙印。

三、唐宋成都商业空间发展的新趋向

成都定期性、季节性市场的繁荣，促使成都商业空间呈现出新的发展趋势。商业空间在拓展的过程中，不断“侵蚀”着其他场所，似乎任何场所都存在转化成商业空间的可能。另外，一些场所的商业功能得到进一步的挖掘与开发，商业交易逐渐延伸到商贩所及之处。同时，普通民众的游娱空间也与商业空间交融在一起，“空间叠加”⑦ 现象日趋明显。可以说唐宋时期成都的商业空间出现了更多的要素，具体表现在以下方面。

新市场的开辟是商业空间拓展最直接的表现。唐宋时期的成都也新置了

---

① 〔元〕脱脱等：《宋史》卷 89《地理志》，中华书局 1977 年版，第 2230 页。

② 〔宋〕宋祁：《九日药市作》，〔宋〕袁说友等编，赵晓兰点校：《成都文类》卷 9，中华书局 2011 年版，第 185 页。

③ 《岁华纪丽谱》中多有记载，可参见第二章宋代成都知府宴会情况表。

④ 〔宋〕陆游著，钱仲联点校：《剑南诗稿校注》卷 55《野兴》，上海古籍出版社 1985 年版，第 3234-3235 页。

⑤ 〔五代〕孙光宪著，贾二强点校：《北梦琐言》逸文卷 4，中华书局 2002 年版，第 447 页。

⑥ 〔宋〕庄绰著，萧鲁阳点校：《鸡肋编》卷上，中华书局 1983 年版，第 21 页。

⑦ 我们认为某一场所承载着多种空间属性，具备多种空间交融的可能，但在我们的研究中多会夸大其“同一性”。如其商业功能突出，我们往往将其置于商业空间之中进行考察，其文化则容易被忽略。“空间叠加”现象的提出则指向对场所潜在属性的研究，将其作为各种空间交织的存在。

一些市场，如章仇兼琼节度剑南道时新兴了“大南市”①。我们认为其只是在南市原有基础上进行了扩大，故称“大南市”。节度使韦皋则于“万里桥隔江创置新南市，发掘坟墓，开拓通衢，水之南岸人逾万户，鄽闬楼阁，连属宏丽，为一时之盛”②。韦皋另辟的新南市已处在城外，原先的荒野得到开发，可见成都的商业空间得到较大拓展。

另外，成都也新辟了一些季节性、专业性的集市，如正月二十三日圣寿寺前的蚕市则为宋初成都知府张咏所创③。此后圣寿寺前的蚕市逐渐成为宋代定制，民众每年固定在此买卖农具、蚕种以备农耕之用。新市场的开辟满足了民众日益增长的需求，为人们生活提供了较多便利。

商业行为对其他场所“侵蚀”的增强也是成都商业空间发展的新趋向。随着晚唐以来坊市制度的松动，束缚商业的规定逐渐松弛，街道首先成为商业空间拓展的阵地。宋代成都的商业活动对街道空间的利用现象比比皆是，如大慈寺前的街道，“商列贾次、茶炉药榜、逢占筵专、倡优杂戏之类，坌然其中”④。蚕市、药市等也多在街道上，街道成为商贸往来频繁之地。除了街道，其他场所的商业功能也得到进一步挖掘。如西园：

> 自是每岁寒食辟园张乐，酒垆、花市、茶房、食肆，过于蚕市……近岁自二月即开园，逾月而后罢。酒人利于酒息，或请于府展其日，府尹亦许之。⑤

---

① 〔明〕熊相等：《四川志》，冯广宏编：《都江堰文献集成·历史文献卷·先秦至清代》，巴蜀书社2007年版，第226页。

② 〔五代〕杜光庭：《道教灵验记》，〔宋〕张君房编：《云笈七签》第5册，中华书局2003年版，第2670-2671页。

③ 〔元〕费著撰，谢元鲁点校：《岁华纪丽谱等九种校释》，《巴蜀丛书》第1辑，巴蜀书社1988年版，第120页。

④ 〔宋〕侯溥：《寿宁院记》，〔宋〕袁说友等编，赵晓兰点校：《成都文类》卷38，中华书局2011年版，第742页。

⑤ 〔元〕费著撰，谢元鲁点校：《岁华纪丽谱等九种校释》，《巴蜀丛书》第1辑，巴蜀书社1988年版，第138页。

开园之时，酒商等各类商贩便活跃其中，使整个西园弥漫着商业气息，丝毫感觉不到这些商业活动存在违和之处。佛寺、道观等场所也常有商业活动，如大慈寺及其附近地区乃是成都最为繁华的地方：

> 四方之人至于此者，徒见游手末技憧憧凑集，珍货奇巧罗陈如市，只以为嬉戏衔鬻之所也，而不知释子隶学诵持、演说化导亦无虚日。①

可见成都城的不少空间都受到商业行为的“侵蚀”，从而这些场所具备了经济功能，似乎城中的任何空间都存在转向商业空间的可能，这也从侧面反映出成都经济的繁荣和商品经济的迅速发展。

成都商业的发展也离不开城中名优特色商品的集聚，而专业性、季节性的“十二月市”对商业空间的拓展也有推动作用。“十二月市”使成都的商业市场有了专业化的倾向与因时、因需而设的特点，符合商品经济的发展规律。成都药市也使我们看到商业空间与社会空间交织的现象。商业空间中的社会百态及各类面相，增加了商业空间的社会属性，反映着当时的社会风貌。

另外，唐宋时期成都商业的发展，不仅表现在空间的拓展上，而且表现在时间的延伸上，夜市的逐渐成熟就是表现之一②。商业贸易与游娱活动相结合也是唐宋成都商业发展的一大趋向，上文已有所涉及。总体而言，唐宋时期成都商业空间的发展趋势随着成都经济的繁盛而发生着相应变化，商业空间的“侵蚀性”及社会属性的增强使得商业活动呈现出更多色彩。

---

① 〔宋〕李之纯：《大圣慈寺画记》，曾枣庄、刘琳主编：《全宋文》第11册，巴蜀书社1988年版，第210页。

② 关于成都夜市的发展，可参见粟品孝等：《成都通史·五代（前后蜀）两宋时期》，四川人民出版社2011年版，第164–166页。

第三节　人以群分：群体与唐宋成都的社会空间

唐宋成都的城市社会中诸色杂处，社会结构复杂，不同身份、阶层、职业的人皆汇集于此。他们的交往、合作、碰撞，无形之中为社会增添了不少色彩。我们无法对历史现场中的人物一一展开叙述，故对群体进行分析则不失为有益的尝试。本节将从成都城市社会的人群构成切入，以考察“人以群分”背后的空间特征及发展趋向。同时，我们通过对传统社会中拥有一定话语权的知府群体展开个案研究，以探讨具体某类人在成都社会空间营造过程中的作用，进而丰富对成都社会的认识。

一、诸色杂处：成都城市社会的人群

（一）人口的“意象”陷阱与高峰表征

受经济持续发展与社会相对稳定等因素影响，唐宋时期，成都的城市人口发展达到新的高峰。但对此时段人口数量的估计，学者们却不自觉地陷入了人口“意象”[①]的陷阱。许多学者沉浸在“十万户”“百万家”等意象的迷雾之中，深信诗文中的渲染夸张之词乃客观的历史写照。关于这一人口高峰，我们从移民、社会管理等表征中便可略知一二，而无须停留在对具体数字的纠缠中。

1. 人口“意象”中的“十万户”“百万家”

杜甫《水槛遣心二首》“城中十万户，此地两三家”[②]，是多数学者估算唐代成都城市人口的史料来源。“十万户”被认为是唐代成都人口的真实数

---

① 所谓人口“意象”，指存世文献关于人口规模的描述，一般由人口数量来表示。这种描述并非总是依据于不同城市的实际人口规模，而是掺杂了其他对时人来说在某种程度上更重要的要素。包伟民《宋代城市研究》第六章中有比较恰当的解释（中华书局2014年版）。

② 〔唐〕杜甫著，仇兆鳌注：《杜诗详注》卷10，中华书局1979年版，第812页。

目，如谭继和先生推算唐代成都人口为58万利用的就是此材料①。张学君也说“城市人口出现了第二个高峰期，总数达10万户，合计58万人，占成都府属16县总人口的70%”②。何一民认为杜诗所言“未必确切，但亦必有相当根据”③。另外，元和年间李景让亦言“成都十万户，抛若一鸿毛”④，似乎给唐代成都人口为“十万户”又增添一佐证，实则不然。

“十万户”实际上是文人对唐代具有重要政治地位或经济比较繁盛的“州”级政区治所的人口规模的一种意象。如岑参诗中对凉州人口的描述：“凉州七里十万家，胡人半解弹琵琶。”⑤杜牧对湖州人口的描述：“十万户州，天下根本之地。”⑥ 其又言：“今天下以江淮为国命，杭州十万户，税钱五十万。”杜牧所言的十万户并不是真实的人口数目，而是对湖州、杭州的溢美之词。白居易任苏州刺史也曾言苏州：“版图十万户，兵籍五千人。”⑦ 在其离任时，“苏州十万户，尽作婴儿啼”⑧。在唐代正史中，这些州的人口数目均与十万户有较大出入。正如史念海先生所言：“这几个富庶繁荣的州中，都未达到十万户，就是所有的人口都住到州城之中，也还不够十万户。文士诗家的笔墨显然是过于夸大了。”⑨ 所以，“十万户”只是文人对州城繁盛的一种修辞而已。

另外，关于宋代成都的城市人口，陆游的“九衢百万家”⑩“成都繁雄十

---

① 西禾：《成都历代城市人口的变迁》，《成都志通讯》1984年第2期。西禾为谭继和先生的笔名。

② 张学君、张莉红：《成都城市史》，成都出版社1993年版，第36页。

③ 何一民编：《成都学概论》，巴蜀书社2010年版，第289-290页。

④ 〔五代〕孙光宪著，贾二强点校：《北梦琐言》卷5，中华书局2002年版，第97页。

⑤ 〔唐〕岑参：《凉州馆中与诸判官夜集》，〔清〕彭定求等编：《全唐诗》卷199，中华书局1960年版，第2061页。

⑥ 〔唐〕杜牧：《樊川文集》卷16《上宰相求湖州第一启》，上海古籍出版社1978年版，第243页。

⑦ 〔唐〕白居易：《寄常州贾舍人湖州崔郎中仍呈吴中诸客》，〔清〕彭定求等编：《全唐诗》卷447，中华书局1960年版，第5043页。

⑧ 〔唐〕刘禹锡：《刘禹锡集》卷31《白太守行》，上海人民出版社1975年版，第290页。

⑨ 史念海：《唐代所谓万户人家的州城》，《中国历史地理论丛》1994年第2期。

⑩ 〔宋〕陆游著，钱仲联点校：《剑南诗稿校注》卷8《登城》，上海古籍出版社1985年版，第661页。

万户”① 也易让我们陷入此类陷阱。“陆游称成都为‘九衢百万家’，当然是为了强调此城雄踞一方的特殊地位，这也是在存世文献中唯一以‘百万家’相称颂的宋代州郡城市。不过，差不多在同一时期，陆游在另一诗篇中，却又称成都‘成都繁雄十万户，朱门甲第何峥嵘’，让它回归到了路治中心城市的地位。”② “十万户”“百万家”所描述的城市人口，并非是一种纪实，而是基于城市行政层级及城市富庶繁荣而形成的文学意象，将这些意象作为推算具体人口的史料则不妥。

2. 唐宋成都人口高峰的表征

唐宋成都的城市人口出现了新高峰，限于史料等因素，我们暂不能对此时段具体的人口数目作复原，只能对唐宋之际成都的人口情况略做考察。

传统时期，人口规模与城市规模存在着一定相关性。随着城市人口的增加，城市形态与城市行政管理也发生着相应的变化。在“户口滋多”、政区“屡有析置”的背景下，唐代成都出现了“一城两治”现象。“贞观十年(636)，分成都县之东偏置蜀县，在郭下。明皇西幸驻跸成都始改蜀县为华阳。而成都、华阳二县，从此分矣。”③ 人口“滋多”加大了行政管理的难度，为便于日常管理，提高行政效率，成都城区则分属两县。“一城两治”实则是唐代成都人口发展到新高峰的一种显著表现。

随着人口规模的进一步扩大，城池的饱和，城市形态也会发生一定的变化。咸通十一年（870年）南诏围攻成都时：“西川之民闻蛮寇将至，争走入成都。时成都但有子城，亦无壕。人所占地，各不过一席许，雨则戴箕盎以自庇；又乏水，取摩诃池泥汁，澄而饮之。”④ 虽是战时状态，但也反映出成都的城市规模已难以满足城市人口的日常需求。于是，高骈等人请筑罗城，对成都的城池进行了整修与拓展。成都城市形态的变化在一定程度上是

① 〔宋〕陆游著，钱仲联点校：《剑南诗稿校注》卷9《晚登子城》，上海古籍出版社1985年版，第719页。

② 包伟民：《宋代城市研究》，中华书局2014年版，第315页。

③ 〔明〕曹学佺：《蜀中广记》卷1引《成都记》，商务印书馆影印1934年版，第4页。

④ 〔宋〕司马光等撰，〔元〕胡三省注：《资治通鉴》卷251，中华书局1956年版，第8152页。

对不断增长的人口的一种积极回应。

大批外来移民的涌入是成都人口新高峰的又一重要表征。巴蜀因独特的地理环境与社会环境，成为中原王朝战乱时人们重要的避居地。唐僖宗因黄巢起义播越成都，“群臣追从车驾者稍集成都，南北司朝者近二百人，诸道及四夷贡献不绝，蜀中府库充实，与京师无异，赏赐不乏，士卒欣悦”①。朝廷的流亡也使得众多民众随之迁入成都躲避战乱。如宋代成都著名的范氏家族“本家长安，唐末避乱徙蜀，为成都华阳人”②。五代时期，“蜀恃险而富，当唐之末，士人多欲依建以避乱”③。宋初“关陇之民多徙蜀者”④。靖康之乱时，“河东富人多弃产而入川蜀”⑤。移民的涌入使得成都人口出现了大幅增长，也为成都社会发展注入了新鲜血液。

（二）人群构成多元复杂

唐宋时期是成都人口史上的重要阶段，人口的快速增长让成都社会发生一系列变化。此时成都社会诸色杂处，人群构成呈现多元复杂的趋向，不同身份、阶层、职业、户籍的人在其中生产、生活、交往。

从身份和社会阶层上看，成都的城市社会中有皇室、贵族、官僚、平民、奴仆等。唐代玄宗、德宗、僖宗南狩，大批皇室贵族入居巴蜀。成都也因驻跸之幸，行政层级有所提升，“至德二载（757）曰南京，为府”⑥，成为唐代重要的陪都之一。五代时期，成都作为前、后蜀的都城，王建、王衍、孟知祥、孟昶及其家族俨然成为城中最有实权的力量。同时，巴蜀因独特的政治地位，也汇聚着大批官员。而成都社会的主要人群则是大量的平民百姓，如

① 〔宋〕司马光等撰，〔元〕胡三省注：《资治通鉴》卷254，中华书局1956年版，第8248页。

② 〔宋〕范祖禹：《太史范文公集》卷44《资政殿学士范公墓志铭》，四川大学古籍所编：《宋集珍本丛刊》，线装书局2004年版，第423页。

③ 〔宋〕欧阳修：《新五代史》卷63《前蜀世家》，中华书局1974年版，第787页。

④ 〔宋〕苏颂著，王同策点校：《苏魏公集》卷58《朝散大夫赠户部侍郎赵公墓志铭》，中华书局1988年版，第884页。

⑤ 〔元〕脱脱：《宋史》卷179《食货志》，中华书局1977年版，第4362页。

⑥ 〔宋〕宋祁、欧阳修等：《新唐书》卷42《地理志》，中华书局1975年版，第1079页。

苏洵所言："夫蜀之境，壤狭而民夥。虽号富庶，然亦贫匮者众矣。"① 刘锡言："居人栉比，酋豪繁盛于五陵。俗尚嬉游，家多宴乐。"②同时，成都社会中亦有奴仆，《北梦琐言》中载"唐柳仆射仲郢镇郪城，有一婢失意，将婢于成都鬻之"③。

从职业角度看，成都的城市社会中汇集着商人、军人、匠人、艺人、妓女、僧、道、术士等。巴蜀人民普遍从事农、商活动，"农以田，商以货，二者蜀民所以生"④。成都是"蜀之都会，厥土沃腴，厥民阜繁，百姓浩丽，见谓天府"⑤，繁盛的成都也是重要的商品集散地，云集着众多商人。"成都府据川陆之会，茶商为多，常患物货留滞。"⑥ 除茶商外，还有书商、药商、布帛商、酒商、盐商等。同时，成都繁荣的城市经济也使得娱乐活动繁多，从业的艺人较多。艺人们多才多艺，如"蜀伶多能文，俳语率杂以经史，凡制帅幕府之燕集，多用之"⑦。西园开园供百姓游玩之时，"酒坊两户各求优人之善者，较艺于府会"⑧。另外，在唐宋成都社会中还屡见歌妓的身影。唐代"成都富春坊，群倡所聚"⑨。游娱宴会活动中妓女多随官僚出行，如唐路严"镇成都日，委执政于孔目吏边咸，日以妓乐自随，宴于江津"⑩。宋代，上巳节游学射山，"时当春煦，花木甚盛，州主与郡僚将妓乐出城，至其

---

① 〔宋〕苏洵：《上张文定公书》，〔宋〕袁说友等编，赵晓兰点校：《成都文类》卷21，中华书局2011年版，第436页。

② 〔宋〕刘锡：《至道圣德颂》，〔宋〕袁说友等编，赵晓兰点校：《成都文类》卷48，中华书局2011年版，第943页。

③ 〔五代〕孙光宪著，贾二强点校：《北梦琐言》卷4，中华书局2002年版，第86页。

④ 〔宋〕李心传：《建炎以来系年要录》卷128，中华书局1988年版，第2080页。

⑤ 〔宋〕范百禄：《成都古今集记序》，傅增湘：《宋代蜀文辑存》卷22，香港龙门书店影印本，第539页。

⑥ 〔宋〕李焘：《长编》卷334，中华书局1992年版，第8044页。

⑦ 〔宋〕岳珂著，吴企明点校：《桯史》卷13《选人戏语》，中华书局1981年版，第156页。

⑧ 〔宋〕庄绰著，萧鲁阳点校：《鸡肋编》卷上，中华书局1983年版，第20页。

⑨ 〔宋〕周辉著，刘永翔点校：《清波杂志》卷8，中华书局，第339页。

⑩ 〔五代〕孙光宪著，贾二强点校：《北梦琐言》卷3，中华书局2002年版，第51页。

地”①，“设射棚，众宾皆射，遣官妓记筹”②。

成都名刹林立，大慈寺、净众寺、昭觉寺等礼佛圣地汇集着大量僧众。如大慈寺“唐至德初所建也。合九十六院地，居冲会，百工列肆，市声如雷”③。规模宏大的大慈寺，是民众聚集的重要场所。另外，巴蜀亦是道教的发源地之一，成都的道士、方士颇多，青羊宫等地是他们主要的活动场所。在药市中亦可见到他们的身影，每年“成都九月九日为药市，诘旦，尽一川所出药草异物与道人毕集。帅守置酒行市以乐之，别设酒以犒道人”④。

从户籍角度上看，成都的城市社会中有常住人口、暂住人口、流动人口等。唐宋时期成都的暂住人口中，入蜀文人群体占了较大的比例，出现“关中比饥，士人流入蜀者道路相系”⑤ 的情况。文人入蜀后，他们的生活境遇发生了一定改变，曾有诗人发出“士风侈丽奢豪，羁人易留”⑥“数年留滞不归人”⑦ 的感慨。流动人口中，外地商贾则占据了主流，经济繁盛的成都生活着不少外地商人，如苏氏“泉州人，往来商成都，富巨万”⑧。在外来人口中，外国人尤为引人注目。“由于特殊的地理位置，巴蜀地区成为中古时期入华粟特人在南方的主要聚居地之一。而流寓巴蜀地区的粟特人的身份主要是商人和佛教僧人，所以他们所从事的职业主要应该是经商和传播佛教”⑨。同时，成都社会中也存在波斯人的身影，如《海录本草》的作者李珣“字德

① 〔宋〕黄休复著，李梦生点校：《茅亭客话》卷5，上海古籍出版社2012年版，第121页。

② 〔宋〕范镇：《仲远龙图见邀学射之游先寄五十六言》，〔宋〕袁说友等编，赵晓兰点校：《成都文类》卷3，中华书局2011年版，第57页。

③ 〔宋〕郭印：《起悟院记》，〔宋〕袁说友等编，赵晓兰点校：《成都文类》卷40，中华书局2011年版，第782页。

④ 〔宋〕陈元靓编：《岁时广记》卷36《吸药气》引《四川记》，中华书局1985年版，第399页。

⑤ 〔宋〕宋祁、欧阳修等：《新唐书》卷143《高适传》，中华书局1975年版，第4680页。

⑥ 〔唐〕李翱：《送冯定序》，〔宋〕袁说友等编，赵晓兰点校：《成都文类》卷22，中华书局2011年版，第449页。

⑦ 〔唐〕郑谷：《蜀中三首》，〔清〕彭定求：《全唐诗》第20册，中华书局1960年版，第7742页。

⑧ 〔宋〕郭印：《起悟院记》，〔宋〕袁说友等编，赵晓兰点校：《成都文类》卷40，中华书局2011年版，第782页。

⑨ 姚崇新：《中古时期巴蜀地区的粟特人踪迹》，朱玉麒主编：《西域文史》第2辑，科学出版社2007年版，第181页。

润，本蜀中土生波斯也。少小苦心，屡称宾贡。所吟诗句，往往动人”①。李珣已著籍巴蜀，其弟李玹举止温雅，颇有节行，在成都“以鬻香药为业”②，其妹则嫁给王衍为昭仪，可见他们已经融入巴蜀。

（三）唐宋之际成都城市社会重心的下移

成都社会诸色杂处，不同人群之间的联系日益紧密。士人、官僚阶层与普通民众有了更多的交集，城市中下阶层的社会参与度得到较大提高，城市社会的重心逐渐出现下移趋向。这一趋向主要表现在社会流动、日常娱乐、商人力量发展等方面。

社会阶层之间的流动为社会发展提供了无限可能。科举制度是传统社会中社会流动的重要渠道。陈会“家以当垆为业，为不扫街，官吏殴之。其母甚贤，勉以修进，不许归乡，以成名为期”③。出身酒家的陈会于太和元年（827）及第，科举从此改变了陈会的人生轨迹。巴蜀的其他学子也为此努力着，“蜀士之年少者，多聚成都，若精择师儒，稍立月书、季考之令，又量取诸路漕司之余额以予之，俾有所欣慕而成就其才，庶乎其有益也”④。

郡国之学颇盛的成都，吸引了大批巴蜀学子在此等待着向上的机会。另外，还有先经商后为官的事例。成都“席帽行范氏，自先世贫而未仕，则卖白龙丸，一日得官，止不复卖。城北郭氏卖豉亦然。皆不肯为市井商贾，或举货营利之事”⑤。他们做官后，对旧业毫无留恋之情。社会流动性的增强，人口结构的改变，为社会重心的下移与资源配置的改变提供了条件。

唐宋之际人们日常的游娱活动也发生了重要转向⑥，“与民同乐”逐渐成

---

① （后蜀）何光远：《鉴诫录》卷 4《斥乱常》，傅璇琮等编：《五代史书汇编》，杭州出版社 2004 年版，第 5895 页。

② 〔宋〕黄休复著，李梦生点校：《茅亭客话》卷 2《李四郎》，上海古籍出版社 2012 年版，第 109 页。

③ 〔五代〕孙光宪著，贾二强点校：《北梦琐言》卷 3，中华书局 2002 年版，第 62 页。

④ 〔宋〕李心传著，徐规点校：《建炎以来朝野杂记》甲集卷 13《蜀学》，中华书局 2000 年版，第 280 页。

⑤ 〔宋〕陆游撰，李剑雄、刘德权点校：《老学庵笔记》卷 9，中华书局 1979 年版，第 113 页。

⑥ 具体详见第四章第一节。

为成都游娱活动的基调。正如《岁华纪丽谱》所载：“成都游赏之盛，甲于西蜀，盖地大物繁而俗好娱乐。凡太守岁时宴集，骑从杂沓，车服鲜华，倡优鼓吹，出入拥导，四方奇技幻怪，百变序进于前，以从民乐，岁率有期，谓之故事。”① 成都的游娱活动逐渐突破了阶层的限制，官民经常结伴出游，社会各阶层交往频繁。同时，游娱活动逐渐突破了空间的限制，城内、城郊均成为游娱之所。

在唐宋之际成都城市社会重心下移的趋向中，商人的贡献尤为明显。例如，中国最早的纸币交子的出现，商人贡献较大：

> 始益州豪民十余万户，连保作交子。每年与官中出夏秋仓盘量人夫。及出修縻枣堰，丁夫物料。诸豪以时聚首，同用一色纸印造，印文用屋木、人物，铺户押字，各自隐密题号，朱墨间错，以为私记。书填贯，不限多少，收入人户见钱，便给交子，无远近行用，动及万百贯。街市交易，如将交子，要取见钱，每贯割落三十文为利。每岁丝蚕米麦将熟，又印交子一两番，捷如铸钱。收买蓄积，广置邸店、屋宇、园田、宝货。②

交子的出现表明巴蜀商业资本发达，商人阶层在社会发展中充当着重要作用，商人阶层的“话语权”日益增强。

（四）隔离、集聚：城市社会空间的分异特征

随着成都城市社会重心的下移，隔离、集聚可以说是唐宋时期成都城市社会空间分异的主要特征。社会阶层的不同是造成传统社会中城市社会空间分异的主要因素，不同等级的人在空间选择、空间资源利用上存在很大差异。官僚阶层在空间选择中多居于优先地位，如后蜀时期，“诸勋贵功臣竞起甲

① 〔元〕费著撰，谢元鲁点校：《岁华纪丽谱等九种校释》，《巴蜀丛书》第1辑，巴蜀书社1988年版，第99页。

② 〔宋〕李攸：《宋朝事实》卷15《财用》，中华书局，第232页。

第，独伪中令赵廷隐，起南宅北宅，千梁万拱，其诸奢丽，莫之与俦。后枕江渎，池中有二岛屿，遂甃石循池，四岸皆种垂杨，或间杂木芙蓉，池中种藕”①。赵廷隐的院落可以后枕江渎池，普通民众恐不能为。宋代成都西楼为城中的楼观之胜，“谨严邃静，非参僚宾客不得辄上”②。澄纷阁“烟峰雪峤，层城华屋，与夫佛寺观楼之雄丽，可以周览而无遗。惟贤士大夫之来，始启钥导以登焉”③。这些场所有着明显的阶层隔离。同时，不同阶层因经济能力悬殊，他们在社会空间中也略有差异，“蜀之富人，鲜车怒马，弟以干没取胜。叔强之居，左马医，右酒肆，而前博戏也”④，而贫者则“相与称贷易资，为一饱之具，以从事穷日之游”⑤。

除阶层间的畛域外，城市中的坊市制度营造出空间的隔离与集聚现象也尤为明显，可以说坊市制度兼具隔离与集聚作用。坊市制度把不同的人群按照职业、功能等原则划分开来，又把某些相似的人群集聚起来，如“成都富春坊，群倡所聚”⑥。富春坊与其他坊隔离，却把娼妓、歌女等群体聚集在一起，便于管理。另外，药市、蚕市等商业性市场也把不同的人群集聚在一起。如重阳药市时，“于谯门外至玉局化五门，设肆以货百药，犀麝之类皆堆积。府尹、监司，皆武行以阅。又于五门以下设大尊，容数十斛，买杯杓，凡名道人者皆恣饮，如是者五日”⑦。同时，成都城中也有同业者的“行铺”，陆游曾记有“木行街”⑧，将专营木材者汇聚在一起，利于本行内部事务的开展及日常管理。

---

① 〔宋〕李昉等：《太平广记》卷409，中华书局1961年版，第3323页。

② 〔宋〕吴师孟：《重修西楼记》，〔明〕杨慎编，刘琳、王晓波点校：《全蜀艺文志》，线装书局2003年版，第929页。

③ 〔宋〕郑少微：《澄纷阁记》，〔宋〕袁说友等编，赵晓兰点校：《成都文类》卷43，中华书局2011年版，第828页。

④ 〔宋〕喻汝砺：《义胜轩记》，〔宋〕袁说友等编，赵晓兰点校：《成都文类》卷44，中华书局2011年版，第850页。

⑤ 〔宋〕任正一：《游浣花记》，〔宋〕袁说友等编，赵晓兰点校：《成都文类》卷46，中华书局2011年版，第881页。

⑥ 〔宋〕周辉著，刘永翔点校：《清波杂志》卷8，中华书局1997年版，第339页。

⑦ 〔宋〕庄绰著，萧鲁阳点校：《鸡肋编》卷上，中华书局1983年版，第21页。

⑧ 〔宋〕陆游撰，李剑雄、刘德权点校：《老学庵笔记》卷8，中华书局1979年版，第54页。

随着唐宋之际寺庙的世俗化趋势加强，佛教逐渐融入普通大众的日常生活之中。“佛以静为乐，故凡塔庙皆洁精谨严，屏远俗纷，独成都大圣慈寺，据阛阓之腹，商列贾次、茶炉药榜、逢占筳专、倡优杂戏之类，坌然其中。”① 大慈寺成为成都最热闹的场所，不同的人群在此集聚，听经礼佛、购物游玩、看戏宴饮等，大慈寺俨然是民众游乐的胜地。

隔离、集聚作为成都城市社会的空间分异特征，又是相对存在的。如在游乐活动中，亦存在“男左女右”② 的隔离。若深究这种分异特征，会发现其受到经济、阶层、制度、职业等诸多因素的制约，但随着社会的发展与进步，社会空间的均等性、开放性也在逐步增强。

二、官府力量：宋代成都的知府群体与城市空间塑造

成都社会聚集着不同的社会人群，他们在城市社会空间的塑造中处于不同位置，亦发挥着不同的作用。宋代成都知府群体作为地方权威与地方话语的制造者，在成都的各项社会事务中扮演着重要角色，并对成都城市的空间塑造发挥着积极作用，其可作为成都社会的代表性群体进行考察。

（一）“他者”的融入：宋代成都的知府

宋代的成都“既富且庶，役寡赋轻。古为奥区，今尤壮观”③。同时，成都具有重要的政治地位，如时人言：“今海内之蕃域，号为至重者，举莫若吾之全蜀，壤土衍沃，民俗丰侈，外之则八国种落赖之以绥辑，内之则四道群邑倚之以康靖。”④ 因此，关于成都知府的选任，朝廷颇为费心，宋英宗曾言：“蜀远在西南，最要部也。朕常患吏不能究宣德泽，以被于远民，故其择

---

① 〔宋〕侯溥：《寿宁院记》，〔宋〕袁说友等编，赵晓兰点校：《成都文类》卷 38，中华书局 2011 年版，第 742 页。

② 〔宋〕庄绰著，萧鲁阳点校：《鸡肋编》，中华书局 1983 年版，第 21 页。

③ 〔宋〕刘锡：《至道圣德颂》，〔宋〕袁说友等编，赵晓兰点校：《成都文类》卷 48，中华书局 2011 年版，第 943 页。

④ 〔宋〕文同：《新刻石室先生丹渊集》卷 26《送赵大资再任成都府诗序》，四川大学古籍所编：《宋集珍本丛刊》，线装书局 2004 年版，第 246 页。

守，非慈良简重者不以命之。”①

朝廷委任的成都知府“须智略沉辩，威惠肃给，厌舆论之所与，慰遐氓之所欲者，始为其人矣”②。赵宋一朝任成都知府者多为才能卓异之辈，自乾德年间“参知政事吕余庆权知成都府”③后，相继有140多人担任此职④。

宋代成都知府的任免多考虑“避籍制度”。宋仁宗明道二年（1033）下诏：“东、西两川人自今毋得任本路知州、同判。”⑤宋神宗熙宁八年（1075）：“诏川峡四路知州、通判，四路人差授，不得以本路人为代。”⑥为防止专权营私，本地人多无法担任本地的地方长官，这种制度虽有益处，但某种程度上也使外地官员面临着如何尽快融入地方社会的问题。宋代成都的知府群体在应对这一问题时，也做出了较多的努力。

宋代成都知府在融入地方社会的过程中，十分关心地方社会的治理与秩序的维护。如宋初张咏知成都之时，正值王小波等起义后，社会动荡，史载张咏：

> 以蜀地素狭，游手者众，事宁之后，生齿日繁，稍遇水旱，则民必艰食。时米斗直钱三十六，乃按诸邑田税，使如其价，岁折米六万斛，至春籍城中细民，计口给券，俾输元估籴之，奏为永制。逮今七十余年，虽时有灾馑，米甚贵，而益民无馁色者，公之赐也。⑦

---

① 《英宗赐赵抃父老借留奖谕诏》，〔明〕杨慎编，刘琳、王晓波点校：《全蜀艺文志》卷26，线装书局2003年版，第693页。

② 〔宋〕文同：《新刻石室先生丹渊集》卷26《送赵大资再任成都府诗序》，四川大学古籍所编：《宋集珍本丛刊》，线装书局2004年版，第246页。

③ 〔宋〕李焘：《长编》卷6，中华书局1992年版，第148页。

④ 参考官性根：《宋代成都府政研究》中《宋代历任成都知府（益州知州）一览表》，巴蜀书社2010年版，第9–19页；李之亮：《宋川陕大郡守臣易替考》，巴蜀书社2001年版。

⑤ 〔宋〕李焘：《长编》卷113，中华书局1992年版，第2618页。

⑥ 〔宋〕李焘：《长编》卷264，中华书局1992年版，第6481页。

⑦ 〔宋〕韩琦：《安阳集》卷50《故枢密直学士礼部尚书赠左仆射张公神道碑铭》，四川大学古籍所编：《宋集珍本丛刊》，线装书局2004年版，第614页。

张咏平抑粮价，维持了社会稳定，保障了人民的正常生活，受到百姓爱戴。王均之乱后，张咏再知益州事，“蜀民闻之，皆鼓舞相庆，如赤子久失父母，而知复来鞠我也”①。在听到其逝世的消息后，成都百姓皆“恸哭罢市，置公画像于天庆观之仙游阁，建大斋会，事之如生，岁岁不绝”②。张咏知成都，有功于成都，成都人怀其德善，修祠纪念，在某种程度上可以说张咏是成都知府融入地方社会的范例。

宋代成都的知府群体在社会救济、诉讼、游娱等事务中，也积极融入地方社会。在社会救济方面，韩亿知成都，“值大旱荐饥，力为拯济，他郡流冗者归焉。故事：每岁官粜粟六万石与贫民，公为先常期增数以出之，以故民不太乏”③，他还“令富室造膻粥以赈饿殍”④。田况知成都时，“岁大凶，宽赋减徭，发廪以救之，而无饿者”⑤。另外，知府也在诉讼中为民伸张正义，执法如山的王曙“严盗法，犯者一切皆死……岁中遂无盗。然用他法皆宽平，诖误多贷免”⑥。田况则“有诉讼，其懦弱不能自伸者，必委曲问之，莫不尽得其情，故决遣未尝少误。蜀人谓之‘照天蜡烛’”⑦。而在游娱活动中，知府与民共乐，拉近了官民距离。每年三月三学射山的游娱之会：

> 太守与其属候城以出，钟鼓旗旆绵二十里，无少缺。都人士女，被珠贝，服缯锦，藻绘岩丽，映照原野。浩如翻江，晔如凝霞。

---

① 〔宋〕韩琦：《安阳集》卷50《故枢密直学士礼部尚书赠左仆射张公神道碑铭》，四川大学古籍所编：《宋集珍本丛刊》，线装书局2004年版，第614页。

② 〔宋〕张乖崖著，张其凡整理：《张乖崖集》附集卷三《张忠定公祠堂记》，中华书局2000年版，第182页。

③ 〔宋〕苏舜钦著，沈文倬点校：《苏舜钦集》卷16《韩公行状》，上海古籍出版社1981年版，第206页。

④ 〔宋〕阎灏：《韩忠宪公祠堂记》，〔明〕杨慎编，刘琳、王晓波校：《全蜀艺文志》卷37，线装书局2003年版，第1096页。

⑤ 〔宋〕王安石：《临川先生文集》卷91《太子太傅致仕田公墓志铭》，中华书局1959年版，第942页。

⑥ 〔宋〕尹洙：《赠太保中书令文康王公神道碑铭》，曾枣庄、刘琳等编：《全宋文》第14册，巴蜀书社1988年版，第75页。

⑦ 〔宋〕范镇著，汝沛点校：《东斋记事》卷4，中华书局1980年版，第34页。

上下立列，穷极繁丽。倘佯徙倚，直暮而入。①

外地官员在游娱活动中入乡随俗，以求顺达民情。如张咏知道蜀风尚侈，好遨乐，于是“从其俗，凡一岁之内，游观之所与夫饮馔之品，皆著为常法。后人谨而从之则治，远之则人情不安，辄以累罢去”②。

“他者”的融入是一漫长过程，宋代成都知府群体中的多数通过自己的努力，积极参与到民众的日常事务之中，逐渐为民众接受，他们在成都社会中的作用也日渐重要起来。

（二）知府群体与城市景观的塑造

宋代成都知府群体主持了成都城池、街道、衙署的修缮，楼宇、园林、学堂的建设等活动。这些建设活动极大地丰富了成都城市的要素，重新塑造了成都的城市景观，使得城市面貌焕然一新。同时，一些标志性建筑增加了成都的可印象性与识别性，城中诸多的楼式建筑则拓展了成都的立体空间，使城市景观更具层次感。在空间营造的过程中，成都知府充当着号召者、规划者、集资者、实施者，每一项建设都凝聚着他们的心血。关于城池、街道的修缮活动，我们在前文已有一定的涉及。下文则重点考察知府群体在成都楼宇、学堂、衙署等建设中的行为及作用。

1. 成都知府与衙署、学堂、祠庙的整修

宋初，成都城经过战乱的洗礼，城中“危楼坏屋，比比相望。台殿余基，屹然并峙”③。官府的衙署也在一定程度上遭到毁坏，整修迫在眉睫。知府张咏重修衙署，他组织兵士、民众、匠人等有条不紊地进行修缮，历时十个月完成。在修缮中，他充分利用后蜀的宫室，“因孟氏文明厅为设厅廊……

---

① 〔宋〕文同：《新刻石室先生丹渊集》卷24《成都府学射山新修祠宇记》，四川大学古籍所编：《宋集珍本丛刊》，线装书局2004年版，第239页。

② 〔宋〕韩琦：《安阳集》卷50《故枢密直学士礼部尚书赠左仆射张公神道碑铭》，四川大学古籍所编：《宋集珍本丛刊》，线装书局2004年版，第615页。

③ 〔宋〕张咏著，张其凡整理：《张乖崖集》卷8《益州重修公署记》，中华书局2000年版，第79页。

改朝西门为衙西门，去三门为一门，平僭伪之迹，合州郡之制”，节省了大量的工程耗费，整个修缮“不损一钱，不扰一民，得屋大小七百四十间”①。其对工程监督甚严，并无铺张浪费、劳民伤财之举。胡宗愈对蒋堂所建的东斋进行修缮，“又为之图国初以来至于今太守之像五十有五人之于斋壁”，以警示自己，“窃取前人之所长以为法，思政事之不逮而改趋焉”②。在东斋前，胡宗愈增修了清阴馆，后继任者亦有重修③。衙署作为官方权威的象征，在城市景观中有着重要地位，知府们屡次对其进行修缮，在无形中维护了官方的权威形象。

成都自文翁石室兴建以来，文风颇兴。然而宋初“蜀士知向学，而不乐仕宦”，知府张咏“察郡人张及、李畋、张逵者皆有学行，为乡里所称；遂敦勉就举，而三人悉登科，士由是知劝”④。随着进仕之风振兴，府学、县学也得到修缮。绍兴年间，王刚中知成都，拜谒孔子庙，见府学圮毁不治，感叹道：“成都，西南大府。当时学校荐祭无位，肄习无所，其何以仰承圣明休德?”于是，王刚中“亟命度材计工，涓吉肇事。力不民役，费不民取，易腐败而新之，与新作而补其阙，凡四百楹，皆敞豁靓深，精坚严贲”⑤，府学焕然一新，学习环境有效改善。范成大知成都时，对“屋室陊剥，木老石腐”的成都学宫亦有所修缮：

> 诹画讲度，核经费虚实，选吏程督，刮绝蠹蠹。自礼殿、石室与今学官讲诵之舍、师儒之堂，黝闇缺落、风雨入而鸟鼠宅者，皆

---

① 〔宋〕张咏著，张其凡整理：《张乖崖集》卷8《益州重修公署记》，中华书局2000年版，第79-80页。

② 〔宋〕胡宗愈：《重修东斋记》，〔宋〕袁说友等编，赵晓兰点校：《成都文类》卷26，中华书局2011年版，第526页。

③ 〔宋〕黄大兴：《重修清阴馆记》，〔宋〕袁说友等编，赵晓兰点校：《成都文类》卷26，中华书局2011年版，第527页。

④ 〔元〕脱脱等：《宋史》卷293《张咏传》，中华书局1977年版，第9801页。

⑤ 〔宋〕冯时行：《修成都府府学记》，〔明〕杨慎编，刘琳、王晓波点校：《全蜀艺文志》卷36，线装书局2003年版，第1004页。

彻新之，盖逾年而役休。①

修缮后的成都学宫“沈沈翼翼，严靓宏固，为西南冠”。学堂作为重要的文化景观，承载着深厚的地方文化。成都知府修缮学堂，对发展儒学、培育地方文化均有着重要意义。

祠、庙作为成都社会重要的祭祀、纪念场所，对其的修缮亦可见到成都知府的力量。在宋代，江渎庙曾经多次修缮。元祐年间，胡宗愈知成都，在江渎庙祭祀时见庙“坏而不加葺”，于是：

励官僚，称事任，市材甓，募工徒，稽课程，谨出纳。一物之直皆取于官，一夫之役弗病于农。以三月丙寅命工，至六月丁巳落成。凡为屋百六十有九楹，用钱七百二十万有奇。②

江渎庙焕然一新，祭祀活动日盛。淳熙二年（1175），范成大知成都，“会岁旱，公洁斋以祷，曰：‘三日而雨，且大治祠宇以报。’如期，高下洽足，岁以大穰，公饶私余，蛮夷顺报。乃自三年二月庀工，讫四年五月庙成”。范成大重新修葺了江渎祠，使“庙之制度，复还开宝、庆历之盛而有加焉”③。绍兴年间，王刚中重修了先主庙：

虽号为因旧起废，寔再造而一新之。栋宇宏敞，丹雘鲜明，坚壮精密，足以经久。祠与惠陵皆护以垣墉，限禁樵牧。筑室忠武祠北，明洁幽邃，有事于神者得以休焉，盖旧所无也。④

---

① 〔宋〕杨甲：《修学记》，〔宋〕袁说友等编，赵晓兰点校：《成都文类》卷30，中华书局2011年版，第588页。

② 〔宋〕胡宗愈：《江渎庙碑》，〔宋〕袁说友等编，赵晓兰点校：《成都文类》卷32，中华书局2011年版，第627页。

③ 〔宋〕陆游：《重修江渎庙碑》，龙显昭等编：《巴蜀道教碑文集成》，四川大学出版社1997年版，第137页。

④ 〔宋〕任渊：《重修先主庙记》，〔宋〕袁说友等编，赵晓兰点校：《成都文类》卷33，中华书局2011年版，第644页。

王刚中修缮先主庙，使先主庙景观发生了变化，先主庙亦成为民众祭祀、怀古的重要场所。同时，宋代成都的文翁祠堂、学射山仙祠、武侯祠、张忠定公祠等祠庙也得到修缮，知府群体在其中亦起到了关键作用，他们发起号召、组织人力、监督施工等保障了工程的顺利完成。

2. 成都知府与楼式建筑的修缮

宋代成都城中的楼阁以其建筑形式本身所具有的特点，在城市景观中独具特色。城中之人远观，可见楼阁高低错落、层次分明，而登楼之人可鸟瞰城中，一城景色尽入眼底。楼阁作为城市空间中的标识，成都知府在其修缮中颇为用心。如铜壶阁为宋代成都刻漏计时的重要场所，“阁初置天圣中，燕梓州肃所制莲花漏于其下”。庆历四年（1044），成都知府蒋堂作漏阁以直午门，此时的铜壶阁为一府之冠。可是，崇宁元年（1102）七月，此阁再次受灾，仅留遗迹。吴拭知成都府时，深怀当时之景观，便号召僚属重修铜壶阁：

> 通阁上下一十有四间，其高一丈六尺有五寸，广十丈，深五丈有六尺。审曲面势，丹垩是饰。瓴覆甓甃，厥有彝度。中设关键，辟阖惟谨。此邦士夫，若稚若老，相与欢曰：“吾邦之壮观矣！”①

南宋时期，范成大知成都，时人告诉他：“今阁坏‘失今不营，后费益大’。”于是，范成大“躬自经画”②，对铜壶阁进行了重新修缮。多任成都知府在铜壶阁的修缮中倾力而为，他们将对这些建筑的修缮作为自己的责任，在城市景观的塑造中发挥着引导性作用。

成都城中诸楼，在成都知府的倡导下，也屡有修缮。如嘉祐年间，成都知府吕公弼对其僚属曰：“民有室庐，尚或缮治。以成都总府，事体雄重，为天下藩镇之冠。兹楼（西楼）之名，实闻四方，基构疏壮，复为成都台榭之

① 〔宋〕吴拭：《铜壶阁记》，〔宋〕袁说友等编，赵晓兰点校：《成都文类》卷26，中华书局2011年版，第523页。

② 〔宋〕陆游：《陆游集》卷《铜壶阁记》，中华书局1976年版，第2140页。

冠。予平生所历郡国多矣，求之他处，无有也。坏然后修，厥费兹广。”于是，在吕公弼的倡导下，成都西楼重新修复，重现往日辉煌。西楼又成了春日游宴集会的好去处，正如吴中复所言：“成都西园，楼、榭、亭、池、庵、洞，最胜者凡十所，又于其间胜绝者西楼。”① 吴师孟《重修西楼记》云：

> 凭栏寓目，气思飘飘。空阔川平，一瞬千里。江山草木，紫翠明润，宫刹台榭，四面环向。次第高下，如揖如侍。民居十万室，棋布目前。远近之物容，四时之风景，盖千态万状，不可得而状也。②

另外，吕大防对锦官楼、范成大对筹边楼亦有所修缮，使它们在城市空间中继续发挥着楼式建筑的魅力。

（三）成都知府群体的“日常”与成都社会空间

宋代成都知府群体的“日常”已深深融入到成都的社会空间之中。作为地方长官，他们的行为方式受到成都民众的影从及效仿。在一定程度上，他们引领着成都的社会风尚，无形之中也形塑着成都的社会空间。这尤其体现在游娱宴会、礼佛祭祀和商业贸易等活动之中。

1. 成都知府的游娱宴会

巴蜀的游娱风尚至宋代发展到鼎盛，成都知府在其中发挥了不可替代的作用，我们将在下文中对其进行详细的探讨，本部分则重点考察知府的宴会行为及其空间特征。

宋人文同曾言：“成都燕集用一春为常，三日不修，已云远甚。”成都的燕集虽以春季为盛，但并不仅限于此，而是四季皆有，且亦有固定地点。在

---

① 〔宋〕吴中复：《西园十咏》，〔宋〕袁说友等编，赵晓兰点校：《成都文类》卷 7，中华书局 2011 年版，第 126 页。

② 〔宋〕吴师孟：《重修西楼记》，〔明〕杨慎编，刘琳、王晓波点校：《全蜀艺文志》，线装书局 2003 年版，第 929 页。

这些燕集中，我们总能看见知府的身影，他们往往是座上宾。我们根据《岁华纪丽谱》所载，大致梳理出成都知府群体宴会的一些情况，如下表。

表 16　《岁华纪丽谱》所载宋代成都知府宴会情况表

序号	时间	宴会目的	宴会地点	宴次
1	正月元日	安福寺礼塔	安福寺塔前	宴会
2	正月二日	东郊祭东君	移忠寺 大慈寺	早宴 晚宴
3	正月五日	游蚕市	五门蚕市门外	宴会
4	正月十四、十五、十六	上元放灯、观灯	大慈寺 五门楼	早宴 晚宴
5	正月二十三日	蚕市	圣寿寺	宴会
6	正月二十八日	祭祀保寿侯、游净众寺	净众寺 大智院	会食 晚宴
7	二月二日	踏青、游江	宝历寺	晚宴
8	二月八日	观街药市	大慈寺之设厅 金绳院	早宴 晚宴
9	三月三日	登山、游弋	学射山	宴会
10	三月九日	观街药市	大慈寺之设厅 金绳院	早宴 晚宴
11	三月二十一日	摸石祈福	海云山鸿庆寺 大慈寺之设厅	早宴 晚宴
12	三月二十七日	观西门蚕市	净众寺 大智院	早宴 晚宴
13	寒食	游园	移忠院 大慈寺设厅	早宴 晚宴
14	四月十九日	浣花游江	梵安寺设厅	宴会
15	五月五日	观街	大慈寺设厅	宴会
16	六月伏日	泛舟避暑	江渎庙设厅	早晚宴
17	七月七日	观夜市	大慈寺设厅	晚宴

续表

序号	时间	宴会目的	宴会地点	宴次
18	七月十八日	散盂兰盆	大慈寺设厅	宴会
19	八月十五日	中秋赏月	大慈寺	宴会
20	九月九日	玉局观药市	旧宣诏亭 五门	早宴 晚宴
21	冬至日	游寺	大慈寺	宴会
22	十二月二十三日		金绳寺 大慈寺	早宴 晚宴

通过上表，我们对宴会活动“各有定处”的空间特征认识更加深刻。在特定时日，成都知府往往会选择特定场所作为宴饮之地，其中佛寺是宴会的重要场所，如大慈寺、金绳院常常作为举行宴会的场所。知府的参与也在一定程度上提高了这些场所的地位，成都民众多会跟风于此集会，无形之中形成了成都的游宴空间。

2. 成都知府的礼佛、祭祀

“成都，西南大都会也，佛事最胜”①，城内外名刹林立，礼佛、崇佛之事颇盛，成都知府也积极参与其中。如嘉祐禅院本后蜀王处回的舍宅，经兵火之后，仅存陋室十余间。嘉祐二年（1057），宋祁守成都时，始命“长老齐海开堂演法，十方主持”②，招募信者，建法堂、僧堂、香积厨等，香火逐渐旺盛起来。治平年间，赵抃知成都，他在拜谒圣寿寺灵感观音院时，“以为畀院有观音塑像，则唐奘三藏蚤岁行道乞灵之地。久历年所，像以坋晻，贤此春始议完饰。向佛之人，相与施助”③。知府参与佛寺的修缮活动，为民众礼佛、信佛提供了良好的空间。

---

① 〔宋〕苏轼：《大圣慈寺大悲圆通阁记》，龙显昭编：《巴蜀佛教碑文集成》，巴蜀书社2004年版，第125页。

② 〔宋〕冯景：《嘉祐禅院记》，〔宋〕袁说友等编，赵晓兰点校：《成都文类》卷41，中华书局2011年版，第794页。

③ 〔宋〕侯溥：《圣寿寺重装灵感观音记》，〔宋〕袁说友等编，赵晓兰点校：《成都文类》卷38，中华书局2011年版，第743页。

在日常生活中，成都知府则与民众一道礼佛、祭祀祈福。每年元日，知府必前往安福寺礼塔。此日“士女大集，拜塔下，然香挂旛，以禳兵火之灾”①。正月二十八日，他们则去拜谒生禄祠、游净众寺，其盛况正如成都知府田况的描述：“千骑出重闉，严祠净宇邻。映林沽酒旆，迎马献花人。艳日披江雾，香飙起路尘。韶华特明媚，不似远方春。”② 七月十八日，成都知府则参与大慈寺的盂兰盆节，观施盂兰盆③。知府们参与佛事活动，并与民众一起游寺，使佛寺逐渐成为民众日常生活中的重要场所。佛寺也更加开放，世俗化趋势日益增强。

3. *商贸活动之中的成都知府*

“素号繁丽”的成都商人云集，商业贸易往来频繁，蚕市、药市、花市等专业性集市众多。每逢集市商贸活动，成都知府游街观市，在一定程度上维持了市场的秩序，使得成都的商业活动向着更为繁盛的局面发展。同时，城市的商业空间也得到不断拓展。

巴蜀的蚕市贸易由来已久，“耆旧相传，古蚕丛氏为蜀主，民无定居，随蚕丛所在致市居”④。每年正月初五，南门外便有蚕市，“齐民聚百货，贸鬻贵及时。乘此耕桑前，以助农绩资”⑤。圣寿寺前的蚕市则为宋初成都知府张咏所创，张公咏始即寺（圣寿寺）为会，“使民鬻农器”⑥。民众在蚕市买卖农具、蚕种以备农耕之用。张咏不仅为未能在南门蚕市买齐农具的民众提供了便利，也使得圣寿寺蚕市成为固定市场，拓展了成都的商业空间。

① 〔宋〕范成大：《范石湖集》卷17《丙申元日安福寺礼塔》，中华书局2020年版，第304页。

② 〔宋〕田况：《二十八日谒生禄祠游净众寺》，〔宋〕袁说友等编，赵晓兰点校：《成都文类》卷9，中华书局2011年版，第179页。

③ 〔宋〕田况：《七月十八日大慈寺观施盂兰盆》，〔宋〕袁说友等编，赵晓兰点校：《成都文类》卷9，中华书局2011年版，第182页。

④ 〔宋〕黄休复著，李梦生点校：《茅亭客话》卷9《鬻龙骨》，上海古籍出版社2012年版，第141页。

⑤ 〔宋〕田况：《五日州南门蚕市》，〔宋〕袁说友等编，赵晓兰点校：《成都文类》卷9，中华书局2011年版，第178页。

⑥ 〔元〕费著撰，谢元鲁点校：《岁华纪丽谱等九种校释》，《巴蜀丛书》第1辑，巴蜀书社1988年版，第120页。

大慈寺作为成都城中最为繁华的场所，“四方之人至于此者，徒见游手末技憧憧凑集，珍货奇巧罗陈如市，只以为嬉戏衒鬻之所，而不知释子隶学诵持、演说，化导亦无虚日”①。成都知府也在大慈寺前观街贸易，“医人鬻艾，道人卖符，朱索彩缕长命辟灾之物，饭筒角黍，莫不咸在”②。而九月九日的玉局观药市，“尽一川所出药草异物与道人毕集，帅守置酒行市以乐之，别设酒以犒道人。是日早，士人尽入市中，相传以为吸药气愈疾，令人康宁”③。知府参与这些商贸活动，不仅活跃了商业气氛，而且也代表着官府对民间商贸的认可与支持。这保障了民众正常的贸易往来，为成都商贸的健康发展注入了一剂强心剂。

知府群体作为官方力量的代表，是成都社会中的权威，同时，他们积极参与到民众的日常事务之中，逐渐被民众接受。同时，他们在城市的景观塑造与社会空间营造等方面，亦发挥着极其关键的作用。

第四节　何处是成都：行为、风尚与唐宋成都的休闲空间

何处是成都？此一疑问，将我们引入唐宋成都大众的闲适生活中。唐宋时期的成都印象，既存在于大慈寺门前喧嚣的街衢之上，飘荡在浣花遨游的歌声之内，亦浮现在文人骚客西园赏花饮酒之中，种种景象让成都民众的闲情逸趣鲜活地呈现在历史场景里。闲游是唐宋成都民众的时代风尚，然而这种风尚并不是无时、无序的，而是有较强的时空特性。

---

① 〔宋〕李之纯：《大圣慈寺画记》，曾枣庄、刘琳主编：《全宋文》第11册，巴蜀书社1988年版，第210页。

② 〔元〕费著撰，谢元鲁点校：《岁华纪丽谱等九种校释》，《巴蜀丛书》第1辑，巴蜀书社1988年版，第143页。

③ 〔宋〕陈元靓编：《岁时广记》卷36，中华书局1985年版，第399页。

一、闲游风尚：成都游娱世界中的行为及特征

（一）游娱风尚的起源与发展

成都民众的闲游风尚深受历史与时代的双重影响。巴蜀人民有喜爱游乐、追求闲适的历史传统。此传统可以追溯到巴国、蜀国时期，巴人以能歌善舞著称，蜀人则偏好音乐。巴人、蜀人以歌舞祭祀祖先、沟通神灵，歌舞遂成为巴蜀人民乐于采用的表达方式。在这种表现形式的影响下，民众的生活开始出现休闲化趋向。

到了汉代，巴蜀“有江水沃野，山林竹木疏食果实之饶。南贾滇、僰僮，西近邛笮，笮马、旄牛。民食稻鱼，亡凶年忧，俗不愁苦，而轻易淫泆，柔弱褊陋”①。巴蜀独特的地理环境与物质基础，形成了“地沃人骄，奢侈颇异，人情物态，别是一方”② 的风土民情。衣食无忧的民众渐染奢侈之风，习惯了自由散漫的生活方式。《隋书·地理志》对此亦有较为详尽的记载：

> 其地四塞，山川重阻，水陆所凑，货殖所萃，盖一都之会也……其人敏慧轻急，貌多蕞陋，颇慕文学，时有斐然，多溺于逸乐，少从宦之士，或至耆年白首，不离乡邑。人多工巧，绫锦雕镂之妙，殆侔于上国。贫家不务储蓄，富室专于趋利。其处家室，则女勤作业，而士多自闲，聚会宴饮，尤足意钱之戏。③

可见巴蜀民众安土重迁，不太热衷仕途，多沉溺于逸乐。总之，巴蜀热衷于休闲的历史传统是自然环境与人文环境共同作用的结果，有着“天府之国”美称的成都平原为此提供了优越的物质基础，具有娱人娱神性质的歌舞

---

① 〔汉〕班固：《汉书》卷28下《地理志》，中华书局1962年版，第1645页。

② 〔宋〕乐史著，王文楚等校：《太平寰宇记》卷72引《汉书》，中华书局2007年版，第1461页。

③ 〔唐〕魏徵等：《隋书》卷29《地理志》，中华书局1973年版，第830页。

也悄然播下民众消遣娱乐的种子。

成都的休闲游娱风尚到唐宋时期发展到历史高峰，特别是宋代已出现全民出游的盛况。《宋史·地理志》载：

> 地狭而腴，民勤耕作，无寸土之旷，岁三四收。其所获多为遨游之费，踏青、药市之集尤盛焉，动至连月。好音乐，少愁苦，尚奢靡，性轻扬，喜虚称。①

这一场景的背后，除了尚游好乐的历史积淀外，时代也发挥着重要作用。唐宋时期“海内之蕃域，号为至重者，举莫若吾之全蜀，壤土衍沃，民俗丰夥”②，全蜀重心的成都更是繁盛至极，这为民众的尚游之风提供了充足的物质基础。

同时，唐宋时期社会文化的转向也对此起着推动作用。中唐以后社会世俗化趋势日益加强，伴随城市经济的发展，市民文化逐渐勃兴，平民的社会参与度逐步增强。民众不再只关注收成的丰歉，也愿在农闲时更多地投入到游娱活动之中。正如宋代成都知府田况所记：“自岁旦涉孟夏，农工未盛作时，观者填溢郊郭。过浣花之游，则各就其业。”③ 百姓在闲适的游娱中，整顿劳累已久的身躯，舒展身心；士人则在其中追求闲情逸趣，宴饮集会。

在尚游风气的塑造中，官府亦发挥着重要作用。如宋太祖“乾德五年正月甲辰，诏曰：‘上元张灯，旧止三夜，今朝廷无事，区宇乂安，方当年谷之丰登，宜纵士民之行乐，其令开封府更放十七、十八两夜灯。’后遂为例”④。上元节游乐的时间有所放宽，民众行乐更加自由。同时，成都知府也在游娱活动中发挥着引领作用：

---

① 〔元〕脱脱等：《宋史》卷 89《地理志》，中华书局 1977 年版，第 2230 页。

② 〔宋〕文同：《新刻石室先生丹渊集》卷 26《送赵大资再任成都府诗序》，四川大学古籍所编：《宋集珍本丛刊》，线装书局 2004 年版，第 246 页。

③ 〔宋〕田况：《浣花亭记》，〔宋〕袁说友等编，赵晓兰点校：《成都文类》卷 43，中华书局 2011 年版，第 837 页。

④ 〔宋〕王林：《燕翼诒谋录》卷 3，中华书局 1981 年版，第 25 页。

> 凡太守岁时宴集，骑从杂沓，车服鲜华，倡优鼓吹，出入拥导，四方奇技幻怪百变序进于前，以从民乐。岁率有期，谓之故事。①

知府开风气之先，民众多会效仿。如张咏知成都时“蜀风尚侈，好遨乐。公从其俗，凡一岁之内，游观之所与夫饮馔之品，皆著为常法。后人谨而从之则治，违之则人情不安”②。在每年四月的浣花遨游中，知府更是尽显风头，“及期则士女栉比，轻裘袨服，扶老携幼，阗道嬉游。或以坐具列于广庭以待观者，谓之遨床，而谓太守为遨头”③。知府为遨头，游于浣花溪中，随从游乐者甚多，两岸民众扶老携幼共观盛况。

（二）成都民众游娱活动的内容与转向

成都“游赏之盛，甲于西蜀”④，成都社会处处弥漫着游乐闲适的风气。游娱活动的内容多样，达官贵人、文人墨客、农民及工商业者等纷纷在其中整顿身心。当然，唐、五代、两宋这三个时段也存在着差异，表明成都的游娱活动也有着新的转向。

1. 成都民众游娱活动的内容及特点

我们通过对《成都文类》《全蜀艺文志》《蜀中广记》《蜀中名胜记》《岁华纪丽谱》《石湖诗集》等史料梳理，大体上复原了唐、五代、两宋时期成都民众游娱活动的主要内容，具体如下表。

---

① 〔元〕费著撰，谢元鲁点校：《岁华纪丽谱等九种校释》，《巴蜀丛书》第1辑，巴蜀书社1988年版，第99页。

② 〔宋〕韩琦：《安阳集》卷50《故枢密直学士礼部尚书赠左仆射张公神道碑铭》，四川大学古籍所编：《宋集珍本丛刊》，线装书局2004年版，第615页。

③ 〔元〕费著撰，谢元鲁点校：《岁华纪丽谱等九种校释》，《巴蜀丛书》第1辑，巴蜀书社1988年版，第99页。

④ 〔元〕费著撰，谢元鲁点校：《岁华纪丽谱等九种校释》，《巴蜀丛书》第1辑，巴蜀书社1988年版，第99页。

表 17　成都民众游娱活动的主要内容表

序号	1	2	3	4	5	6	7	8
内容	踏青	游宴	泛舟	游池	游江	游寺	游园	观灯
序号	9	10	11	12	13	14	15	16
内容	观市	观街	祭祀	游山	射箭	访古	贸易	游观

成都的游娱活动有十多种，内容丰富多彩，反映了“成都之俗，以游乐相尚”① 的社会风气。随着社会经济的发展，民众对游娱活动的参与度增强，游娱活动逐渐以百姓喜闻乐见的方式融入日常生活之中。“岁以三月二十一日游城东海云寺，摸石于池中，以为求子之祥”②，求子等富有生活气息的内容常在游娱活动中出现。

关于成都游娱活动的特点，陈世松先生认为宋代成都游乐活动呈现以下特点：“一是与岁时节庆相结合；二是独特的地方习俗；三是内容的丰富多彩；四是与商贸相结合。”③ 我们亦赞同此说。若对游娱活动加以进一步的分析，其另外一些特点亦会显现，可对“陈说”有所补充。

（1）游娱内容的复合型特征。民众出游并不局限于一项内容，而是呈现出复合结构，即在一次游娱活动中存在多种游娱内容。如游合江园时，“方伯刺史与其宾寮，名胜登临燕衎，传觞授简，以极其欢，几与东平之溪堂、山阴之兰亭争长也”④。游园与宴饮结合，为游玩增添了几分乐趣。又如在上巳节民众登学射山中，除射箭外，还有祭祀和演武等活动。

（2）游娱活动的时令性。时令性除了表现在与岁时节庆相结合外，季节性特征也十分明显。不同的季节，成都民众的游娱方式略有差别。春季郊游活动较多，苏轼曾记与子由郊外踏青的情况：“东风陌上惊微尘，游人初乐岁

① 〔宋〕任正一：《游浣花记》，〔宋〕袁说友等编，赵晓兰点校：《成都文类》卷 46，中华书局 2011 年版，第 881 页。

② 〔宋〕吴中复：《游海云寺唱和诗》，〔宋〕袁说友等编，赵晓兰点校：《成都文类》卷 9，中华书局 2011 年版，第 187 页。

③ 陈世松：《宋代成都游乐之风的历史考察》，《四川文物》1998 年第 3 期。

④ 〔宋〕蔡迨：《合江园记》，〔宋〕袁说友等编，赵晓兰点校：《成都文类》卷 43，中华书局 2011 年版，第 829 页。

华新。人闲正好路傍饮，麦短未怕游车输。”① 夏季则多会选择避暑纳凉，如宋祁避暑于江渎池时，发出“便成逃暑醉，官事底相妨”② 的感慨；陆游亦在江渎池纳凉时留下“天公作意怜羁客，乞与今年一夏凉”③ 的抒怀。成都民众秋则赏菊登高，冬则寻梅访友。如范成大在十二月“彻明随雪上西楼”④，也曾在西郊与合江亭外与友一道寻梅。

（3）游娱活动的生活化。除游娱内容与百姓的日常生活日益契合外，游娱活动的作用也更加贴近民众。正如宋代成都知府田况的解释：“人之情，久居劳苦则体廛而事怠，过佚则志荒而功废，此必然之理也。善为劝者，节其劳佚，使之谨治其业，而不失休游和乐之适，斯有方矣。近世治蜀者，以行乐为郡务之一端……岁时出入燕敖，必盛骑从，鼓铙歌，优杂伎，以悦民观赏，慰其劳苦。”⑤ 游娱活动俨然成为民众日常生活的重要组成部分。

2. 唐宋时期成都民众游娱活动的差异与转向

（1）游娱主体的差异

唐代成都游娱活动的主体为士大夫、官僚。许多诗人在成都的游娱活动中留下了足迹，并发出了“士风侈丽奢豪，羁人易留”⑥ 的感慨。“诗圣”杜甫曾陪严郑公在摩诃池泛舟⑦，北池临眺⑧，饮酒宴会。岑参也曾在早春陪崔

---

① 〔宋〕苏轼著，邓立勋编校：《苏东坡全集》卷1《和子由踏青》，黄山书社1997年版，第21页。

② 〔宋〕宋祁：《避暑江渎池》，〔宋〕袁说友等编，赵晓兰点校：《成都文类》卷3，中华书局2011年版，第55页。

③ 〔宋〕陆游著，钱仲联点校：《剑南诗稿校注》卷7《江渎池纳凉》，上海古籍出版社1985年版，第584页。

④ 〔宋〕范成大：《范石湖集》卷17《十二月二十四日西楼观雪》，中华书局1962年版，第232页。

⑤ 〔宋〕田况：《浣花亭记》，〔宋〕袁说友等编，赵晓兰点校：《成都文类》卷43，中华书局2011年版，第837页。

⑥ 〔唐〕李翱：《送冯定序》，〔宋〕袁说友等编，赵晓兰点校：《成都文类》卷22，中华书局2011年版，第449页。

⑦ 〔唐〕杜甫：《晚秋陪严郑公摩诃池泛舟得溪字》，〔宋〕袁说友等编，赵晓兰点校：《成都文类》卷3，中华书局2011年版，第52页。

⑧ 〔唐〕杜甫：《陪郑公秋晚北池临眺》，〔宋〕袁说友等编，赵晓兰点校：《成都文类》卷3，中华书局2011年版，第52页。

中丞泛游，宴会于浣花溪①。

官僚群体出游的记录屡见不鲜。如韦弇“开元中举进士下第，游蜀。时将春暮，胜景尚多，与其友寻花访异，日为游宴”②。天宝末，崔圆于“暮春上巳，与宾客将校数十百人具舟檝游于江，都人纵观如堵”③。崔圆的游江活动携随从众多，气势颇为壮观，引起整个成都城的骚动。晚唐时期，路严“风貌之美，为世所闻。镇成都日，委执政于孔目吏边咸，日以妓乐自随，宴于江津”④。唐代游娱活动中鲜见普通民众的身影，有些史料虽略有涉及，但他们往往处于从属地位。如天宝年间，剑南节度使张氏于“中元日，令郭下诸寺，盛其陈列，以纵士女游观”。张氏乃令于开元寺选一大院，“遣蜀之众工绝巧者，极其妙思，作一铺木人音声，关戾在内，丝竹皆备，令百姓士庶恣观三日”⑤。若无张氏命令，百姓很难参与此类活动。总之，官僚士大夫在唐代成都的游娱活动中扮演着主角，配角多为他们的朋友和歌妓，而鲜见普罗大众。五代以后，这种情形却发生了改变。

五代时期的成都，在纷乱的时局中免遭战乱破坏，社会持续稳定发展，出现“村落闾巷之间，弦管歌诵，合筵社会，昼夜相接”⑥ 的安宁之况。在此时的游娱活动中，普通民众的身影开始频繁出现，如《蜀梼杌》所言：“蜀中百姓富庶，夹江皆创亭榭游赏之处，都人士女倾城游玩，珠翠绮罗、名花异香馥郁森列。”⑦ 普通民众倾城出动，对城中的公共空间多有利用。另外，百姓也积极融入王侯的出行活动中，王衍“造上清宫成，塑玄元皇帝及唐诸帝像，衍躬自荐享，城中士女游观阗咽，谓之‘寻唐魂’”⑧。乾德五年

① 〔唐〕岑参：《早春陪崔中丞同泛浣花溪宴》，〔清〕彭定求等编：《全唐诗》卷200，中华书局1960年版，第2086页。

② 〔宋〕李昉等编：《太平广记》卷33《韦弇》，中华书局1961年版，第209页。

③ 〔宋〕李昉等编：《太平广记》卷303《崔圆》，中华书局1961年版，第2400页。

④ 〔五代〕孙光宪著，贾二强校：《北梦琐言》卷3，中华书局2002年版，第51页。

⑤ 〔宋〕李昉等编：《太平广记》卷122《华阳李尉》，中华书局1961年版，第860页。

⑥ 〔宋〕张商英：《蜀梼杌》卷下，傅璇琮等编：《五代史书汇编》，杭州出版社2004年版，第6095页。

⑦ 〔宋〕张商英：《蜀梼杌》卷下，傅璇琮等编：《五代史书汇编》，杭州出版社2004年版，第6094页。

⑧ 〔宋〕吴处厚著，李裕民点校：《青箱杂记》卷7，中华书局1985年版，第70页。

(967) 四月十九日，王衍“游浣花溪，龙舟彩舫，十里绵亘。自百花潭至万里桥，游人士女珠翠夹岸”①。民众开始活跃在成都的游娱空间中，游娱活动的世俗化日趋增强。

两宋时期，官僚士大夫仍在成都游娱活动中充当着重要角色，但活动主体逐步过渡到普罗大众。如游海云寺时，“太守出郊，建高旗，鸣笳鼓，作驰骑之戏，大宴宾从，以主民乐。观者夹道百重，飞盖蔽山野，欢讴嬉笑之声，虽田野间如市井，其盛如此”②。游娱活动的开放性增强，逐渐惠及社会的各个阶层。

(2) 游娱空间的特征及分异

对成都游娱活动空间特征的考察，可从两个层次入手：一是进行长时段审视，分析唐、五代、两宋时期游娱活动空间特征的差异；二是把游娱活动作为事件本身进行考察，分析某一活动中的空间分异现象。从这两个层次出发，我们可较清晰地理解成都游娱活动空间变化的过程。

关于第一个层次，谢元鲁《成都：唐宋城市公共空间的变迁》一文中已做出了很好的阐释。谢氏认为“唐代成都城市公共空间的变化，首先是从公共娱乐空间开始的。唐宋公共娱乐空间中，最令人注目的是公共园林的兴盛。唐代成都寺院，主要以宗教活动为主，宋代除宗教功能外，则成为当时成都市民的饮宴娱乐场所等”③。其实唐、五代、两宋时期的游娱空间出现了一些新特征，如城郊逐渐成为人们出游的新空间。唐代成都的游娱活动主要集中在城内及近郊地区，宋代出游城郊则较为普遍。如在东郊的安福寺，元日礼塔成为风俗，“成都一岁故事始于此，士女大集，拜塔下，然香挂旛，以禳兵火之灾”④。郊外的海云寺也是游玩胜地，每年三月二十一日民众于此摸石祈

① 〔宋〕张商英：《蜀梼杌》卷上，傅璇琮等编：《五代史书汇编》，杭州出版社2004年版，第6081页。

② 〔宋〕吴中复：《游海云寺唱和诗》，〔宋〕袁说友等编，赵晓兰点校：《成都文类》卷9，中华书局2011年版，第187页。

③ 谢元鲁：《成都：唐宋城市公共空间的变迁》，《中国唐史学会第十届年会暨唐代国家与地域社会国际学术研讨会论文集》，上海古籍出版社2008年版。

④ 〔宋〕范成大：《范石湖集》卷17《丙申元日安福寺礼塔》，中华书局1962年版，第232页。

福，十一、二月则观赏山茶①。游娱空间向城郊拓展使民众出行有了更多的选择，出游目的地更加多元化。

同时，某一类游娱内容不再局限于固定地点，而逐渐扩大到更多的场所。如唐代的游江活动主要在锦江，崔圆、路严等人均游嬉于此，而五代、两宋时期游江活动虽仍存在，但主要场所已转移到浣花溪。正如宋人任正一所言：

> 成都之俗，以游乐相尚，而浣花为特甚。每岁孟夏十有九日，都人士女丽服靓妆，南出锦官门，稍折而东行十里，入梵安寺，罗拜冀国夫人祠下，退游杜子美故宅，遂泛舟浣花溪之百花潭，因以名其游与其日。凡为是游者，架舟如屋，饰以缯彩，连樯衔尾，荡漾波间，箫鼓弦歌之声喧哄而作。②

大体而言，成都民众的游娱空间呈现由点到面的拓展，逐渐形成了以大慈寺、浣花溪、学射山等为中心的游娱区域。

从第二个层次进行考察，在某些游娱活动中，亦存在空间分异现象。在宋代，成都西园是民众游娱的重要场所，“每春月花时，大帅置酒高会于其下五日，纵民游观，宴嬉西园，以为岁事”③。西园赏戏更为时人津津乐道，“初开园日，酒坊两户各求优人之善者，较艺于府会。以骰子置于合子中撼之，视多数者得先，谓之‘撼雷’。自旦至暮，唯杂戏一色，坐于阅武场，环庭皆府官宅看棚。棚外始作高撜，庶民男左女右，立于其上如山”④。在西园的杂戏表演中，官僚居于看棚之中，百姓站在高撜之上，并呈现“男左女右”的空间隔离现象。四月十九日的浣花游江中也存在此类现象，“有骑兵善于驰

---

① 〔宋〕范成大：《范石湖集》卷 17《十一月十日海云赏山茶》《十二月十八日海云赏山茶》，中华书局 1962 年版，第 241 页

② 〔宋〕任正一：《游浣花记》，〔宋〕袁说友等编，赵晓兰点校：《成都文类》卷 46，中华书局 2011 年版，第 881 页。

③ 〔宋〕吴师孟：《重修西楼记》，〔明〕杨慎编，刘琳、王晓波点校：《全蜀艺文志》，线装书局 2003 年版，第 929 页。

④ 〔宋〕庄绰著，萧鲁阳点校：《鸡肋编》，中华书局 1983 年版，第 20-21 页。

射，每守出城，必奔骤于前。夹道作棚为五七层，人立其上以观，但见其首，谓之‘人头山’，亦分男左女右”①。

（3）唐宋之际成都游娱活动的新转向

通过对成都游娱活动的内容、特点、游娱主体、空间特征等的考察，我们可知唐宋之际成都游娱活动出现了一些新转向。

从内容与特点上看，游娱活动逐渐多样，游娱内容逐步固定，并日益演化成风俗习惯，如上巳节必去学射山射箭、四月十九去浣花溪游江等。游娱的具体内容也更加接近于普通百姓的日常生活，反映了百姓的日常诉求，如安福寺元日礼塔燃烧挂旛以求禳兵火之灾等。从游娱主体上看，活动的参与者自上而下扩散，逐渐涉及社会的各个阶层，游乐活动开始真正为全体民众所接受，全民游乐成为社会发展中的重要转向。从游娱的空间特征上看，民众游娱空间在不断拓展，成都城虽仍为主体游娱空间，但城郊也逐步成为民众的目的地。正如苏轼所言“城中居人厌城郭，喧阗晓出空四邻”②，人们厌倦了城市的气息，多愿意去郊外游乐散心。同时，民众对城市公共空间的利用程度也显著提高，街道、市场等开始成为民众游娱的场所，“观市”成为民众游娱与贸易相结合的特殊形式。

唐宋之际成都游娱活动的新转向，是唐宋成都经济繁盛和社会稳步发展的结果。它既适应了唐宋社会“从官僚士大夫为主体的士人社会向普通居民为主体的市民社会过渡”③的趋势，也带有“成都这个独特地理环境与地方经济文化色彩城市的鲜明印记”④。

二、游娱有时：成都的游娱空间——以田况的生活路径为中心

关于成都的游娱空间，我们无法一一复原，但有一个合适的个案可作为我们研究的切入点。宋代成都知府田况记载其日常出行的《成都遨乐诗》为

① 〔宋〕庄绰著，萧鲁阳点校：《鸡肋编》，中华书局1983年版，第21页。

② 〔宋〕苏轼著，邓立勋编校：《苏东坡全集》卷1《和子由踏青》，黄山书社1997年版，第21页。

③ 宁欣：《从士人社会到市民社会——以都城社会的考察为中心》，《文史哲》2009年第6期。

④ 谢元鲁：《成都：唐宋城市公共空间的变迁》，《中国唐史学会第十届年会暨唐代国家与地域社会国际学术研讨会论文集》，上海古籍出版社2008年版，第136页。

我们复原1049年成都的游娱空间提供了强有力的史料支撑①。本节试图借鉴时间地理学的研究方法，将1049年田况的生活轨迹在时空坐标轴上做一连续表达，进一步考察游娱活动的空间特征及其制约因素，以求大体呈现出宋代成都民众的日常及生活规律。

（一）时间地理学的史学运用及研究尺度

时间地理学是在20世纪60年代后期由瑞典地理学家哈格斯特朗倡导的②。经过大量学者的探索与努力，其日渐成为人文地理学研究中重要的方法论。城市社会的时间地理研究在国内也得到了长足发展③，但将其运用在历史研究中则是凤毛麟角④。时间地理学作为一种表现并解释时空过程中人类空间行为与客观制约之间关系的方法论⑤，其研究的主要概念为“路径”。“所谓路径，就是人在时空轴上的一系列活动的轨迹。这种路径的表示法在空间尺度（国家、地区、城市等）、时间尺度（一生、年、季节、周、日等）、对象尺度（个人、集体、组织等）上可以自由设定，并且路径总是形成不间断的轨迹，在特定时刻、特定地点存在的个人，在一定时间内可能移动的空间范围称为可达范围。”⑥ 目前，时间地理学主要运用于生活质量、城市空间结构、城市规划等领域的研究。

时间地理学的相关概念、理论及方法为将其研究时段拓展到历史时期提供了可能。当今，历史地理学存在研究泛化与过度关注空间的趋势，对时间

---

① 据《北宋经抚年表》卷5，田况自庆历八年（1048）四月至皇祐二年（1050）十一月知益州，1049年一整年田况都在成都，其所作的《成都遨乐诗》则记载了他这一年在成都游乐的整体情况，为我们的研究提供了较为完整的资料。

② 柴彦威、王恩宙：《时间地理学的基本概念与表示方法》，《经济地理》1997年第3期。

③ 如柴彦威等：《中国城市的时空结构》，北京大学出版社2002年版；柴彦威、赵莹：《时间地理学研究最新进展》，《地理科学》2009年第4期。

④ 如吴必虎：《徐霞客的生命路径（life path）及其区域景观多样性背景》，《北京大学学报》1998年第3期；张光英：《基于时间地理学视角的〈红楼梦〉核心人物行为空间解读》，《东南学术》2011年第6期。

⑤ 柴彦威等：《融入生命历程理论、面向长期空间行为的时间地理学再思考》，《人文地理》2013年第2期。

⑥ 柴彦威：《时间地理学的起源、主要概念及其应用》，《地理科学》1998年第1期。

维度的关注出现弱化倾向，时间和空间逐渐被割裂开来。借鉴时间地理学的相关方法，能促使历史地理学重新回到时空研究的轨道上。我们认为可以在以下几个方面进行初步尝试：（一）历史时期个体生命路径研究。此研究可以利用笔记、年谱、游记等史料，考察个体从出生到死亡的空间移动，并建立一个连续的时间剖面，从而勾勒出个人生命轨迹在时空轴上的连续表达，这样可以较为清楚地呈现出个人生活史及其阶段性特征。（二）历史时期居民日常活动的时空结构研究。我们可以利用文献中对岁时、风俗、出行活动等的记载，考察居民日常活动的时空结构，分析这些活动在空间选择上的制约因素，从而探索居民日常的生活规律、生活节奏及生活取向等。（三）历史时期的休闲娱乐空间研究。我们可以根据史料将个体或群体在某一阶段（年、季节、月、日）的休闲游娱活动在时空轴上做一连续性表达，分析娱乐活动的可达范围及空间特征，从而了解研究主体的日常行为。（四）历史时期某些社会问题研究。如人口迁移研究，我们可以利用家族、族谱、方志、契约、文书等对某一时段移民事件的记载，将个人或群体的迁移行为表现在连续的时空轴上，从而分析迁移的特征及空间变化等。在史学中运用时间地理学将丰富历史地理学的研究内容，使历史地理学重新思索时间尺度的意义，重新认识其发展趋向。

我们将尝试利用时间地理学的方法对宋代成都的游娱活动空间进行考察。在研究的空间尺度上，选择成都及其四郊；时间尺度上，选择年路径（1049年）①；对象尺度上，选择成都知府田况。我们将利用田况《成都遨乐诗》记载的其在1049年的出行游娱情况②，从短时段视角大体复原宋代成都的游娱空间。

（二）田况的生活路径：基于《成都遨乐诗》的考察

1. 田况及《成都遨乐诗》的写作

田况，字元均，冀州信都人，“少卓荦有大志，好读书，书未尝去手，无

① 限于史料的局限性，宜选择某年或连续十年为尺度，这样会有较多的史料作为支撑。

② 田况仕成都期间，“每与民共乐，则作一诗以纪其事”，形成《成都遨乐诗》。其呈现了田况出游的主要情况，可能并不能全面地反映出其出游情况，但并不会影响我们的具体分析。

所不读，盖亦无所不记。其为文章，得纸笔立成，而闳博辨丽称天下”①。他年纪轻轻便中进士甲科，补江陵府推官，开始了仕宦之路。后历任多地地方长官，政绩显著，逐渐受到朝廷重用，迁为枢密直学士、权三司使。至和元年（1054），擢枢密副使，又以检校太傅充枢密使。嘉祐八年（1063）卒，年五十九，谥宣简。田况文才卓群，曾向朝廷献上《皇祐会计录》，又著“《好名》《朋党》二论，有奏议三十卷”②，“《金岩集》二卷”③。今存《儒林公议》二卷，后人评价该书“其记入阁会议诸条，明悉掌故，皆足备读史之参稽，其持论亦皆平允”④，可知田况严谨的治学态度。

史载田况“宽厚明敏，有文武材。与人若无不可，至其所守，人亦不能移也”⑤。田况品行刚正，执着且原则性极强，在其权三司使期间，“权贵之家子弟亲戚，因缘请托，不可胜数”。田况“深厌干请者，虽不能从，然不欲峻拒之，每温颜强笑以遣之。尝谓人曰：‘作三司使数年，强笑多矣，直笑得面似靴皮。’士大夫闻者传以为笑，然皆服其德量也”⑥。另外，田况处理日常行政事务果断公允，故时人叶清臣品评道：“臣以为不患无人，患有人而不能用尔。今辅翊之臣……临大事能断者，莫如田况。”⑦

庆历八年（1048）四月至皇祐二年（1050）十一月，田况知益州，充蜀、梓、利、夔路兵马钤辖。当时西南夷经常侵扰边境，田况“严兵惮之，而诱以恩信，即皆稽颡”。成都自李顺、王均之乱后，社会环境复杂，人心易摇，知府“得便宜决事，多擅杀以为威，虽小罪，犹并妻子徙出蜀，至有流

① 〔宋〕王安石：《临川先生文集》卷91《太子太傅致仕田公墓志铭》，中华书局1959年版，第941页。

② 〔宋〕王偁著，孙言诚等点校：《东都事略》卷70《列传五十三》，齐鲁书社2000年版，第585页。

③ 〔宋〕晁公武著，孙猛校正：《郡斋读书志校正》卷19《别集类下》，上海古籍出版社1990年版，第983页。

④ 〔清〕纪昀总纂：《四库全书总目提要》卷140《子部五十・小说家类一》，河北人民出版社2000年版，第3580-3581页。

⑤ 〔元〕脱脱等：《宋史》卷292《田况传》，中华书局1977年版，第9783页。

⑥ 〔宋〕欧阳修著，韩谷点校：《归田录》卷2，上海古籍出版社2012年版，第21页。

⑦ 〔元〕脱脱等：《宋史》卷295《叶清臣传》，中华书局1977年版，第9853页。

离死道路者"①。而田况至，"拊循教诲，儿女子畜其人，至有甚恶，然后绳以法。蜀人爱公，以继张忠定，而谓公所断治为未尝有误。岁大凶，宽赋减徭，发廪以救之，而无饿者"②。田况体恤民情，一改严刑峻法，以教化为主，深得百姓爱戴。

在知益州的31个月中，田况对成都的游娱活动有着独特的认识。田况初到时对"四方成传蜀人好游娱无时"的情况深信不疑，但生活一段时间后他的认识有所改变。其"每与民共乐，则作一诗以纪其事。自岁元徂景至，止得古律、长调、短韵共二十一章。其间上元灯夕、清明、重九、七夕、岁至之类，又皆天下之所共，岂曰无时哉？传之者过矣！"③ 田况结合自己出游的实情，体会到蜀人虽好游乐但也有一定的时间，不是无节制、不分时间的盲目游乐，所以田况的《成都遨乐诗》承载着"蜀之士君子欲予诗闻于四方，使知其俗"的理想。

2.《成都遨乐诗》所载游娱地点略考

《成都遨乐诗》共收诗二十一首，其中涉及的场所、地点颇多，主要有安福寺、东郊、南门、圣寿寺、生禄祠、净众寺、宝历寺、大慈寺、西园、学射山、海云寺、浣花溪、江渎池、天庆观等。限于篇幅，在此仅对以上地点略作考证。

（1）安福寺。田况、范成大、陆游等人的诗文中曾多次提及安福寺塔。范成大《丙申元日安福寺礼塔》记载："成都一岁故事始于此，士女大集拜塔下，然香挂旛以攘兵火之灾。"④ 陆游亦有《雨中登安福寺塔》一诗，诗中称安福寺塔"俗谓之黑塔"⑤。另有人记载"成都安福寺塔有倒影，在寺之西

---

①〔元〕脱脱等：《宋史》卷292《田况传》，中华书局1977年版，第9783页。

②〔宋〕王安石：《临川先生文集》卷91《太子太傅致仕田公墓志铭》，中华书局1959年版，第942页。

③〔宋〕田况：《成都遨游诗序》，〔宋〕袁说友等编，赵晓兰点校：《成都文类》卷9，中华书局2011年版，第177页。

④〔宋〕范成大：《范石湖集》卷17《丙申元日安福寺礼塔》，中华书局1962年版，第232页

⑤〔宋〕陆游著，钱仲联点校：《剑南诗稿校注》卷7《雨中登安福寺塔》，上海古籍出版社1985年版，第573页。

院”①。关于安福寺的具体位置，谢元鲁推测“安福寺为唐代所建，在成都城西部”②，与西门石笋街相距不远。

（2）南门即指宋代成都罗城的万里桥门。宋初，王均败退成都时，领其余党“南出万里桥门，突围而遁”③。《万里桥记》载：“今罗城南门外笮桥之东，七星桥之一曰长星桥者，古今相传孔明于此送吴使张温，曰：‘此水下至扬州万里。’后因以名。”④ 唐末，韦皋“节制成都，于万里桥隔江创置新南市，发掘坟墓，开拓通街。水之南岸人逾万户。鄽闬楼阁，连属宏丽，为一时之盛”⑤。新南市商贸往来频繁，集聚了大量的人员。万里桥大致在今成都老南门大桥⑥，《成都遨乐诗》所载南门外的蚕市、药市应在其附近。

（3）圣寿寺即石犀寺。李思纯《石犀寺及石犀》及《成都城坊古迹考》考证：“石犀寺在晋代名龙渊精舍，后名龙渊寺，唐名空慧寺，后改圣寿寺。”⑦ 圣寿寺为成都名刹，“唐奘三藏蚤岁行道乞灵之地”⑧。后蜀时因“枢密使王处回自捐私币，广建四百楹”⑨，该寺发展至三十六院，与大慈寺东西并峙，号称成都第二大寺。“圣寿寺在县西南”⑩，故址大致在今西胜街成都二十八中学。

（4）净众寺即万佛寺，在城西北。唐代高僧无相“开元十六年

---

① 〔宋〕叶廷珪著，李之亮点校：《海录碎事》卷13下《寺宇门》，中华书局2002年版，第724页。

② 〔元〕费著撰，谢元鲁点校：《岁华纪丽谱等九种校释》，《巴蜀丛书》第1辑，巴蜀书社1988年版，第110页。

③ 〔宋〕李焘：《长编》卷47，中华书局1992年版，第1014页。

④ 〔宋〕刘光祖：《万里桥记》，〔明〕杨慎编，刘琳、王晓波校：《全蜀艺文志》卷33，线装书局2003年版，第896页。

⑤ 〔五代〕杜光庭：《道教灵验记部》，《南康王韦皋修黄箓道场验》，〔宋〕张君房编：《云笈七签》第5册，中华书局2003年版，第2670-2671页。

⑥ 詹子林：《宋代成都文化地理专题研究》，硕士学位论文，暨南大学2011年，第17页。

⑦ 四川省文史研究馆：《成都城坊古迹考》（修订版），成都时代出版社2006年版，第278页。

⑧ 〔宋〕侯溥：《圣寿寺重装灵感观音记》，〔宋〕袁说友等编，赵晓兰点校：《成都文类》卷38，中华书局2011年版，第743页。

⑨ 〔清〕刘沅：《重建古圣寿寺碑记》，龙显昭编：《巴蜀佛教碑文集成》，巴蜀书社2004年版，第805页。

⑩ 〔清〕黄庭桂等：《四川通志》卷28下，《景印文渊阁四库全书》第560册，台湾商务印书馆1983年版，第553页。

(728)，至成都，募化檀越，造净众寺"①。唐至北宋名净众寺，一称竹林寺，南宋至明初名净因寺，习惯上称为万佛寺。《岁华纪丽谱》载："正月念八日，出笮桥门，即拜保寿侯祠，次净众寺，拜杜郊公祠。"可见杜郊公祠堂在净众寺内。南宋时期，制造交子专用纸的造纸工场"移寓城西净众寺"②。据考证，净众寺的"旧址在今天通锦路的铁道部第二勘测设计院"③。

(5) 宝历寺为唐代剑南西川节度观察使韦皋所建。《蚕市记》碑言："韦南康文，在华阳县宝历寺。寺有南康像，最得其真。"④ 可知其在成都府治东的华阳县。而《宝历寺记》载韦皋"于府之东南择胜地，建仁祠，号曰'宝历'"。又言："乃架双桥，通习险，规地势，分直绳。人迁如归，一日成市……崇崇宝刹，雄踞厥右，启奇致也。"⑤ 可推测宝历寺临近韦皋所创的新南市，在其东侧。另外，宝历寺蚕市也是宋代成都重要的集市。

(6) 大慈寺乃是唐宋时期成都第一名刹，世称"震旦第一丛林"，"唐至德年建，旧有肃宗书'大圣慈寺'四字"⑥。寺院规模宏大，繁盛时达九十六院⑦。大慈寺及其附近曾是成都最为繁华的地区，"四方之人至于此者，徒见游手末技于憧憧凑集，珍货奇巧罗陈如市，只以为嬉戏衔鬻之所，而不知释子隶学诵持、演说化导亦无虚日"⑧。唐宋大慈寺在府治东城内，遗存在今成都锦江区蜀都大道大慈寺路。

---

① 〔明〕曹学佺：《蜀中广记》卷2《名胜记第二·川西道成都府二》，《四库全书珍本初集》第591册，商务印书馆影印1934年版，第17页。

② 〔元〕费著撰，谢元鲁点校：《楮币谱》，《巴蜀丛书》第1辑，巴蜀书社1988年版，第224页。

③ 袁庭栋：《成都街巷志》，四川教育出版社2010年版，第211页。

④ 〔宋〕王象之撰，李勇先点校：《舆地纪胜》辑补卷9，四川大学出版社2005年版，第5830页。

⑤ 〔唐〕韦皋：《宝历寺记》，〔宋〕袁说友等编，赵晓兰点校：《成都文类》卷36，中华书局2011年版，第697页。

⑥ 〔明〕曹学佺，刘知渐点校：《蜀中名胜记》卷2《川西道·成都府二》，重庆出版社1984年版，第24页。

⑦ 冯修齐：《成都大圣慈寺九十六院新考》，《蜀学》第四辑，巴蜀书社2009年版。

⑧ 〔宋〕李之纯：《大圣慈寺画记》，曾枣庄、刘琳主编：《全宋文》第11册，巴蜀书社1988年版，第210页。

（7）西园为宋代成都城中著名园林。“转运司园，亦称西园，园中有西楼。”① 成都转运司园“盖伪蜀时权臣故宅也。清旷幽静，随处皆有可乐者”②。吴师孟《重修西楼记》载：“西楼直府寝之北。”③ 可知西园大致位于宋代衙署之北，即今正府街北。

（8）学射山，“一名斛石山，在县北十五里”④。唐代学射山一带既为演武之地，又可供游乐。五代至宋初，此地可供游乐的规模十分宏大，黄休复曾记：“昔张百子三月三得道上升，今山上有至真观，即其遗迹也。每岁至是日，倾城士庶、四邑居民，咸诣仙观祈乞田蚕。时当春煦，花木甚盛，州主与郡寮将妓乐出城，至其地，车马人物阗噎。”⑤ 至学射山游玩、射箭取乐亦成为春日里的风俗民情。宋代的学射山即今成都的凤凰山。

（9）海云寺。宋代成都风俗“岁以三月二十一日游城东海云寺，摸石于池中，以为求子之祥”⑥。根据“十里东郊道，兹游岁月深”⑦，“门巷欢呼十里村，腊前风物已知春”⑧ 等诗文的描述，再结合“锦江下流十里，有海云寺、鸿庆院诸胜”⑨ 的记载，可知海云寺大致在成都城东稍偏南十里的海云山上。

---

① 〔明〕曹学佺：《蜀中广记》卷4《名胜记四·川西道·成都府四》，《四库全书珍本初集》第591册，商务印书馆影印1934年版，第47页。

② 〔宋〕章粢：《运司园亭诗并序》，〔宋〕袁说友等编，赵晓兰点校：《成都文类》卷11，中华书局2011年版，第131页。

③ 〔宋〕吴师孟：《重修西楼记》，〔明〕杨慎编，刘琳、王晓波校：《全蜀艺文志》，线装书局2003年版，第929页。

④ 〔宋〕乐史著，王文楚等点校：《太平寰宇记》卷72《剑南西道一》，中华书局2007年版，第1466页。

⑤ 〔宋〕黄休复著，李梦生校：《茅亭客话》卷5《鲜于耆宿》，上海古籍出版社2012年版，第121页。

⑥ 〔宋〕吴中复：《游海云寺唱和诗》，〔宋〕袁说友等编，赵晓兰点校：《成都文类》卷9，中华书局2011年版，第187页。

⑦ 〔宋〕吴师孟：《游鸿庆寺和韵》，〔宋〕袁说友等编，赵晓兰点校：《成都文类》卷9，中华书局2011年版，第186页。

⑧ 〔宋〕范成大：《范石湖集》卷17《十一月十日海云赏山茶》，中华书局1962年版，第241页。

⑨ 〔明〕曹学佺著，刘知渐点校：《蜀中名胜记》，重庆出版社1984年版，第29页。

（10）浣花溪“在城西五里，一名百花潭”①。唐宋时期，浣花溪一直是游娱胜地，每年四月十九日出游浣花溪成为习俗。全城的游人士女纷纷参与其中，龙舟彩舫绵亘数十里，盛大异常。今天的浣花溪虽不如唐宋时繁盛，但仍是成都民众重要的休闲区。

（11）江渎池为“南门之胜”，在江渎庙前。《括地志》记载江渎祠，在成都县南上四里②。“成都自唐有江渎庙，其南临江。唐末，节度使高骈大成都，庙与江始隔。”③ 高骈筑罗城后，郫江改道，“其故道淤塞未尽者积水成池，适在庙前”④。积水之池遂成为后世的江渎池，其日渐成为人们游娱的重要场所：“益之谯门之南，庙貌存焉。庙前临清池，有岛屿、竹木之胜，红渠夏发，水碧四照，为一州之观。”⑤民国时，江渎池被称为上莲池。根据清光绪五年（1879）《四川省城街道图》⑥，江渎池大致在今天文庙西街，此池今不存。

（12）天庆观。“大中祥符元年（1008）十一月诏书，始以正月三日为天庆节，四月朔为天祺节。二年，遂诏郡县建天庆观，五年增设圣祖殿，由是著令，凡官吏皆有到谒罢辞之文”⑦。宋代不少州郡均有天庆观，每年冬至日朝拜天庆观是官吏的例行之事。天庆观的具体位置今已不可考。

3.《成都遨乐诗》所见田况的生活路径

《成都遨乐诗》除涉及田况出游的相关场所外，对游娱活动中其他要素的

---

① 〔宋〕祝穆撰，祝洙增订，施和金点校：《方舆胜览》卷51，第909页。

② 《蜀中名胜记》卷1“成都府”引《括地志》云：“江渎祠，在成都县南上四里。”〔唐〕李泰等著，贺次君校：《括地志辑校》卷4言“江渎祠在益州成都县南八里”。（中华书局1980年版，第203页）

③ 〔宋〕陆游：《重修江渎庙碑》，〔宋〕袁说友等编，赵晓兰点校：《成都文类》卷32，中华书局2011年版，第628页。

④ 四川省文史研究馆：《成都城坊古迹考》（修订版），成都时代出版社2006年版，第298页。

⑤ 〔宋〕冯浩：《江渎庙醮设厅记》，〔宋〕袁说友等编，赵晓兰点校：《成都文类》卷32，中华书局2011年版，第626页。

⑥ 清光绪五年《四川省城街道图》简绘本，参见四川省文史研究馆：《成都城坊古迹考》（修订版），成都时代出版社2006年版，图49。

⑦ 〔宋〕魏了翁：《渠阳集》卷8《洋州天庆观圣祖殿记》，岳麓书社2012年版，第111页。

记载也颇为详细，其反映的具体情况如下表。

表 18 《成都遨乐诗》所载田况在成都的游娱情况表

出行的日期	目的地	游娱内容	出行距离
元日	安福寺	郊游、登塔、游寺	5 里
正月初二	东郊	郊游、祭祀	8 里
正月初五	南门蚕市	贸易、观市、宴会	6 里
上元灯夕	城内	观灯、观街	2.5 里
正月二十三	圣寿寺前蚕市	贸易、祭蚕丛	4 里
正月二十八	生禄祠、净众寺	拜谒、游寺	4 里
二月二日	锦江、宝历寺	游江、游寺、宴会	6 里、8 里
二月八日	大慈寺前蚕市	贸易、观街	4 里
寒食	城郊	郊游	7.5 里
寒食节后	西园	游园、宴会	1.5 里
三月三日	学射山	登山、射箭、宴会	15 里
三月九日	大慈寺前蚕市	贸易、观市	4 里
三月十四日	大慈寺	游寺、庆建道场	4 里
三月二十一日	海云山	游山、游寺	15 里
乾元节		庆祝圣节	
四月十九日	浣花溪	泛舟游江、宴会	10 里
伏日	江渎池	泛舟避暑、宴会	5 里
七月六日晚	大慈寺雪锦楼	观夜市	4 里
七月十八日	大慈寺	观施盂兰盆、游寺	4 里
重阳日	南门药市	贸易、观市	6 里
冬至	天庆观、大慈寺	朝拜天庆观、宴会	4 里

注：1. 出行距离的计算以田况生活的衙署为基点。2. 某些地点具体位置不可考，我们在估算过程中采用折中的办法。如城郊计为 7.5 里左右，其值取田况出行最远的海云寺的一半，应能大体反映田况出行实况。表中的出行距离为直线距离，由地图上的测距工具测量。

宋代成都知府张咏对后蜀宫室加以改造利用，“因孟氏文明厅为设厅廊，有看楼。……平僭伪之迹，合州郡之制”①。府治衙署的位置基本固定下来，“在罗城西北，直至明清未改，在今正府街”②。我们以田况所居的成都府署为基点，结合田况出行的具体情况，将田况 1049 年的空间移动轨迹呈现在一个连续的时空轴上，从而形成其生活路径图。(见图 12)

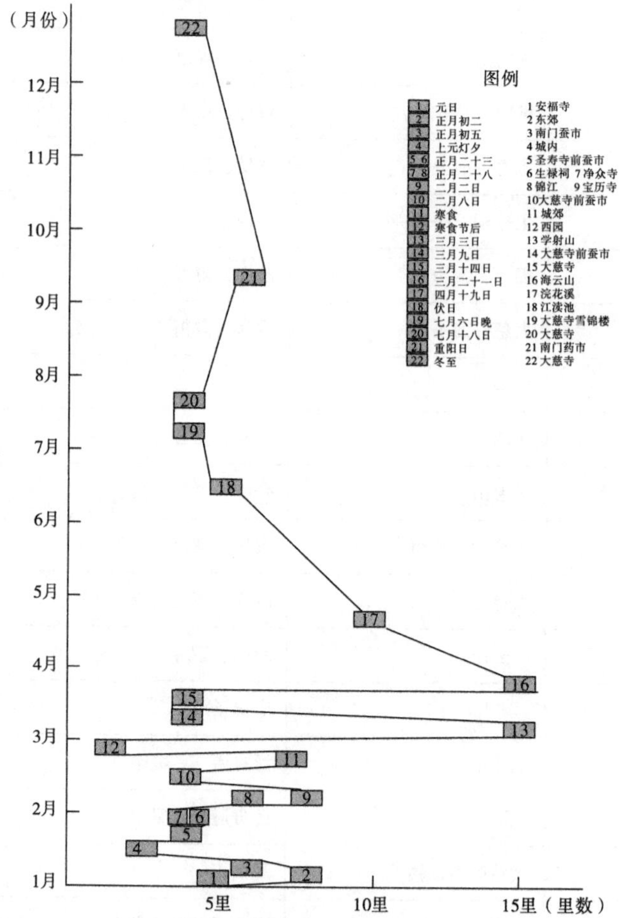

图 6 田况出行的路径图

① 〔宋〕张咏著，张其凡整理：《张乖崖集》卷 8《益州重修公署记》，中华书局 2000 年版，第 79 页。

② 四川省文史研究馆：《成都城坊古迹考》（修订版），成都时代出版社 2006 年版，第 84 页。

（三）成都游娱活动的时空特征及制约因素

1. 成都游娱活动的时空特征

田况的生活路径是我们考察成都游娱活动时空的重要切入点，从上文的研究我们可知成都的游娱活动有以下特征：

（1）游娱有时。田况的出游时间虽存在不均衡性，但他并不是无序、随意地开展游娱活动。他的出游总体上呈现出“游娱有时”的特征，具有一定的规律性。图 13、图 14 反映出游娱时间的不均衡性，不同月份出行天数存在一定差异。

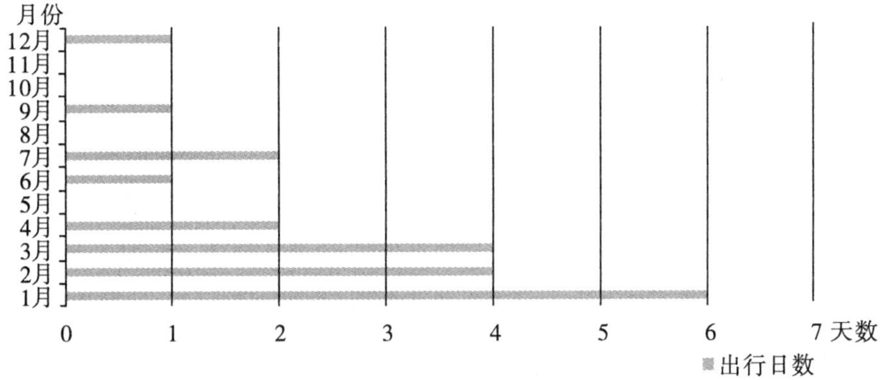

图 7　《成都遨乐诗》所见田况出行天数图

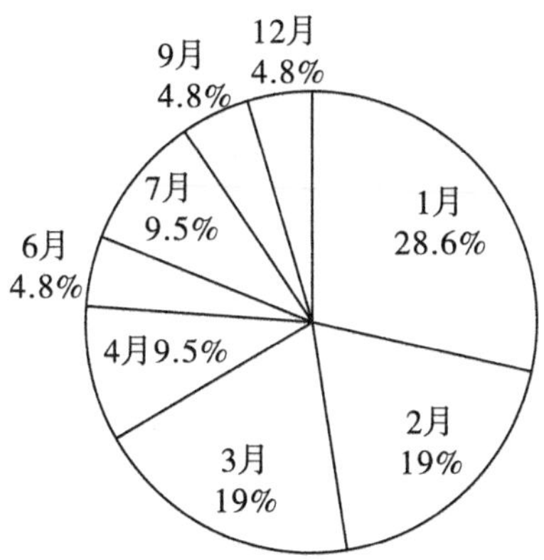

图 8　《成都遨乐诗》所见不同月份田况出行时间比重图

1月份多达6天，占全年出行天数的28.6%；2月、3月各为4天，各占全年出行天数的19%；4月为2天，占全年出行天数的9.5%；6月为1天，占全年出行天数的4.8%；7月份为2天，占全年出行天数的9.5%；9月、12月为1天，占全年出行天数的4.8%。同时，在季节上也存在着一定差异。田况的出行时间主要以春季和冬季为主，春季、冬季占全年出行的71.4%；夏秋季节仅占全年出行的28.6%。这与当时的节庆相关，在节日出游已成为风俗习惯，所以多数出游时间是固定的，具有较强的规律性。如元日、元夕、三月三、三月二十一、清明、四月九日、七夕、盂兰盆节、中秋、重阳、冬至等均有出行活动。可见当时的游娱活动并不是无序、随意的，而与节庆息息相关。

（2）游娱有地。虽然在游娱空间与场所的选择上呈现多元化，但仍然存在明显的“游娱有地”现象。从《田况出行的路径图》和《田况游娱活动范围图》中，可以看到田况的出行场所涉及城内、城郊，出行的范围大致在15里之内。在其23个目的地中，5里以内为12个，5-10里之间为8个，超过10里的有2个，天庆观位置不详。其出行范围以0-5里为主，故成都城是田况活动的主要空间。宋代的大慈寺是成都最为繁华的场所，大慈寺及其附近经常有田况的身影。在郊外的游娱活动中，田况选择东郊和南郊作为出行目的地较为频繁。另外，在田况的游娱活动中，“游娱有地”的现象也十分明显，安福寺、学射山、海云寺、浣花溪、大慈寺、药市等是其在特定时日必去的场所。

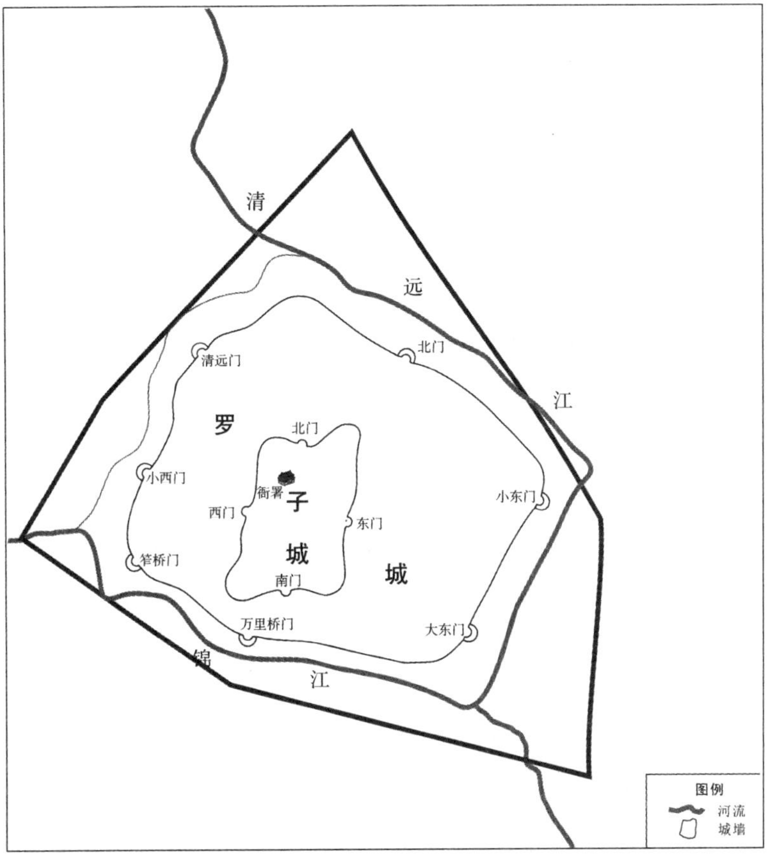

图9　田况游娱活动范围图①

（3）特定时日的游娱内容固定。总体上而言，宋代成都游娱活动内容丰富多彩，但特定时日的游娱内容呈现出固定化趋势。从表中可以看出，田况的游娱活动涵盖郊游、登塔、游寺、祭祀、观市、宴会、观灯、观街、拜谒、游江、游园、登山、射箭、泛舟等内容。某些特定时日的游娱内容相对固定，如元日安福寺登塔祈福，上元节观灯，三月三日登城北学射山射箭、游嬉，三月二十一日海云寺摸石，四月十九浣花泛舟，重阳节观药市。游娱内容呈现一定的规律性。

① 本图依据《成都城坊古迹考》中的《宋元罗城与子城图》改绘。田况游娱活动范围的边界根据表绘制，北面以学射山，西面以安福寺，西南以浣花溪，南面以宝历寺，东南以海云山、海云寺，东面则以东郊为最远处，大致呈现出了田况游娱活动的范围。

（4）游娱以群游为主，呈现出大众化趋势。田况的出行多为结伴而行，如《元日登安福寺塔》诗中所言："遨赏空闾巷，朅来諠稚耄。人物事都闲，车马拥行道。"①《上元灯夕》："连城悉奔骛，千里穷边陬。"②《二十一日游海云山》："春山缥翠一溪清，满路游人语笑声。自愧非才无异绩，止随风俗顺民情。"③

2. 制约成都游娱活动的因素

时间地理学强调分析人类空间移动行为中的制约因素，包括能力制约、组合制约和权威制约三种模式。"能力制约指个人通过自身能力或使用工具能够进行的活动是有限制的。组合制约是指个人或集体为了从事某项活动而必须同其他的人或物的路径同时存在于同一场所的制约。而权威制约是指法律、习惯、社会规范等把人或物从特定时间或特定空间中排除的制约。"④ 宋代成都民众的游娱活动在某种程度上也受这些制约模式的影响。

在游娱活动中，主体在社会地位、经济能力等方面的差异，对不同的游娱活动产生了不同的影响。不同层级的群体，在休闲娱乐方式上受"能力制约"颇多，因此他们在游娱活动的时空选择上亦有区别。宋代成都的游娱空间虽呈现大众化趋势，"与民同乐"也是当时游娱活动追求的目标，但我们亦可以看出一些受到"能力制约"影响而出现的差别。田况《伏日会江渎池》一诗记载："长空赤日真可畏，三庚遇火气伏藏，温风泱漻郁不开，流背汗洽思清凉。江渎祠前有流水，灌注蓄泄为池塘。"夏日，江渎池成为官僚士人避暑泛舟的好去处，普通百姓可能就无福消受了。同时，官僚士人在游娱活动中多会择地宴会，如田况"遇出游，则即其地（浣花亭）幪以席幕，为馔宾

---

① 〔宋〕田况：《元日登安福寺塔》，〔宋〕袁说友等编，赵晓兰点校：《成都文类》卷 9，中华书局 2011 年版，第 177 页。

② 〔宋〕田况：《上元灯夕》，〔宋〕袁说友等编，赵晓兰点校：《成都文类》卷 9，中华书局 2011 年版，第 178 页。

③ 〔宋〕田况：《二十一日游海云山》，〔宋〕袁说友等编，赵晓兰点校：《成都文类》卷 9，中华书局 2011 年版，第 181 页。

④ 柴彦威、王恩宙：《时间地理学的基本概念与表示方法》，《经济地理》1997 年第 3 期。

之所”①，普通人很少有机会参与其中。另外，普通百姓受到农事及经济能力制约，在游娱时间的选择上也存在一定局限。正如田况所言：“自岁旦涉孟夏，农工未盛作时，观者填溢郊郭。过浣花之游，则各就其业。”② 百姓在孟夏之后就要投入到繁重的劳作中去，少有闲暇参与游娱活动。

宋代成都游娱活动中亦存在“组合制约”的影响。“与民同乐”的游娱目标，把百姓和官员组合在同一场所之中，而这种“组合”使得游娱活动也存在着明显的等级界限、性别隔离等现象。每年春季，开园后的西园成为全民游娱的重要场所。“成都楼观之盛，登览殆遍。独西楼直府寝之北，谨严邃静，非参僚宾客不得辄上。”③ 百姓虽可游览西园，却难以登西楼。

宋代成都的游娱活动受“权威制约”影响亦多。巴蜀人多好游乐，“踏青、药市之集尤盛焉，动至连月”④。这种游乐风俗逐渐成为巴蜀的风尚，无论贫富都乐于游娱，哪怕是借贷也要参与。苏轼曾记：“蜀人衣食常苦艰，蜀人游乐不知还。千人耕种万人食，一年辛苦一春闲。闲时尚以蚕为市，共忘辛苦逐欣欢。”⑤ 任正一言：“自旁郡观者，虽负贩刍荛之人，至相与称贷易资，为一饱之具，以从事穷日之游。”⑥ 也许这种游娱活动能让贫民短暂忘却生活的艰辛，却并非长久之计。宋代成都的游娱活动受到法律的制约，如庆历三年（1043）七月二十日就有官僚上言：“益州每年旧例，知州以下，五次出游江并山寺，排当从民遨乐，去城稍遥，窃以军费、甲仗、钱帛、军器、法从以至粮食、草场等库藏，须借官员在城管勾。欲乞下本州，今后遇此

① 〔宋〕田况：《浣花亭记》，〔宋〕袁说友等编，赵晓兰点校：《成都文类》卷43，中华书局2011年版，第837页。

② 〔宋〕田况：《浣花亭记》，〔宋〕袁说友等编，赵晓兰点校：《成都文类》卷43，中华书局2011年版，第837页。

③ 〔宋〕吴师孟：《重修西楼记》，〔明〕杨慎编，刘琳、王晓波校：《全蜀艺文志》卷34，线装书局2003年版，第929页。

④ 〔元〕脱脱等：《宋史》卷89《地理志》，中华书局1977年版，第2230页。

⑤ 〔宋〕苏轼著，邓立勋编校：《苏东坡全集》卷1《和子由蚕市》，黄山书社1997年版，第21页。

⑥ 〔宋〕任正一：《游浣花记》，〔宋〕袁说友等编，赵晓兰点校：《成都文类》卷46，中华书局2011年版，第881页。

筵，设更牙常输通判职官各一员在州照管，及提举监官专防守仓库。”① 朝廷要求成都政府制定相应措施加强游娱活动的管理。同时，朝廷对巴蜀官员的游乐之风也多有警告，如宋祁在成都期间多喜游娱就遭到包拯的批评。田况曾回应过这些批评：

> 四方咸传蜀人好游娱无时，予始亦信然之。逮忝命守益，梠辕逾月，即及春游。每与民共乐，则作一诗以纪其事……岂曰无时哉？传之者过矣！②

正如田况本人的回应一样，我们通过对1049年田况出行路径的考察，更加确定了宋代成都的游娱活动整体上呈现“游娱有时”“游娱有地”的特征，这些特征又受到各种制约条件的影响。田况的出行路径为我们了解宋代成都人民的生活旨趣提供了可能，如果我们尝试在不同的人群中运用此种研究方法，那么宋代成都人民的生活图景将会更完整地呈现在世人面前。

20世纪以来，中国的史学研究主要集中在政治史、经济史、文化史等领域，制度、事件等是其探索的重点，似乎逐渐忽视了历史的主体——人，更不用说物了。而人与物是历史中最为重要的两种要素，人与物的存在与互动共同推动了社会的发展。对社会的考察，若脱离这两个要素，则不能清晰地反映社会变化的过程，无法真正认识历史上的社会变迁。

7-13世纪的成都历经唐、五代、两宋三个时期，王朝的治乱兴衰、朝代更迭，并没有扰乱成都的发展节奏。成都在这数百年的风雨之中独树一帜，继续保持着稳定的发展态势。这一态势的出现离不开物的贡献，“物以类聚”直接促进了成都经济的发展。巴蜀自古物产丰饶，茶、药、锦等名优特色商品汇集于此，商品琳琅满目、百货川委，各地商人在此交流贸易、互通有无。特色商品的“物以类聚”使得定期或季节性市场异常繁荣，成都的商

① 〔清〕徐松辑：《宋会要辑稿》刑法2之26，中华书局1957年版，第6508页。

② 〔宋〕田况：《成都遨游诗序》，〔宋〕袁说友等编，赵晓兰点校：《成都文类》卷9，中华书局2011年版，第177页。

业空间也呈现出新的发展趋向。商业空间开始不断“侵蚀”其他空间，似乎任何场所都存在转化成商业空间的可能。同时，由于物与人的互动，商业空间逐渐与社会空间交织，商业空间中的社会百态无形之中赋予了其更多的社会属性。

然而在这一繁盛的图景中人在哪里？“人以群分”则是我们的回答。唐宋时期的成都社会诸色杂处，社会结构复杂，不同身份、阶层、职业、户籍的人汇集于此，扮演着各自的社会角色。不同人群的交往、合作、碰撞，使得群体间联系日益紧密。城市中下阶层的社会参与度得到较大提升，士人、官僚阶层与普通民众有了更多的交集，城市社会的重心逐渐出现下移趋向。伴随这一趋向，成都城市社会出现了一些空间分异特征，然而社会空间的均等性、开放性也在逐步增强。

当我们见到其“人”后，则会不由自主地开始思考“他”的种种日常。休闲游娱活动则为我们了解民众的日常及生活提供了有益的资料。巴蜀民众自古好游赏，至唐宋时期，成都的游娱风尚更是发展到历史顶峰，社会之中处处弥漫着闲适的气息。这种情况的出现深受历史积淀与时代塑造的双重影响，游娱活动的内容及类型呈现出一些新的特征与转向。成都的游娱活动并不是一些文本渲染的那样奢侈，也不是我们主观印象中那样的无度，而是整体上呈现出“游娱有时”“游娱有地”的特征。游娱活动的内容更加贴近普通百姓的日常生活，特定时日的游娱活动日益固定，逐步演化成民众的风俗习惯。同时，游娱主体开始自上而下逐渐扩大到社会的各个阶层，游娱活动真正为全体民众所接受，全民游乐成为社会发展中的重要转向。

我们通过对物和人的考察，发现唐宋时期成都城市社会在商业空间、社会空间及游娱空间方面的确发生着众多变化。这些变化既是唐宋社会转型的表现，也带有独特的成都印记，不断推动着成都社会的演进与发展。在历史解释与建构的过程中，我们应该更多开展以人和物为中心的书写。本文利用的历史地理学的方法，只是其中微小的一环，尚有许多其他研究方法值得借鉴。若史学研究“追本溯源”，重新回归到人、物等研究主体之上，可能会催生出一些意想不到的“新理念”与“新气象”，我们的研究将会更加的多元与丰富。

附录一
20世纪以来出土墓志所见唐代巴蜀社会经济与交通

唐代墓志是研究中国中古社会历史的珍贵史料，20世纪以来出土的中古土石刻以唐代墓志数量最巨，据笔者统计已经超过一万方。唐代墓志成为继敦煌文献以后研究中古历史的重要史料，其补史、证史的重要价值已经得到学术界普遍认同。虽然单个墓志往往只是对一个家族某个成员生平的追忆，但将大量墓志综合起来看，却可以发现这些墓志折射的诸多的社会历史信息。就历史时期的地域文化与区域历史地理研究而言，因唐人仕宦调迁频繁，志主生前仕宦多个州县的现象十分普遍。墓志在追述志生平政绩与功德时，往往会涉及某州某县的政治、军事、风俗、交通等，这正是研究唐代区域历史的珍贵史料。其中有关巴蜀地区的记述虽然十分零散、破碎，但却从不同角度反映了唐代巴蜀地区社会经济、交通、政治等，也保留了唐人对巴蜀之地的印象及评价，值得重视与利用。笔者近年整理唐人墓志中的历史地理资料，接触到不少涉及巴蜀的墓志，所述虽较零散，但吉光片羽，殊为珍贵，为研究唐代巴蜀区域历史不可多得的新史料，这里试作探讨。

第一节　唐人墓志所见巴蜀地区城市经济的繁荣

成都是唐代西南地区最大的经济都会，唐高祖武德元年（618）在成都置益州总管府，武德九年（626）又置益州大都督府，为全国五大都督府之一。唐代益州府以经济繁荣、富庶著称，武则天时蜀籍官员陈子昂说：“蜀为西南一都会，国家之宝库。天下珍货聚出其中。又人富粟多，顺江而下，可以兼济中国。”① 据《元和郡县图志》载，唐玄宗开元年间，成都府的户口数仅次于京兆府，为十三万七千四十六户，与东部富甲天下的扬州并称“扬一益二”。不过，过去我们熟知的描述唐代成都经济繁荣的传世文献主要见于晚唐，且为数不多，历史上也不乏有人对此持怀疑态度，甚至认为系巴蜀地方官员对本土经济的过誉之辞。那么有无其他资料提供佐证呢？回答是肯定的。近百年出土唐代墓志多达万方以上，数量相当可观，其中就有一部分墓志涉及成都和巴蜀其他城市的经济状况，从石刻文献角度提供考察唐代蜀中城市社会经济面貌的资料。

成都在地理上有得天独厚的优势，唐人墓志中对其多有类似“蜀塞名区，岷江奥壤”② 的赞誉。唐代成都城市经济的繁荣在唐人墓志中多有反映。《豆府君墓志》说“鸳渚黎甿，锦城风俗。由来豪富之窟，自昔兼并之地”③，“由来豪富之窟”尤为生动，是成都府为商贾富户聚集之地的真实写照。成都具体繁荣到什么程度，唐中宗神龙年间的《李延祐墓志》有这样的描绘：“西南奥府，雕绮实繁。镌镂参神，精妍若化。纤罗云卷，绚锦霞缛，百工所就，四海是资。”④ 这与晚唐卢求在《成都记序》中的记载何其相似：“大凡今之推名镇为天下第一者，曰扬、益。以扬为首，盖声势也。人物繁盛，悉皆土著。江山之秀，罗锦之丽，管弦歌舞之多，伎巧百工之富，其人勇且让，其地腴以善，熟较其要妙，扬不足以侔其半。”⑤ 益州府附郭县雒

① 〔后晋〕刘昫等：《旧唐书》卷190《陈子昂传》，中华书局1975年版，第5022-5023页。

② 《唐故益州大都督府成都县令韦府君（緂）墓志铭》，周绍良、赵超主编：《唐代墓志汇编·续集》永昌003，上海古籍出版社2001年版，第299页。

③ 《唐故蜀州司户参军事豆卢府君墓志铭并序》，毛阳光、余扶危主编：《洛阳流散唐代墓志汇编》（上），国家图书馆出版社2013年版，第121页。

④ 《大唐故朝议郎行益州大都督府士曹参军李君（延祐）墓志铭并序》，周绍良、赵超主编：《唐代墓志汇编》神龙037，上海古籍出版社1992年版，第1067页。又见吴钢主编：《全唐文补遗》第二辑，三秦出版社1995年版，第395页。

⑤ 〔唐〕卢求：《成都记序》，〔明〕杨慎编，刘琳、王晓波校：《全蜀艺文志》卷30，线装书局2003年版，第784页。

县也是“地极丰腴，人口殷杂。珍奇易积，萌俗难齐”①。唐代成都的繁华在诗人笔下有也多有描述，李白有“九天开出一成都，万户千门入画图”之浩叹，杜甫赞美成都为“喧然名都会，吹箫间笙簧”，这些诗句无疑是唐代成都城市经济繁荣的最好注脚。墓志所述成都平原其他州县也多有经济繁荣者，汉州是“橘柚富于千户，闾阎雄于万室”②，绵州“五都秀国，百濮雄邦。徒职警销忧之墟，毗风光要害之壤”③。地处成都西南、岷江之畔的眉州同样是商贾云集，号称繁富：“接江国之三巴，通商旅之万族。”④ 剑州“西蜀名区，旧称饶衍”⑤。

这些不同年代的墓志、不同撰写者笔下的益州府及其他州县，实际上传递着同一个被高度认可的信息：繁华。可见唐人所谓“扬一益二”的说法真实可信，绝非虚言。唐人墓志对巴蜀城市经济的记载虽然比较零散，且数量有限，但是殊为珍贵，从私家记载的角度反映了巴蜀城市经济的繁荣，为传世文献的记载提供了有力的印证。

第二节　唐人墓志所见巴蜀山川形胜的典故化

唐代巴蜀地区地处西鄙，四面高山屏蔽，地理环境相对封闭，形成了具有地域特色的地理特征。唐人墓志善于对志主生前任职之地作地域描写与评价，涉及巴蜀的墓志也不例外，一般都要引经据典，列举山川形胜，凸显巴

---

① 《大唐故使持节楚州诸军事楚州刺史上柱国苟府君（暄）墓志铭并序》，毛阳光、余扶危主编：《洛阳流散唐代墓志汇编》（上），国家图书馆出版社 2013 年版，第 11 页。

② 《大唐故汉州司户参军周府君墓志铭并序》，毛阳光、余扶危主编：《洛阳流散唐代墓志汇编》（上），国家图书馆出版社 2013 年版，第 205 页。

③ 《大唐故绵州魏成县丞杨君（秀）墓志铭并序》，吴钢主编：《全唐文补遗·千唐志斋新藏专辑》，三秦出版社 2006 年版，第 37 页。

④ 《唐故朝散大夫上柱国颍州汝阴县令史公（待宾）墓志铭并序》，吴钢主编：《全唐文补遗》第二辑，三秦出版社 1995 年版，第 481 页。

⑤ 《大唐故普安郡司马韦君墓志铭并序》，周绍良、赵超主编：《唐代墓志铭汇编·续集》天宝 095，上海古籍出版社 2001 年版，第 651 页。

蜀地区代表性的地理标志。武则天时期的《大周刘君墓志铭并序》述及乾封年间志主刘俭任职益州蜀县丞时即说："玉垒遥墟，剑门遐徼，地邻巴汉，境带岷禺。"① 与此类似的还有《郭君副墓志》，述至志主释褐益州郫县尉时说"铜梁之境，赞剧务以开规；月峡之乡，劭嘉庸而轨物"②。"玉垒""剑门"皆为唐人墓志中的巴蜀地标。"玉垒"出自西晋左思《蜀都赋》"廓灵关以为门，包玉垒而为宇"。刘逵注曰："玉垒，山名也，湔水出焉。在成都西北岷山界。"玉垒山在岷江上游，《汉书·地理志》"绵虒县"下注云"玉垒山，湔水所出，东南至江阳入江"。刘琳在《华阳国志校注》中指出湔水为今白沙河，玉垒山即湔水发源地以北的九顶山，可采信。"剑门"指唐代剑州之剑门关或剑门山，险峻难攻，是西行入川的一大险关，唐人有"一夫当关，万夫莫开"之说。"地邻巴汉，境带岷禺"，则道出了巴蜀的地缘关系。蜀之东北为古之巴国与汉水流域，西北则为岷山氐羌，应该说这一概括是大致准确的。

"铜梁"语出西晋左思《蜀都赋》"外负铜梁于宕渠，内函要害于膏腴"。唐人墓志提及巴蜀，一般都要以历史典故带出巴蜀悠久的历史与代表性山川形胜。《郭君副墓志》志主授益州郫县尉，墓志即以"铜梁之境，赞剧务以开规；月峡之乡，劭嘉庸而轨物"③ 导之。铜梁即铜梁山，是古代巴蜀交界地带的名山，在今重庆市铜梁区西北。《元和郡志图志》《合州·石镜县》谓铜梁山"在县南九里。《蜀都赋》'外负铜梁于宕渠'是也"④。明万历《合州志》载"铜梁山，山有石梁横亘，其色如铜，故名。岩有'铜梁山'三字"。月峡是明月峡的简称，在今重庆南岸区，峡壁高四十余丈，其壁有圆孔，形若满月，故称之。

《麴建泰墓志》述及志主麴建泰在贞观年间任益州玉津府折冲都尉时对巴

---

① 《大周刘君墓志铭并序》，周绍良、赵超主编：《唐代墓志铭汇编》延载006，上海古籍出版社1992年版，第864页。

② 《洛州河南县郭府君（君副）墓志之铭》，吴钢主编：《全唐文补遗》第二辑，三秦出版社1995年版，第218页。

③ 《洛州河南县郭府君（君副）墓志之铭》，吴钢主编：《全唐文补遗》第二辑，三秦出版社1995年版，第218页。

④ 〔唐〕李吉甫：《元和郡图志》卷33《合州石镜县》，中华书局1983年版，第856页。

蜀有一番评论："阳刚生方，锐气植土。孟阳铭于梁汉，太冲赋于巴岷。信峻阻之奥区，寔壑险之深要壤。"① "阳刚生方"，《晋书·地理志》在对梁州释名时说："梁州，按《禹贡》华阳黑水之地，舜置十二牧，则其一也。孟阳铭于梁汉，梁者，言西方金刚之气强梁，故因名焉。"梁州即今陕西省南部的汉中，为古代巴蜀北方重镇。"孟阳铭于梁汉"，指西晋张载（字孟阳）在剑阁所留"剑阁铭"；"太冲赋于巴岷"，是指西晋左思（字太冲）所作《蜀都赋》；皆为魏晋时期描写巴蜀山川、道路的名篇。

渝东南夔州奉节县地处长江三峡入峡口，唐人墓志述及夔州时，总免不了提及白帝城、黄牛峡等代表性的人文景观。《刘智才墓志》述及志主贬官云安郡东阳府折冲时云："白帝旧墟，黄牛故浦。汉王不乐于渝舞，卫侯何暇于夷言？" "白帝旧墟"当指奉节白帝城，系西汉末年公孙述割据巴蜀时所居，公孙述死后，当地人在山上建庙立公孙述塑像以纪念，此后遂成长江三峡一代表性景观。"黄牛故浦"系指黄牛峡，位于宜昌入峡四十五公里处南岸山麓，石壁陡峭，为赭黄色，形似神人牵牛。山下建有黄陵庙，又称黄牛祠。北魏郦道元《水经注》云："江水又东，经黄牛山下，有滩名曰黄牛滩。南岸重岭叠起，最外高崖间有石色如人，负刀牵牛，人黑牛黄，成就分明。既人迹所绝，莫得究焉。"②

"玉垒""铜梁""月峡""剑门""白帝""黄牛"等都是唐人墓志言及巴蜀时常用的典故和山川形胜，一方面源出经典文献，昭示着巴蜀悠久的历史，另一方面这些"地标"也代表了巴蜀地区险要的地形特点。墓志撰写者未必都到过巴蜀，之所以熟悉并能熟练使用这些地名典故，是因为其知识大多来自文史经典。这些涉蜀典故的引述，实际上也反映了唐代中土士人对巴巴蜀域形象的想象与地域形象的认知、评价，且有一定的普遍性。

---

①《唐故宁远将军益州玉津府折冲都尉上柱国麴君墓志铭并序》，胡戟、荣新江主编：《大唐西市博物馆藏墓志》（上），北京大学出版社 2012 年版，第 187 页。

②〔北魏〕郦道元：《水经注》卷 34《江水》，《景印文渊阁四库全书》第 573 册，台湾商务印书馆 1983 年版，第 512 页。

第三节　唐人墓志所见蜀道交通

传统意义上的蜀道主要是指隋唐时期由国都长安、洛阳通往西蜀首府成都的诸条道路总称。由于唐代巴蜀地区之于唐王朝的重要意义，加之中原人仕宦巴蜀者数量颇巨，因而墓志中留下了不少涉及蜀道交通的信息。巴蜀交通险阻，唐人常以“九折”“峻险”“迂远”等形容。按“九折”一词出自《汉书》琅邪王阳为益州刺史护送亲人灵柩行至邛崃九折阪叹畏蜀山峻险之典故①。巴蜀地区四周险山环绕，关中平原与四川盆地之间横亘着高大险峻的秦岭与大巴山两大山系，唐人往返秦蜀间需要连续多日踯躅于崇山峻岭之中。特别是自巴蜀到京洛多为艰辛难行的“险道”，而且蜀道上不少地段为险江绝壁，仅以栈道相通，因此唐人涉蜀墓志多写赴任巴蜀与扶柩出蜀过程中经历的艰险。如《裴友让墓志》所言“西蜀东周相去万里，中有连山叠嶂，重江峻湍，舟车才通，来往罕达”②，即为唐人跋山涉水穿行蜀道的共同心声。

王美畅曾任剑南始州司法参军，墓志言其赴蜀任职“叹登九折”，“勇越三巴”③。李抗曾任濛阳郡（今四川彭州市）司户参军，其墓志即谓其赴蜀“登剑阁，指彭门之九折，历岷嶓之万仞”④。据元和九年（814）的《赵氏夫人墓志》，赵氏于上元元年（760）“从子西蜀之任，因家焉”，后病逝于西蜀，因当时蜀中战乱，交通不畅，“分野易象，兵戈屡兴，三蜀衣冠，存殁相

---

① 《汉书》卷 76《赵尹韩张两王列传》：“（王尊）迁益州刺史。先是琅邪王阳为益州刺史，行部至邛郲九折阪。叹曰：‘奉先人遗体，奈何数乘此险！’后以病去。及尊为刺史，至其阪，问吏曰：‘此非王阳所畏道邪？’吏对曰：‘是。’”此即“九折”语汇的来历。

② 《唐故朝散大夫成都府犀浦县令河东裴府君墓志铭并序》，赵君平、赵文成编：《河洛墓刻拾零》（下），北京图书馆出版社 2007 年版，第 431 页。

③ 始州即今四川广元市剑阁县，《王美畅墓志》：“咸亨三年，秩终，以本阶转始州司法参军事。叹登九折，方标孝子之名；勇越三巴，还绍忠臣之誉。”胡戟、荣新江主编：《大唐西市博物馆藏墓志》，北京大学出版社 2012 年版，第 139 页。

④ 《大唐故濛阳郡司户参军赵国李君墓志铭并序》，胡戟、荣新江主编：《大唐西市博物馆藏墓志》，北京大学出版社 2012 年版，第 478 页。按，唐剑南彭州辖有濛阳、九陇等四县，治九陇县。

失”，故梓棺厝留多年，直到元和九年才在其孙的护送下归葬洛阳。其墓志所言蜀道艰险非常生动具体：“白云万重，碧嶂连控。荆榛匝于荒野，剑阁危于栈道。孝孙二人，每追霜露之感，恒望迁移之日。”① 如果说《赵氏夫人墓志》中的行程是从西蜀（成都）出发，路途较为遥远，而薛文休于集州（治今四川南江县）死后，其灵柩归葬洛阳，也整整用了五月之久。《薛文休墓志》载薛文休于开元三年（715）十月十三日薨集州，“舆榇首路，言归洛京，扶老携幼，祖送出境，不可胜计。载历险阻，绵隔冬春，以四年三月到洛”②。从集州至洛阳，里程二千六百里③，灵柩在路上历时五月。

同时，蜀道的艰险不仅是自然地理意义上，蜀道沿线的盗匪劫掠也常常危及行旅的安全。《旧唐书·崔宁传》载：“宝应初，蜀中乱，山贼拥绝县道。代宗忧之，严武荐旰为利州刺史，既至，山贼遁散，由是知名。”④ 利州（治今四川广元）乃由秦入蜀必经之地，这些“山贼”应是趁着战乱利用蜀道之险劫掠行旅的土匪，这说明蜀道沿线的社会环境也十分恶劣。这种情况在唐人墓志中也有多方面的反映。《李贞墓志》即言“岷濮之险，实惟巴江；剽劫之患，时闻栈阁”⑤。《张献诚墓志》是反映唐代宗时期巴蜀地区社会动乱的一方重要碑石，其墓志特地提到“永泰初，特拜梁州刺史、山南西道节度等使……时羌浑贼帅高玉聚剽掠之党，扼褒邪（斜）之路。公以三军作气，六鼓乃禽，遂加仪同，检校工部尚书……而山南狂贼池氾元曜等凭陵州邑，俶扰士庶。公招必示信，讨必示威。川有湉鳞，野无暴客”⑥，可见安史之乱期间褒斜道沿线社会治安十分混乱。这些对蜀道交通的描述虽然在语汇修辞上

① 《唐故朝散大夫绛州曲沃县令郑府君故夫人天水赵氏墓志铭并序》，《唐代墓志汇编》元和071，上海古籍出版社1992年版，第1998页。

② 《大唐故集州刺史薛府君墓志铭并序》，毛阳光、余扶危主编：《洛阳流散墓志汇编》（上），国家图书馆出版社2013年版，第170页。

③ 《旧唐书·地理志》：“（集州）在京师西南一千四百二十五里，至东都二千六百里。”（中华书局1975年版，第1535页）

④ 〔后晋〕刘昫等：《旧唐书》卷117《崔宁传》，中华书局1975年版，第3398页。

⑤ 《大唐故太子少保豫州刺史越王墓志铭》，《唐代墓志汇编》开元065，上海古籍出版社1992年版，第1199页。

⑥ 《唐故开府仪同三司检校户部尚书知省事赠太子太师御史大夫邓国公张公墓志铭并序》，《唐代墓志汇编续集》大历007，上海古籍出版社2001年版，第696页。

远远没有李白《蜀道难》那样的瑰丽多彩，而只是一些途经蜀道的真实感叹，但很大程度上再现了唐代蜀道交通的真实状况和时人感受，也从墓志文献的角度说明“蜀道难”是唐人共同的时代记忆。

四川盆地四周高山环绕，在古代，无论从中原还是从荆楚进入巴蜀之地，陆行要穿山越岭，水路须溯江舟行，行路都异常艰难，因此古有“蜀道难”之叹。特别是从汉唐国都长安去西南都会成都，须先后穿越苍莽的秦岭与巍峨的巴山，许多路段蜿蜒于险江栈道之上。行旅者于千里蜀道，每每惊心动魄，感叹道路难行，人生艰辛。唐人无论是生前赴巴蜀任职，还是死后由亲属扶灵北归都要经蜀道入蜀还秦，因此唐人墓志也留下了一些有关蜀道的记述。这些记述可以从亲历者角度帮助我们认识唐代的蜀道交通状况。

唐代出蜀，陆路大多循剑阁金牛道至梁州，再取道褒斜道或傥骆道进入关中至长安，或再东行至东都洛阳。从墓志看，唐人行旅于蜀道有两种情况：一是被朝廷授官入蜀上任，二是故于巴蜀后由亲属或故旧护柩北归长安或洛阳，从中可以管窥唐人出入巴蜀的路线。《李夷吾墓志》谓志主授官濛阳郡司户参军，入蜀“登剑阁，指彭门之九折，历岷嶓之万仞”。濛阳郡即唐之彭州，唐玄宗天宝元年（742）诏天下改州为郡，彭州改为濛阳郡，治所在九陇县（今四川彭州市），下辖濛阳、唐昌、导江三县。唐肃宗乾元元年（758）政区再次改制，复濛阳郡为彭州，李夷吾任濛阳郡司户参军当在此间。墓志未言李氏入蜀前半程路线，但既然“登剑阁”，则必自梁州取道金牛、剑阁道入蜀无疑。从墓志看，唐人出蜀路线选择有二。一是走秦蜀间的剑阁、金牛道至汉中（梁州、兴元府），再经褒斜道或傥骆道出秦岭至京师长安。如大和四年（830）四月遂州刺史韦行立死后，其夫人即护送其灵柩“自遂州出褒谷，寒苦二千里，归葬长安洪固乡”①，则此次归葬走褒斜道。褒斜道是秦汉、唐宋时期翻越秦岭南北最为著名的交通路线，南口在今陕西省汉中市北约15公里处的褒水出秦岭的褒谷口，北端在秦岭北麓的斜谷口（今陕西眉县斜峪口），也是翻越秦岭相对便捷的一条通道，为唐代秦蜀往来的主要通道。

---

① 《唐故遂州刺史韦府君墓志铭并序》，西安市长安博物馆编：《长安新出墓志》，文物出版社2011年版，第265页。

另一条出蜀路线就是从西蜀南下巴渝，经过长江夔峡至荆襄，转道武关道至长安、洛阳。后者因要历三峡夔门惊涛骇浪之险，往往是巴蜀发生战乱时的无奈选择，比如晚唐时期巴蜀公文呈递被迫选取长江夔峡一线①。西安大唐西市博物馆所藏中的《唐韦羽及夫人崔成简墓志》载唐宪宗元和初韦羽病逝西川，其妻崔成简“携幼护丧，浮方舟，下巴渝，抵荆门，舆榇而至”，将其葬于万年县少陵原高平乡夏侯村②。韦羽病故非时，遭逢元和初年西川刘辟叛乱③，朝廷派遣官军入蜀镇压，时蜀中正处于战乱之中，金牛、剑阁沿线战事激烈，行旅阻隔，于是扶柩归葬被迫改道夔峡一线。巴蜀至河洛交通的艰险由此可见一斑。

剑阁道以西至绵州（今四川绵阳）一带，则是秦蜀间交通繁忙、商贾辐辏之地。按绵州巴西县即四川绵阳市涪城区，历史上曾经先后为涪县、巴西县，《元和郡县志》对其沿革有简要记载：“巴西县，望。郭下。本汉涪县地，属广汉郡。先主据蜀，立梓潼郡，以县属焉。晋孝武帝徙梓潼郡于此。后魏改为巴中县，隋开皇元年避庙讳，改为巴西县。”④ 绵州地近西南都会益州府，商贾云集，驿传繁忙，近年在洛阳出土的《袁胜墓志》叙述志主授绵州巴西县令，言及该县“工商云合，邮传星繁”⑤。“工商云合，邮传星繁”则是唐代蜀道交通繁荣的一个缩影。

此外，川西南黎州（治在今四川雅安市汉源县）的交通状况与社会环境也值得注意。据《刘熠墓志》，刘熠于宝历元年（825）任黎州刺史，后转任雅州刺史，其墓志即对黎、雅一带的交通路线与环境有真实反映：“宝历元

---

① 〔宋〕孙光宪《北梦琐言·逸闻》卷4：“景福、乾宁之时，三川兵革，虎豹昼行，任土贡输，梗于前迈。西川奏章，多取巫峡。”（上海古籍出版社1981年版，第170–171页）

② 《唐韦羽及夫人崔成简墓志》，胡戟、荣新江主编：《大唐西市博物馆藏墓志》，北京大学出版社2012年版，第371页。

③ 《唐韦羽及夫人崔成简墓志》明确交待韦羽死于巴蜀战乱期间：“公为西蜀宗相之宾，领军府馈运之重。无何，主公殂落，戎佐负恩，锁剑阁，拒天王之命，而公陷于寇逆，力不能支，闭户愤叹，累旬而殁。”（胡戟、荣新江主编：《大唐西市博物馆藏墓志》，北京大学出版社2012年版，第371页。）

④ 〔唐〕李吉甫：《元和郡县图志》卷33《剑南道路下·绵州》，中华书局1983年版，第849页。

⑤ 《大唐故绵州巴西县袁府君墓志铭并序》，毛阳光、余扶危主编：《洛阳流散墓志汇编》（上），国家图书馆出版社2013年版，第170页。

年，除黎州刺史。逾邛崃，越瘴川，地牦牛，隘灵关，绥御荒徼，来职贡，此其任也。”① 即从成都往黎州要翻越邛崃山，过雅州（今四川雅安），过烟瘴之地，经过荥经、灵关（今四川宝兴县南）方能到达。因唐代雅州至黎州一段瘴气弥漫，是有名的“瘴区”，因此墓志所说“越瘴川”并非虚言。黎州属剑南道西南边城，交通险阻难行，《元和郡县图志》卷32《剑南道·黎州》说：“其州城东、西、南三面并临绝涧，唯北面稍平。贞元二年，节度使韦皋凿北面，隍堑深阔，又于州北故武侯城迤逦置堡三所，为州城之援。”② 黎州城地形特殊，三面悬绝，“东北至上都二千五百八十里，东北至东都二千四百三十里，东至戎城无路，约七百里。东北至雅州三百四十里”③。《刘熠墓志》所言“逾邛崃，越瘴川，地牦牛，隘灵关，绥御荒徼，来职贡，此其任也”，除了指明赴黎州沿线的山川险阻外，还明确揭示黎州也是西南少数民族职贡的通道。

第四节　唐人墓志对巴蜀地区的地域评价

唐代前期墓志撰写有一个显著的特点，就是常对志主生前任职之地进行简短的评论，以彰显志主地方治理的政绩。唐人墓志对巴蜀不同地区有不同的地域评价。一般而言，对开发较早的成都、梁州等平原地区印象较好，评价较高，而对巴蜀边远山区负面评价较多。如地处汉中平原的梁州是巴蜀北部门户，也是汉水上游的中心城市，境内有著名的梁山，汉水穿过肥沃的汉中平原浩荡东去。唐人墓志涉及梁州时，大多给予赞美之辞，如《李畅墓志》

① 《季舅唐故雅州刺史刘府君（熠）墓志铭并序》，毛阳光、余扶危主编：《洛阳流散唐代墓志汇编》（下），国家图书出版社2013年版，第553页。

② 〔唐〕李吉甫：《元和郡县图志》卷32《剑南道路中·黎州》，中华书局1983年版，第820-821页。

③ 〔唐〕李吉甫：《元和郡县图志》卷32《剑南道路中·黎州》，中华书局1983年版，第820-821页。

谓“梁山形胜，据三蜀之门；汉水膏腴，擅一都之会”①，评价很高。《元氏墓志》则说梁州“合雍分蜀，六遵铜竹之符；让水廉川，通洁冰霜之操”。“合雍分蜀”是说梁州地处关中与巴蜀之间，“铜竹之符”典出《后汉书·百官志》“尚符玺郎中四人”本注曰：“旧二人在中，主玺及虎符、竹符之半者。”汉朝地方官吏的印符最初为竹制，后来改成铜制，这里借指州郡长官。因志主元氏的曾祖曾任梁州都督，故有是说。“让水廉川，通洁冰霜之操”则涉及南朝时一个有名的历史典故。据《南史》卷 47《范柏年传》，梁州刺史范柏年觐见宋明帝，皇帝谈到广州有贪泉，问范梁州有什么。范回答巧妙：“梁州唯有文川、武乡、廉泉、让水。”皇帝又问：“卿宅在何处？”范氏回答说：“臣所居廉、让之间。”② 此故事一时传为佳话，汉中因而有“廉让之乡”的美誉。文川、武乡在汉中西北不远处，地名至今犹存。廉泉、让水，即廉水，又叫廉津，《太平寰宇记》载：“廉津在龙冈山，北临汉水，南带廉津。”③ 这个故事也是历史上有名的廉政佳话，《元氏墓志》即借这一故事表彰志主廉政之美德。

此外，梁州地连秦、蜀、陇、楚，历史悠久，物产丰富，又为刘邦“开汉业”的发迹之地。唐代梁州乃山南西道节度使治所，主政梁州者多为出将入相之重臣，地位仅次于成都府，因此墓志对梁州的评价颇高。唐宗室李福的墓志也有对梁州的评价：“近届褒中，良木云蔚，嘉鱼潜跃。汉帝因其王业，蜀将由其作险。宗懿光临，允谐望实。郑武入仕，齐攸居藩。”④ 此段墓志典出西晋左思《蜀都赋》：“嘉鱼出于丙穴，良木攒于褒谷。”汉中北有褒谷，褒水自秦岭流出，注入汉水，水中产嘉鱼。墓志引用这一历史典故意在衬托主政官员的美好品德与其受朝廷倚重。

---

① 《唐正议大夫使持节相州诸军事守相州刺史上柱国赞皇县开国子李公（畅）墓志铭并序》，吴钢主编：《全唐文补遗》第六辑，三秦出版社 1999 年版，第 51 页。《曹参军刘君故妻元氏墓志铭并序》，吴钢主编：《全唐文补遗》第一辑，三秦出版社 1994 年版，第 189 页。

② 〔唐〕李延寿：《南史》卷 47《胡谐之传附范柏年传》，中华书局 1975 年版，第 1177 页。

③ 〔宋〕乐史著，王文楚等点校：《太平寰宇记》卷 133《兴元府》，中华书局 2007 年版，第 2614 页。

④ 《大唐故赠司空荆州大都督上柱国赵王（李福）墓志铭》，周绍良、赵超主编：《唐代墓志汇编·续集》咸亨 013，上海古籍出版社 2001 年版，第 194-195 页。

梓州在唐代曾长期为剑南东川道首府，境内有涪江、栖江，水陆交通发达，辐射四方，也为巴蜀商品集散中心。在唐人墓志中，对梓州的评价也属上乘："三蜀丰腴，六合交会。指荆门以作固，疏玉宇以开基。将解槃根，攸资利器。"① 遂州地处涪江冲积平原，地势平坦，气候温暖多雨，盛产水稻、蔗糖，在唐人心目中也是一佳地。《遂州司马董务忠墓志》评价遂州为"巴蜀奥区，蜀躔庸濮。蕃贰之职，谅伫英贤"②。遂州官员往往在这里积极推动移风易俗，政绩突出："囗清泸濮，轶锦水以推先；化偃巴巫，亘绵溪而得最。"③ 遂州的地理优势与主政官员的文明教化相得益彰，因而在唐人墓志中，对遂州也不乏褒扬之词。

但是，唐人墓志对巴蜀地区除了成都、绵州、梓州、梁州、遂州等少数几个州郡评价较好外，对其他州郡的评价则往往夹杂着一定程度的地域歧视。特别是对原巴国地域，如巴州、渠州、渝州的记述都指在凸显其犷风蛮俗，文化不昌。《章怀太子墓志》称巴州（今四川巴中）"土船余俗，遥然巴宕之乡；竹节遗黎，邈矣蛮賨之戍"④，竭力张扬巴州民俗的原始与景观的荒蛮。当然这与墓志作者同情章怀太子贬谪巴州的不幸遭遇有关，但巴州在唐代荒凉偏远、汉夷混杂，经济文化落后也是事实。渠州在唐人心目中则是"賨夷旧壤，俗浸虚讹。彭濮遗苗，性多骠悍"⑤。渠州（今四川渠县）为战国"板楯蛮"与汉晋"賨人"聚居地，民性"骠悍"，但在唐代农业经济已经有了一定程度发展，并非如此荒蛮。墓志如此评价，是唐人认为巴地荒陋的思维定势使然。但渠州毕竟在秦汉时有过一段"光荣历史"，即襄助刘邦北伐三秦、翦灭西楚霸王项羽。流传于渠州、阆中一带的"巴渝舞"后来被汉

---

① 《大唐故梓州刺史赠使持节幽州都督府诸军事幽州刺史李公（震）墓志铭并序》，吴钢主编：《全唐文补遗》第二辑，三秦出版社 1993 年版，第 20 页。

② 《遂州司马董务忠墓志》，吴钢主编：《全唐文补遗》第三辑，三秦出版社 1994 年版，第 488 页。

③ 《大唐故洛州汜水县令王府君（正因）墓志铭并序》，毛阳光、余扶危主编：《洛阳流散唐代墓志汇编》（上），国家图书馆出版社 2013 年版，第 49 页。

④ 《大唐故雍王赐章怀太子墓志铭并序》，吴钢主编：《全唐文补遗》第三辑，三秦出版社 1994 年版，第 51 页。

⑤ 《大周故朝议大夫上轻车都尉行泽州司马清河张府君（玄封）墓志铭并序》，吴钢主编：《全唐文补遗》第二辑，三秦出版社 1992 年版，第 331 页。

高祖引入宫内，成为宫廷乐舞[①]，因此也有墓志对渠州持正面印象："地维巴宕，城接渝賨。白竹之机罔使施，黄龙之输宁犯。舞存伐纣之陈，歌成慕德之章。"[②] 这是渠州历史光鲜的一面。渝州（今重庆）在唐人墓志中被描述为："賨渝汉壤，巴濮是通"[③]，"巴水三回，讹风载习。铜山九折，诡俗生常"[④]。真是一派荒蛮。

巴蜀东、南、西三边皆为汉夷交界之地，汉夷混杂，民风彪悍，这在唐人墓志中多有揭示。乐善文曾为涪州永安县令，其墓志说涪州为"地连庸蜀，俗号蛮夷"。因乐氏在涪州推行儒学，移风易俗，治理有方，使得"才移岁序，咏歌盈术，鲁恭训雉，焉能譬此仁明"[⑤]。墓志对乐氏的政绩难免有所夸大，但说涪州"地连庸蜀，俗号蛮夷"却很能代表唐人的"涪州印象"。涪州在唐代为荒凉远州，是唐朝谪贬官员之地，山区有獠夷分布，说是"蛮夷之地"也不为过。黔州则更加偏僻，民俗粗犷，《张善墓志》说该地："壤分月峡，地接星桥。波骇浪黄牛之滩，峰切玄猿之泪。雕题犷俗，蛮陬陋梗。"[⑥]《张德之墓志》将黔州的情况说得更加恶劣："穷荒丑地，沴气焚如。"[⑦] 在唐人看来看，黔州不但气候恶劣，而且在此任官可能有早夭之虞：

---

① 《华阳国志》卷1《巴志》："阆中有渝水，賨民多居水左右，天性劲勇。初为汉前锋陷阵，锐气喜舞。帝善之，曰：此武王伐纣之歌也。乃令乐人习学之，今所谓巴渝舞也。"（刘琳校注：《华阳国志校注》，巴蜀书社1984年版，第37页）

② 《唐故左监门将军华定遂三州刺史千金县开国伯权府君（万春）墓志铭并序》，西安市长安博物馆编：《长安新出墓志》，文物出版社2009年版，第57页。

③ 《大周使持节都督洪袁等七州诸军事洪州刺史轻车都尉上柱国临沂县开国男王府君（守真）墓志铭并序》，胡戟主编：《珍稀墓志百品》，陕西师范大学出版社2016年版，第90页。

④ 《唐故景城县令京兆独孤公（澄）墓志铭并序》，吴钢主编：《全唐文补遗》第二辑，三秦出版社1993年版，第183页。

⑤ 《唐故涪州永安县令轻车都尉乐府君（善文）墓志铭并序》，周绍良、赵超主编：《唐代墓志铭汇编》贞观140，上海古籍出版社1992年版，第97页。

⑥ 《大唐故黔州洪杜县丞张君（善）墓志铭并序》，吴钢主编：《全唐文补遗》第二辑，三秦出版社1993年版，第216页。

⑦ 《唐清河张氏（德之）墓志》，吴钢主编：《全唐文补遗》第六辑，三秦出版社1999年版，第154页。

“黔巫地偏，气候不囗。或形神一郁，则命之来。”① 吕颂《为张侍郎乞入觐表》指出：（黔州）“素多瘴疠，山峡重深，毒雾蒸云，常在牕户。四时多雨，不识霜雪。终岁阴昏，少见天日。出门无路，举目唯山。猿鸟之心，如在笼槛。臣从去年冬初忽染脚疾，膝胫顽痹，行步艰难，绝无医人，素乏药物。深山穷谷，无处市求，任重命轻，未可言疾。”② 因此，被朝廷任至黔州为官者，多不愿上任，以至于黔州及其属县官吏多有缺员。《唐会要》卷75《选限》就说：“其年七月敕：如闻黔州管内州县官员多阙，吏部补人，多不肯去。”③ 茂州在蜀西北岷江上游，民多氐羌，为巴蜀边陲。《田仁汪墓志》说茂州为“蜀国西部，当羌北垂。王（玉）垒听其不空，灵关传其展骥”。

涪州、黔州、茂州皆属巴蜀边缘，人烟稀少，夷人居多，远离巴蜀中心成都平原，经济、文化的落后是其地域评价较低的主要因素，所谓“雕题犷俗，蛮陬陋梗”虽然难免夸张，但也并非全是虚言。这些墓志反映了唐代巴蜀边缘与中心地区经济文化的巨大差异。

在一些经济条件较优越的州县，因商品经济发达，反而造成民风趋利多诈，官吏中也多有贪黩之徒，墓志对此也多有诟病。如《刘继墓志》就说成都府“蜀风多诈，奸吏尤甚”④；蜀州“剽悍成俗，讹弊在人”；邛州“邛僰风讹，俗多浇梗”⑤。戎州，“路出碧鸡之岭，城枕青神之祠。风俗浃于蛮陬，讴歌韵于夷唱”⑥。就是绵州，墓志中也有这样的评语：“俗带岷峨，人

① 《唐清河张氏（德之）墓志》，吴钢主编：《全唐文补遗》第六辑，三秦出版社1999年版，第154页。

② 〔唐〕吕颂：《为张侍郎乞入觐表》，〔宋〕李昉等编：《文苑英华》卷606，中华书局1966年版。

③ 〔五代〕王溥：《唐会要》卷75《选部下·杂处置》，中华书局2006年版，第1611页。

④ 《有唐故成都府司录参军刘公（继）墓志铭并序》，吴钢主编：《全唐文补遗》第四辑，三秦出版社1998年版，第188页。

⑤ 《薛锐墓志》，胡戟、荣新江主编：《大唐西市博物馆藏墓志》，北京大学出版社2012年版，第493页。

⑥ 《高元墓志》，胡戟、荣新江主编：《大唐西市博物馆藏墓志》，北京大学出版社2012年版，第277页。

多狡猾。"[①] 当然，墓志这样的评价，主要是从"风俗"角度而言的。在唐人看来，经济繁华并不能直接带来风俗的淳厚，如果一个地方重商轻农，民皆趋利，社会风俗必然"多诈""浇梗"。从出土墓志看，唐人对巴蜀地区的地域评价正负两方面皆有，如果说对巴蜀边远地区的评价多着眼于其原始荒蛮的话，那么对成都府及其周边"发达"地区的评价则带有鲜明的"重农抑商"的价值观念。

---

① 《大周故平州司仓姚君（无陂）墓志铭并序》，吴钢主编：《全唐文补遗》第八辑，三秦出版社2005年版，第7页。

附录二

宋川峡四路治所郡守易替表①

益州成都府		
任职时间	姓名	资料出处
太祖乾德三年乙丑（965）—乾德六年开宝元年戊辰（968）	吕余庆	《长编》卷6："（乾德三年二月）癸卯，命参知政事吕余庆权知成都府。"
乾德六年开宝元年戊辰（968）—开宝五年壬申（972）	刘熙古	《成都文类》卷34《縻枣堰刘公祠堂记》："开宝改号之初，天子擢端明殿学士、尚书兵部侍郎刘公熙古帅州。"
开宝五年壬申（972）—开宝八年乙亥（975）	郑牧	《宋史》卷296《韩丕传》："开宝中，郑牧知文州，与之偕行，遂薄游两川。及牧知成都，刘熙古延置门下。"
开宝八年乙亥（975）—太平兴国二年丁丑（977）	吕端	《宋史》卷281本传："八年，知洪州，未上，改司门员外郎、知成都府。秦王廷美尹京，召拜考功员外郎，充开封府判官。"
太平兴国二年丁丑（977）—太平兴国五年庚辰（980）	程羽	《长编》卷20太平兴国四年七月注："程羽《祠堂记》，羽知益州在二年五月。"
太平兴国五年庚辰（980）—太平兴国九年雍熙元年甲申（984）	辛仲甫	《宋史》卷266本传："太平兴国初，迁起居舍人，奉使契丹。使还，以刑部郎中知成都府。九年，入知开封府。"

① 该表梳理了四路治所的郡守，资料来源于李之亮《宋川陕大郡守臣易替考》，巴蜀书社2001年版。

续表

益州成都府		
任职时间	姓名	资料出处
雍熙元年甲申（984）—雍熙二年乙酉（985）	高冕	《宋史》卷269《高锡传》："出知益州，雍熙二年，卒。"
雍熙二年乙酉（985）—端拱二年己丑（989）	宋珰	《宋史》卷276本传："俄迁屯田郎中、知益州。属岁饥多盗，珰始至，以方略擒捕招辑，盗皆首伏屏息，下诏嘉奖。端拱初，就拜右谏议大夫。时两川转运使、副皆坐事免，以珰为西川转运使。"
端拱二年己丑（989）—淳化二年辛卯（991）	许骧	《宋史》卷277本传："擢右谏议大夫，就命知益州。"
淳化二年辛卯（991）—淳化四年癸巳（993）	吴元载	《宋史》卷257本传："淳化二年，加领富州刺史，俄徙知成都府。"
淳化四年癸巳（993）—淳化五年甲午（994）	郭载	《宋史》卷276本传："迁西上閤门使，改知成都府。载行至梓州，时李顺已构乱，有人潜告曰：'益州必陷，公往当受祸，少留数日可免。'载怒曰：'吾受诏领方面，阽危之际，岂敢迁延邪？'即日入成都。平之，复入成都，月余，忧患成病，卒。"
淳化五年甲午（994）	雷有终	《长编》卷36："（淳化五年五月丁卯）少府少监雷有终为谏议大夫、知成都府。"
淳化五年甲午（994）—咸平元年戊戌（998）	张咏	《长编》卷36："（淳化五年九月）先是，参知政事苏易简荐枢密直学士、虞部郎中张咏可属西川事，诏咏知益州，既而留半载不行，至是，始命赴部。"
咸平元年戊戌（998）—咸平三年庚子（1000）	牛冕	《宋史》卷277本传："咸平元年，选知益州，仍拜右谏议大夫。两川自李顺平后，民罹困苦，未安其业，朝廷缓于矜恤，故戍卒乘符昭寿之虐，啸集为乱。冕与转运使张适委城奔汉州，诏遣赴阙，至京兆，劾其罪，并削籍。"
咸平三年庚子（1000）—咸平四年辛丑（1001）	雷有终	《长编》卷46："（咸平三年正月甲午）以户部使、工部侍郎雷有终为泸州观察使、知益州，兼提举川峡两路军马招安巡检捉贼转运公事。"
咸平四年辛丑（1001）	宋太初	《长编》卷48："（咸平四年四月）庚申，命知益州、右谏议大夫宋太初兼川峡四路都转运使。"

续表

益州成都府		
任职时间	姓名	资料出处
咸平四年辛丑（1001）—咸平六年癸卯（1003）	马知节	《长编》卷49：“（咸平四年十月己亥）知益州宋太初与钤辖杨怀忠不协，上以蜀土始安，虑其临事矛盾，癸卯，徙知秦州马知节代之，亟召太初还。”
咸平六年癸卯（1003）	杨怀忠、黄观	《长编》卷54：“（咸平六年四月）庚午，徙知益州、西上閤门使马知节知延州兼鄜延驻泊部署。命钤辖杨怀忠、转运使黄观权同知益州。成都阙守，朝议难其人，上以工部侍郎、知永兴军张咏前在蜀为政明肃，勤于安集，远民便之，甲申，加咏刑部侍郎，充枢密直学士、知益州。”
咸平六年癸卯（1003）—景德三年丙午（1006）	张咏	《长编》卷63：“（景德三年六月）知益州张咏岁满。朝议欲以兵部员外郎、直史馆任中正代之。”
景德三年丙午（1006）—大中祥符五年壬子（1012）	任中正	《宋史》卷288本传：“擢枢密直学士，代张咏知益州。在郡五载，遵咏条教，蜀人便之。”
大中祥符五年壬子（1012）	李仕衡	《会要·刑法》二之一一：“（大中祥符五年）七月十日，知益州李仕衡言事。”
大中祥符五年壬子（1012）—大中祥符八年乙卯（1015）	凌策	《宋史》卷307本传：“五年，召拜右谏议大夫、集贤殿学士、知益州。九年，自蜀代还。”
大中祥符八年乙卯（1015）—天禧二年戊午（1018）	王曙	《长编》卷85：“（大中祥符八年十月）壬午，以右谏议大夫、权知开封府王曙守本官，加枢密直学士、知益州。”
天禧二年戊午（1018）—天禧四年庚申（1020）	赵稹	《河南先生文集》卷13《赵公墓志铭》：“天禧二年，充集贤院学士、知益州。就移知同州。”
天禧四年庚申（1020）—天圣元年癸亥（1023）	寇瑊	《长编》卷96：“（天圣四年十月）戊午，以三司度支副使、工部郎中寇瑊为右谏议大夫、集贤院学士、知益州。时上封事者言赵稹不晓民情，好自尊大，与众不协，故代之。降稹知同州。”
天圣元年癸亥（1023）—天圣四年丙寅（1026）	薛田	《长编》卷103：“（天圣三年）八月辛亥，知益州薛田言事。”

续表

益州成都府		
任职时间	姓名	资料出处
天圣四年丙寅（1026）—天圣六年戊辰（1028）	薛奎	《长编》“（天圣四年三月）乙卯，徙知秦州、右谏议大夫、集贤院学士薛奎知益州。”
天圣六年戊辰（1028）—天圣八年庚午（1030）	程琳	《宋史》卷288本传：“知益州，迁给事中，权知开封府。”
天圣八年庚午（1030）—明道二年癸酉（1033）	韩亿	《长编》卷109：“（天圣八年十月）癸卯，以兵部郎中、龙图阁待制韩亿为枢密直学士、知益州，代程琳也。”
明道二年癸酉（1033）—景祐四年丁丑（1037）	王鬷	《长编》卷112：“（明道二年六月）辛酉，以天章阁待制王鬷为枢密直学士、知益州。”
景祐四年丁丑（1037）—宝元三年康定元年庚辰（1040）	张逸	《长编》卷120：“（景祐四年十二月）庚寅，龙图阁学士张逸为枢密直学士，知益州。逸凡四至蜀，谙其民风。”
宝元三年康定元年庚辰（1040）—康定二年庆历元年辛巳（1041）	任中师	《长编》卷132：“（庆历元年四月）己丑，龙图阁直学士、右谏议大夫、知益州任中师为枢密副使。右谏议大夫、集贤院学士杨日严为枢密直学士、知益州。”
康定二年庆历元年辛巳（1041）—庆历四年甲申（1044）	杨日严	《宋史》卷301本传：“以右谏议大夫、集贤院学士知河中府，加枢密直学士、知益州。”
庆历四年甲申（1044）	蒋堂	《宋史》卷298本传：“知益州。杨日严在蜀，有能名，堂素不乐之。于是节游宴，减厨传。”
庆历五年乙酉（1044）—庆历七年丁亥（1047）	文彦博	《长编》卷153：“（四年十二月）甲辰，龙图阁直学士、吏部员外郎、知秦州文彦博为枢密直学士、知益州，代蒋堂也。不俟岁满，亟徙堂知河中府。”
庆历七年丁亥（1047）—庆历八年戊子（1048）	程戡	《宋史》卷292本传：“进枢密直学士、知成都府。坐尝保任贝州张得一，得一伏诛，夺职出知凤翔府。”
庆历八年戊子（1048）—皇祐二年庚寅（1050）	田况	《宋史》卷292本传：“迁右谏议大夫、知成都府。蜀自李顺、王均再乱，人心易摇。况至，拊循教诲，非有甚恶不使迁，蜀人尤爱之。迁给事中，召为御史中丞。”

续表

益州成都府		
任职时间	姓名	资料出处
皇祐二年庚寅（1050）—皇祐四年壬辰（1052）	杨察	《宋史》卷295本传："知永兴军，加端明殿学士、知益州。再迁礼部侍郎，复权知开封府。"
皇祐四年壬辰（1052）—至和元年甲午（1054）	程戡	《长编》卷173："（皇祐四年十二月）丁丑，枢密直学士、给事中程戡为端明殿学士、知益州。"
至和元年甲午（1054）	高良夫	《长编》卷178："（至和二年正月丁亥）初，命张方子知益州，未行，而程戡已先入为参知政事，转运使高良夫摄守事。"
至和元年甲午（1054）—嘉祐元年丙申（1056）	张方平	《宋史》卷318本传："以侍讲学士知滑州，徙益州。复以三司使召。"
嘉祐元年丙申（1056）—嘉祐二年丁酉（1057）	彭思永	《宋史》卷320本传："加直史馆，为益州路转运使。成都府吏盗公钱，付狱已三岁，出入自如。思永摄府事甫一日，即具狱。寻为户部副使。擢天章阁待制、河北都转运使。"
嘉祐二年丁酉（1057）—嘉祐三年戊戌（1058）	宋祁	《景文集》卷38《益州谢上表》："昨被嘉祐元年八月诏书，授臣吏部侍郎，仍旧职知益州。臣以九月解定州符印，十月过阙下，即乘驿趋官，以今年二月二十日领州事。"
嘉祐三年戊戌（1058）—嘉祐四年己亥（1059）	赵抃	《会要·刑法》二之三三："（嘉祐三年）十二月十一日，知成都府赵抃言川中使臣事。"
嘉祐四年己亥（1059）—嘉祐六年辛丑（1061）	王素	《宋史》卷320本传："出知定州、成都府。复知开封。"按：素再知开封在嘉祐六年八月。
嘉祐六年辛丑（1061）—嘉祐八年癸卯（1063）	吕公弼	《净德集》卷13《重修成都西楼记》："嘉祐六年夏四月，予自延安就领成都节。"
嘉祐八年癸卯（1063）—治平元年甲辰（1064）	韩绛	《宋史》卷315本传："知庆州，熟羌据堡为乱，即日讨平之。加端明殿学士、知成都府。召知开封府。"
治平元年甲辰（1064）—治平三年丙午（1066）	赵抃	《长编》卷203："（治平元年十二月）癸丑，吏部员外郎、天章阁待制、河北都转运使赵抃为龙图阁直学士、知成都府。"
治平三年丙午（1066）—熙宁二年己酉（1069）	张焘	《祠部集》卷11《送张龙图赴益州》诗："天子首除全蜀尹。"自注："今上初即位，公首拜此命。"

续表

益州成都府		
任职时间	姓名	资料出处
熙宁二年己酉（1069）—熙宁三年庚戌（1070）	陆诜	《宋史》卷332本传："知真定，改龙图阁学士、知成都。熙宁三年，卒。"
熙宁三年庚戌（1070）—熙宁五年壬子（1072）	吴中复	《长编》卷216："（熙宁三年十月）辛酉，龙图阁直学士、知成德军吴中复知成都府。"
熙宁五年壬子（1072）—熙宁七年甲寅（1074）	赵抃	《长编》卷236："（熙宁五年闰七月）甲戌，知青州、资政殿学士赵抃为资政殿大学士、知成都府。"
熙宁七年甲寅（1074）—熙宁九年丙辰（1076）	蔡延庆	《宋史》卷286本传："知成都府兼兵马都钤辖。徙知渭州。"
熙宁九年丙辰（1076）	冯京	《宋史》卷317本传："茂州夷叛，徙知成都府。蕃部何丹方寇鸡宗关，闻京兵至，请降。"
熙宁九年丙辰（1076）—元丰二年己未（1079）	刘庠	《宋史》卷322本传："服终，知成都府。徙秦州。"
元丰二年己未（1079）—元丰四年辛酉（1081）	张诜	《宋史》卷331本传："元丰初，加龙图阁直学士、知成都府，徙杭州。"
元丰四年辛酉（1081）—元丰五年壬戌（1082）	邓润甫	《乾道临安志》卷3："元丰四年四月乙酉，除龙图阁直学士，徙知成都府。"
元丰五年壬戌（1082）—元丰八年乙丑（1085）	吕大防	《宋史》卷340本传："徙永兴，居数年，知成都府。哲宗即位，召为翰林学士、权开封府。"
元丰八年乙丑（1085）—元祐二年丁卯（1087）	许将	《宋史》卷343本传："以龙图阁直学士知成都府。元祐三年，再为翰林学士。"
元祐二年丁卯（1087）	谢景温、王安礼	《长编》卷401："（元祐二年五月乙亥）宝文殿直学士、知颍昌府谢景温知成都府。"
元祐二年丁卯（1087）—元祐五年庚午（1090）	李之纯	《长编》卷406："（元祐二年十月）丙午，宝文阁待制李之纯为宝文阁直学士、知成都府。"
元祐五年庚午（1090）	李常	《长编》卷438："（元祐五年二月丁酉）龙图阁直学士、中大夫、新知成都府李常卒。丁巳，知陈州、资政殿学士胡宗愈知成都府。"
元祐五年庚午（1090）—元祐七年壬申（1092）	胡宗愈	《宋史》卷318本传："知陈州，徙成都府，蜀人安其政。召为礼部尚书，迁吏部。"

续表

益州成都府		
任职时间	姓名	资料出处
元祐七年壬申（1092）—元祐八年癸酉（1093）	蔡京	《长编》卷472：“（元祐七年四月癸丑朔）知永兴军蔡京为龙图阁直学士、知成都府。”
元祐八年癸酉（1093）—绍圣元年甲戌（1094）	韩宗道	《范太史集》卷28《新除知成都府韩宗道辞免不允诏》（元祐八年诏）
绍圣元年甲戌（1094）—绍圣二年乙亥（1095）	王觌	《宋史》卷344本传：“绍圣初，以宝文阁直学士知成都府，徙河阳。”
绍圣二年乙亥（1095）—绍圣四年丁丑（1097）	刘奉世	《宋史》卷319本传：“绍圣元年，以端明殿学士知成德军，改定州。逾年，知成都府。”
绍圣四年丁丑（1097）—元符元年戊寅（1098）	郑雍	《石林燕语辨》：“绍圣四年，郑雍以中大夫知成都。”
元符元年戊寅（1098）—元符二年己卯（1099）	李南公	《长编》卷494：“（元符元年正月壬子）宝文阁直学士、知永兴军李南公知成都府。”
元符二年己卯（1099）—元符三年庚辰（1100）	孙路	《长编》卷518：“（元符二年十一月丙子）宝文阁待制、新知瀛州孙路为宝文阁直学士、知成都府。”
元符三年庚辰（1100）	路昌衡	《宋史》卷354本传：“出知瀛州，徙永兴军。进直学士、知成都。徽宗立，应诏上书。俄坐清臣狱事，责司农少卿，分司，居郢州。”
崇宁元年壬午（1102）	王古	《会要·职官》六七之三六：“（崇宁元年）六月四日，户部尚书王古为宝文阁待制、知成都府。”
崇宁元年壬午（1102）—崇宁二年癸未（1103）	吕嘉问	《嘉泰吴兴志》卷14：“崇宁元年闰六月四日到任，二十三日，以宝文阁直学士知成都府。”
崇宁二年癸未（1103）—大观元年丁亥（1107）	虞策	《会要·食货》一四之一五：“（崇宁三年二月二日）新差知成都府虞策降为龙图阁直学士。”
大观元年丁亥（1107）—大观二年戊子（1108）	王汉之	《摛文堂集》卷5《兵部侍郎王汉之可显谟阁直学士知成都府制》，大观元年制
大观二年戊子（1108）—大观三年己丑（1109）	席旦	《宋史》卷347本传：“以显谟阁直学士知成都。徙郑州。”
大观三年己丑（1109）—政和元年辛卯（1111）	梁子野	《国朝二百家名贤文萃》卷126《成都府天宁万寿观碑》：“大观三年十二月甲戌，显谟阁直学士、知府事梁子野被御前旨，赐度牒之空名者凡五十。”

续表

益州成都府		
任职时间	姓名	资料出处
政和元年辛卯（1111）—政和二年壬辰（1112）	吴拭	《铜壶阁记》："政和元年三月，拭承乏尹事。"
政和二年壬辰（1112）	王梁材	《古今图书集成·明伦汇编·氏族典》卷269："移利州路常平使。未几，摄成都府。至，乞就养，未至家，母卒。服阕，改提举广南坑冶。"
政和二年壬辰（1112）—政和三年癸巳（1113）	席旦	《宋史》卷347本传："坐进对淹留，黜知滁州。久之，帝思其治蜀功，复知成都。"
政和三年癸巳（1113）	庞恭孙	《宋史》卷311本传："进恭孙直学士、知成都府，委以招纳。未几，其酋董舜咨、董彦博来纳土，更名保州、祺州、霸州、亨州，使恭孙进筑之。言者论其合纵，究治如章，谪保静军节度副使。"
政和三年癸巳（1113）—政和四年甲午（1114）	吴拭	《宋名臣碑传琬琰集》卷33《唐公重神道碑》："吴拭，许光凝守成都，皆上客待之。"
政和四年甲午（1114）—政和六年丙申（1116）	许光凝	《宋史》卷456《申积中传》："政和六年，（积中）以奉议郎通判德顺军。翰林学士许光凝尝守成都，得其事荐诸朝，召赴京师。"
政和六年丙申（1116）—政和七年丁酉（1117）	周焘	《石林燕语辨》："政和六年，周焘以宝文阁待制知成都。"
政和七年丁酉（1117）—宣和元年己亥（1119）	孙羲叟	《会要·职官》六九之一："宣和元年正月二十三日，诏龙图阁学士、知成都府孙羲叟远守西蜀，明见用红伞迎神，不行焚毁，落职降五官，与宫观。"
宣和元年己亥（1119）—宣和五年癸卯（1123）	席贡	《舆地纪胜》卷152《石泉军》："宣和三年，成都帅席贡议石泉存废利害。"
宣和五年癸卯（1123）	王复	《芦浦笔记》卷8《资政庄节王公家传》："以公事忤宰相王黼，降充龙图阁待制、移知成都府。"
靖康元年丙午（1126）	卢法原	《靖康要录》："（靖康元年二月）二十五日，卢法原除徽猷阁直学士，差知成都府。"

梓州潼川府		
任职时间	姓名	资料出处
太祖乾德三年乙丑（965）—乾德四年丙寅（966）	冯瓒	《宋史》卷270本传："时剑外初平，卒有亡命者数匿为盗，命瓒知梓州。"
乾德四年丙寅（966）—开宝五年壬申（972）	郭廷谓	《长编》卷7："（乾德四年四月庚戌）前绛州防御使、彭城郭廷谓为静江留后、权知梓州。"
开宝五年壬申（972）	赵延进	《宋史》卷271本传："历知河中府，梓、相、青三州。太平兴国中，大军平并州，讨幽、蓟，皆为攻城八作壕砦使。"
太平兴国七年壬午（982）—雍熙二年乙酉（985）	沈护	《宋史·五行》二上："（太平兴国九年）十一月，知梓州沈护获芝三茎。"
雍熙二年乙酉（985）—雍熙四年丁亥（987）	潘慎修	《宋史》卷296本传："知湖、梓二州。淳化中，秘书监李至荐之，命以本官直秘阁。"
雍熙四年丁亥（987）—端拱二年己丑（989）	王克贞	徐铉《大宋故尚书户部郎中王君墓志铭》："典汉、滑、襄、梓四州事。端拱二年秋，自梓潼还至京。"
淳化三年壬辰（992）	张雍	《宋史》卷307本传："三年，充户部使，出知梓州。就命为西川转运使，俄复知梓州。至道二年，改工部侍郎，明年召归，复知永兴军。"
淳化三年壬辰（992）—淳化四年癸巳（993）	马知节	《宋史》卷278本传："知深、庆二州，迁西京作坊使，旋知梓州。"
淳化四年癸巳（993）	符昭愿	《宋史》卷251本传："连知永兴军，梓、滑二州。咸平初，又为天雄军、邢州二钤辖。"
淳化四年癸巳（993）—淳化五年甲午（994）	张鉴	《宋史》卷277本传："梓州符昭愿骄僭不法，即以鉴代之。迁刑部员外郎、判大理寺。"
淳化五年甲午（994）—至道三年丁酉（997）	张雍	《宋史·太宗纪》二："（淳化五年五月）己巳，以知梓州张雍、都巡检使卢斌尝坚守却贼，雍加给事中，斌领成州刺史。"
至道三年丁酉（997）	柴成务	《宋史》卷306本传："真宗即位，迁给事中、知梓州。未几，代还，又遣知青州。"
咸平三年庚子（1000）	李昌龄	《宋史》卷287本传："王均之乱，命知梓州。知杂御史范正辞劾其广舶宿犯，亟代还，知河阳。"

续表

梓州潼川府		
任职时间	姓名	资料出处
咸平三年庚子（1000）	冯起、上官正	《长编》卷47：“（咸平三年五月庚子）王均之乱，有亡命卒数百人冒夜叩梓州城求人，知州、左谏议大夫冯起以其诚伪未可知，弗即纳。俄悉叛去。朝议谓起无方略，乃召还，至圃田，壬寅，命知金州。”
咸平三年庚子（1000）—咸平四年辛丑（1001）	宋太初	《宋史》卷277本传：“（咸平）三年，再知梓州。明年，益州雷有终以母老求还，诏太初就代。”
咸平六年癸卯（1003）—景德二年乙巳（1005）	任中正	《宋史》卷288本传：“知梓州，擢枢密直学士，代张咏知益州。”
景德二年乙巳（1005）—大中祥符元年戊申（1008）	李协恭	《四川通志》卷147：“李协恭，仪陇人，雍熙状元。授梓州刺史，总理四川财赋。”
大中祥符元年戊申（1008）—大中祥符五年壬子（1012）	崔端	《长编》卷79：“（大中祥符五年十一月乙卯）知梓州崔端献白雉一。”
大中祥符九年丙辰（1016）—天禧三年己未（1019）	黄昭益	《会要·食货》六三之一六六：“（天禧）二年二月，梓州黄昭益、遂州滕世宁言川界多争论。”
天禧三年己未（1019）—天禧五年辛酉（1021）	苏维甫	《长编》卷96：“（天禧四年七月庚戌朔）吕夷简等还自东西川，言知梓州苏维甫、知邛州沈同、知蜀州钱昆、知昌州张用堪充三司、台省、转运、提点刑狱、蕃部之职。”
天禧五年辛酉（1021）—天圣元年癸亥（1023）	李若谷	《宋史》卷291本传：“知陕州，改梓州。天圣初，判三司户部勾院。”
天圣元年癸亥（1023）—天圣三年乙丑（1025）	王世昌	《长编》卷102：“（天圣二年六月乙丑）梓州路提点刑狱王继明言知梓州王世昌昏耆不治。诏即选人代之。”
天圣三年乙丑（1025）—天圣六年戊辰（1028）	燕肃	《宋史》卷298本传：“权知审刑院，知梓州。还，同纠察在京刑狱。”
景祐元年甲戌（1034）—景祐三年丙子（1036）	张逸	《宋史》卷426本传：“徙陕西，以龙图阁待制、知梓州。累迁尚书兵部郎中、知开封府。”

续表

梓州潼川府		
任职时间	姓名	资料出处
康定二年庆历元年辛巳（1041）	孙祖德	《宋史》卷299本传："徙风翔府，请置乡兵。改龙图阁直学士、知梓州，累迁右谏议大夫、知河中府。"
康定二年庆历元年辛巳（1041）—庆历四年甲申（1044）	马绛	《乐全集》卷40《马公墓志铭》："出为江南东路转运使。知梓州。还，授知越州。"
庆历六年丙戌（1046）—皇祐元年己丑（1049）	张旨	《会要·选举》三三之七："（庆历六年）五月十九日，知凤翔府、工部郎中张旨直史馆、知梓州。"
皇祐元年己丑（1049）—皇祐三年辛卯（1051）	高惟几	《会要·选举》三三之七："（皇祐元年）五月六日，前益州路提刑、度支员外郎高惟几直史馆、知梓州。"
皇祐三年辛卯（1051）—皇祐四年壬辰（1052）	吕士龙	《建炎以来朝野杂记》乙集卷17："（皇祐）五年夏，用知梓州吕士龙奏，又令泸州江安教药弩手各一百人。"
皇祐四年壬辰（1052）	宋禧	《会要·选举》三三之八："（皇祐四年六月）十一日，京东转运使、工部郎中宋禧直史馆、知梓州。"
皇祐四年壬辰（1052）—至和三年嘉祐元年丙申（1056）	何郯	《宋史》卷322本传："以母老求西归，加直龙图阁、知汉州。进集贤殿修撰、知梓州，擢天章阁待制，还判银台司。"
至和三年嘉祐元年丙申（1056）—嘉祐二年丁酉（1057）	毋湜	《丹渊集》卷39《龙图毋公墓志铭》："充两浙路转运使。未行，改兵部员外郎、直史馆，知合州。数月，授直龙图阁、知梓州。岁余，乞内郡，得泾州。"
嘉祐二年丁酉（1057）—嘉祐五年庚子（1060）	吕居简	《会要·选举》三三之九："嘉祐二年四月二十八日，光禄吕居简为右谏议大夫、集贤院学士、知梓州。"
嘉祐五年庚子（1060）—嘉祐七年壬寅（1062）	阎询	《宋史》卷333本传："知梓州，徙河东转运使。"
嘉祐七年壬寅（1062）—治平三年丙午（1066）	翁彦升	《福建通志》卷34《选举》："翁彦升，宝元元年进士。职方郎中，历知归、端、梓三州。"
治平三年丙午（1066）—熙宁二年己酉（1069）	何郯	《宋史》卷322本传："历知永兴、河南。治平末，再知梓州。居三年，老而病，犹乞进用，神宗薄之，诏提举成都玉局观。"

续表

梓州潼川府		
任职时间	姓名	资料出处
熙宁二年己酉（1069）—熙宁四年辛亥（1071）	苏寀	《苏颖滨年表》："（熙宁二年八月）癸丑，以三司度支苏寀为集贤殿修撰、知梓州。"
熙宁四年辛亥（1071）—熙宁五年壬子（1072）	赵尚宽	《宋史》卷426本传："自少府监以直龙图阁知梓州，积官至司农卿，卒。"
熙宁五年壬子（1072）—熙宁八年乙卯（1075）	李大临	《宋史》卷331本传："以工部郎中出知汝州。徙知梓州，加集贤殿修撰，复天章阁待制。甫七十，致仕，七年而卒。"
熙宁八年乙卯（1075）—元丰元年戊午（1078）	仇著	《古今图书集成·明伦汇编·氏族典》卷353："仇著字仲约，（六合县）新安乡人。登庆历二年杨寘榜。历官四十年，仕至朝散大夫、知梓州事。"
元丰三年庚申（1080）—元丰七年甲子（1084）	吴几复	《跨鳌集》卷16《潼川府修城记》："元丰中，吴几复苟完之。"
元祐元年丙寅（1086）—元祐二年丁卯（1087）	何正臣	《栾城集》卷27《何正臣知梓州制》，元祐元年制。
元祐二年丁卯（1087）—元祐三年戊辰（1088）	陈侗	《栾城集》卷28《陈侗直秘阁知梓州制》，元祐二年制。
元祐三年戊辰（1088）	杜口口	《净德集》卷12《答知梓州杜学士启》。
元祐三年戊辰（1088）—元祐六年辛未（1091）	周尹	《苏颖滨年表》："（元祐三年六月）丙辰，以朝请大夫、考功郎中周尹知梓州。"
元祐六年辛未（1091）—元祐七年壬申（1092）	宇文昌龄	《宋史》卷353本传："改直秘阁、知梓州。历寿州、河中府、邓郓青三州。"
元祐七年壬申（1092）—绍圣二年乙亥（1095）	冯如晦	《长编》卷474："（元祐七年六月庚午）户部郎中冯如晦为集贤校理、知梓州。"
绍圣二年乙亥（1095）—绍圣四年丁丑（1097）	王吉甫	《宋史》卷330本传："历提点梓州路、京畿刑狱。"
元符元年戊寅（1098）—元符三年庚辰（1100）	杜常	《宋史》卷330本传："出知梓州、青、郓、徐州。"
元符三年庚辰（1100）—建中靖国元年辛巳（1101）	吕陶	《宋史》卷346本传："知梓州。致仕，卒。"

续表

梓州潼川府		
任职时间	姓名	资料出处
建中靖国元年辛巳（1101）—崇宁三年甲申（1104）	李仲	《净德集》卷5《乞别给致仕敕状》：“臣于建中靖国元年正月十七日到任。已蒙圣恩俞允，许臣守本官致仕，出给敕命，兼已蒙差新差朝奉大夫李仲知梓州，填见阙，本官现已取索接人，非久到任。”
政和二年壬辰（1112）—政和四年甲午（1114）	庞□□	《跨鳌集》卷16《潼川府修城记》：“元丰中，吴几复苟完之，又四十年矣。诏帅臣徽猷阁学士、泸南安抚使庞公选官括其役。始于甲，终于癸。”
重和元年戊戌（1118）—宣和三年辛丑（1121）	孙渐	《大典》一九七八一：“（重和元年十二月）十九日，延康殿学士徐处仁奏：中奉大大、直秘阁、新知梓州孙渐见在京。”
靖康元年丙午（1126）—建炎元年丁未（1127）	冯獬	《鸿庆居士集》卷26《冯獬除资政殿学士知潼川府制》，靖康元年制。

兴元府		
任职时间	姓名	资料出处
乾德三年乙丑（965）	王继涛	《宋史》卷255本传：“兴元降，王全斌命继涛权府事。孟昶降，全斌又遣继涛与供奉官王守讷部送昶归阙。”
乾德三年乙丑（965）—乾德四年丙寅（966）	安守忠	《宋史》卷275本传：“蜀平，特命守忠知兴元府以抚按之。四年，改汉州刺史。”
开宝三年庚午（970）—开宝六年癸酉（973）	滕中正	《宋史》卷276本传：“知兴元府，判西京留台。”
开宝六年癸酉（973）—开宝八年乙亥（975）	程羽	《宋史》卷262本传：“知兴州，逾年，改知兴元府。八年，召归阙。”
太平兴国五年庚辰（980）—太平兴国七年壬午（982）	慎知礼	《宋史》卷277本传：“太平兴国三年，从俶归朝，授鸿胪卿。历知陈州、兴元府。”
太平兴国七年壬午（982）—雍熙元年甲申（984）	赵安易	《宋史》卷256本传：“知兴元府，转殿中，赐绯鱼袋。九年，起拜宗正少卿、知定州。”

续表

兴元府		
任职时间	姓名	资料出处
淳化二年辛卯（991）—淳化四年癸巳（993）	王嗣宗	《宋史》卷287本传："出知兴元府，徙京西转运使。"
至道元年乙未（995）—至道二年丙申（996）	温仲舒	《宋史》卷266本传："易其任。连知兴元、江陵二府。"
咸平五年壬寅（1002）—景德元年甲辰（1004）	赵湘	《宋史》卷303本传："知商州，徙陇州、兴元府，再迁太常博士。"
景德四年丁未（1007）—大中祥符二年己酉（1009）	李防	《宋史》卷303本传："知应天府，又徙兴元府。入为三司盐铁判官。"
大中祥符二年己酉（1009）—大中祥符四年辛亥（1011）	雷孝先	《宋史》卷278本传："降通判华州，徙知郓州。"
庆历二年壬午（1042）—庆历四年甲申（1044）	李参	《宋史》卷330本传："知兴元府，坐保任失实。"
皇祐六年至和元年甲午（1054）—嘉祐三年戊戌（1058）	李丕绪	《宋史》卷299《李仕衡传》："子丕绪，知解州、兴元府、华州，累迁司农卿致仕。"
治平三年丙午（1066）—熙宁元年戊申（1068）	杨绘	《宋史》卷322本传："知眉州，徙兴元府。神宗立，召修起居注。"
熙宁二年己酉（1069）—熙宁五年壬子（1072）	李晋弼	康熙《汉南郡志》卷18鲜于侁《游灵岩诗序记》："熙宁三年秋中浣，侁行部，偶公暇，与太守、虞曹郎李茂先晋弼游药岩精舍。"
熙宁五年壬子（1072）—熙宁八年乙卯（1075）	文同	《丹渊集》卷22《利州绵谷县羊摸谷仙洞记》："壬子秋，余移守兴元。"
熙宁九年丙辰（1076）—元丰二年己未（1079）	王公仪	《金石萃编》卷141《王公神道碑铭》："知商州。转都官郎中，求领南都之御史台，改除池州，转职方员外郎、知兴元府。"
元丰五年壬戌（1082）—元丰八年乙丑（1085）	刘□□	《公是集》卷36《汉中三亭记》："五年，伯父以选为兴元。既至，平狱讼，时赋役，协群吏。程百工，政事备举矣。明年，眉廉让、弭节、汉三亭。"

续表

兴元府		
任职时间	姓名	资料出处
元祐二年丁卯（1087）—元祐四年己巳（1089）	蒲宗闵	《栾城集》卷30《蒲宗闵知兴元府史宗范知庐州制》
宣和六年甲辰（1124）—宣和七年乙巳（1125）	李士式	《会要·职官》六九之一九："（宣和七年）十一月十八日，诏权发遣兴元府李士式差管勾江州太平观。"

夔州		
任职时间	姓名	资料出处
乾德三年乙丑（965）—开宝元年戊辰（968）	李光睿	《宋史》卷439《和岘传》："（乾德）三年春，初克夔州，以内衣库使李光睿权知州。"
淳化元年庚寅（990）—淳化五年甲午（994）	慕容德琛	《宋史》卷251本传："累迁内殿崇班、知夔州。李顺之乱，与顺战龙山，斩首千余级。累诏褒谕。历西京作坊、左藏库二副使。"
至道元年乙未（995）—咸平元年戊戌（998）	袁逢吉	《宋史》卷277本传："授西川转运使。至道初，徙荆湖北路。坐乏粮饷罢职，知夔州。历司门、库部二郎中。"
咸平四年辛丑（1001）—景德三年丙午（1006）	慕容德琛	《宋史》卷251本传："咸平二年，转崇仪副使、荆湖北路钤辖。徙峡路钤辖，未至，复知夔州。景德中，领梧州刺史，复任峡路。"
景德四年丁未（1007）—大中祥符三年庚戌（1010）	侯延赏	《长编》卷70："（大中祥符元年十月戊子朔）知夔州侯延赏言事。"
天禧五年辛酉（1021）—天圣二年甲子（1024）	史方	《宋史》卷326本传："知辰州兼沿边溪洞都巡检使，修南北江五砦。徙夔州。改内殿承制，奉使契丹。"
景祐元年甲戌（1034）—景祐三年丙子（1036）	王世隆	尹洙《河南先生文集》卷16《王公墓志铭》："知夔州事。起致仕，知登州事，移广南东路兵马钤辖。行次南雄州，庆历二年二月二十日，无疾终于馆。"
景祐四年丁丑（1037）—康定元年庚辰（1040）	苏口	《司马公文集》卷75《苏骐骥墓碣铭序》："知威胜军事。继典岚、莫、石、凤、夔五州。其在夔州，兼夔梓两路兵马都监，提举诸州巡检兵甲事。久之，上表乞朝。迁右骐骥副使，同提点湖南两浙刑狱公事。"

续表

夔州		
任职时间	姓名	资料出处
庆历三年癸未（1043）—庆历六年丙戌（1046）	陈宗古	《武溪集》卷10《内殿承制知夔州陈宗古可供备库副使制》
熙宁七年甲寅（1074）—熙宁九年丙辰（1076）	郑惟几	《长编》卷257：“（熙宁七年十月戊辰）都官郎中、新知夔州郑惟几言事。”
熙宁九年丙辰（1076）—元丰二年己未（1079）	王仲祥	《蜀中名胜记》卷21《制胜楼诗序》：“熙宁十年，转运副使董大夫讲于朝而新之，知郡事王仲祥董其役。”
绍圣元年甲戌（1094）—绍圣四年丁丑（1097）	张寿	《长编》卷502：“（元符元年九月）庚申，诏朝散大夫张寿特令致仕。寿前知夔州，例得对，上察其老不任事，罢之。”
崇宁三年甲申（1104）—崇宁五年丙戌（1106）	姚孳	《浙江通志》卷124：“姚孳，慈溪人。熙宁九年丙辰徐铎榜，知夔州。”
大观三年己丑（1109）—大观四年庚寅（1110）	李复	《十驾斋养新录》卷14：“（崇宁）四年，移冀州，其秋，除河转运副使，其后尝为刑部郎官，奉祠。又尝知夔州，再任提点云台观。”
政和元年辛卯（1111）—政和三年癸巳（1113）	王蕃	《大典》7235《元一统志》：“四贤堂，在夔州。政和间，太守王蕃绘像于其上。”
政和三年癸巳（1113）—政和六年丙申（1116）	孙羲叟	《忠惠集》卷2《刑部员外郎孙羲叟除直秘阁知夔州制》
宣和四年壬寅（1122）—宣和七年乙巳（1125）	宇文常	《宋史》卷353本传：“提举成都路茶马。加直秘阁，改知夔州，进秘阁修撰。”

附录三

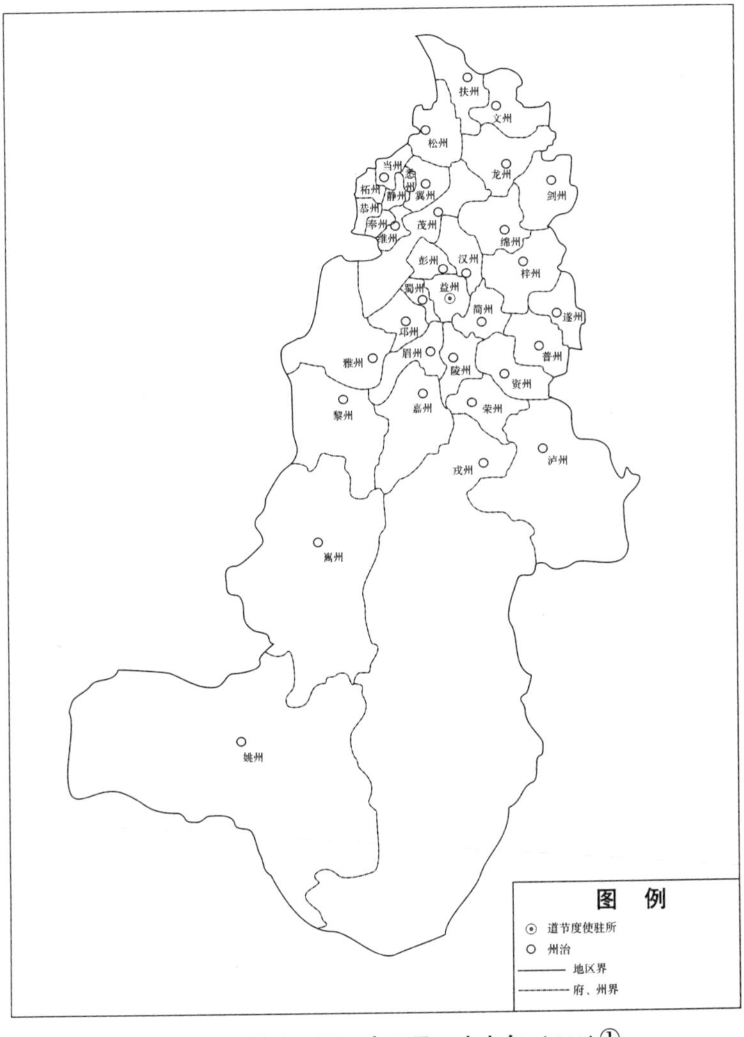

图1　剑南道政区图　唐开元二十九年（741）①

---

① 据谭其骧《中国历史地图集》（第五册）剑南道部分绘制（中国地图出版社1982年版，第65-68页）。

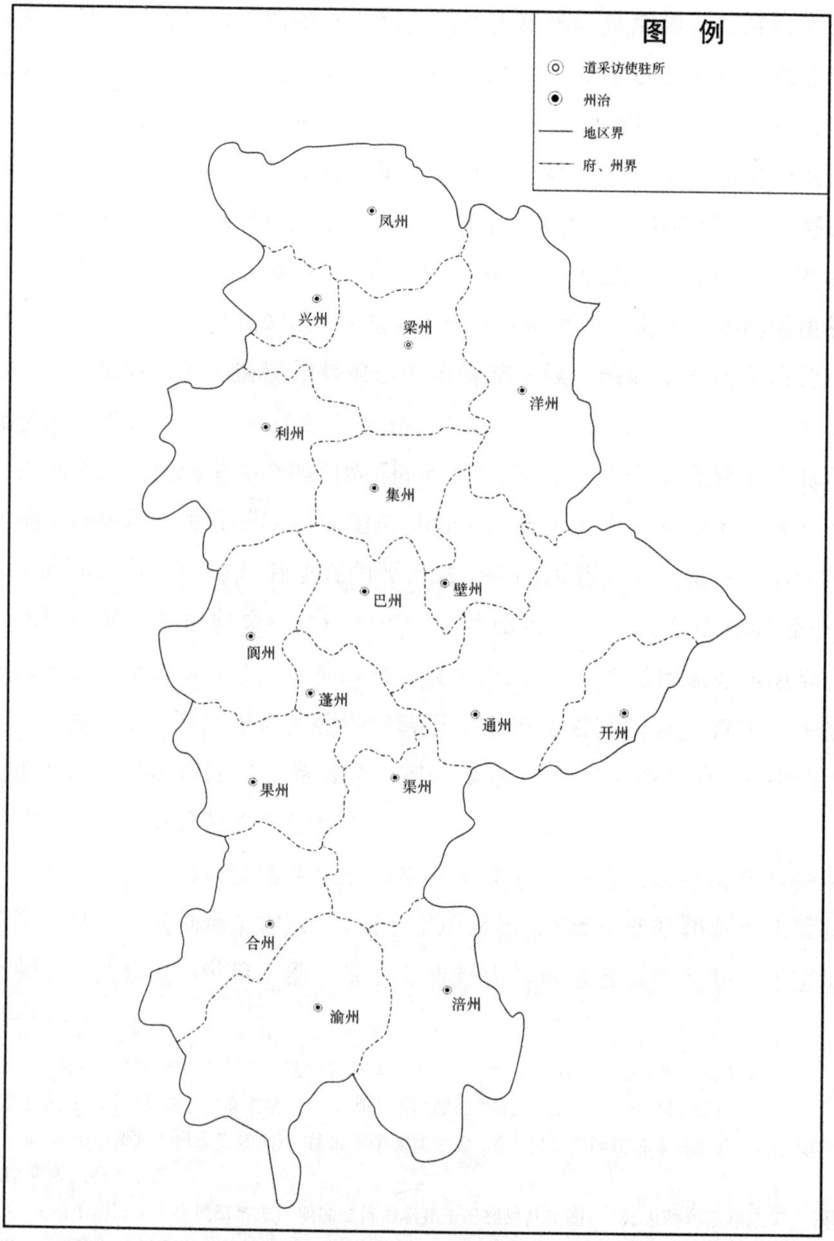

图 2　山南西道政区图　唐开元二十九年（741）①

① 据谭其骧《中国历史地图集》（第五册）山南西道部分改绘（中国地图出版社 1982 年版，第 52-53 页）。

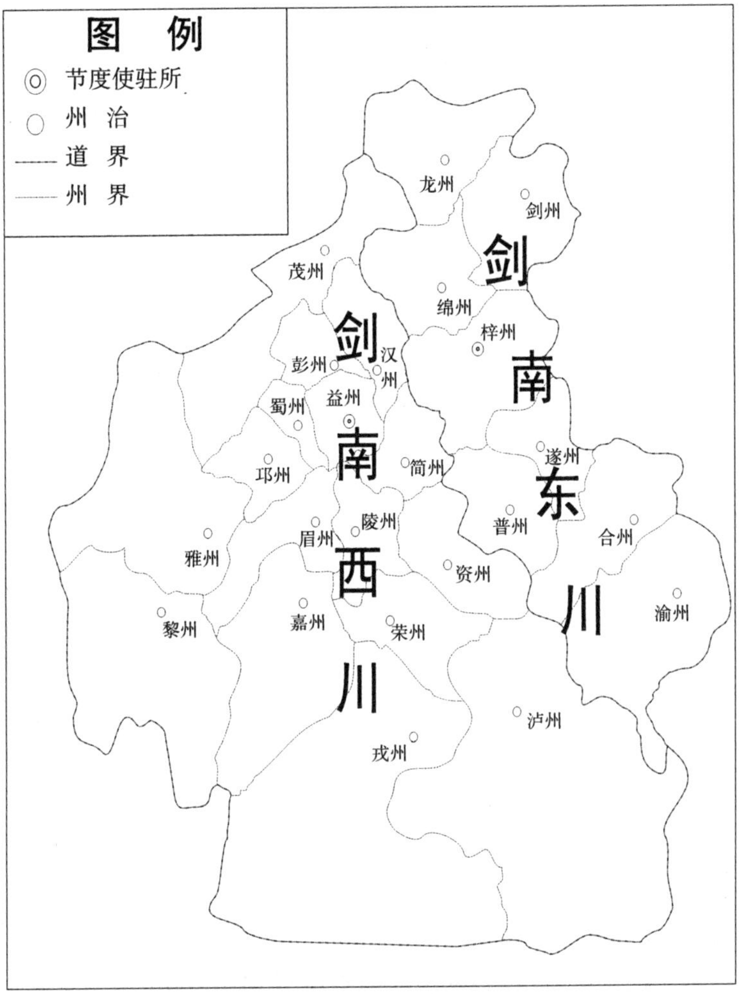

图 3　剑南两川政区图　唐兴元元年（784）①

此图主要呈现的是大历二年（767）崔宁之乱后剑南地区的形势。其中剑南东川辖区依据《全唐文》卷 344 颜真卿《京兆尹御史中丞梓遂杭三州刺史剑南东川节度使杜公神道碑铭》的相关记载。而剑南西川原来管辖的维州及西山诸州，巂、姚等州为吐蕃与南诏占有。从中可以看出此时唐王朝在巴蜀的统治处于内忧外患的局面。

① 据谭其骧《中国历史地图集》（第五册）剑南道部分绘制（中国地图出版社 1982 年版，第 52-53、65-68 页）。

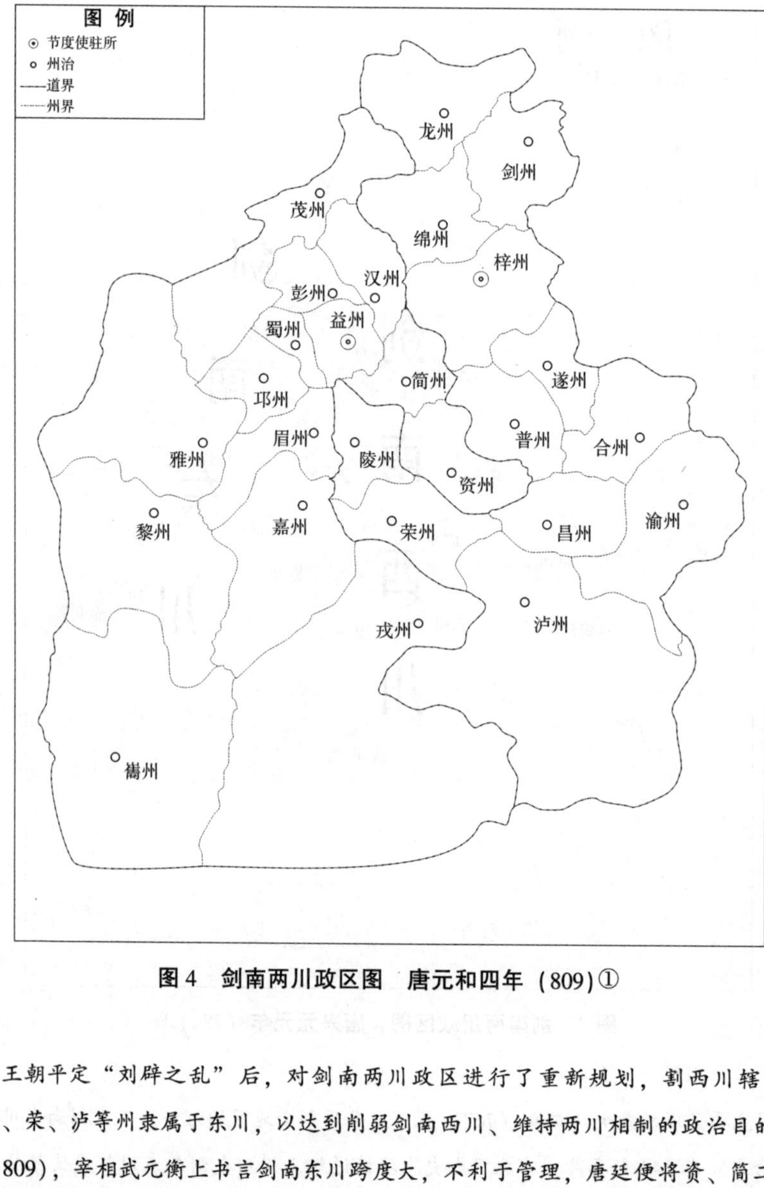

图4　剑南两川政区图　唐元和四年（809）①

唐王朝平定“刘辟之乱”后，对剑南两川政区进行了重新规划，割西川辖下的资、简、陵、荣、泸等州隶属于东川，以达到削弱剑南西川、维持两川相制的政治目的。元和四年（809），宰相武元衡上书言剑南东川跨度大，不利于管理，唐廷便将资、简二州重新隶属于剑南西川。图中西南部的嶲州区域已在贞元十三年（797）被唐收复，展现了唐廷在西南边疆经略中的成果。

① 据谭其骧《中国历史地图集》（第五册）剑南道与山南西道部分改绘。（中国地图出版社1982年版，第52-53，65-68页）其中昌州界域依据李吉甫《元和郡县图志》卷33《剑南道下·昌州》绘制（中华书局1983年版，第867页）。

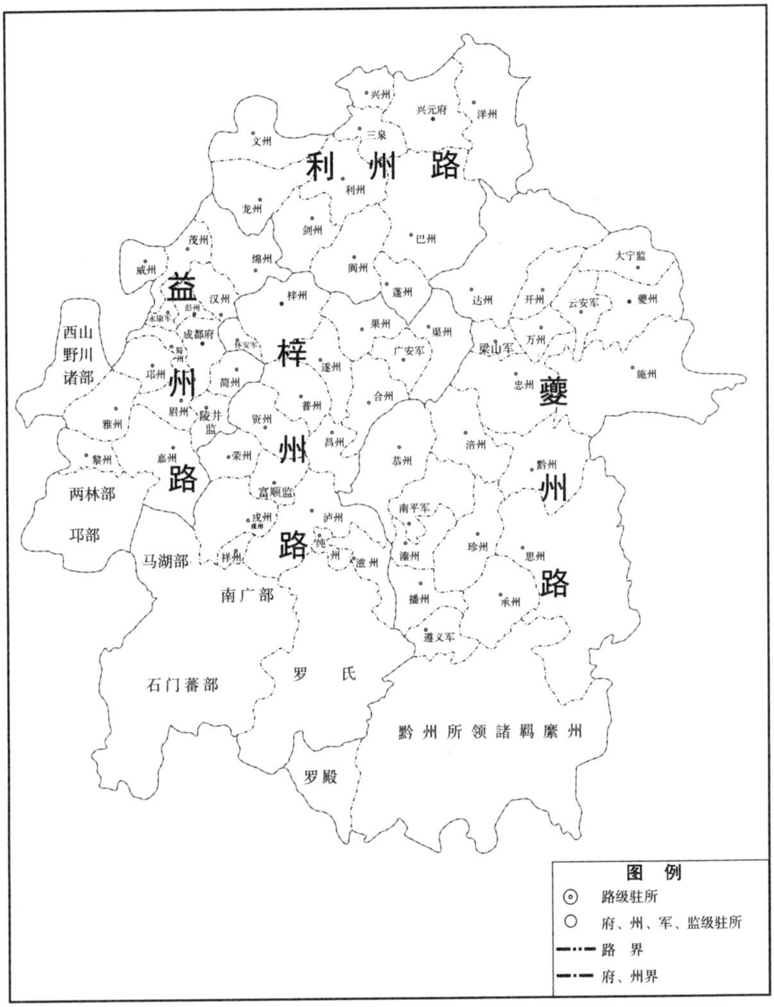

图 5　川峡四路政区图　北宋政和元年（1111）①

从图中可以看出宋王朝对四川的政治布局相比唐代愈加精细，使得四川内部政治势力愈加平衡，凸显了宋廷对四川地缘价值的进一步发掘。但宋在边疆经略上较为保守，基本上贯彻了不越大渡河、金沙江，以此与大理等势力保持距离的御边方针。

---

① 据谭其骧《中国历史地图集》（第六册）益州路（成都府路）、梓州路、利州路、夔州路部分绘制（中国地图出版社 1982 年版，第 29-30 页）。

图 6　川峡四路政区图　南宋嘉定元年（1208）①

自宋室南渡后，四川政区相比北宋时期有了较大的变化。最显著的区别有：一是川峡四路融并了原北宋秦凤路（凤、阶、成、西和等）与京西南路（金州）等部分地区；二是利州路政区时分时合，变化无常。这些变化说明川峡四路的地缘政治价值逐渐显现出来。

① 据谭其骧《中国历史地图集》（第六册）成都府路、潼川府路、夔州路、利州路（分合无常）部分改绘（中国地图出版社 1982 年版，第 69-70 页）。

后　记

提起历史上的治蜀，我们自然会想起明末人“天下未乱蜀先乱，天下已定蜀未定”这句流传甚久的名言，也会联想到成都武侯祠大门那幅有名的楹联：“能攻心则反侧自消，从古知兵非好战；不审势即宽严皆误，后来治蜀要深思。”这些名言除了揭示了四川在全国政治地理中的特点外，实际上还反映了历史上治蜀的难度。从地理学的角度看，四川盆地四周有高山险江环绕，北有秦岭、大巴山屏蔽，西有川西高原与横断山脉拱卫，东南有川江夔巫三峡雄据，盆地西部是富庶、物产丰富的成都平原。这一地形地貌特征决定了四川盆地是个地形封闭、四塞险固的特殊区域，以三星堆青铜文明为代表的古蜀文明也出现了与中原社会历史不同的特征。秦并巴蜀后，在蜀地推行郡县制度，蜀地逐渐结束了封闭发展的历史时期，从政治上纳入华夏统一的文明演化进程。西汉文帝时期的蜀守文翁鉴于蜀地儒教淡漠，诗书礼乐不昌，民众无心向学，民风萎靡不振的状况，在蜀地大力兴办学校，推行儒学教育，蜀地的文明风气得以显著提升。三国时期，蜀汉丞相诸葛亮重视对巴蜀社会的治理，整顿吏治，严行法制，抑制豪强，倡导廉洁，“科教严明，赏罚必信，无恶不惩，无善不显，至于吏不容奸，人怀自厉”，蜀汉出现“道不拾遗，强不侵弱，风化肃然”（《三国志》卷三五《诸葛亮传》）的良好社会局面。这些都是历史上治蜀成功的先例。

经过魏晋南北朝数百年的动荡分裂战乱，隋唐两宋时期，国家与社会处于全面转型的新时期，即学界通常所说的“唐宋转型期”。几乎与全国一样，魏晋南北朝时期的巴蜀地区同样经历了长期的战乱，所不同的是巴蜀还经历了较长时段的“蛮獠入蜀”现象，笔者称之为巴蜀地区的“第二次蛮夷化”历程。因此隋与唐代前期，巴蜀社会经济停滞，杂祠淫祀、崇巫信鬼成风。唐贞观年间，高士廉赴益州大都督府长史任，即发现蜀地民风落后，孝行不倡：“蜀土俗薄，畏鬼而恶疾，父母病有危殆者，多不亲扶侍，杖头挂食，遥以哺之。”（《旧唐书》卷六五《高士廉传》）直到唐代后期李德裕帅蜀时，成都平原还存在女口买卖、民削发为僧却娶妻妾的社会现象。此外，巴蜀地区的匪患、兵变、边患、官场的奢靡、民间的佞佛等都是摆在中央与地方官员面前一直未能很好解决的社会问题。入宋以后，赵宋王朝为防止唐末五代藩镇割据局面死灰复燃，对四川地区采取种种“特殊”政策。政治上，中央直接派遣川峡四路的转运使、知州、知府、知县等官员，禁止京官赴任携带眷属；经济上，将四川划为“铁钱”流通区，以区别于其他地区；城市建设上，相当一段时间内禁止四川各府州县修筑城墙，直到宋神宗时期才逐渐解禁。宋对四川实行特殊化政策，也说明治蜀并非易事。对此，宋人看得十分清楚。宋仁宗时期曾任监察御史、梓州知州的何郯有诗句“择守来颁兹土政，治人颇与他邦殊”（《成都文类》卷四《益州州学圣训堂诗》），说的就是这一现象。唐宋巴蜀地区这些情况稍有中国史常识的学者都是熟悉的，但更详细的“治蜀”运作，包括唐宋王朝如何在蜀地设置不同层次的政区、如何对蜀地官员实施监控与约束、如何管理巴蜀地区的城乡社会及其不同人群等，这些皆须进行深入、系统、细致的梳理与分析。《唐宋时期巴蜀社会及其治理》一书正是基于上述种种问题进行地毯式梳理与探讨的成果。

《唐宋时期巴蜀社会及其治理》一书从地域社会史与历史政治地理两个角度切入，力图对唐宋这一重要时段的巴蜀社会与政治进行较为深入的探讨。这一课题的萌生由来已久，早在笔者于四川大学读博、撰写博士论文《唐宋时期中国西部地理认识研究》之时，随着接触的唐宋巴蜀史料不断积累，就愈来愈感觉到研究这一问题的重要性与可行性，只因为要写作博论而无暇顾及。2006 年我到西南大学任教之后，即开始着手编制写作大纲，无奈教学事务繁多，无法专门投入此课题研究。2009 至 2014 年，我在指导历史地理学专业研究生的同时，根据学院对培养研究生的需要，兼带指导唐宋史方向的研究生。这期间先后有张健、薛婧、易宇、王海虎、周伦毅、潘玉渠、刘桂海、陈呈、朱婧、周志强、乔天、牟旭平、杨雪艺等多位唐宋史、历史地理方向的硕士研究生考入门下。鉴于唐宋时期巴蜀地区的社会治理是中国地方政治史的重要课题，而以往研究比较薄弱，我就有意识地启发部分同学关注唐宋时期巴蜀地区及其治理这一问题，引导他们尽早了解学术研究史及其现状，并认真、扎实地搜集相关文献资料，其中张健、王海虎、周伦毅、刘桂海、杨雪艺等人选择了与本主题相关的唐宋史选题。经过数年的艰苦研究，上述五位同学相继完成了自己的硕士学位论文，顺利通过答辩毕业，或找到了心仪的工作或考取了博士研究生。在这些论文的基础上，我一一修改补充，终于从零散、单一的学位论文形成一本书的模样，由于近年来我先后承担了国家社科基金一般项目与重大项目，《唐宋时期巴蜀社会及其治理》一放就是五六年之久，直到新冠疫情期间无法跑田野，我才又陆续补充、整合与修订，形成书稿。

去年冬天，在四川广元举办的“蜀道文库”首发式上，有幸认识巴蜀书社的王祝英社长和王群栗副总编辑。两位领导不愧是出版界卓有见识的名家，他们有着极其敏锐的选题意识，在约我撰写《中国蜀道文学史》的同时，听说有这样一部“治蜀”书稿，当即就向我约稿，并让我返渝后寄去部分书稿审阅。不久，便接到他们的回复，他们对这部书稿给予了高度的评价，欣然承诺出版，并很快寄来了出版合同。这对我及其曾经的团队无疑是一个很大的鼓励，于是我又花费两个多月时间对书稿再次补充、整合、修订，并寄给巴蜀书社。

此书稿的写作分工如下：第一章：周伦毅、马强；第二章：张健、马强；第三章：王海虎、马强；第四章：杨雪艺、刘桂海；第五章：刘桂海。《20世纪以来出土墓志所见唐代巴蜀社会经济与交通》为笔者与孟凡华发表于《中华文化论坛》2020年第5期的论文《出土唐人墓志所见唐代巴蜀图景考论》，经过补充修订，此次作为附录收入。

感谢中国地理学会历史地理专业委员会副主任、暨南大学郭声波教授肯定此书的学术价值，并热情赐序。此外，本书的责任编辑巴蜀书社王楠女士，我的硕士研究生何开雨、四川教育出版社奉学勤编辑都为此书的校订付出了大量的心血，在此一并谨致谢忱。

马强

2024年10月29日